U0943367

# 欧洲结合梁

〔德〕赫尔墨特·波德(Helmut Bode)著
徐海清　吴金池　张汉华　译

中国铁道出版社

2009年·北京

**北京市版权局著作权合同登记：图字 01-2007-2765 号**

**图书在版编目(CIP)数据**

欧洲结合梁/徐海清，吴金池，张汉华译．—北京：
中国铁道出版社，2009.8

ISBN 978-7-113-10055-1

Ⅰ．欧…　Ⅱ．①徐…②吴…③张…　Ⅲ．钢筋混凝土桥-桥梁结构-结构设计-欧洲　Ⅳ．U448.34

中国版本图书馆 CIP 数据核字(2009)第 130997 号

## 内 容 提 要

本书是赫尔墨特·波德(Helmut Bode)教授在多年的教学实践中逐步完善形成的，是作者在日常教学中的教科书。

书中主要介绍了型钢和混凝土组成的结合结构及其之间通过连接键的相互连接等内容，并介绍了房屋结构中结合结构及其构件的相关知识。具体有：结合板、结合梁、结合柱、连接键、钢与混凝土之间的连接和被动防火措施。计算与论证围绕承载能力极限状态(ULS)和正常使用极限状态(SLS)进行，通过算例阐述其设计和建造原理。基本原理(尤其考虑混凝土收缩徐变影响的弹性计算)适合于结合梁桥，并引入了新的图表，给出了一些桥梁尺寸的拟定与建造等参考意见来帮助设计，以简化设计初期的工作。

本教科书可供桥梁及工民建专业学生、结合梁工程师和研究人员使用。



**书　　名**：**欧洲结合梁**
**作　　者**：〔德〕赫尔墨特·波德(Helmut Bode)
**译　　者**：徐海清　吴金池　张汉华

---

**责任编辑**：张　悦　　**电话**：(010)51873656
**封面设计**：冯龙彬
**责任校对**：孙　玫
**责任印制**：郭向伟

---

**出版发行**：中国铁道出版社(100054，北京市宣武区右安门西街 8 号)
**网　　址**：http://www.tdpress.com
**印　　刷**：北京华正印刷有限公司
**版　　次**：2009 年 8 月第 1 版　2009 年 8 月第 1 次印刷
**开　　本**：850 mm×1 168 mm　1/32　印张：13.375　字数：350 千
**书　　号**：ISBN 978-7-113-10055-1/TU·1033
**定　　价**：46.00 元

---



发行部电话：(010)51873170；打击盗版举报电话：(010)63549504

# 前　言

本书是在1995～1997年的教学实践中逐步完善形成的，是对1987年发行第一版的全面改版，主要讲述型钢和混凝土组成的结合结构、型钢和混凝土之间(通过连接键)的相互连接，使它们尽可能全面并持久地起到承载作用。

结合结构的理论和实践将来会改变，因为国际规范应该会被在欧洲范围内使用完好的欧洲规范替代。这就给我以及每一位作者提出了问题：哪些技术规则应作为理论基础？哪些应作为基础规则？哪些应作为应用规则？的确，结合结构的承载行为和破坏行为与规范或建筑说明书上的工程模型无关，但是那些希望熟悉这种结构类型并希望在这方面还能有一些经验的人，无论如何都不应该困惑，而是应该建立系统的概念。未来需要这样的人。

之所以用“欧洲结合梁”为题作为结合结构的教科书，是由于它建立在欧洲规范和以欧洲规范为基础的实际建设项目上。书中着重讲述结合结构的未来，其他的将成为历史。此外，我一直努力从德国的技术状况出发，建立到目前为止为大家所接受的规则基础。

本书中一些章节紧密结合欧洲规范EC 4的表达方式，虽然没有文字说明，但如果读者在本领域工作的话，仍然要注意EC 4的原文和其他有效的相关规则。

书中还介绍了房屋结构中结合结构及其构件的相关知识，具体有：结合板、结合梁、结合柱、连接键、钢与混凝土之间的连接以及被动防火措施，作为楼层连接的板用连接件与柱子或框架连接在一起。

计算与论证主要围绕承载能力极限状态(ULS)和正常使用极限状态(SLS)下的工作机理与破坏机理来进行，通过精选的结构算例来阐述结合结构的设计和建造的基本原理。

基本原理(尤其是考虑混凝土收缩徐变影响的弹性计算理论)均适合于结合梁桥。有关桥梁尺寸的拟定与建造等,书中也给出了一些参考意见。

本书可供学生作为教材使用,也可供结合梁的研究人员和设计工程师使用,以帮助他们对结合梁拟定尺寸并设计。在丰富的参考文献中有关于结合梁的理论和实践方面的论文,尤其是那些德语文献均容易查到。至于那些缺失的原联邦德国论文,可以向Wapenhans 先生求助。

作者不想再汇集新的补充内容、表格或计算实例,尽管书中有些新的详细计算实例,它们主要用以理解欧洲规范的规定。此外,书中引入了新的图表,它们可以简化设计初期的工作。

作者希望本书能有助于大家更好地理解结合结构,并能帮助大家做好桥梁以及房屋结合结构设计前的准备工作。

赫尔墨特·波德
(Helmut Bode)

# 目　录

# 1 结 合 结 构

## 1.1 概　　述

在结合结构中要用到结合构件，这些构件截面的各组成部分之间通过牢固的剪切联系紧密地结合在一起，并按要求共同作用，主要由下列部分组成：

- 实体型钢(浇铸或焊接成型)、钢管(结合柱用)或者钢桁架；
- 钢筋混凝土部分，其中简单配筋或者设置预应力筋。

通过这种组合，力争使断面内各种材料的特性充分发挥作用，当然，混凝土在受压区，钢在受拉区。图 1.1 示意了房屋建筑与工业建筑中常用的几种结合结构构件的横截面形式，简单描述如下：

- 结合板，用梯形或波浪形压型薄板制成；
- 结合梁，用或者不用(外露)型钢混凝土；
- 结合柱，型钢完全浇筑在混凝土内、型钢内腔填充混凝土、钢管填充混凝土。

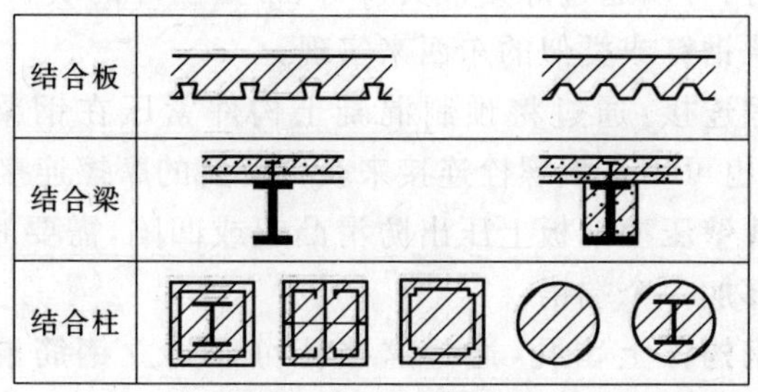


图 1.1　房屋与工业建筑结合结构构件

钢结合结构区别于钢筋混凝土结构和混合结构。在钢筋混凝土结构中，混凝土和钢筋黏结在一起共同工作(配筋松软地处在混凝土内，本身无抗弯能力)；混合结构如钢框架用混凝土核加劲。

另外，除了要求结构在常温下的静态承载能力外，还要求结构在不采取进一步措施的情况下具有尽可能有利的防火特性。

这种预先设想的共同结合作用可以使结构在重荷载、大跨度下具有相对较小的横截面尺寸，从而使结构构件变得更轻巧、纤细、占地少，而且仍然具有高性能并且较经济。结合结构各组成部分之间的必要的剪切连接，要通过特殊的剪力键来实现，并保证其长期有效，见图 1.2。

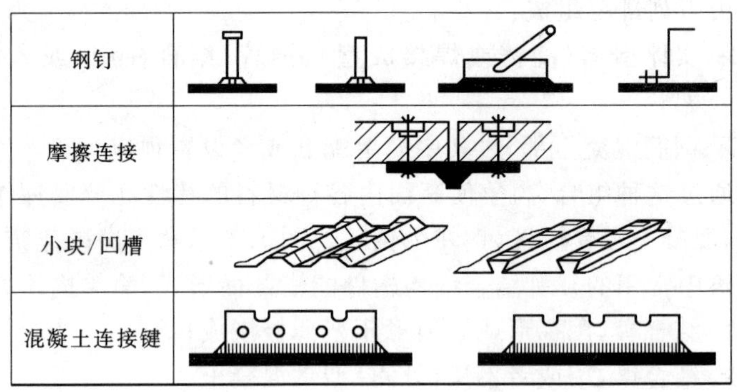


图 1.2　连接键

- 钢钉：可以通过焊接带头铆钉、带锚固环的块状钢钉、Hilti 腿状钢钉或类似的东西来实现；
- 摩擦连接：通过将预制混凝土构件紧压在钢梁的上翼缘上，也可用高强螺栓连接来获得需要的摩擦连接；
- 在薄壁压型钢板上压出防滑凸起或凹陷，需要时可同时在端部加一个端锚；
- 在钢构件上留孔，通过这些孔可以建立钢筋混凝土剪力键，比如 RESO 结合板的孔剪力键或其上的齿状剪力键。

结合梁的特殊之处可概括如下：

- 充分利用钢和混凝土材料的特性；

- 通过剪力连接键来实现截面不同部分之间的连接；
- 使用状态下的弹性特征因为建造方式的不同而影响到结构的其他区域；
- 考虑塑性影响来确定构件尺寸；
- 充分利用钢结构的连接技术。

关于不同材料的特性，参见各自的弹性模量和极限强度，而且，混凝土还包括其时间特性。混凝土在干燥的过程中会收缩，在长期荷载的作用下会徐变，这就导致静不定结构横截面应力的重分布，从而导致横截面内力的改变（强迫弯矩）。在具有预应力钢筋或安装预应力的桥梁中，这种横截面应力的重分布和内力的改变，要作非常认真并且尽可能精确的计算，以便能够使应力、稳定和变形检算（倾斜度）满足要求。而在通常的房屋建筑中不一样，一般情况下不需要作应力检算。如果钢梁足够强劲，也就是说，用了壁厚足够厚的型钢，屈曲检算是可以省略的，变形检算也不总要求，计算的时候经常也只是给一个期望的挠度估计值。如果要求控制挠度值，那么应该正确考虑混凝土的时间特征，还可以考虑混凝土中裂缝的影响、裂缝之间混凝土的共同作用以及钢梁的第一个塑性区的出现等。

结合梁的另一个特点是：截面各组成部分之间按照要求设置键销联结。

由于梁和柱直接使用铸造钢梁或者其他表面光滑的型钢梁，它们没有肋、没有防滑的凸起或其他类似的东西，其表面的粗糙度不够。为了使两者有效地联系在一起，需要特别的连接键，并保证相互间的连接长期有效。钢梁与混凝土板之间的剪力随荷载大小及两者接缝在截面上位置的不同而改变：结合梁上大的键销力出现在剪力大的地方和混凝土板与钢梁重心距离较远的地方。此外，结构构件是否在弹性范围内使用还是用到塑性承载力极限状态，影响也很大。相比之下，在整个结合柱（柱双向轴对称，型钢在混凝土的中间，荷载作用在轴线上，见图 1.1）的范围内，除了柱的端部和传力区域外，混凝土与钢之间接缝处的剪力就相对较小。

在计算共同作用时，不考虑两者之间的粘贴作用。带头铆钉作为连接键在房屋结构和桥梁结构中得到进一步的应用，通过这些销钉，可以确保钢梁和混凝土共同作用。但是，较少的“键销度 ”也是容许的，其结果是产生部分结合和非全面共同作用，见图 1.3。

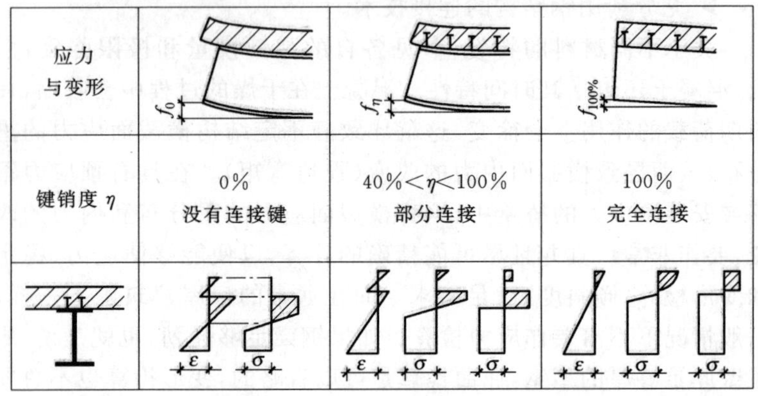


图 1.3　带头铆钉连接的结合作用

结合梁的第三个特点是，结合梁可以通过不同的方式来建造，即：制梁时使用和不使用辅助支撑等。并且，那些结合连接尤其是键销，在建造的时候是纯粹的剪力连接键，而在最终状态，则能承担弯矩。

如果在建造结合梁的时候使用了足够多的辅助支撑，并且在混凝土硬化后拆除，此时人们认为“自重就已经有了结合作用”，也就是“自重结合”。如果在结合梁打混凝土的时候没有使用辅助支撑，钢梁将作为模板起作用，而且承担全部的一期恒载(与之相对的是之后施加的长期起作用的其他荷载，即二期恒载)，结合梁的共同作用只承担二期恒载、交通荷载或其他使用荷载(交通荷载结合)。对于混凝土的收缩与徐变、温度变化等，结合梁保持着弹性状态，在使用状态下，也都保持着弹性状态。

图 1.4 从理论上再现了建造程序的影响，以下描述的是一单跨简支梁的情况：

情况 A:安装钢梁和浇注混凝土时无辅助支撑；

情况 B:安装钢梁和浇注混凝土时有辅助支撑；

情况 C:为便于比较，在钢梁上直接铺放钢筋混凝土板，两者之间无联系。

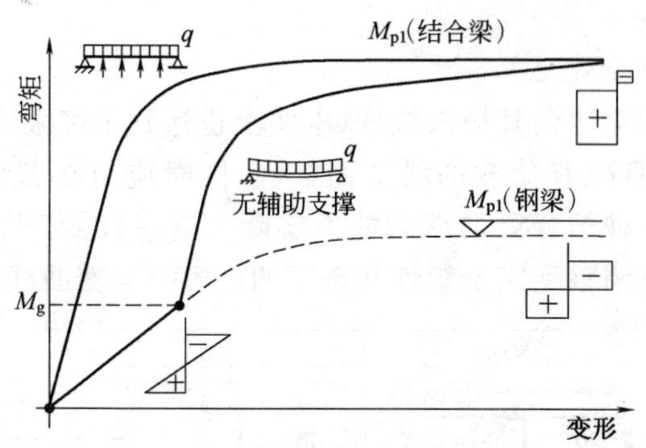


图 1.4　不同施工程序的影响

尽管在低荷载状况下两种结合梁的弹性特性不同，在使用状态下也是如此，但是两者的塑性承载能力是一样的。这种情况仅适用于首先出现梁的钢板屈曲、弯曲失稳(过早地倾斜)或连接键失效的情况。当然，建造程序的不同对使用状态下的变形和应力状态是有很大影响的，见图 1.5。

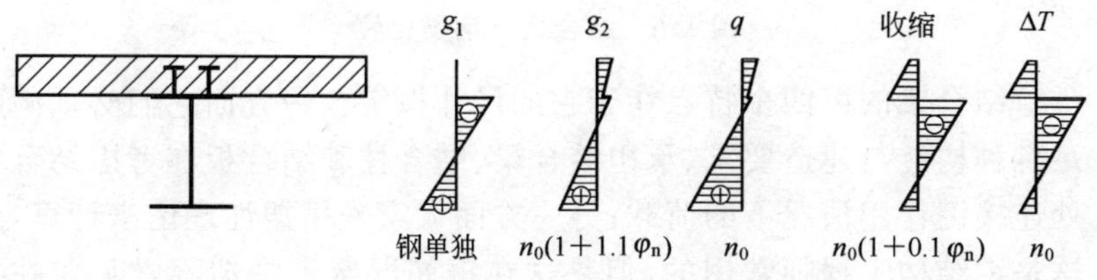


图 1.5　使用状态下应力分布

该图仅图示了不同荷载作用下应力的重叠情况($n$ 为简化了的折减系数)，而且以简支梁为例作定性说明。由于在浇注混凝土时没有辅助支撑，所以自重 $g_1$ 必须由钢梁独自支撑，各状态总的差别表述如下：

➢ 钢结构及混凝土板自重 $g_1$

➢ 混凝土硬化、钢与混凝土之间的联系建立后加上去的二期恒载或其他恒载 $g_2$

➢ 使用荷载或活荷载 $q$

➢ 徐变 $s$

➢ 温度变化 $\Delta T$

一旦钢梁达到其极限应变(事实上也达到了极限应力)即形成塑性区,并且随着荷载的增加而扩大,同时应力在截面内重新分布。所以两种结合梁的承载能力实际上是一样的(见图 1.4),因为应力可以调整到完全塑性状态下的应力—应变曲线上来。

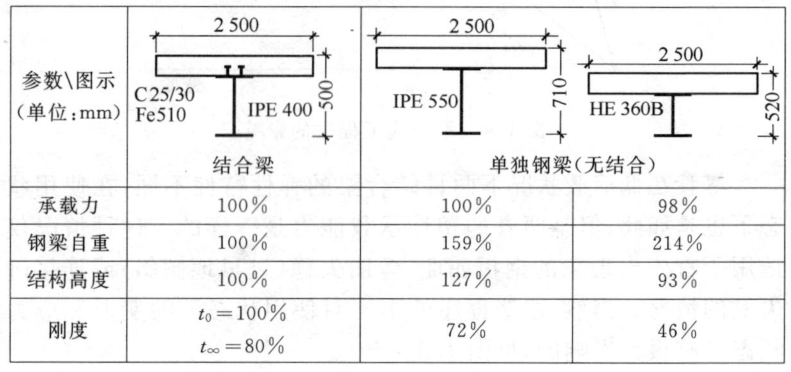

| 参数\图示<br>(单位:mm) | 2 500<br>C25/30 Fe510<br>IPE 400 500<br>结合梁 | 2 500<br>IPE 550 710<br>单独钢梁(无结合) | 2 500<br>HE 360B 520 |
| --- | --- | --- | --- |
| 承载力 | 100% | 100% | 98% |
| 钢梁自重 | 100% | 159% | 214% |
| 结构高度 | 100% | 127% | 93% |
| 刚度 | $t_0=100\%$<br>$t_\infty=80\%$ | 72% | 46% |

图 1.6 结合梁—钢梁比较

结合梁的第四个特点在于它的尺寸拟定。一方面它们必须满足各种构造与建造要求、承担结合梁、结合柱和结合板在考虑结合处连接键作用情况下的荷载;另一方面大家爱用塑性理论来计算,这是钢结构工程师常用的,但是这在钢筋混凝土中却不常见。在房屋建筑中,只计算极限承载能力,而在桥梁结构中,在使用状态下弹性检算却起着重要作用,并在很多方面影响配筋与尺寸。

在开始设想使用结合结构的时候,人们就努力使实体结构和钢结构各自的优点得到充分利用,并尽可能地使它们共同作用,如今做到了这一点。因此,在使用同样材料的情况下,与纯粹的钢梁相比,结合梁具有更高的刚度和承载能力,如图 1.6 即为一例。

在这个图例中,一个结合梁用两种钢梁来比较,其上的混凝土板简单搁置在上面而没有用连接键。事实上两者的承载能力是一样的,但是,用钢量、梁高及梁的刚度是不一样的。在时间 $t=0$(短期作用荷载)与 $t=\infty$(考虑混凝土徐变)时刚度也是不一样的。通常按 $t=\infty$ 来考虑长期作用荷载是偏于不利的,因为我们假设 40%的使用荷载为长期作用荷载,使用荷载在 28 d 之后才作用在梁上,梁放置在室内环境中。

与钢筋混凝土构件比,结合梁构件截面尺寸明显较小,因为截面具有更高的“配筋率”。同时,型钢梁本身具有高承载能力,对于同样的荷载和跨度,结合梁能做成更小、更轻,如图 1.7 所示。

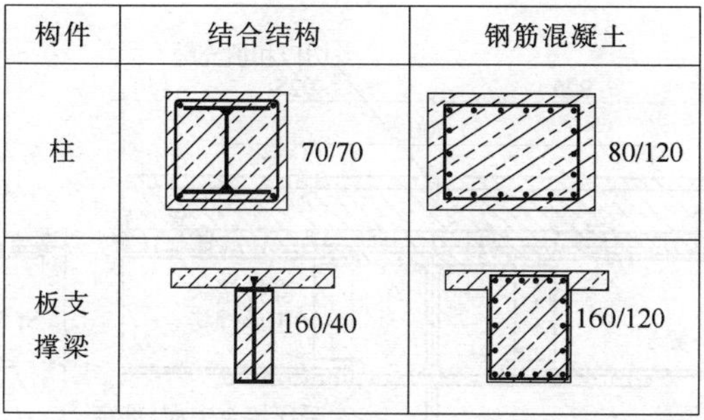

| 构件 | 结合结构 | 钢筋混凝土 |
| --- | --- | --- |
| 柱 | 70/70 | 80/120 |
| 板支撑梁 | 160/40 | 160/120 |

图 1.7　钢筋混凝土结构与结合结构断面比较(单位:mm)

结合结构表现出的最后一个特点为:充分利用先进的钢结构连接技术——高强螺栓与焊接技术来制造结合结构。它使那些占地较小的紧凑的连接键能够将结合结构的不同部分以及结合结构与其他结构构件牢固地连在一起。图 1.8 和图 1.9 示意了两个十分刚劲和承载能力大的连接。

这样的连接不仅刚劲和承载能力大,而且在使用状态下保持线弹性特征。但它一定要能够在车间里简单地制造、在现场能够简单安装,因为现场安装架设的费用对总的建设费用影响很大。

就总体和细部构造而言,结合结构能够提供很多全新的解决问题的可能性，尤其是在桥梁工程中。所以本书内容主要限制在以下方面：

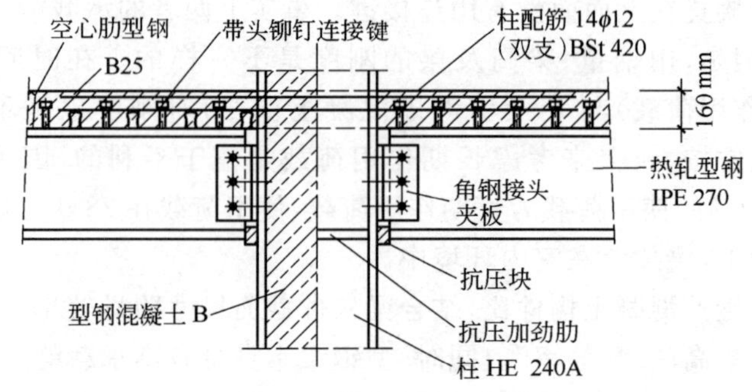


图 1.8　梁与柱的联结(示意)

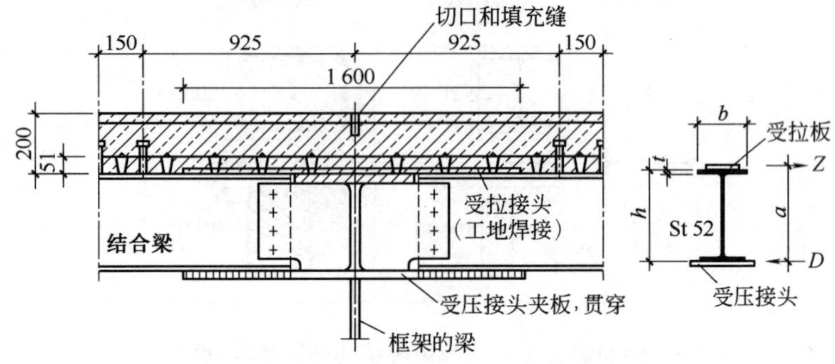


图 1.9　板梁与主托梁的联结示意(单位：mm)

- 应用范围主要为房屋建筑与工业建筑，桥梁结构仅仅提一提；
- 主要考虑静载，叉车作业和桥梁结构的连接键作为特例对待；
- 截面等级为Ⅰ、Ⅱ的结合梁截面，同时注意那些虽然为等级Ⅲ但可以归类为等级Ⅱ的截面；
- 承载能力公式适用于带头铆钉，关于连接键的最小配筋率和部分连接等的有关原则也是只适用于带头铆钉；

- 不涉及预应力混凝土构件，书中描述了一个预弯曲梁的特例。

在此之前已经使用钢结合构件建造了很多工程，人们发现，该种结构形式存在巨大的潜在应用前景。

## 1.2 欧洲规范 EC4 引用的其他规范

欧洲规范 EC 4 T 1-1 (DIN ENV 1994-1-1)中包含由钢和混凝土组成的结合梁的一般配筋原则，以及结合梁在一般民用建筑中的适用原则。对于其中的钢部分适用于欧洲规范 EC 3 T 1-1 (DIN ENV 1993-1-1)和 DASt 指导原则 103(国家文件)，对于其中的混凝土部分适用于欧洲规范 EC 2 T 1-1 (DIN ENV 1992-1-1)和相应的 NAD。

欧洲规范 EC 4 还涉及特殊结构形式、结构构件及动荷载作用下的结构构件，还包括一些难以详细描述的应用规则，其他则是一些准备工作：

- 防火(T 1-2)；
- 桥梁工程(T 2)。

此外，在目前的欧洲规范 EC4 T 1-1 中含有以下附件：

- 附件 G：部分(外露)型钢混凝土结合梁；
- 附件 H：使用 S 420 和 S 460(高强度精轧)结构钢的结合梁和结合梁构件；
- 附件 J：建筑框架的结合节点。

所有的欧洲规范首先以欧洲预备规范的方式出版，以便它们有个试用期。预备规范试用是必要的，其上的规则可以用于实践，以便收集应用经验，经过三年的试用期后，可以得到充分的协调一致，即可作为正式的欧洲规范使用(是这样计划的)。

在欧洲规范使用的同时，始终也在使用另一套序列完整的规范，同时也注重国家规范，其中的有关规则包含在相关的国家文件内。

由于建筑研究组(ARGEBAU)委员会的一个相关决定，欧洲规范的预备版不应该引入到建筑监督中来，所以人们应该知道，有关问题的等价解决办法可以在“建筑规则范例”的 3.3.3 中查到。

欧洲规范 EC 4 及其相应的国家应用文件、德国钢结构委员会(DASt)指导原则 104 及其他的欧洲规范等，从 1994 年开始在结构监管方面就已众所周知。对于结合结构，它们与以下国家规范是等价的：

- 结合梁指导(1981 年 3 月)：指导设计和建造；
- 结合梁指导的第一个补充条款(1984 年 3 月)：连接键的承载能力和结合梁用梯形截面压型钢板时使用带头铆钉；
- 第二个补充条款(1991 年 6 月)：第 9 节“裂缝宽度限制”修订，对表 3 中要求的验证提出新的要求，依据如下：
  - 基于开裂截面内力来研究最小配筋的要求，并限制梁范围内可能出现的单个裂缝的宽度；
  - 在结合梁纵向没有预应力筋的条件下具有闭合裂缝的配筋约定原则；
- DIN18806. T1(1984 年 3 月)：结合柱。

在国家规范和欧洲规范之间不允许混用。

欧洲规范 EC 4 中没有规定的建筑形式，如果它们没有在欧洲的技术规定或者国家规范中规定，需要形成一个公共的建筑监管的技术规定，比如结合板或者新型的连接键。

从这方面看，欧洲关于技术规定方面的统一看法也应该简单总结如下：

为了解决技术处理上的麻烦，用一个在全欧洲统一的所谓“基本要求”来代替现在欧洲各国对产品应用的不同要求，这已在 1988 年 12 月 21 日的建议准则——建筑产品指南中得到明确。该建筑产品指南已被各成员国写进国家法律中，在德国已纳入建筑产品法中。

通过建筑产品协议中所谓的“技术规格”说明，来保证“基本要求”得到满足。作为“技术规格”主要是满足欧洲标准化委员会认可的规范和欧洲技术规定。当某些产品没有公认的欧洲规范时，总是一个问题。

欧洲共同体委员会授权欧洲标准化委员会，让其统一并确定欧洲规范、明确哪些建筑产品是容许的。

如果欧洲共同体成员国内的建筑产品制造商要出版欧洲技术许可，可以向指定的为本地区服务的专门机构提交申请，德国的负责机构是德国建筑技术学会，位于柏林。许可的范围与欧洲技术认可组织（EOTA）密切相关，该组织保证某个产品技术规定、技术规定的形成过程、专家委员会的指导意见的统一性。

产品认证要在建筑产品指导意见的原则内，按照认证体系的计划来进行，要提供相应的技术规格说明，还包含生产车间自己做的产品质量控制、根据安全的重要程度决定是否到经过认证的机构去作首次检验和以后的定期检查。当这一系列认证过程完成后，产品制造商可以给他的产品得到一个 CE 标志，这样的产品在欧洲共同体成员国内可以不受限制地使用，这是产品实现自由买卖的最重要的一步。关于国家规范过渡时期的解决办法，就是使用 ü 标志。

作为欧洲规范 EC 4 的国家应用文件 DASt 指导原则 104 包含了德国有效的相关规范的摘要、英语概念的解释（附件 A）、作用的计算原则以及其他一些单独的原则。此外还有 DIN（德国标准化协会）规范上的基本数据作为作用的特征值，尤其是 DIN 1055 序列和相关的建筑监管方面的补充和技术规定等都是有效的，在表 1.1 第 1 列中的值作为可变荷载的代表值，关于建筑材料特性可查阅欧洲规范 EC 2 和 EC 3，以及其中包含的国家应用文件。其他的说明涉及到正常使用极限状态的验证（虽然德国没有公开要求这些验证），比如有关混凝土裂缝宽度的限制就是最基本的要求。

## 1.3 构思、计算和设计的基本原则

### 1.3.1 一般要求及极限状态

一个结合结构应该这样设计和形成：

➢ 首先是它应该具有的使用性能,可以接受的目标使用期限和建造费用;

➢ 其次是能够经受得住在建造和使用期间可能出现的荷载及其效应,并具有充分的可靠度;此外,它应该在一个合理的维护费用下有足够的耐久性。

根据欧洲规范 EC 4,结合结构构件设计是建立在极限状态理论基础上的,当极限状态出现的时候,结构作为整体及其构件达到了要求的状态。当然,承载能力极限状态和正常使用极限状态是不一样的,见图 1.10。

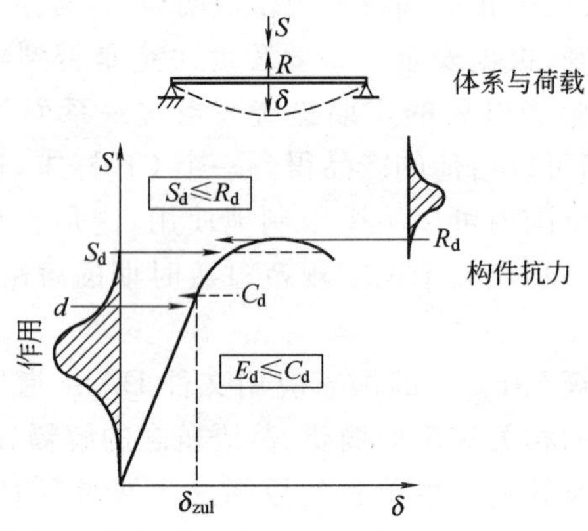


图 1.10　承载能力极限状态和正常使用极限状态

承载能力极限状态是指:结构倒塌或出现其他形式的破坏而危及人身安全的情况。比如以下几个值得注意的方面:

➢ 结构或其构件翻倒;

➢ 过大的变形,结构或其构件的断裂、失稳连接键破坏。

它们可能仅单独出现在混凝土或者钢梁中,比如钢梁在安装过程中和在浇铸混凝土的过程中遇到上述情况。

正常使用极限状态是指:当超过这一状态时,为正常使用而要求的或大家为此达成一致意见的某项要求就得不到满足。比如相应的计算和验证有以下方面:

➢ 变形和挠度，它们会影响结构物的外观或影响正常使用或导致表面（铺装）和非承重结构（分隔墙）的损坏；

➢ 振动，使人不舒服或导致结构破坏或限制结构功能的发挥；

➢ 混凝土的裂缝宽度、影响外观因素、耐久性和密闭性；

➢ 混凝土内过高的受压荷载；

➢ 连接缝的滑移，当滑移大到一定程度时，计算和验证模型假设的刚性连接（无滑移）就错了。

在结合结构中，有时也要考虑因建造过程的不同而要求的临时配筋，有时这是必要的。比如，不能只考虑钢梁和最终体系（如结合梁），还要考虑不同的浇注混凝土阶段，这在结合梁桥中尤为重要。

### 1.3.2 作用效应及其设计值

关于作用的内容在所有欧洲规范中是一致的，主要是通过详细的定义和对欧洲规范 EC 1（ENV 1991）中各种材料的分级来规范其作用。

与德国此前一直使用的荷载假设（DIN1055、DIN1072 等）不同，根据欧洲规范进行设计时，称荷载为作用，并且在欧洲规范 EC 1 中，根据建筑物类型的不同而分别规定。总的来讲，人们希望得到一个统一的规范体系：通过该体系，使所有的重要内容在 EC 1 中（如"作用"）、EC 2 中（混凝土、钢筋混凝土、预应力混凝土）、EC 3 中（钢结构）和 EC 4 中（结合梁），从实用的角度表现出来并及时定稿，以便在 1999 年作为欧洲规范出版。

欧洲规范 EC 1"结构构思、计算和设计以及作用基本原则"可概括为以下几方面：

➢ T 1-1：结构的构思与作用基本原则；

➢ T 2-1：人群荷载，自重，使用荷载；

➢ T 2-2：火作用；

➢ T 2-3：雪荷载；

➢ T 2-4：风荷载；

➢ T 2-5：温度作用；

➢ T 2-6：施工荷载与变形；

➢ T 2-7：偶然荷载；

➢ T 3：桥梁交通荷载；

➢ T 4：筒仓和储罐内的荷载；

➢ T 5：吊机和机器作业引起的作用。

欧洲规范将荷载分为两种类型：

➢ 力(负担)，作用在结构上(直接作用)；

➢ 强迫作用(间接作用)，比如混凝土通过收缩与徐变、温度变化或者不均匀沉降等而引起的作用。

按随时间变化分为三种类型：

➢ 永久荷载($G$)，如结构自重、固定设备、建筑设备；

➢ 可变作用($Q$)，如使用荷载、交通荷载、风和雪荷载；

➢ 偶然作用($A$)，如爆炸荷载、地震荷载、交通工具碰撞。

此外，结合结构构件还要考虑一期和二期次生荷载。混凝土的收缩和温度变化导致截面的自应力和变形以及构件沿长度方向的应变，这种自应力状况对于静定结构作为一期荷载计取。

对于静不定结构，这种由收缩、徐变和温度变化引起的荷载会导致额外的强迫内力(整个截面内力)，这种力作为二期次生荷载计取，由此引起的支座反力作为间接作用计取。

作用的设计值计算如下：$F_d = \gamma_f \cdot F_k$ (1.1)

$\gamma_f$——作用的分项安全系数；

$F_k$——特征值，根据如下方法确定：

➢ 根据欧洲规范 EC 1(ENV 1991)查阅；

➢ 或者从其他的荷载推荐规范中查阅；

➢ 或者由建设方以及由建设方和方案设计工程师一起协商决定，当然，这里要求这些荷载符合推荐规范或现行建筑监管规定。

在 NAD[4]的德国章节中目前是这样规定的：作为作用的特

征值($G_k$，$Q_k$)，根据德国规范(DIN)尤其是规范序列 DIN 1055 和建筑监管方面的补充以及重要的技术指导来决定，这就意味着规范序列 DIN 1055 中的数值可以作为特征值。

这样，作用的设计值则可具体表述如下：$G_d = \gamma_G \cdot G_k$ (1.2a)

$$Q_d = \gamma_Q \cdot Q_k \quad (1.2b)$$

$A_d = \gamma_A \cdot A_k$(如果 $A_d$ 不能直接确定的话) (1.2c)

### 1.3.3 荷载组合规则

考虑所有荷载同时出现并达到特征值的不可能概率，欧洲规范(包含 EC 4)使用系数 $\Psi_i$，借助于它可以将作用及其引起的截面内力进行折减。

系数 $\Psi_i$ 的使用原则也适用于风与雪荷载同时作用的情况，DIN 1055 T 5 中就风与雪荷载所作的规定($s+w/2$ 以及 $w+s/2$)在这里是无效的(对普通民用建筑的简化组合原则也是无效的，见式 1.5、式 1.6)。

在永久和临时设计条件下(疲劳除外)，考虑承载力极限状态，结构内力的设计值 $S_d$ 计算如下：

$$S_d = S\left[\sum(\gamma_g \cdot G_k) + \gamma_{Q,1} \cdot Q_{k,1} + \sum_{i\geqslant 2}(\Psi_{0,i} \cdot \gamma_{Q,i} \cdot Q_{k,i})\right] \quad (1.3)$$

对于偶然荷载，结构内力的设计值 $S_{dA}$ 计算如下：

$$S_{dA} = S\left[\sum(\gamma_{gA} \cdot G_k) + A_d + \Psi_1 \cdot Q_{k,1} + \sum_{i\geqslant 2}(\Psi_{2,i} \cdot Q_{k,i})\right] \quad (1.4)$$

组合系数 $\Psi_i$ 的大小如表 1.1 所示：

根据式(1.3)，从第二个可变荷载开始折减其大小，这意味着，紧随着自重荷载，至少要考虑一个可变荷载的完全值。式(1.3)给出的组合原则涉及到多个可变荷载，算起来较麻烦，所以欧洲规范对普通民用建筑和工业建筑的极限承载能力验算根据式(1.3)给出了两个简化的组合式进行，见表 1.2 中的式(1.5)、式(1.6)。

**表 1.1　组合系数 $\Psi_i$**

| 分　布　范　围 | 组合系数 | | |
|---|---|---|---|
| 作用 | $\Psi_0$ | $\Psi_1$ | $\Psi_2$ |
| 板上活载 | | | |
| 居住房间；办公室；小于 50 $m^2$ 的营业间；地板；阳台和病房 | 0.7 | 0.5 | 0.3 |
| 收藏间；仓库或车库；看台；教学楼的地板；书店；资料室 | 0.8 | 0.8 | 0.5 |
| 展览和交易场所；营业与储藏间 | 0.8 | 0.8 | 0.8 |
| 风载 | 0.6 | 0.5 | 0.0 |
| 雪载 | 0.7 | 0.2 | 0.0 |
| 所有其他荷载 | 0.8 | 0.7 | 0.5 |

**表 1.2　承载能力极限状态下的作用组合**

|  |  |
|---|---|
| 1. $\gamma_G^* \sum G_k + \gamma_Q^{**} Q_{k,\max}$<br>$1.35^* \sum G_k + 1.5^{**} Q_{k,\max}$　(1.5) | $G_k$——恒载，如自重<br>$Q_k$——活载，如板上的移动荷载、雪载和风载 |
| 2. $\gamma_G^* \sum G_k + 0.9\gamma_Q^{**} \sum Q_k$<br>$1.35^* \sum G_k + 1.35^{**} \sum Q_k$　(1.6) | $Q_{k,\max}$——活载，在关注截面上产生最大内力活载 |
| * 如果不包含恒载作用：$r_G = 1.00$ | $\gamma_G$——恒载分项安全系数 |
| * * 如果不包含可变荷载作用：$r_Q = 0$ | $\gamma_Q$——活载分项安全系数 |

## 1.3.4　结构构件抗力和分项安全系数

结合梁指导[20]与德国建筑技术学会用于结合板的结合柱规范 DIN18806[21]和通常的建筑监管技术规定一样，在作极限承载能力验算时，目前仍然使用总的安全系数（用于验证计算断裂荷载）。而欧洲规范（包括 EC 4）则不然，使用的是半概率可靠度理论，所以在作用端和结构构件抗力端分别使用分项安全系数。

结合结构构件抗力的设计值的一般计算式为：

$$R_d = \frac{1}{\gamma_{Rd}} R\left(\frac{f_y}{\gamma_a}, \frac{f_{ck}}{\gamma_c}, \frac{f_{sk}}{\gamma_s}, \frac{f_{yp}}{\gamma_{ap}}\right) \tag{1.7}$$

如果该式用于处理稳定问题（比如梁的屈曲、弯曲失稳），式

(1.7)中的额外分项安全系数记为 $\gamma_{Rd}=1.10$，对于其他所有情况记为 $\gamma_{Rd}=1.00$。分项安全系数 $\gamma_a$ 目前取值为 $\gamma_{Rd}=\gamma_{Ma}=\gamma_a=1.10$，以后它们的取值可能会不同。式 1.7 中的 $f_y$、$f_{ck}$、$f_{sk}$ 和 $f_{yp}$ 分别为结构钢、混凝土、钢筋和压型钢板的强度特征值，$\gamma_a$、$\gamma_c$、$\gamma_s$ 和 $\gamma_{ap}$ 分别为相应的抵抗力分项安全系数，见表 1.3。

**表 1.3 抵抗力分项安全系数(建筑材料)**

| 组合 | 结构钢 $\gamma_a$ | 混凝土 $\gamma_c$ | 配筋 $\gamma_s$ | 型钢钢板 $\gamma_{ap}$ | 连接键(铆钉、角钢、摩擦结合)和板内纵向剪力 $\gamma_v$，$\gamma_{vs}$ |
|---|---|---|---|---|---|
| 一般情况 | 1.10 | 1.5 | 1.15 | 1.10 | 1.25 |
| 特殊情况(不含地震) | 1.0 | 1.3 | 1.0 | 1.0 | 1.00 |

### 1.3.5 极限承载力检验

如果要验证断面破坏、结构构件破坏或者联结破坏以及连接键破坏(疲劳除外)的极限状态，只要证明承载能力极限状态下的荷载效应不大于结构构件的抵抗力即可，见图 1.10。

$$S_d \leqslant R_d \tag{1.8}$$

### 1.3.6 正常使用极限状态

检算式为：

$$E_d \leqslant C_d \text{ 或 } E_d \leqslant R_d \tag{1.9}$$

式中 $E_d$——荷载或作用效应的设计值，考虑一系列的组合系数通过计算确定；

$C_d$——对设计起决定作用的必须遵守的名义值，如挠度、应变或者裂缝宽度的限制值。

定义如下三种荷载组合：

- 不常遇组合(较少出现的荷载组合)；
- 频遇组合；
- 准永久组合。

对于民用建筑的承重结构，对于不常遇组合和频遇组合也可借助表 1.2 中式(1.5)、式(1.6)，此时分项安全系数可同时取$\gamma_F = \gamma_G = \gamma_Q = 1.0$。

如果仅考虑最不利的可变荷载，可用下式计算：

$$E_d = E\left[\sum_j G_{k,j} + Q_{k,1}\right] \tag{1.10}$$

如果应该考虑两个或更多最不利的可变荷载，可用下式计算：

$$E_d = E\left[\sum_j G_{k,j} + 0.9 \cdot \sum_{i\geqslant 2} Q_{k,i}\right] \tag{1.11}$$

如果没有什么特殊的使用要求，材料分项安全系数可取 $\gamma_M = 1.0$。

## 1.4 建筑材料:混凝土与钢

设计用的材料特性在欧洲规范和欧洲的标准中均有规定，这里简单列举一些材料的强度和弹性模量 $E$ 如下，以免读者到处查找。

**表 1.4 结构钢的极限抗拉强度 $f_y$ 和极限抗压强度的名义值**

(参照 EN10025)

| 钢的种类 | 钢板厚 $t$(mm)(名义值) | | | | EN10025 钢种类符号 |
|---|---|---|---|---|---|
| | $t \leqslant 40$ mm | | 40 mm $< t \leqslant 100$ mm | | |
| | $f_y$(MPa) | $f_u$(MPa) | $f_y$(MPa) | $f_u$(MPa) | |
| Fe 360 | 235 | 360 | 215 | 340 | S 235 |
| Fe 430 | 275 | 430 | 255 | 410 | S 275 |
| Fe 510 | 355 | 510 | 335 | 490 | S 355 |

**表 1.5 压型钢板的极限抗拉强度(特征值)的名义值**

| 规范 | 钢种类 | $f_{yb}$ (MPa) | 规范 | 钢种类 | $f_{yb}$ (MPa) |
|---|---|---|---|---|---|
| EN 10025 | Fe 360 | 235 | ISO 4997 | CR 220 | 220 |
| | Fe 430 | 275 | | CR 250 | 250 |
| | Fe 510 | 355 | | CR 320 | 320 |

续上表

| 规范 | 钢种类 | $f_{yb}$ (MPa) | 规范 | 钢种类 | $f_{yb}$ (MPa) |
|---|---|---|---|---|---|
| EN 10113 | Fe 275 N | 275 | EN 10147 | Fe E 220 G | 220 |
| | Fe 355 N | 355 | | Fe E 250 G | 250 |
| | Fe 460 N | 460 | | Fe E 280 G | 280 |
| | Fe E 275 TM | 275 | | Fe E 320 G | 320 |
| | Fe E 355 TM | 355 | | Fe E 350 G | 350 |
| | Fe E 420 TM | 420 | | Fe E 550 G | 550 |
| | Fe E 460 TM | 460 | | | |

**表 1.6　高强度细晶粒结构钢的极限抗拉强度和极限抗压强度的名义值**

| 钢种类见 EN 10113 | 钢板厚度 $t$(mm) | | | | |
|---|---|---|---|---|---|
| | $t \leqslant 40$ mm | | 40 mm$< t \leqslant$100 mm* | | |
| | $f_y$(MPa) | $f_u$(MPa) | $f_y$(MPa) | $f_u$(MPa) | |
| S 460 N | 235 | 360 | 215 | 550 | 适合焊接的精核结构钢 |
| S 460 M | 275 | 430 | 255 | 530 | |
| S 420 N | 355 | 510 | 335 | 520 | |
| S 420 M | 420 | 500 | 390 | 500 | |
| S 460 Q 见 EN 10137 | 460 | 550 | 440 | 550 | 调质处理结构钢 |
| | $t \leqslant 50$ mm | | 50 mm$< t \leqslant$100 mm | | |

N 系列:可焊接细晶粒结构钢;

M 系列:热轧钢,参见[1.33]、[1.34];

Q 系列:可焊接细晶粒结构钢。

40 mm$< t \leqslant$63 mm* 为热轧平板产品。

以前在 DIN 50049 中规定的有关建筑材料的说明,现在可以在 DIN EN 10204 中查阅。

对于轻质混凝土的割线弹性模量可以将表 1.7 中的数据乘以系数$\left[\frac{\rho}{2\ 400}\right]^2$得到。

表 1.8 给出了由非合金结构钢制成的热轧型钢产品的型号对照表,有关解释如下:

**表 1.7 混凝土强度等级(摘自 EC 2)、普通混凝土的圆柱体抗压强度 $f_{ck}$、抗压强度中值 $f_{ctm}$ 和弹性模量 $E_{cm}$**

| 混凝土强度等级 $f_{ck,cyl}/f_{ck,cub}$ | C 20/25 | C 25/30 | C 30/37 | C 35/45 | C 40/50 | C 45/55 | C 50/60 |
|---|---|---|---|---|---|---|---|
| 圆柱体强度 $f_{ck}$(MPa) | 20 | 25 | 30 | 35 | 40 | 45 | 50 |
| 混凝土抗拉强度 $f_{ctm}$(MPa) | 2.2 | 2.6 | 2.9 | 3.2 | 3.5 | 3.8 | 4.1 |
| 弹性模量 $E_{cm}$(GPa) | 29.0 | 30.5 | 32.0 | 33.5 | 35.0 | 36.0 | 37.0 |

**表 1.8 钢的型号对比表**

| DIN 17100 的标志 | 材料号 | EU 25 的标志 | DIN EN 10025 的标志 |
|---|---|---|---|
| St 33 | 1.0035 | Fe 310-0 | S185 |
| St 37-2 | 1.0037 | Fe 360 B | S235JR |
| USt 37-2 | 1.0036 | Fe 360 BFU | S235JRG1 |
| UQSt 37-2 | 1.0121 | Fe 360 BFUKQ | S235JRG1C |
| RSt 37-2 | 1.0038 | Fe 360 BFN | S235JRG2 |
| RQSt 37-2 | 1.0122 | Fe 360 BFNKQ | S235JRG2C |
| St 37-3 U | 1.0114 | Fe 360 C | S235J0 |
| QSt 37-3 U | 1.0115 | Fe 360 CKQ | S235J0C |
| St 37-3 N | 1.0116 | Fe 360 D1 | S235J2G3 |
|  | 1.0117 | Fe 360 D2 | S235J2G4 |
| QSt 37-3 N | 1.0118 | Fe 360 D1KQ | S235J2G3C |
| St 44-2 | 1.0044 | Fe 430 B | S275JR |
| QSt 44-2 | 1.0128 | Fe 430 BKQ | S275JRC |
| St 44-3 U | 1.0143 | Fe 430 C | S275J0 |
| QSt 44-3 U | 1.0140 | Fe 430 CKQ | S275J0C |
| St 44-3 N | 1.0144 | Fe 430 D1 | S275J2G3 |
|  | 1.0145 | Fe 430 D2 | S275J2G4 |
| QSt 44-3 N | 1.0141 | Fe 430 BD1KQ | S275J2G3C |
|  | 1.0045 | Fe 510 B | S355JR |
| St 52-3 U | 1.0553 | Fe 510 C | S355J0 |

续上表

| DIN 17100 的标志 | 材料号 | EU 25 的标志 | DIN EN 10025 的标志 |
|---|---|---|---|
| QSt 52-3 U | 1.0554 | Fe 510 CKQ | S355J0C |
| St 52-3 N | 1.0570 | Fe 510 D1 | S355J2G3 |
|  | 1.0577 | Fe 510 D2 | S355J2G4 |
| QSt 52-3 N | 1.0569 | Fe 510 D1KQ | S355J2G3C |
|  | 1.0595 | Fe 510 DD1 | S355K2G3 |
|  | 1.0596 | Fe 510 DD2 | S355K2G4 |
| St 50-2 | 1.0050 | Fe 490-2 | E 295 |
| St 60-2 | 1.0060 | Fe 590-2 | E 355 |
| St 70-2 | 1.0070 | Fe 690-2 | E 360 |

JR——27 J 的标志,切口冲击工作在常温下(+20 ℃)进行;

J0——27 J 的标志,切口冲击工作在 0 ℃时进行;

J2——27 J 的标志,切口冲击工作在−20 ℃时进行;

K2——40 J 的标志,切口冲击工作在−20 ℃时进行;

G1——数字标志,这里是沸腾钢钢种;

G2——数字标志,这里是全镇静钢钢种。

## 1.5 有关结合梁桥的注意事项说明

结合梁桥的设计与配筋主要取决于制作与建造过程,所以在方案设计中便考虑了工厂制作和现场安装的情况。

通常情况下,钢结构的安装单元较大,一次在厂内预制并用中型车运抵建造工地,现场用汽车吊将预制好的安装单元吊装到现场准备好的支座、桥墩和辅助支撑上,然后再对钢梁进行焊接。

如果没有使用大尺寸的混凝土预制件,将要在现场浇注混凝土行车道板,一些必要的辅助结构可以预埋在现浇混凝土中。现在,多数情况下使用移动模板,它可以在桥梁纵向移动。在混凝土半预制上现场浇注表面混凝土的作法也常应用,见图 1.11,详见文献[1.60]。在任何情况下,预制钢梁都具有模板作用,直至混凝土硬化。在浇注混凝土期间,要求钢结构稳定(钢与混凝土还没有形成整体),并且尽可能不使用繁琐的、昂贵的辅助措施,为此经常

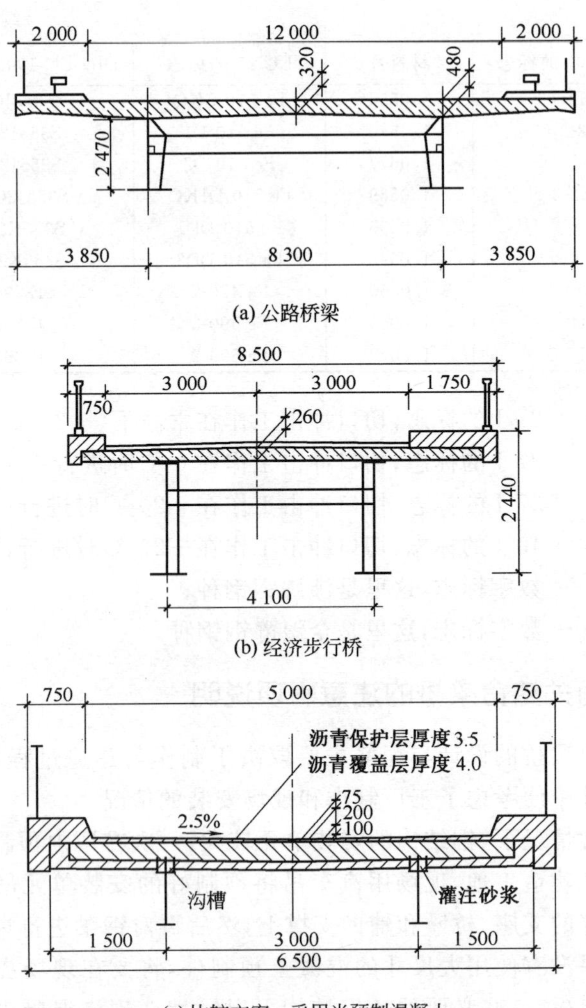


图 1.11　简单板梁桥横断面(单位:mm)

使用钢绷带和横向框架(图 1.11)。

总的来讲,横断面的造型多种多样,见图 1.11～图 1.15,这些断面相对来讲薄而纤细,它们通常属于等级 3 和等级 4 的横截面。

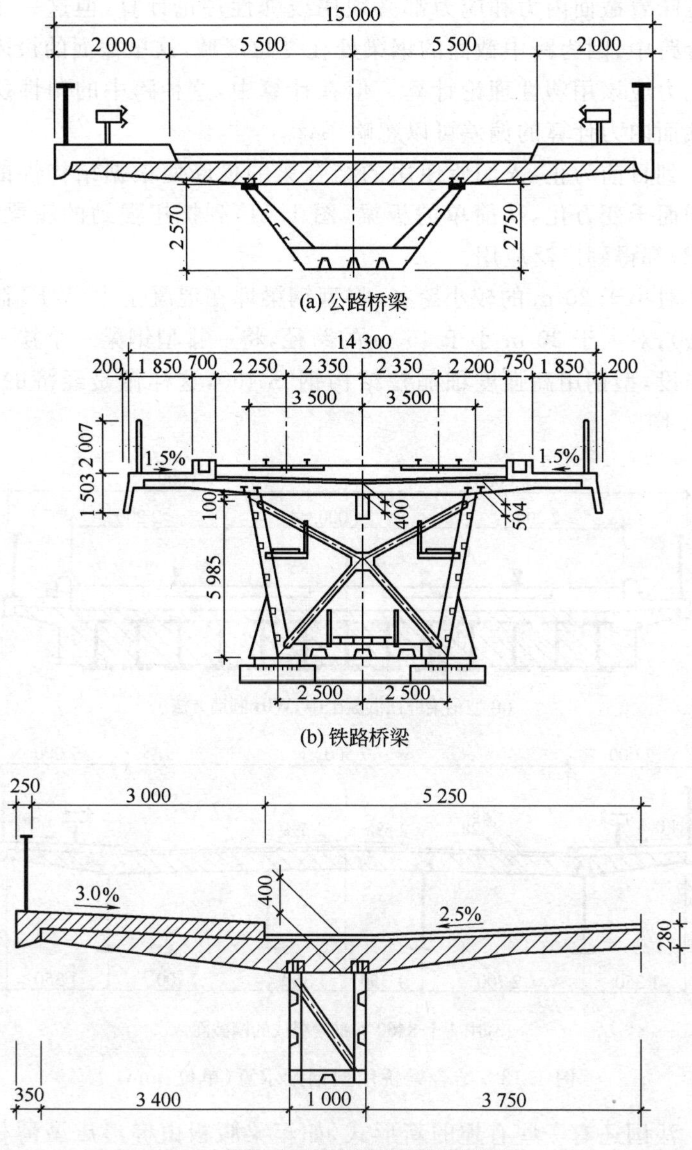


图 1.12　结合梁桥的箱型截面(单位:mm)

这意味着截面内力和应力都必须用线弹性理论计算，但这一条不适合跨中，因为跨中截面的钢梁处在受拉区域，这里截面的极限承载能力应该用塑性理论计算。但在计算中，这种跨中的塑性所导致截面内力计算的偏差可以忽略不计。

到目前为止，人们所使用的结合梁的横断面根据结构性能的不同而千变万化，从简单的板梁（图 1.11）到抗扭强劲的箱梁（图 1.12）都得到广泛应用。

对小于 20 m 的较小跨径，将型钢梁埋在混凝土中（WIB 制造方法）；对大于 20 m 小于 45 m 的跨径，将一排型钢梁一个挨一个地布设，型钢用高强度细晶粒结构钢 S 460，这样做是经济的，见图 1.13。

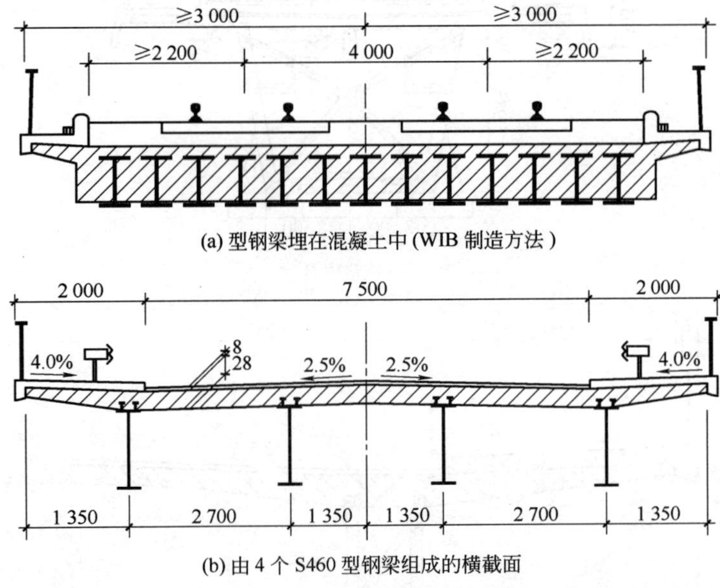


图 1.13　结合梁桥用型钢梁示意（单位：mm）

法国还有一些有趣的新形式，如箱梁腹板由梯形压型薄板制成、在箱梁内通过预应力筋实施体外预应力、三点式横截面（见图 1.14）以及混凝土半预制件和压型钢板的应用等。

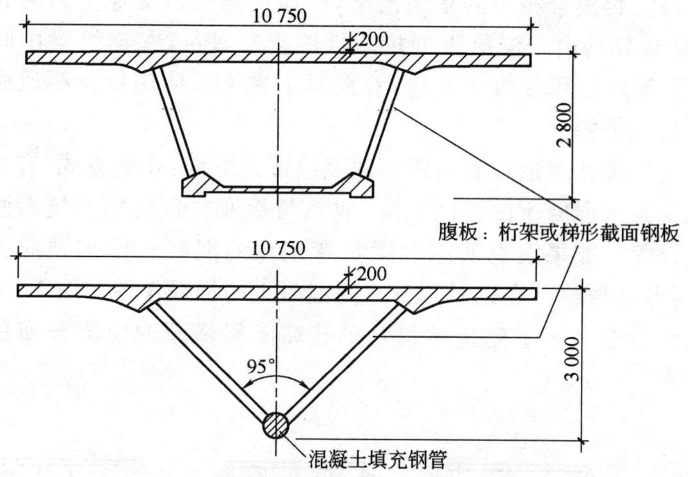


图 1.14　新型的结合梁桥类型，法国的实例(单位：mm)

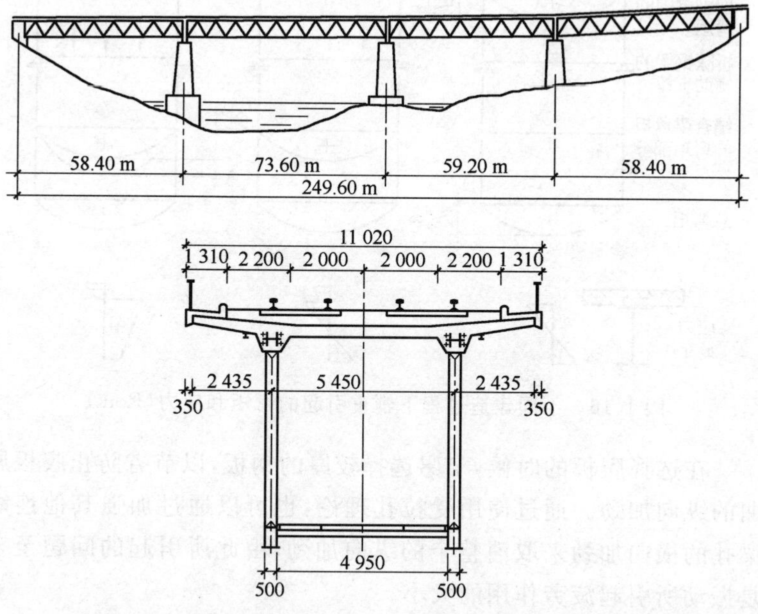


图 1.15　快速轨道交通上的结合桁梁(断面尺寸：mm)

与实腹板梁相对的是钢桁梁，比如快速轨道交通上的峡谷桥(见图 1.15)，由于混凝土的抗压性能很好，所以在连续梁中间支撑的下翼缘也用混凝土建造(双混凝土翼缘)，使用这种耐风雨的钢也是经济的。

根据弹性理论计算时需要注意以下几方面：建造方式(有支架或无支架)、混凝土的时间效应(收缩与徐变)、负弯矩区抗弯刚度的假设等。如果没有对结合梁负弯矩区的混凝土施加预应力的话，要考虑裂缝存在以及裂缝之间混凝土的加强作用。图 1.16 再一次清楚地表示了建造过程对单孔简支梁横断面应力分布的影响。

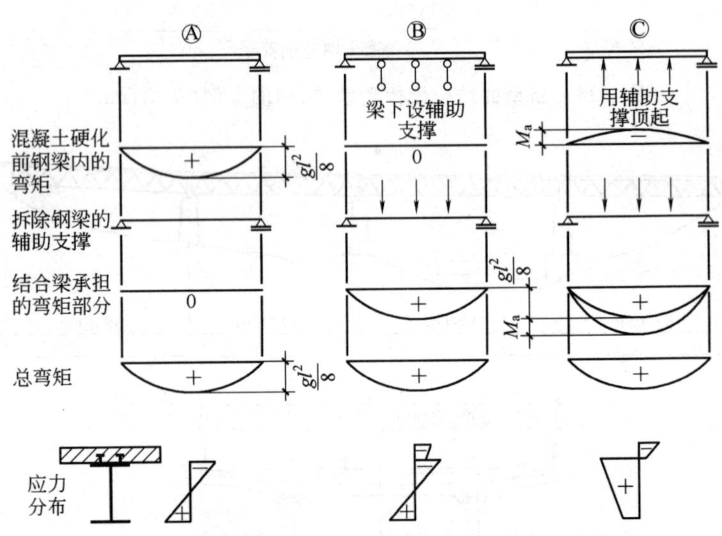


图 1.16　不同建造过程下辎重引起的弯矩和应力(Roik)

在选择腹板的时候，宁愿选择较厚的钢板，以节省防止腹板屈曲的纵向加劲。通过使用受拉孔理论，也可以通过加强其他连续梁孔的横向加劲来取消整个的纵向加劲，由此所引起的问题至多是振动所引起疲劳作用的大小。

与普通的建筑结构比，桥梁必须考虑疲劳，为此，设计必须满足运行状态下的合理强度要求，在铁路桥梁中要做相应的检算。

对于键销，在任何情况下均应该做运行状态强度检算（替代旧的 2/3 原则），为此，荷载效应必须尽可能地根据荷载模型精确计算，虽然荷载作用在键销上，而键销又焊接在上翼缘上。因为在正弯矩区域，中性轴位于钢与混凝土结合缝上或在结合缝附近，这里的键销在运行状态下有可能达到剪切强度，所以键销要做强度检算。在负弯矩区域，也应该对焊接键销的翼缘板和键销剪切与翼缘板受拉同时出现的情况做相应的检算，见第 3.5 节。

德国在 20 世纪 70 年代和 80 年代，用预应力钢筋将多跨结合梁连在一起，通过这种方式来避免或限制负弯矩区混凝土翼缘板内的拉应力。这种预应力钢筋的预应力还可以通过安装措施来加以补充，如在浇注混凝土前抬高或混凝土硬化后降低钢梁等，以节省钢用量和避免太多的纵向预应力。自 20 世纪 80 年代末期以来，发展方向很明确，不再使用预应力钢筋来给结合梁桥施加预应力，也越来越多地避免安装措施和特殊的混凝土浇注程序。这样做虽然导致使用了较厚的钢板和较多的配筋，但总的结构往往是经济的，而且可能更坚固耐用。这时，计算结构内力要考虑负弯矩区域（无纵向预应力）的裂缝影响，见 5.5.2。

本书没有说明结合梁用于常见的下承式系杆拱桥的情况，因为这种桥的纵向收拉混凝土板还需要研究[12[28][1.59][1.73]]。

在结合梁桥领域，欧洲人已经开始取得一致，如目前的欧洲规范 EC 4.T2 应用于桥梁设计，但仅仅用于方案设计阶段[12[3]]。

# 2 结 合 板

## 2.1 概　　述

结合板就是能承重的屋盖板，它由压型钢板和表层混凝土组成，在施工时，压型钢板一经固定在其下的支撑结构上，便形成了灵活方便的工作平台，压型钢板也可以取代传统的模板。在最终状态，表层混凝土与压型钢板之间建立了剪切联结，所以下层的压型钢板在正弯矩区能承担拉力。因此，当混凝土凝固后，结合屋盖（以下统称结合板）或者说真正的结合板便形成了。

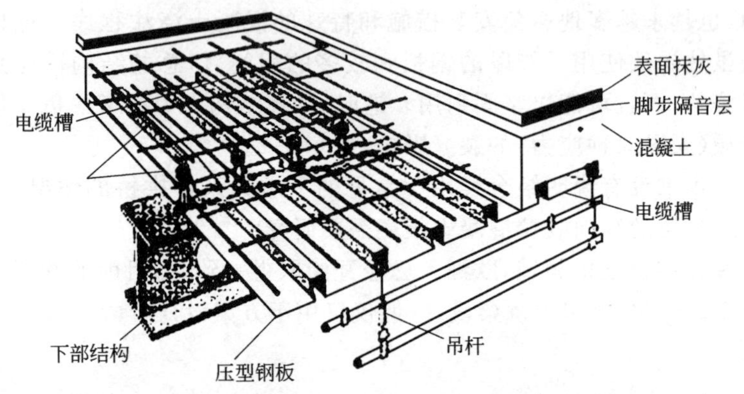


图 2.1　具有饰面和悬挂件的结合屋盖构造

结合板结构形式从北美传入欧洲，并且在这里得到强劲的发展。这种结构形式不仅建造时间明显缩短，而且还具有更经济和造型方便等优点。在前些年，就因为其出色的承载能力和结合构件的特点使结合板系列得到了发展并走向了市场，同时在土木工程领域得到快速的推广。当这种结合板使用带有小凸起的锯齿状几何形薄板时，端部也可以不设锚固。

在欧洲规范 EC 4 的第 7 节、第 10 节和附录 E 中包含了与结合板相关的基本原则及使用要求。但是，德国国家应用文件 NAD 要求：结合板只有在其生产、监理及连接强度满足目前有效的公共建筑监管技术规定的要求时，这种薄型钢才可以作为的受拉单元使用。根据第 7 节和附录 E 作的估算，仍然需要得到最高建设行政主管部门的同意或者符合公共的建筑监管技术规定的要求。

## 2.2 连接作用

结合板的问题首先在于如何在相对光滑的冷轧镀锌钢板与其上浇注的现场混凝土之间获得长期的连接作用，这种连接作用可以通过不同的方式来实现。图 2.2 给出了一些例子，在北美优先使用梯形压型钢板，其上有滚压或冲压的小块、凸块或凹槽。它们可以是横向的也可以是斜向的，混凝土与压型钢板之间的水平向相对移动或竖直向的分离均会在结合缝处产生阻力。有一种可选的方式，如图 2.2 的第三种情况，将钢筋网焊接在压型钢板上，由于它没有经受住实践的考验而被淘汰。同样，所谓的 RESO 板(如图 2.2 的第二种情况，通过小孔形成混凝土键销，这种情况几乎是刚性连接，这种板的特性与通常的钢筋混凝土板很类似)也不

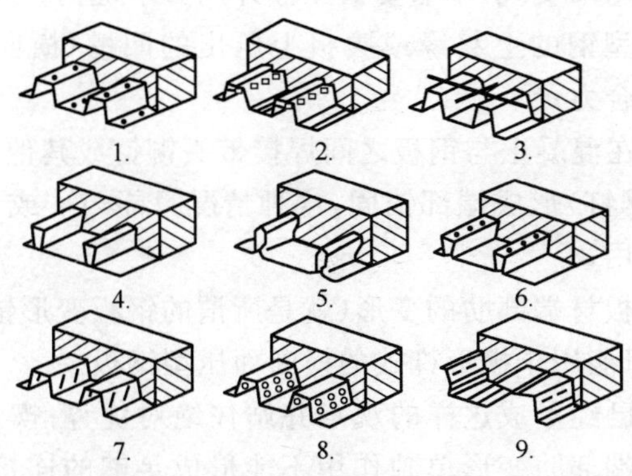


图 2.2　压型钢板与表面混凝土之间的连接(可选方案)

被市场认可。

对于结合结构使用压型钢板，目前欧洲正在研究和应用，主要有两种类型：一种是带或不带小块、凸块或凹槽的梯形截面型钢；另一种是带或不带小块、凸块的下部凹陷的（楔形榫式）压型钢板。这种下部凹陷的（楔形榫式）压型钢板虽然增加结合板的单位面积用钢量，但是对阻止型钢与表面混凝土的分离有很好的作用。对于光面钢板，这种形式可以增加摩擦力和钢板与混凝土之间的咬合力，若加上压出的小块，在结合缝处可以产生很好的连接作用，具有很好的抗剪能力。

欧洲规范 EC 4 通过下列措施来保证结合力，见图 2.3。

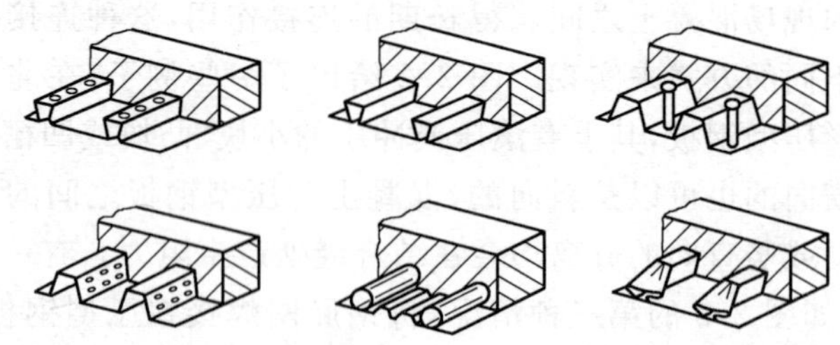

图 2.3　欧洲规范 EC 4 的结合力保证措施

a)通过楔形榫式的横断面来形成结合力，此时，剪切力通过摩擦和挟持作用来实现，不需要借助额外的力学键销；

b)通过型钢的上翼缘或腹板上压出的凹槽（横向或斜向）或小块形成结合力；

c)通过在混凝土与钢板之间焊接带头铆钉或其他的连接构件（比如定位铆钉）形成端部锚固，这种情况只能与 a 或 b 中的方法结合起来使用；

d)通过板材端部肋的变形（就是所谓的钢板变形锚）来形成端部锚固，这只能用于楔形榫式的横断面压型钢板。

在德国已经形成这样的观点并站住绝对优势：楔形榫式的横断面或板材端部肋变形单独作用不能形成足够的连接，以达到普通钢筋混凝土板的承载能力。纯粹的附着结合力（以下统称为黏结力)不被认为是可靠的连接,所以在计算时也不计它的作用。黏结力是不可靠的,因为它受到浇注表面混凝土时震动的影响。此外,它还是脆性的,因为通过裂缝之间混凝土的作用,在混凝土的裂缝中出现剪切应力尖劈,它可能导致整个黏结缝出现拉链状破坏,而形成老的"拱加拉杆"承载模型,见图 2.4。

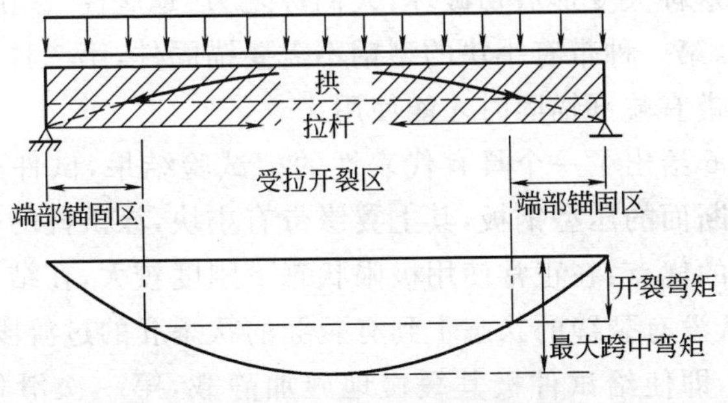


图 2.4 "拱加拉杆"承载模型

对于单跨板,在支座附近没有裂缝,该剪力区作为压力拱与拉杆的锚固区。当荷载继续增加时,该端部锚固区突然整体向外滑移,破坏时没有出现显著的给人以提示的塑性变形。

图 2.5 示意性地显示了两个短试件的剪切试验"荷载—滑移过程"图,两个试件均采用了楔形榫式横断面的压型钢板,但是第一个试件的型钢带有小块(第二个没有),这样就可以得到较好的机械连接,由此导致不同的结构特性。

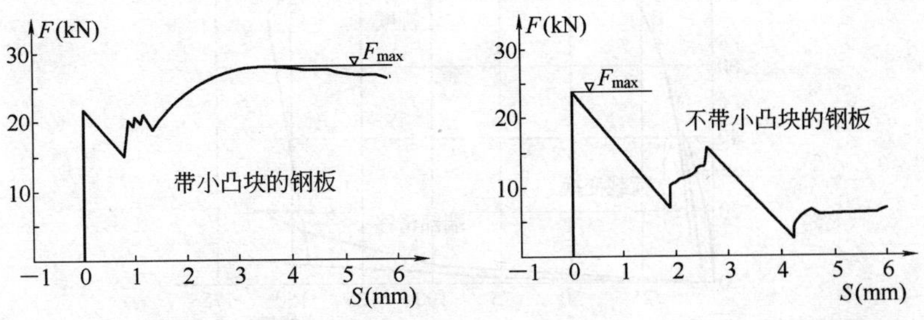


图 2.5 楔形榫式横断面压型钢板的剪切试验结果[2.18]

对于第二个剪切试验(右图),在黏结连接破坏后只有少量的剩余承载力(摩擦、挟持作用),这种特性就是所说的“脆性”。第一个实验(左图)则完全不同,在黏结连接破坏后,型钢带有的小块开始起作用,它在结合缝处提供显著的抗剪能力,并且试验荷载可以明显提高,滑移量仍然可以增加,而且不出现突然的荷载下降现象。对于这种大变形剪切破坏,人们称之为“延展性”。由此,在工程实践中,第一种带有小块的型钢不需要锚固件,第二种光滑的型钢只能在带有端部锚固时才能使用。

图 2.6 给出了一个具有代表性的板试验结果,试件采用了楔形榫式横断面的压型钢板,其上翼缘带有小块,该试件的受力特性具有明显的优点:在正常使用极限状态下刚度较大,在结合缝处没有滑移,从没有裂缝的状态Ⅰ到有裂缝的状态Ⅱ的过渡段很明显,在试验中,即使给试件极其缓慢地施加静载,第一次滑移大约在5 000次的荷载循环后开始出现。在第一次可测量的端部滑移出现之后,到结合板达到其承载力,试验荷载仍然可以有一个显著的提高,并且出现明显的挠度和滑移,但是还没有荷载的突然下降。

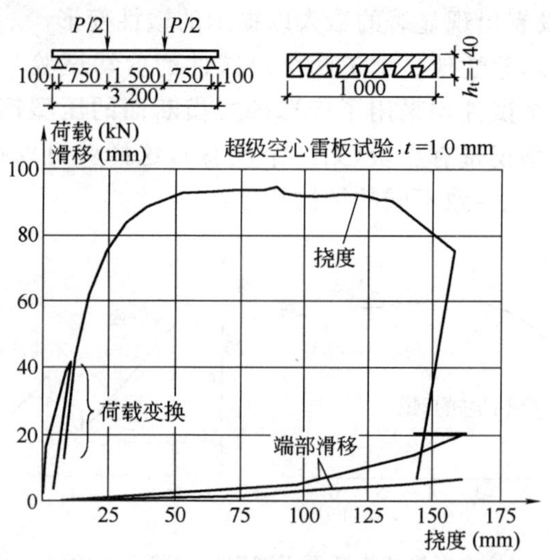


图 2.6　结合板试验示意(尺寸单位:mm)

这种承载和破坏特征被称之为“延展性”，这与使用延性键销的结合梁的特性很类似(参见图 4.38)。在这两种情况下，即使在它们达到承载能力的时候，结合缝之间伴随滑移的共同作用仍然不充分。这样便可以对延性结合板和使用延性键销的结合梁近似按部分结合方法来计算。由于薄型钢本身具有的抗弯承载力很小，最终导致部分结合的曲线稍有不同。同时，在设计中需要注意的危险截面的定义也不同。

结合板的设计必须满足以下条件：图 2.7 所示各截面的极限状态承载能力不能突破，为此必须判断以下破坏形式。

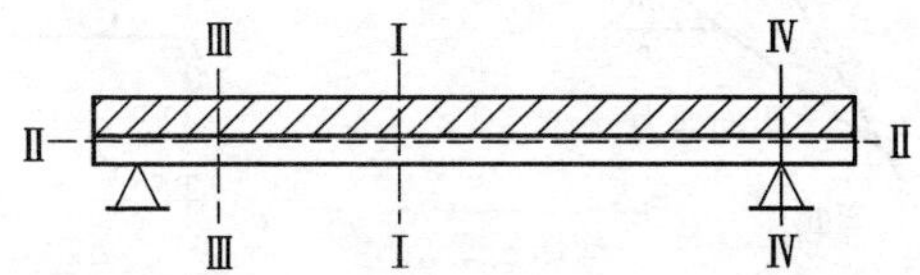


图 2.7 需验算极限承载能力的截面

截面Ⅰ-Ⅰ：正弯矩区破坏，这只在“完全联结”情况下才起控制作用；

截面Ⅱ-Ⅱ：结合缝处纵向剪切破坏，结合缝的承载能力决定着结合板的最大抗弯承载力，结合板的极限承载能力不能充分发挥，这种情况存在于“部分联结”的情况，同时伴随着结合缝处的滑移；

截面Ⅲ-Ⅲ：混凝土的竖向剪切破坏，这种情况对于小跨径、承受集中荷载的结合板很重要；

截面Ⅳ-Ⅳ：负弯矩区破坏。

## 2.3 用 $m+k$ 法拟定尺寸

图 2.8、图 2.9 所示的 $m+k$ 法描述根据欧洲规范 EC 4 计算结合板的纵向抗剪极限承载力的标准过程，这是一种半经验计算过程，没有相应的力学模型。

图 2.8 包含以下三种破坏可能。对于结合板，这三种破坏均

可能发生，因此也要求对这三种情况进行检算。

- 弯曲破坏，位于弯矩和剪切长度均较大的地方；
- 在Ⅰ～Ⅱ区域发生纵向剪切破坏，抗弯极限承载能力得不到充分发挥；
- 混凝土板的横向力剪切破坏（取决于混凝土的强度）。

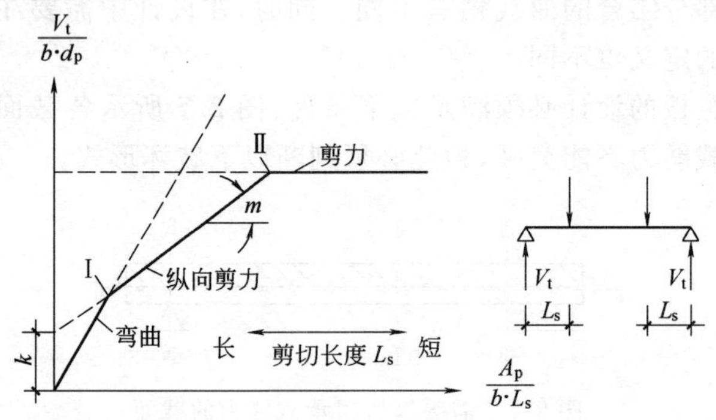


图 2.8　破坏可能性及 $m+k$ 法

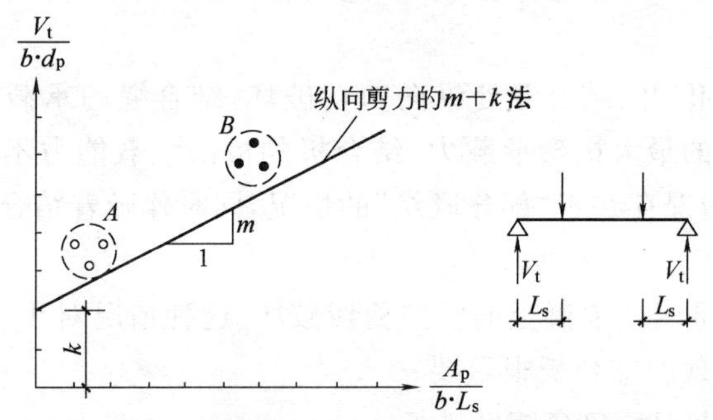


图 2.9　根据 $m+k$ 法的试验结果评价

纵向抗剪极限承载力的区域简化为等级Ⅰ～Ⅱ之间的区域，它的位置通过两个曲线参数 $m$（斜率）和 $k$（纵坐标的截距）来确定。这个等级所包含的 $m$ 和 $k$ 的特征值是根据板的试验推导出来的，如图 2.9 所解释的那样，它可以直接用来计算。欧洲规范 EC 4 将构件能承受的横向剪力因此表示为：

$$V_{l,Rd}=b\cdot d_p[(m\cdot A_p)/(b\cdot L_s)+k]/\gamma_{vs} \qquad (2.1)$$

式中 $L_s$——剪切长度；

$b$——板的宽度；

$d_p$——有效计算高度；

$A_p$——型钢的面积；

$\gamma_{vs}$——分项安全系数，取 1.25。

对于脆性破坏的结合板，要计入一个额外的分项安全系数 $\Delta\gamma_{vs}=1.25$。

一旦确定 $m$ 和 $k$(比如根据建筑管理技术规定)，设计过程就很简单：最大竖向剪力 $V_{sd}$ 就不应该大于式(2.1)确定的极限值 $V_{l,Rd}$。

为了确定 $m$ 和 $k$，需要对单跨简支结合板作 1∶1 模型试验，试验的结果包含所有结合板试件的影响，例如材料、板的几何形状、结合效果和共同作用等，此后人们不能过滤并分理出这些影响的大小，所以这一证明过程也存在缺点，如果需要改变或扩大其使用领域，每次都得做承载力试验。对于改变薄钢板和板的厚度以及其他的措施如支座配筋或端部锚固等也同样都得做承载力试验。实际的系统和荷载都与实验的条件不一致(连续板、集中力与均布荷载的组合)，如此看来，我们必须对结合板的设计作进一步的估算。

## 2.4 根据部分结合方法拟定尺寸

### 2.4.1 概　　述

对于使用“延性”梁和“延性”破坏的结合板，欧洲规范 EC 4(目前在附录 E 中)是用部分结合方法来验算其纵向抗剪极限承载能力的，该法建立在有效的力学模型之上。模型的基础是：在结合缝处为不完全的共同作用，并且有大的相对滑移，具体解释见以下章节。

### 2.4.2 柔性结合板的部分结合

部分结合指的是：相对于结合板关键截面处的抗弯极限承载

力，结合连接太弱，剪力区的键销抗剪承载能力的总和不足以将与抗弯承载能力对应的混凝土中的压力传出去。

柔性结合板破坏时，在结合缝处出现大的相对滑移和端部滑动，见图 2.6。这时贝努利的平面假定对于整个截面来说是不合适的，但截面的每一部分仍然存在平面假定，并存在两条中和轴，它们决定相应部分材料的完全塑性应力分布，见图 2.10、图 2.11。

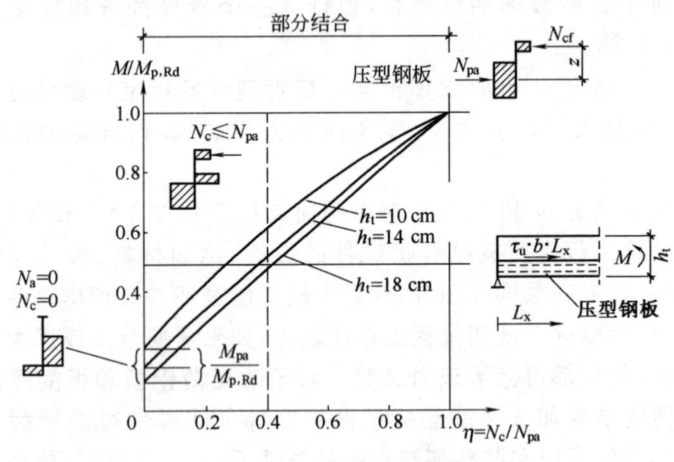


图 2.10 部分结合计算

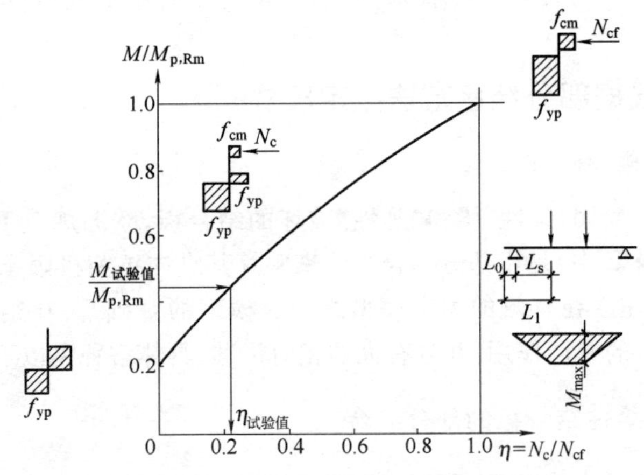


图 2.11 板试验和评价(用真实值)

结合板的承载力根据方程(2.2)计算：

$$M_{p,Rd}=N_c \cdot z+M_{pa,N} \tag{2.2}$$

对于没有普通荷载的纯弯构件，拉力 $N_a=\eta N_{pa}$ 等于混凝土压力，这一对力通过力臂 $z$ 共同作用。对于完全连接即 $\eta=100\%$，其极限抗弯承载能力直接通过力偶 $|N_{cf}|=N_{pa}$ 计算（见图 2.12)，对于 $\eta=0\%$ 的情况，极限抗弯承载能力 $M_{pa}$ 由型钢单独承担。中间状态 $0<\eta<100\%$ 即为部分结合，力偶通过结合缝之间的连接才能共同作用，当然这个作用大小有上限。由于 $N_a<N_{pa}$，型钢没有得到充分利用，所以型钢可以承担一些额外的弯矩 $M_{pa,N}$。部分结合理论在计算中假设混凝土的压应力是曲线型，它比 $N_{pa}$ 要小，也可以根据横截面的内力平衡来确定。结合板越薄、压型钢板的弯曲越得到充分利用，曲线越丰满。在较厚的板中，曲线则变得伸展，并达到极限应力下的最大承载力，见图 2.10。

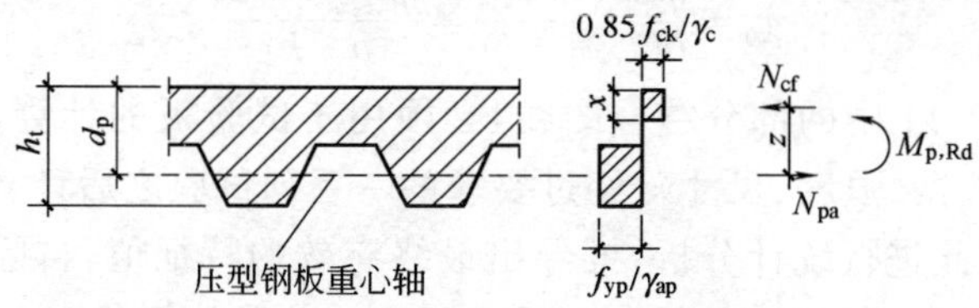


图 2.12　计算极限弯矩 $M_{p,Rd}$ 时的应力分布

能否将所有的压型钢板面积用于计算极限抗弯承载力是一个问题。另一个问题是，薄压型钢板中受压的部分要屈曲隆起。在钢板或压型钢板中，那些明显为斜的或横向凹槽的部分，它们是不能承力的(手风琴效应)。如果计算的截面是这种情况并带有小凸起，就需要用试验来验证，并根据建筑监管技术规定或其他类似特殊规定计算。

### 2.4.3　计算结合强度设计值 $\tau_{ud}$

纵向剪切承载力(为结合强度)不像剪切试验中那样需要根据销钉计算得出，而是像结合板试验中那样用两个线性分布荷载来计算(图 2.11)。通过这个方法,也可以对板的变形、黏结作用和支座上的摩擦力进行深入的研究,它们的影响在板的试验中是不能分开的。所以目前正在努力通过试验方法,比如所谓的滑块试验[1.54,2.33],对设计过程进行改进。与此相对应,混凝土的抗压强度起到次要的作用,所以它在 $m+k$ 法评价方法中就不出现。这意味着,只要混凝土具有一定的基本强度,当混凝土与钢板之间产生滑移时,钢板上的小凸起、凹槽及其周围的钢腹板产生变形,而混凝土仍然保持完好。

在试验中,结合板的关键断面处在某一个位置①(图 2.11),在这一位置之前,纵向剪切力只能产生 $N_c$ 的混凝土压力。在部分结合中,要承担全部的抗弯能力这是不够的。图 2.11 显示了如何从截面①的 $M_{试验值}$ 来计算该关键断面的键销度 $\eta_{试验值}$ 的过程。假设结合力在剪切长度 $L_1$ 内均匀分布,则结合强度按下式计算:

$$\tau_u=\frac{\eta_{试验值}\cdot N_{cf}}{b(L_s+L_o)}=\frac{\eta_{试验值}\cdot N_{cf}}{b\cdot L_1} \tag{2.3}$$

图 2.11 中的部分结合图线,必须用于试验板的计算,并且使用真实数据(强度、尺寸),经过要求的一系列试验之后计算出相应的 $\tau_u$,对此进行统计分析,推导出最终有效的特征值,再除以分项安全系数 $\gamma_v=1.25$,便得到了结合强度 $\tau_{u,Rd}$ 的计算值。

结合钢板的纵向剪切承载力 $\tau_u$ 变化多样,所以到目前为止,对每一种新的形式都必须做板件试验,对于带小块、凸块或凹槽的下部凹陷的(楔形榫式)压型钢板,其纵向剪切承载力的变化范围为 350 kPa$<\tau_{u,m}<$700 kPa。它与投影(而非网状的或展开的压型钢板)面积有关。这一结合强度取决于型钢的形状(咬合力)、钢板的厚度(抵抗变形的强度)和钢板的强度。此外,小块本身对结构强度影响很大,比如其间距、在断面中的位置(刚度)、形状(侧边倾角)和高度(抵抗剪力)等。

到目前为止,对有覆盖层的结合压型钢板进行试验,其结合强度只有镀锌(其他参数都一样)钢板的 70%～80%。

人们已经清楚,在支座上方会产生额外摩擦力,目前将该额外的摩擦力统一考虑在均匀分布的结合强度 $\tau_u$ 中。对此可以这样理解:这个摩擦力可以借助于滑块实验来计算,像端部锚固措施那样评价。这样计算出来的平面结合强度 $\tau_u$ 稍微小一些,而且它在试验中几乎与剪切长度 $L_s$ 无关。到目前为止,计算所得的摩擦系数介于 $0.5<\mu<0.6$ 的范围内[2.16,2.21,2.22,2.33,1.54]。

### 2.4.4 纵向剪切承载力检算

检算过程如图 2.13。根据图中的设计弯矩界限来研究部分结合理论,它是根据强度的设计值、压型钢板的名义几何参数计算出来的,是结合板在纵向剪切破坏时能够承受的荷载限界。对于任意截面 $L_x$ 处都必须满足:

$$M_{sd} \leqslant M_{Rd} \tag{2.4}$$

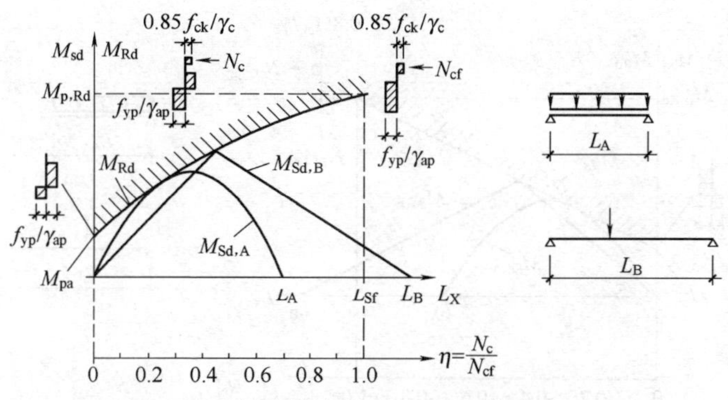


图 2.13 部分结合设计法(均匀分布方式)

图 2.13 中的 $M_{Rd}$ 是任一截面的抗弯承载力,它是截面与临近支座距离 $L_x$ 的函数。为了利用图中的弯矩限界,需要借助 $L_{sf}$ 进行校验。$L_{sf}$ 按下式计算:

$$L_{sf}=\frac{N_{cf}}{b\cdot\tau_{u,Rd}} \tag{2.5}$$

它描述了两个相邻支座的间距,在此之间布置的键销需要达到完全结合的要求,这样,全部的抗弯极限承载力(而不是纵向剪切)就成了设计的重点。只在 $L_x<L_{sf}$ 的范围内才是部分结合。

这种设计方法，亦如图 2.13 所示，可以用于任意的荷载形式和荷载位置。如果极限承载力是确定的，只需要计算最危险截面的荷载效应，并且满足条件 $M_{sd}=M_{Rd}$。

实际设计中也可以采用简化方法，将图中的曲线用图 2.14 中的直线内插来代替：

$$M_{Rd}=M_{pa}+\eta\cdot(M_{p,Rd}-M_{pa}) \tag{2.6}$$

截面 $L_x$ 处的键销度按式(2.7)计算：

$$\eta=\frac{L_x}{L_{sf}}=\frac{L_x\cdot(b\cdot\tau_{u,Rd})}{N_{cf}}=\frac{N_c}{N_{cf}} \tag{2.7}$$

用图 2.14 中的直线来代替图 2.13 中的曲线偏于安全，且计算式和计算流程明显简单(图 2.15)，这样便可以较简单地编制适用计算程序[2.21]。

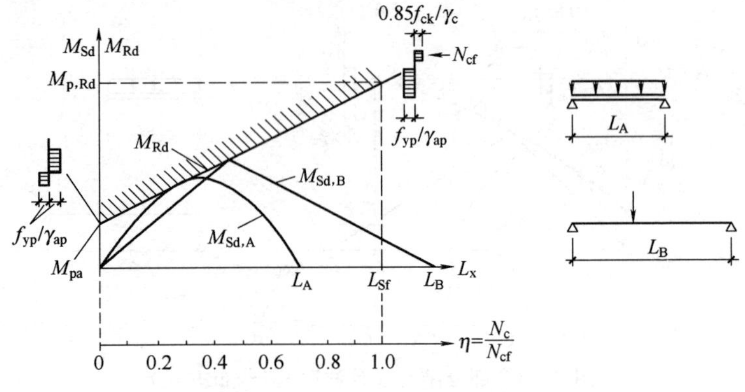


图 2.14　直线内插简化设计法

图 2.16 由简化的直线内插法计算得到，显示的是一个带有小块的新一代空心肋板随跨度的不同而计算出来的结果：

控制断面 $L_x/L$(大约在 0.2～0.3 之间)；

键销度 $\eta$ 在控制断面上(不在跨中)；

抗剪承载力 $q_s$(部分结合)取决于满载时的抗弯承载力 $q_B$。

人们已经知道，在这种情况下如果不设置端部锚固的话，满载的抗弯承载力 $q_B$ 只有在相当大的跨度下才会达到。至于端部锚

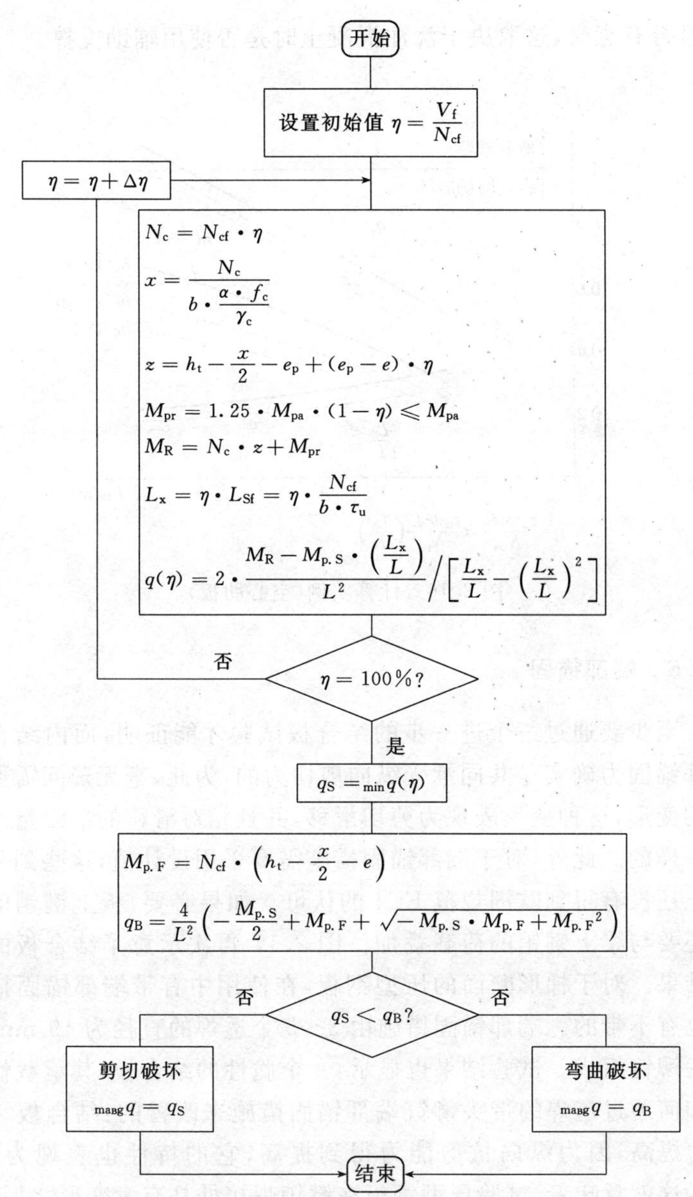

图 2.15 均布荷载下简化设计法计算流程[2.21]

固是否有意义，这取决于浇注混凝土时是否使用辅助支撑。

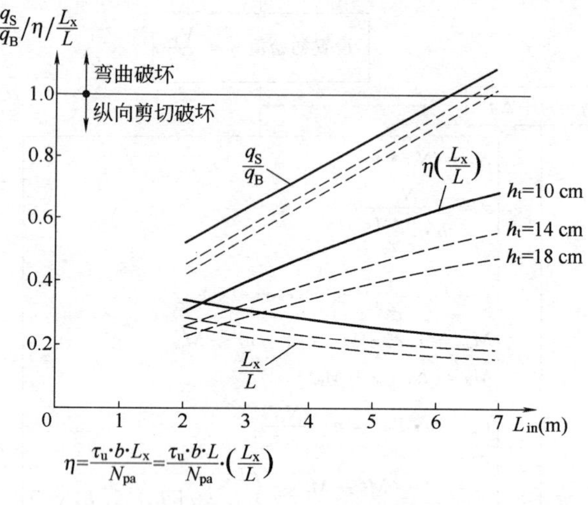


图 2.16　计算实例(空心肋板)

### 2.4.5　端部锚固

至少要通过三个进一步的结合板试验才能证明，面内结合和端部锚固力确实是共同承受纵向剪切力的，为此，毫无疑问需要一定的变形，这种变形表现为剪切滑移，并且相对滑移的最终量几乎是一样的。此外，对于端部锚固措施需要采用设计值，这些到目前为止还没有得到欧洲规范 EC4 的认可。如果必要，板上键销的荷载还要与梁上键销的荷载叠加。图 2.17 再次示意了结合板的试验结果。对于梯形断面的压型钢板，在使用中有带端部锚固措施的也有不带的。端部锚固措施由 3～5 个透焊的直径为 19 mm 的带头铆钉组成。试验结果也显示，一个脆性的结合板，其承载性能是如何通过透焊的带头铆钉端部锚固措施来改善的：结合板承载能力提高，因为纵向抗剪能力得到提高，它的特性也表现为“延性”，这就意味着，试验压型钢板在键销焊接处具有大变形之后，出现局部撕裂并失去端部锚固作用之前，它的总体性能改善了很多。

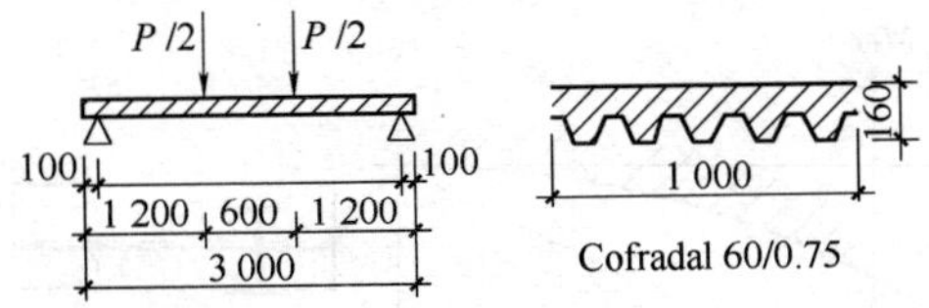


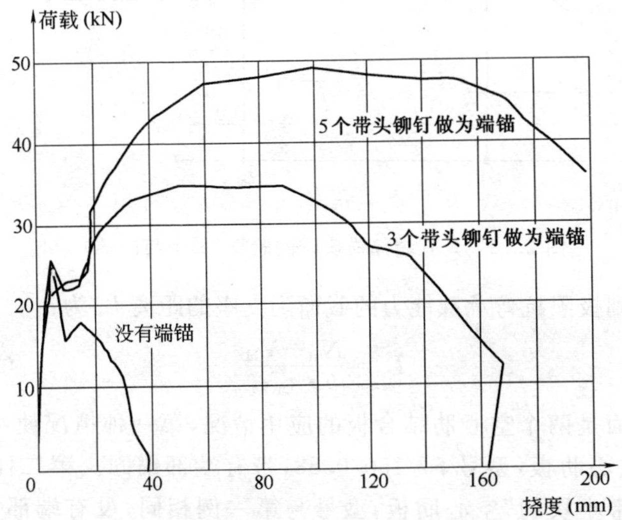


图 2.17 带和不带端部锚固(EV)的梯形截面压型钢板结合板承载特性(尺寸单位:mm)

总的来讲,验算过程与 2.4.4 中介绍的方法一样,在用于设计的部分结合图表中,应该通过改变混凝土的压力 $N_c$ 来考虑端部锚固的作用,$N_c$ 按下式计算:

$$N_c = b \cdot L_x \cdot \tau_{u,Rd} + V_{ld} \tag{2.8}$$

这一作用将导致原来的图线沿 $L_x$ 方向向左平移,平移量为 $V_{ld}/(b \cdot \tau_{u,Rd})$,见图 2.18。

用简化的直线内插法检算时,用下式计算:

$$M_{Rd} = M_{pa} + \eta_{EV} \cdot (M_{p,Rd} - M_{pa}) \tag{2.9}$$

位于 $L_x$ 处的键销度 $\eta_{EV}$ 按下式计算:

$$\eta_{EV} = \frac{L_x \cdot b \cdot \tau_{u,Rd} + V_{ld}}{N_{cf}} = \frac{N_{c,EV}}{N_{cf}} \tag{2.10}$$

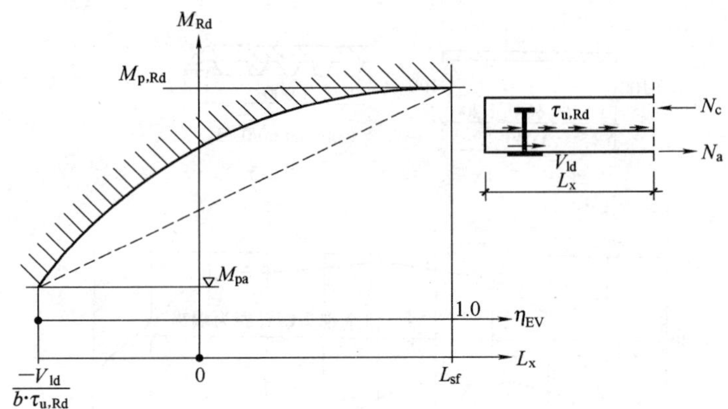


图 2.18　具有端部锚块时的验算(平衡与内插)

达到极限抗弯承载能力的截面到支座的距离 $L_{sf}$ 为:

$$L_{sf}=\frac{N_{cf}-V_{ld}}{b \cdot \tau_{u,Rd}} \tag{2.11}$$

下面是两个空心肋结合板的应用情况,第一种情况使用"光滑的"空心肋板,型号 51/150/0.88,带有端部锚固。第二种情况使用"带小块的"空心肋板,型号与第一例相同,没有端部锚固。为了简化起见,假设如下数据:

第一种情况:型钢带小块,$\tau_u=400$ kPa;

第二种情况:型钢不带小块,$\tau_u=100$ kPa;

第三种情况:型钢不带小块,但有一个可以承担 50%钢板拉力的端部锚固。

结合强度 $\tau_u$ 与通常情况一样,它不与实际接触面积有关而是与投影面积相关联。

比较两个空心肋结合板的计算图线(图 2.19、图 2.20),两者的承载能力差别非常明显,但它们同时显示,人们可以用以下方法获得同样的承载力:一方面可以不使用键销而使用"带小块的"型钢板;另一方面可以使用"光滑的"型钢板而同时设置端部锚固。图中第三种情况似乎与"旧的"空心肋板技术规定对应,第一种情况似乎与“新的”、“带小块的”空心肋板技术规定对应。如果以钢板变形锚固为基础，上述型钢板拉力的 50%可以在钢板的端部锚固住，所以在部分结合曲线中只注重 $0.5\leqslant\eta\leqslant1.0$ 时弯矩覆盖的范围，也就是图 2.20 中使用的情况。此外，人们还发现在 Hoesch 技术规定和空心肋板技术规定中，到目前为止一直将容许剪力区扩展到端支座和跨中(最大跨间弯矩)整个区域是正确的。这样就可以避免麻烦地去寻找控制截面，反正在第三种情况中的最大弯

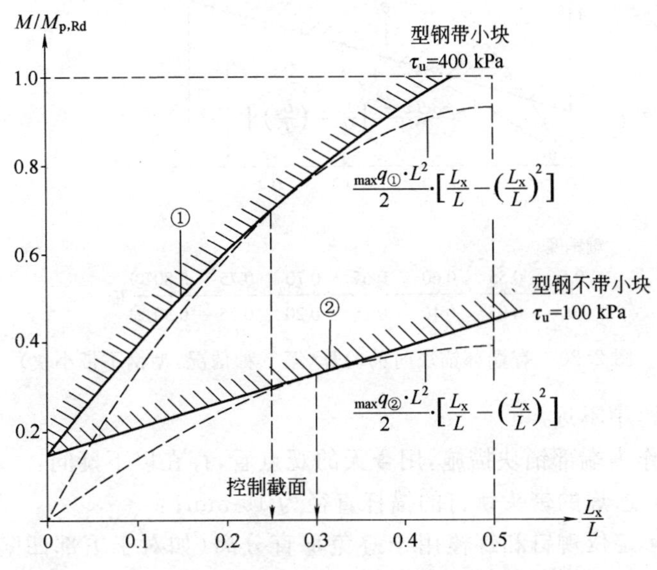


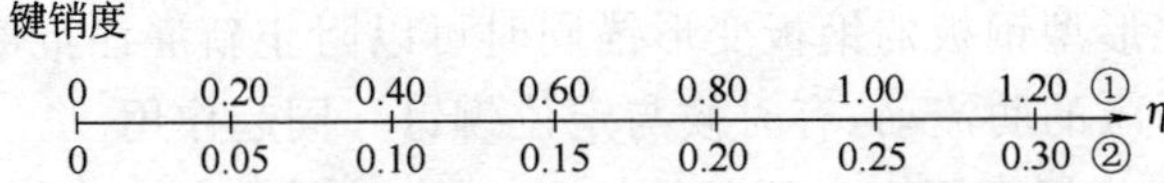


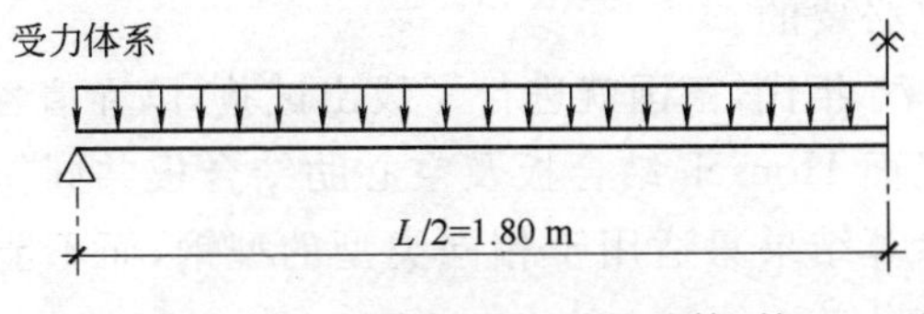


图 2.19　无端部锚块时的验算(第一、二种情况)

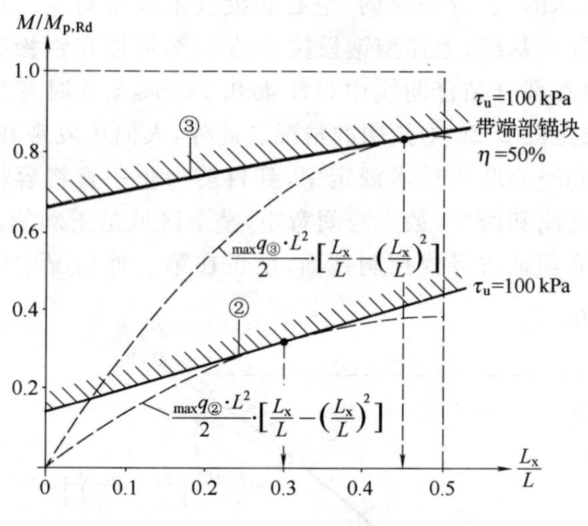


图 2.20　有端部锚块时的验算(第三种情况:型钢不带小块)

矩离跨中不远。

作为端部锚块措施,用今天的观点看,存在以下疑问:

- 透焊的带头铆钉的锚杆直径为 19 mm;
- 定位铆钉和螺栓用于避免垂直分离(如对于下部凹陷的楔形榫式压型钢板,带头铆钉在板端部后);
- 燕尾形型钢板的钢板变形锚同时可以阻止新灌注混凝土顺着开敞的肋流动,有时候与定位铆钉一同起作用。

早期应将钢板固定在下部结构上,以防止风将其向上刮走,这在任何情况下都是必要的。

早在 20 世纪 70 年代,德国就进行了拔出试验,以弄清各种形式的端部锚固同光面 Hoesch 结合板及空心肋结合板共同作用时的承载力。这些计算结果只适用于相同类型的型钢,而不能作为一般情况进行推广12[29]。

对于透焊的带头铆钉，欧洲规范 EC 4 根据作用在螺栓连接上的挤压应力，给出了其承载力的极限值，该值对于所有的结合钢板可能都是偏于安全的。

$$P_{pb,Rd}=k_{\Phi}\cdot d_{d0}\cdot t\cdot f_{yp}/\gamma_{vs} \tag{2.12}$$

式中

$$k_{\Phi}=1+a/d_{d0}\leqslant 4.0 \tag{2.13}$$

$P_{pb,Rd}$——型钢内两相邻带头铆钉宽度之间的拉力设计值；

$d_{d0}$——焊接隆起部位的直径（$d_{d0}\approx 1.1d$）；

$f_{yp}$——型钢的极限强度；

$a$——连接键的轴与钢板端部的距离（$a>2d_{d0}$）；

$t$——型钢的厚度。

当表面混凝土阻止薄钢板隆起并产生额外的固定作用时，根据式(2.12)作的估算宁可保守一些为好。

对于钢板变形锚，每个肋的极限承载力约为：

$$P_{Rd}=A_{Rippe}\cdot f_{yp}/\gamma_{vs} \tag{2.14}$$

式中 $A_{Rippe}$——变形肋在端部的横截面积，见图 2.26。

### 2.4.6 辅助筋检算

当需要额外考虑下缘的辅助配筋时，从理论上讲，其检算过程应该与钢板的检算一样，这里把楼板的结合板分两部分布置，即结合板和普通钢筋混凝土板，见图 2.21。需要注意的是，两部分的受压区域是一个，它与两个受拉区平衡。图 2.22 描述了一些部分结合的试验结果。

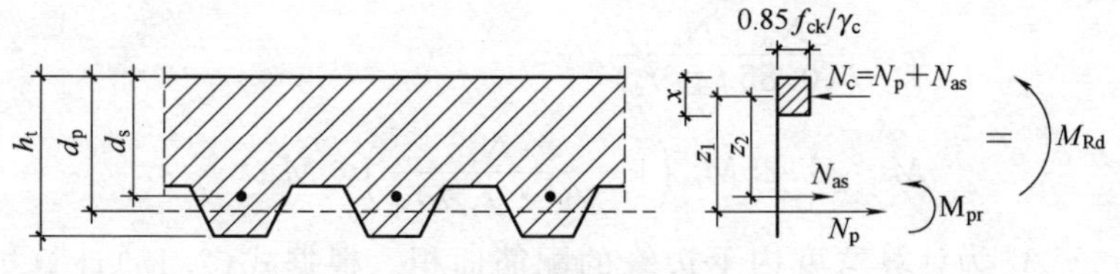


图 2.21 辅助纵向配筋

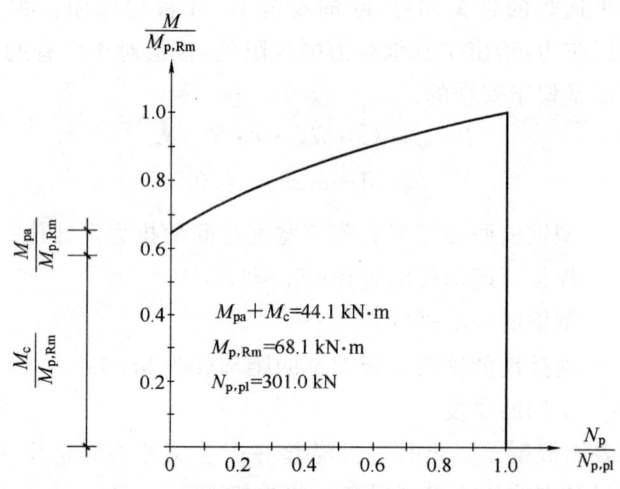


图 2.22　带辅助纵向配筋的结合板的试验结果

EC 4 的附录 E 5 中包含了相关的辅助纵向配筋的应用规则，但它没有说明需要配置钢筋的位置和容许的最大配筋率。

具有辅助纵向配筋时的抗弯承载力可按下式计算：

$$M_{Rd}=N_p z_1+M_{pr}+N_{as}z_2 \tag{2.15}$$

式中　$N_p=bL_x\tau_{u,Rd}$

$N_{as}=A_s f_{sk}/\gamma_s$

$z_2=d_s-0.5x$

$z_1=h_t-0.5x-e_p+(e_p-e)\dfrac{N_p}{A_p f_{yp}/\gamma_{ap}}$

$x=\dfrac{N_p+N_{as}}{b(0.85f_{ck}/\gamma_c)}$

$M_{pr}\approx 1.25M_{pa}\left(1-\dfrac{N_p}{A_p\cdot f_{yp}/\gamma_{ap}}\right)\leqslant M_{pa}$

$A_s$ 为计算宽度内下边缘的配筋面积。根据式(2.15)计算抗弯承载力时要求中性轴在表面混凝土内。

## 2.5 连续结合板

结合板在房屋建筑和工业建筑中具有更广泛的应用空间，特别方便之处在于，它可以使用尽可能长的压型钢板，也因此可以建造连续结合板。这种连续作用在压型钢板不连续时也能完成，压型钢板的厚度通常根据施工状况决定，它代替传统的施工模板。在结合板的最终状态，人们追求的是跨内的压型钢板能够充分使用，而在支座处又尽可能地减少配置，为此，支座处的弯矩折减是必要的，它由梁支座截面足够的转动来保证。

这样，结合板也就有了麻烦。由于在极限承载能力状态下，钢板和混凝土之间的纵向剪切承载力受到限制，其作用是不完全的，也就是说，这样的结合仅仅是部分结合。在板的控制截面处，伴随混凝土的开裂和塑性变形，结合缝处的滑移对连续梁体系的刚度、弯矩、承担的荷载以及变形等的重分配影响很大。

在德国，关于结合板配筋的一般要求在建筑监管技术规定中予以明确，其中关于连续结合板的配筋，到目前为止，仅包含以下两条可选择的保守内容：

- 用线弹性计算时，限制支座处的弯矩折减为15%，在负弯矩区域可以简单地注意梳状的钢筋混凝土断面而不考虑薄的型钢板；
- 或者按照简支梁链来设计，只在中间支座处按最小构造配筋率来配筋以限制裂缝宽度。

欧洲规范 EC 4 使更为经济的设计成为可能，该规范规定，如果薄型钢板在负弯矩区域内连续的话，该区域内的薄型钢板也可以一并参与计算，具体内容如下：

- 用线弹性理论计算，最大考虑30%的弯矩折减；
- 用塑性铰理论计算，对于跨度小于 3 m 和使用高延展性配筋时，不需要作截面转动验算；
- 按照简支梁链计算，也就是忽略连续梁的影响（此时也可以用 $m+k$ 法）。

在欧洲规范 EC 4 中，在关于连续结合板计算规则的部分，既没有提到压型钢板与表面混凝土的不完全共同作用问题，也没有对塑性铰的转动能力提出要求。

负弯矩区的弯矩承载力由以下三部分组成：一部分来自型钢板的抗弯能力 $M_{pr}$；一部分来自混凝土中的普通钢筋 $M_c$，这一部分要考虑弯矩与轴力的共同作用；一部分来自力偶产生的弯矩。

在负弯矩区，通过相对较低的键销度可以实现钢与混凝土之间的完全共同作用，并获得完全的塑性抗弯承载力。在压型钢板和混凝土之间具有完全结合和没有结合两种情况下，附加承载力的差别并不大。这说明，键销度对负弯矩区的弯矩承载力影响并不重要。但压型钢板自身的抗弯承载力部分则正好相反，特别是在支座截面配筋较少、压型钢板比较厚以及压型钢板截面比较高时，对负弯矩区弯矩承载力的影响更为突出。为此，混凝土中的配筋要保证截面有足够变形以保证压型钢板能够充分塑性化。

结合板在负弯矩区的特性，很大程度上取决于钢筋混凝土板。对于在支座处一般配筋的连续结合板，主要是弯拉破坏，并且有变形预兆。这说明在所有情况下，破坏由弯拉区的配筋塑性变形而引起。截面的转动能力是根据限制裂缝宽度的最小配筋率，通过配筋断裂来控制的。对于较高配筋率的截面，受压区的混凝土破坏，压缩增加，裂缝张开。对负弯矩区截面转动能力影响最大的因素是配筋率、受压区混凝土的形状（也就是压型钢板的几何形状）和配筋的延性。

与纯粹的钢筋混凝土板相反，压型钢板的延性承载力对结合截面的转动能力产生有利影响。同时，压型钢板产生的环向收缩和连续结合板中间支座下强大的压力对板的变形（尤其是受压区混凝土破坏时板的变形）产生有利影响。

图 2.23 显示了一个连续结合板的端跨，受均布荷载作用，极限承载力通过不同的工程模型计算出来。其跨间的弯矩承载力，将通过部分结合的相关图线和完全连接的塑性抗弯承载力来加以限制。

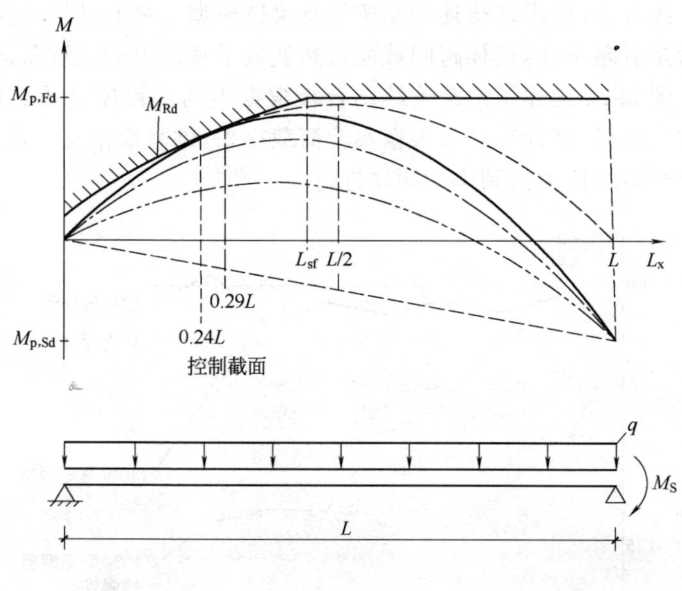


| 线形 | 计算模型 | $M_S$ | $\frac{q}{q_{FGT}}$ |
|---|---|---|---|
| ------ | 简支梁链 | 0 | 0.80 |
| ——— | 塑性铰理论 | $M_{p,Sd}$ | 1.00 |
| -·—·- | 30% 弯矩调整 | $M_{p,Sd}$ | 0.84 |
| -··—··- | 线弹性理论 | $M_{p,Sd}$ | 0.59 |

图 2.23　SupeRib 连续结合板端跨的极限承载力（$\mu_s=0.7\%$）

两个点化线描述的弯矩变化，分别表示按线弹性理论计算的弯矩没有折减和折减 30%的情况。在这两种情况下，中间支座的弯矩对可能承受的最大荷载起决定性的作用，弯矩图明显处于$M_{Rd}$之下。这意味着即使跨间截面为部分结合、截面不同部分之间没有共同作用，跨间部分也并没有得到充分利用。如果支座截面具有足够的转动能力，使得各截面内力大小可以按照塑性铰理论来计算，这样，构件的极限承载力便可根据控制截面处弯矩图$M_{Sd}$和承载力 $M_{Rd}$曲线之间的相切点来计算。

图 2.23 中虚线描述的是按简支梁链模型计算的结果,它将支座弯矩忽略不计,这样跨间截面自然就成了承载力的关键截面。

图 2.24 描述了两跨连续结合板根据不同工程模型得到的系列实验结果,其计算结果根据实验荷载得来,试验根据支座弯矩与跨中弯矩之比由大到小的顺序进行[2.21,2.27]。

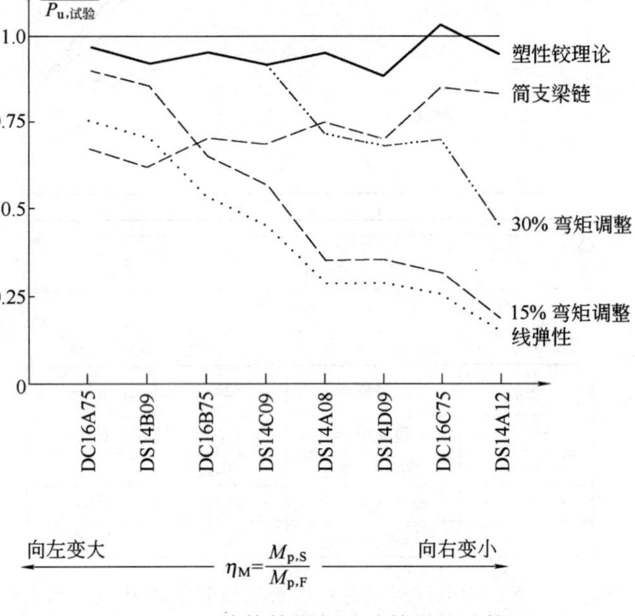


图 2.24　计算结果与试验结果的比较

很清楚,比例系数 $\eta_M$ 对根据不同模式计算得到的结果与试验结果之间的一致性影响较大。如果支座截面的承载能力相对较大,线弹性计算模型配合一定的弯矩折减得到的结果与试验结果吻合较好。而按简支梁链计算的结果则偏离试验结果较远。主要原因是这种情况下,只需要较小的弯矩折减,系统便达到了承载能力;当跨中很强劲而支座截面配筋较少时,情况正好相反,此时有较多的弯矩从支座向跨中转移,因此要求支座截面有较大的转动能力,以便跨中截面得到充分利用。此时计算过程比简支梁链模型简单,同时计算结果比塑性铰理论还好。塑性计算加上充分的弯矩折减,其结果与试验结果符合得较好。

根据图 2.24,这种拓展的塑性铰理论(FGT)的计算结果符合实际情况并且使我们能够得到安全的承载荷载估计。

与欧洲规范 EC 4 上能够执行的几个应用规则相反,能否将塑性计算过程应用于连续结合板,不单通过跨度和配筋的延展性来限制。

对截面转动有重要影响的其他因素还有“结合特征”,如受压区混凝土的形状(也就是压型钢板的几何形状)、配筋率、板的厚度及荷载图形等。

对于目前已经了解的使用下部凹陷的(楔形榫式)压型钢板和小块制成的结合板,这种拓展的塑性铰理论可以应用于 $L\leqslant 6$ m 的情况。

对于梯形截面压型钢板制成的结合梁,中间支座处梳状混凝土受压区存在提前破坏的可能性,所以压型钢板的塑性尤其在高配筋率下得不到保证,与此同时,截面的弯矩调整也只能完成一小部分。此时这种拓展的塑性铰理论只能应用于 $L\leqslant 3$ m 的情况;同时支座处的压型钢板也不参与计算。

欧洲规范 EC 4 在 7.6.1.3 中给出了连续结合板的计算纵向抗剪能力的说明(见欧洲规范 EC 4 图 7.10)。

在考虑部分结合的情况下,使用这种拓展的塑性铰理论对跨间进行检算,此时计算跨度并不重要,在用线弹性理论计算截面内力并考虑弯矩折减时也是如此。

使用简支梁链模型计算时,计算跨度等于实际跨度。

使用 $m+k$ 法计算时,计算跨度等于正弯矩区长度。

## 2.6 剪　　力

关于剪力检算,在欧洲规范 EC 4 的 7.6.1.5 中有明确规定。但是对于高体形断面的计算宽度问题,无论如何我们都必须认真思考。

## 2.7 穿　　透

关于穿透检算，在欧洲规范 EC 4 的 7.6.1.6 中有明确规定。但我们做了大约 200 多个结合板的试验，从未发生过穿透的问题。

## 2.8 挠　　度

在欧洲规范 EC 4 的 7.6.2.2 中有一系列关于挠度估算的说明。

重要的是，使用者要知道，试验结合板在高使用荷载水平下有怎样的反应。如果一直没有观察到端部滑移，这就是刚性连接，此时的挠度可根据常规方法考虑裂缝计算得到，可用混凝土板的检算方法来作简化计算(长细比受到控制)。

最后，在图 2.25 中再总结一下不同简支结合板的试验结果。在具有两个荷载的四点试验中测得的跨中挠度显示，它们的承载与破坏过程的差别很明显，特别是端部锚固措施和压型钢板断面形式对试验结果影响明显。试验这样设计：尽可能在结合缝处出现纵向剪切破坏。对于在结合缝处具有大的抗剪能力的结合板，都能达到抗弯承载力。

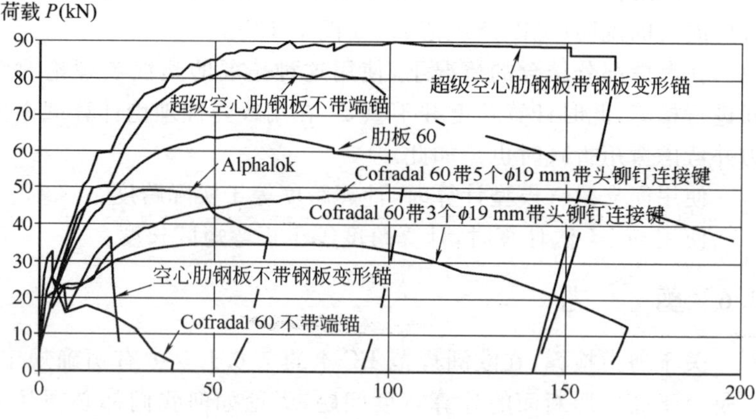


图 2.25　不同简支结合板的承载性能

图 2.25 中所说的“端部锚固”指的是透焊的带头铆钉连接键。对于光滑的压型空心肋钢板，可以在板的端部用所谓的“钢板变形锚”来实现“端部锚固”，见图 2.26。对于带小块的压型空心肋钢板，并不要求有“端部锚固”，它可以在无“端部锚固”的情况下使用。另外，这种“钢板变形锚”可以阻止新浇注的混凝土外流而弄污下面的支撑梁。

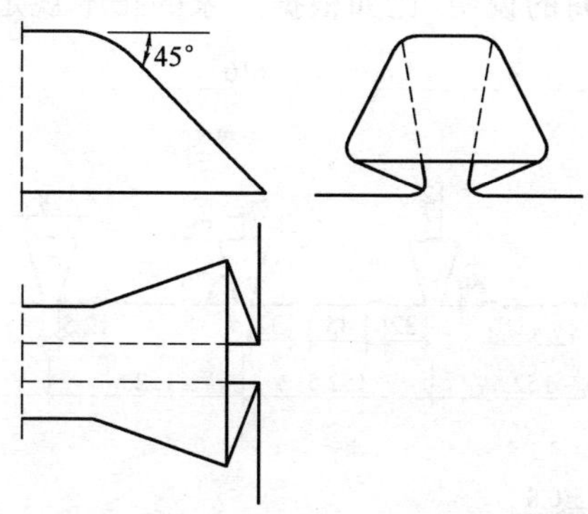


图 2.26 钢板变形锚(捶击连接键)

## 2.9 算例:结合板

### 2.9.1 概 述

这一根据欧洲规范 EC 4 作出的算例也参考了 NAD(国家应用文件 DASt-Ri 104)，对于参考 NAD 而与 EC 4 的要求不同时，在文中予以注明，读者以及使用者应注意以下几点：

1. 剪切强度的设计值根据 NAD 计算如下：

$$t_{\mathrm{Rd}}=0.09\sqrt[3]{f_{\mathrm{ck}}}$$

2. 结合板的抗弯承载力可通过简化的塑性应力计算图式来估算，而不必用精确的限制应变法来计算(与热轧型钢作为结合梁的钢梁比，具有较少的塑性储备)。

根据 NAD，可将混凝土的抗压强度设计值折减 80％来计入这一影响(见 EC 2)。具体为：

在试验评价中用 $0.8f_{cm}$ 代替 $0.85_{fcm}$；

在计算时用 $0.8 \cdot 0.85f_{ck}/\gamma_c = 0.7f_{ck}/\gamma_c$。

### 2.9.2 算例1:建设与使用状况

#### 2.9.2.1 初始数据、系统及荷载

a)带凸块的压型钢板

(根据制造商的说明,比如根据厂家的技术规定计算)

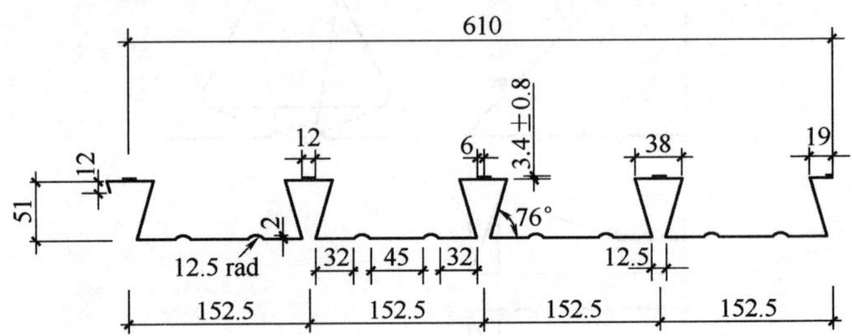


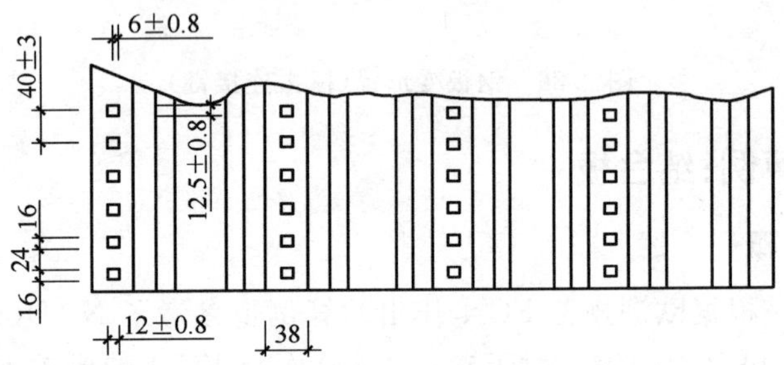


材料数据如下(图中尺寸单位为 mm):

$$t = 0.86\ \text{mm}$$

$$f_{yp} = 350\ \text{N/mm}^2 = 350\ \text{MPa}$$

$$A_p = 1\ 562\ \text{mm}^2/\text{m}$$

$$I_p = 62 \times 10^4\ \text{mm}^4/\text{m}$$

施工状态:

$$M^+_{p,Rd} = 6.1\ \text{kN} \cdot \text{m/m}$$

$$M^-_{p,Rd} = 6.3\ \text{kN} \cdot \text{m/m}$$

$$R_{p,Rd} = 37.0\ \text{kN} \cdot \text{m/m}$$

最终状态：$M_{pa}=8.1\ kN\cdot m/m$（无局部屈曲）

b)结合板

厚度：　　　　　$h_t=140\ mm$

混凝土 C25/C30：　$f_{ck}=25\ N/mm^2=25\ MPa$

$$f_{ctk0.05}=1.8\ N/mm^2=1.8\ MPa$$

$$E_{cm}=30.5\ kN/mm^2=30.5\ GPa$$

c)计算体系（图中长度单位为 m）

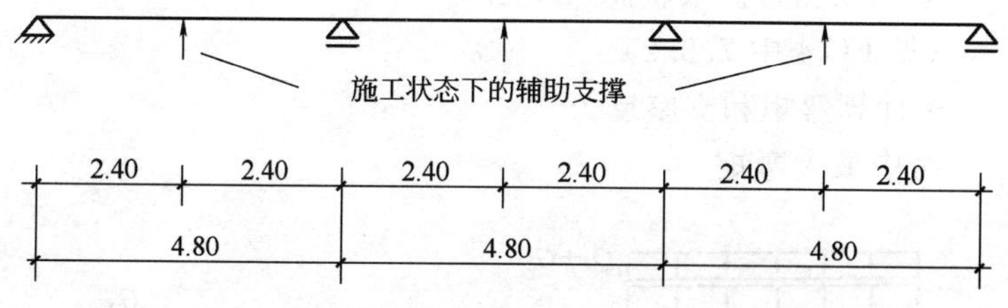


施工状态（光面压型钢板）：在跨中设置辅助支撑。

最终状态（结合板）：

该结合板按照简支梁链设计，跨度 $L=4.80\ m$，当然这里的压型钢板无论如何都是三跨连在一起的。

d)作用

施工状态（见 EC 4 中 7.3.2.1）：

钢板自重　　　　$G_p=0.13\ kN/m^2$

新浇注混凝土自重　$G_c=3.37\ kN/m^2$（$h_t=140\ mm$）

均布安装荷载　　$Q_1=0.75\ kN/m^2$

集中安装荷载　　$Q_2=1.50\ kN/m^2$

最终状态：

结合板自重　　　$G_1=3.3\ kN/m^2$

二期恒载　　　　$G_2=1.2\ kN/m^2$

活荷载　　　　　$Q=5.0\ kN/m^2$

e)分项安全系数

| | |
|---|---|
| 作用 | $g_G = 1.35$ |
| | $g_Q = 1.50$ |
| 混凝土抗力 | $g_C = 1.50$ |
| 压型钢板 | $g_{ap} = 1.10$ |
| 配筋 | $g_s = 1.15$ |
| 纵向剪力 | $g_{vs} = 1.25$ |

**2.9.2.2　检算施工状态下作为模板的压型钢板**

a)承载能力极限状态(ULS)

(见 EC 4 中 7.3.2)

● 计算弯矩和支座反力

跨中最大弯矩：

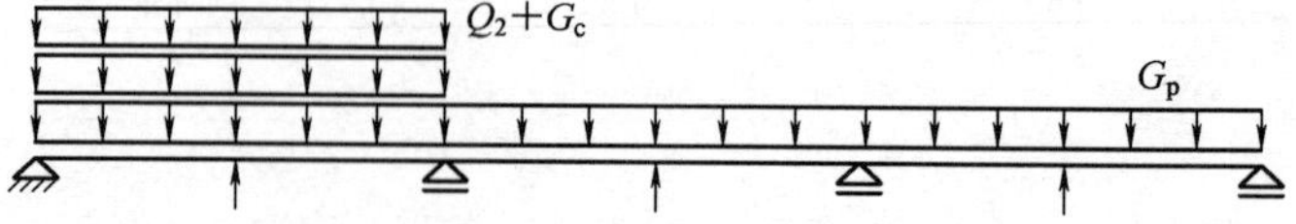


$$M_{Sd}^{+} = g_G \cdot M_G^{+} + g_Q \cdot M_Q^{+}$$

$$= 1.35 \times 0.078 \times 0.13 \times 2.4^2 + 1.35 \times 0.094 \times 3.37 \times 2.4^2 + 1.50 \times 0.094 \times 1.5 \times 2.4^2 = 3.76 (\text{kN} \cdot \text{m/m})$$

支座最小弯矩及相应支座反力：

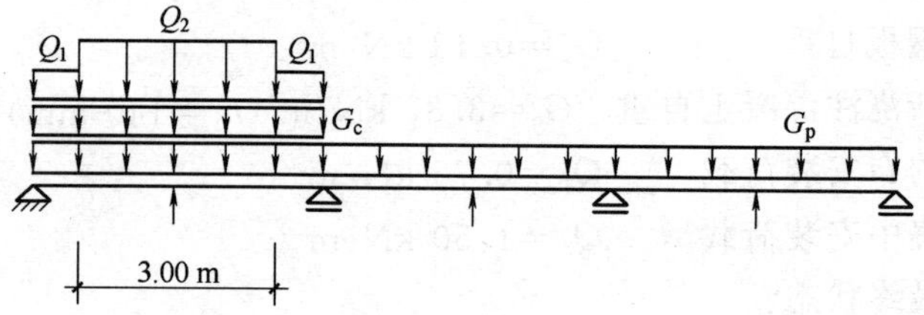


$$M_{Sd} = g_G \cdot M_G^{-} + g_Q \cdot M_Q^{-}$$

$$= -4.47\ \text{kN} \cdot \text{m/m}$$

$$R_{Sd}=g_G \cdot R_G+g_Q \cdot R_Q$$
$$=19.51\ \text{kN/m}$$

● 检算(见 EC 3 中 1.3 和 4.9)

$$M_{Sd}^{+}=3.76\ \text{kN}\cdot\text{m/m}<M_{p,Rd}^{+}(6.1\ \text{kN}\cdot\text{m/m})$$

$$M_{Sd}^{-}=4.47\ \text{kN}\cdot\text{m/m}<M_{p,Rd}^{-}(6.3\ \text{kN}\cdot\text{m/m})$$

$$R_{Sd}=19.51\ \text{kN/m}<R_{p,Rd}(37.0\ \text{kN/m})$$

$$\frac{M_{Sd}^{-}}{M_{p,Rd}^{-}}+\frac{R_{Sd}}{R_{p,Rd}}=\frac{4.47}{6.3}+\frac{19.51}{37.0}=1.24<1.25$$

为防止钢梁在浇注混凝土时出现弯扭失稳,可能时计入压型钢板的共同作用,在本算例中没有作这一计算。

b)正常使用极限状态(见 EC 4 中 7.5.2)

● 有效抗弯刚度

跨中最大弯矩:

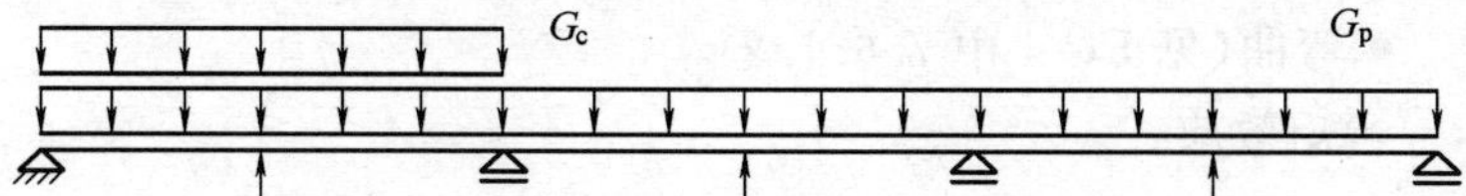


$$M_{ser}=0.078\times0.13\times2.4^2+0.094\times3.37\times2.4^2$$
$$=1.88(\text{kN}\cdot\text{m/m})$$

上翼缘最大压应力:

$$\sigma_{com}=M_{ser}\cdot z_{com}/I_p$$
$$=1.88\times10^6\times(51-17)/(62\times10^4)=103.1(\text{MPa})$$

上翼缘有效宽度控制(见 EC 3 中 1.3 和 3.2):

$$\lambda_p=1.053\times\frac{b_p}{t}\times\sqrt{\frac{\sigma_{com}}{E\cdot k_\sigma}}=1.053\times\frac{38}{0.86}\times\sqrt{\frac{103.1}{21\,000\times4.0}}$$

$=0.515<0.637$,$r=1.0$,上翼缘全宽度检算通过!

● 挠度

$$d_{ser}=\frac{(2.65G_p+3.4G_c)\cdot L^4}{384EI_p}$$

$$=\frac{(2.65\times0.13+3.4\times3.37)\times2\ 400^4}{384\times210\ 000\times62\times10^4}$$

$$=7.8(\text{mm})$$

$$d_p=7.8\ \text{mm}<\begin{cases}L/180=2\ 400/180=13.3(\text{mm})\\20\ \text{mm}\end{cases}$$

型钢与新浇注混凝土自重的挠度小于 $L/180$,由于新浇注混凝土而引起的额外荷载不必考虑(见 EC 4 中 7.5.2)。

**2.9.2.3** 简支梁链最终状态检算(图中长度单位为 m)

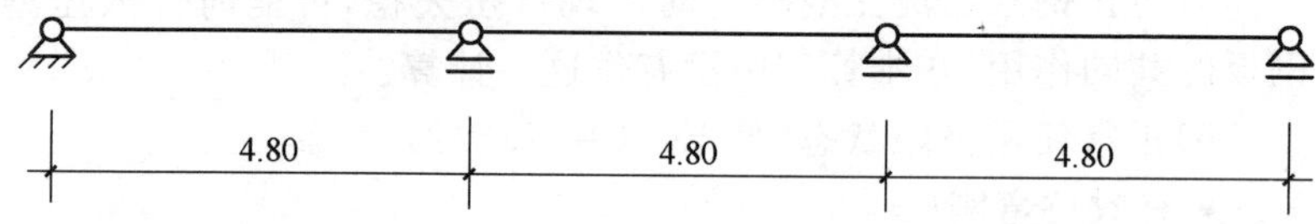


a)承载能力极限状态(ULS)

● 弯曲(见 EC 4 中 7.6.1.2)

弯矩效应:

$$M_{Sd}=\frac{[\gamma_G\cdot(G_1+G_2)+\gamma_Q\cdot Q]\cdot L^2}{8}$$

$$=\frac{[1.35\times(3.3+1.2)+1.5\times5.0]\times4.8^2}{8}$$

$$=39.1(\text{kN}\cdot\text{m/m})$$

弯矩抗力:

$$N_{cf}=\frac{A_p\cdot f_{yp}}{g_{ap}}=\frac{1\ 562\times350}{1.1}\times10^{-3}=497(\text{kN/m})$$

$$x=\frac{N_{cf}}{b\cdot\left(0.85\times\frac{f_{ck}}{\gamma_c}\right)}=\frac{497\times10^3}{1\ 000\times\left(0.85\times\frac{25}{1.5}\right)}=35.1(\text{mm})$$

根据 NAD,这里的系数必须用 0.7 来代替 0.85。

$$d_p=h_t-\text{e}=140-17=123\ \text{mm}$$

$$M_{p,Rd}=N_{cf}(d_p-0.5x)$$

$$=497(123-0.5\times35.1)\times10^{-3}$$

$$=52.4\ \text{kN}\cdot\text{m/m}$$

检算：

$$M_{\text{Sd}}=39.1\ \text{kN}\cdot\text{m/m}<M_{\text{p,Rd}}(52.4\ \text{kN}\cdot\text{m/m})$$

● 纵向剪切：$m+k$ 法（见 EC 4 中 7.6.1.3）

端支座处剪力的计算值：

$$A_{\text{d}}=V_{\text{Sd}}=\frac{[\gamma_{\text{G}}\cdot(G_1+G_2)+\gamma_{\text{Q}}\cdot Q]\cdot L}{2}$$

$$=\frac{[1.35\times(3.3+1.2)+1.5\times5.0]\times4.8}{2}$$

$$=32.6(\text{kN/m}^2)$$

纵向剪切承载力：

从出厂说明中可获得以下数据（技术规定）：

$$m=166k=0.150$$

剪切长度：$L_{\text{s}}=L/4=4\ 800/4=1\ 200(\text{mm})$，为均布荷载。

$$V_{\text{l,Rd}}=b\cdot d_{\text{p}}\cdot\left(\frac{m\cdot A_{\text{p}}}{b\cdot L_{\text{s}}}+k\right)/g_{\text{vs}}$$

$$V_{\text{l,Rd}}=1\ 000\times123\times\left(\frac{166\times1\ 562}{1\ 000\times1\ 200}+0.150\right)\times10^{-3}/1.25$$

$$=36.0(\text{kN/m})$$

检算：

$$V_{\text{Sd}}=32.6\ \text{kN/m}<V_{\text{l,Rd}}(36.0\ \text{kN/m})$$

● 纵向剪切：部分结合（可选择）（见 EC 4 附录 E）

出厂说明中给出结合强度：

$$\tau_{\text{u,Rd}}=280\ \text{kN/m}^2\text{（技术规定）}$$

完全结合情况下的剪切长度（$\eta=1$）：

$$L_{\text{sf}}=\frac{N_{\text{cf}}}{b\cdot\tau_{\text{u,Rd}}}=\frac{497}{1\times280}=1.775(\text{m})$$

用简化的部分连接图表法检算（内插法）：

要检算任何截面的弯矩效应 $M_{\text{Sd}}$ 都不超过弯矩抗力 $M_{\text{Rd}}$，图中剪切长度 $L_{\text{sf}}$ 决定本算例中结合板横断面弯矩效应的范围，它与键销度 $\eta=1$ 对应。

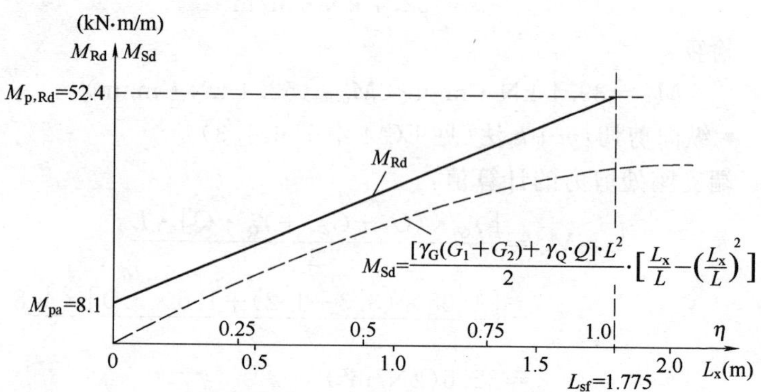


$M_{Sd} \leqslant M_{Rd}$在所有断面中得到满足。

● 剪力(见 EC 4 中 7.6.1.5)

剪力效应的设计值：

$$V_{Sd}=32.6\ \text{kN/m}\ (\text{见纵向剪切}:m+k\ \text{法})$$

抗力的设计值：

$b_0=750$ mm/m (混凝土肋的最小宽度)

$$\tau_{Rd}=0.25\times\frac{f_{ctk0.05}}{\gamma_c}=0.25\times\frac{1.8}{1.5}=0.3(\text{MPa})$$

注意：剪切强度的设计值按照 NAD 计算：

$$\tau_{Rd}=0.09\sqrt[3]{f_{ck}}$$

$$k_v=1.6-d_p=1.6-0.123=1.477>1$$

$$A_p=b_0\cdot t=750\times0.86=645(\text{mm}^2)$$

$$\rho=\frac{A_p}{b_0\cdot d_p}=\frac{645}{750\times123}=0.007$$

$$\begin{aligned}V_{v,Rd}&=b_0\cdot d_p\cdot t_{Rd}\cdot k_v\cdot(1.2+40\cdot r)\\&=750\times123\times0.3\times1.48\times(1.2+40\times0.007)\times10^{-3}\\&=60.6(\text{kN/m})\end{aligned}$$

检算：

$$V_{Sd}=32.6\ \text{kN/m}<V_{v,Rd}(60.6\ \text{kN/m})$$

b)选择：按连续结合板设计

最小支座弯矩见图：

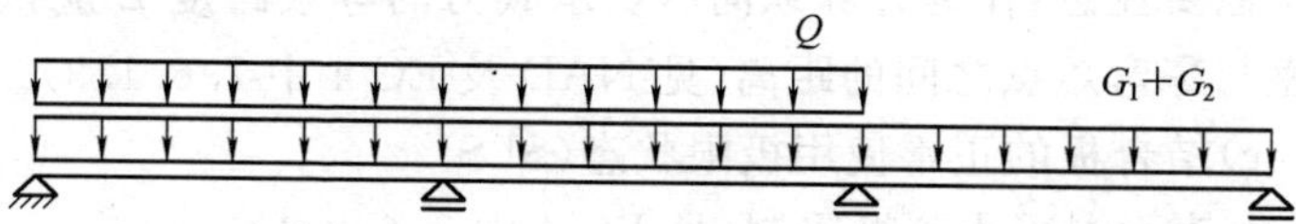


用弹性理论计算截面内力：

$$M_{Sd}^{-}=g_{G}\cdot M_{G}^{-}+g_{Q}\cdot M_{Q}^{-}$$

$$=1.35\times(-0.10)\times(3.3+1.2)\times4.82+1.5\times(-0.117\times5.0\times4.82)$$

$$=-34.21(\text{kN}\cdot\text{m/m})$$

弯矩折减30％后：

$$M_{Sd}^{-}=-34.21\times(1-0.30)=-23.95(\text{kN}\cdot\text{m/m})$$

中间支座截面处抗力的计算值，考虑纵向配筋：

选择单位长度5$\phi$12：$A_s=565\ \text{mm}^2/\text{m}$

距离混凝土板上缘：$e_s=20$ mm

混凝土受压区(肋)宽度折减：$f_{sk}=500$ MPa

$$b_c=870\ \text{mm/m}$$

$$N_{cf}^{-}=\frac{A_s\cdot f_{sk}}{\gamma_s}=\frac{565\times500}{1.15}\times10^{-3}=245.7(\text{kN/m})$$

$$x=\frac{N_{cf}^{-}}{b_c\cdot\left(0.85\times\dfrac{f_{ck}}{\gamma_c}\right)}=\frac{245.7\times10^3}{870\times\left(0.85\times\dfrac{25}{1.5}\right)}=19.9(\text{mm})$$

根据NAD，这里必须用系数0.7代替0.85。

$$M_{Rd}^{-}=N_c\cdot(h_t-e_s-0.5x)$$

$$=245.7\times(140-20-0.5\times19.9)\times10^{-3}$$

$$=27.03(\text{kN}\cdot\text{m/m})$$

承载能力极限状态(ULS)检算：

$$M_{Sd}^{-}=23.95\ \text{kN}\cdot\text{m/m}\leqslant M_{Rd}^{-}(27.03\ \text{kN}\cdot\text{m/m})$$

弯矩折减后跨间的弯矩小于3.1中按照简支板链计算的弯矩，由于荷载不再提高，所以不必作进一步的检算，它已满足3.1

的要求。

但要注意：作为计算纵向剪切承载力的等效跨度 $L$ 应该是端支座与零弯矩点之间的距离(见 NAD 及 EC 4 中 7.6.1.3)。

c)结合板的正常使用极限状态(SLS)

• 表面混凝土裂缝限制(见 EC 4 中 7.6.2.1)

连续结合板按照简支梁链设计，所以在中间支座处，要求配置至少 0.4%(以压型钢板肋以上的混凝土面积为计算基数)的钢筋。

$$_{\min}A_s=0.4\%\cdot b\cdot h_c=0.004\times1\,000\times89=356(\text{mm}^2/\text{m})$$

选择网格配筋 $R377$。

• 挠度(见 EC 4 中 7.6.2.2)

计算挠度时，假设结合板是连续的，制造商给出的信息表示，端部滑移对跨中挠度影响不大(在使用荷载水平下)，截面惯性矩取开裂和非开裂情况下计算值的平均值。此外，弹性模量也简单地用长期和短期弹性模量的均值来代替(见 EC 4 中 3.1.4.2.4)。

$$n=\frac{E_a}{E'_{cm}}=\frac{E_a}{\frac{1}{2}\times\left(E_{cm}+\frac{E_{cm}}{3}\right)}=\frac{210\,000}{\frac{2}{3}\times30\,500}=10.3$$

弹性状态下结算的截面特性：

开裂截面

$$x_c=\frac{\sum A_1\cdot z_i}{\sum A_i}=\frac{b\cdot x\cdot\frac{x}{2}+n\cdot A_p\cdot d_p}{b\cdot x+n\cdot A_p}$$

$$=\frac{n\cdot A_p}{b}\cdot\left(\sqrt{1+\frac{2\cdot b\cdot d_p}{n\cdot A_p}}-1\right)$$

$$=\frac{10.3\times1\,562}{1\,000}\times\left(\sqrt{1+\frac{2\times1\,000\times123}{10.3\times1\,562}}-1\right)$$

$$=48.8(\text{mm})$$

$$I_{c,c}=\frac{b\cdot x_c^3}{12\cdot n}+\frac{b\cdot x_c\cdot\left(\frac{x_c}{2}\right)^2}{n}+A_p\cdot(d_p-x_c)^2+I_p$$

$$=\frac{b\cdot x_c^3}{3\cdot n}+A_p\cdot(d_p-x_c)^2+I_p$$

$$=\frac{1\ 000\times48.8^3}{3\times10.3}+1\ 562\times(123-48.8)^2+62\times10^4$$

$$=1\ 298\times10^4(\text{mm}^4/\text{m})$$

非开裂截面

$$x_u=\frac{\sum A_1\cdot z_i}{\sum A_i}=\frac{b\cdot\frac{h_c^2}{2}+b_m\cdot h_p\cdot\left(h_t-\frac{h_p}{2}\right)+n\cdot A_p\cdot d_p}{b\cdot h_c+b_m\cdot h_p+n\cdot A_p}$$

$$=\frac{1\ 000\times\frac{89^2}{2}+834\times51\times\left(140-\frac{51}{2}\right)+10.3\times1\ 562\times123}{1\ 000\times89+834\times51+10.3\times1\ 562}$$

$$=73.2(\text{mm})$$

$$I_{c,u}=\frac{b\cdot h_c^3}{12\cdot n}+\frac{b\cdot h_c}{n}\cdot\left(x_u-\frac{h_c}{2}\right)^2+\frac{b_m\cdot h_p^3}{12\cdot n}+$$

$$\frac{b_m\cdot h_p}{n}\cdot\left(h_t-x_u-\frac{h_p}{2}\right)^2+A_p\cdot(d_p-x_u)^2+I_p$$

$$=\frac{1\ 000\times89^3}{12\times10.3}+\frac{1\ 000\times89}{10.3}\left(73.2-\frac{89}{2}\right)^2+\frac{834\times51^3}{12\times10.3}+$$

$$\frac{834\times51}{10.3}\times\left(140-73.2-\frac{51}{2}\right)^2+1\ 562\times$$

$$(123-73.2)^2+62\times10^4=2\ 525\times10^4(\text{mm}^4/\text{m})$$

开裂和非开裂情况下的平均值

$$I_{cm}=\frac{I_{c,c}+I_{c,u}}{2}=\frac{1\ 298+2\ 525}{2}\times10^4=1\ 912\times10^4(\text{mm}^4/\text{m})$$

挠度计算:取消辅助支撑

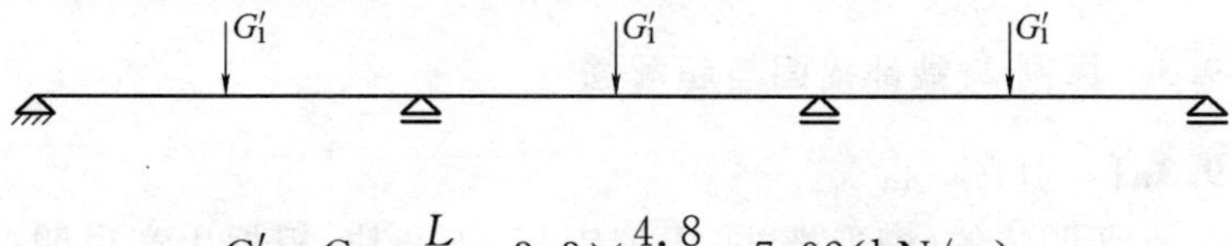


$$G_1'=G_1\cdot\frac{L}{2}=3.3\times\frac{4.8}{2}=7.92(\text{kN/m})$$

$$d_{c,G_1'} = 2.5\ \mathrm{mm}$$

板的施工荷载：

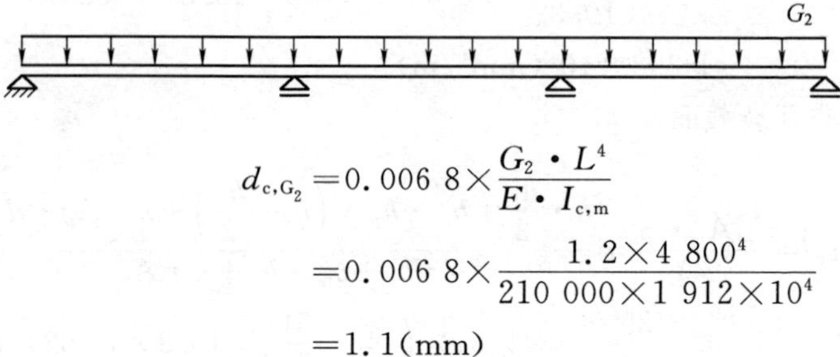


$$d_{c,G_2} = 0.006\,8 \times \frac{G_2 \cdot L^4}{E \cdot I_{c,m}} = 0.006\,8 \times \frac{1.2 \times 4\,800^4}{210\,000 \times 1\,912 \times 10^4} = 1.1(\mathrm{mm})$$

活荷载(使用荷载)

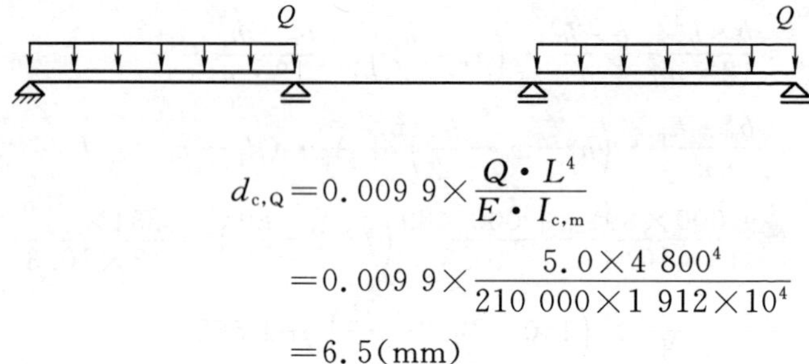


$$d_{c,Q} = 0.009\,9 \times \frac{Q \cdot L^4}{E \cdot I_{c,m}} = 0.009\,9 \times \frac{5.0 \times 4\,800^4}{210\,000 \times 1\,912 \times 10^4} = 6.5(\mathrm{mm})$$

总挠度

$$d_c = d_{c,G_1'} + d_{c,G_2'} + d_{c,Q} = 2.5 + 1.1 + 6.5 = 10.1(\mathrm{mm}) \approx L/475 < L/250$$

该挠度小于欧洲规范 EC 3 推荐的限制值 $L/250$。

### 2.9.3 算例 2:端部锚固与超配筋

#### 2.9.3.1 引　　言

下部凹陷的(楔形榫式)压型钢板,无凸块,根据生产说明(技术规定)如下(图中单位为 mm):

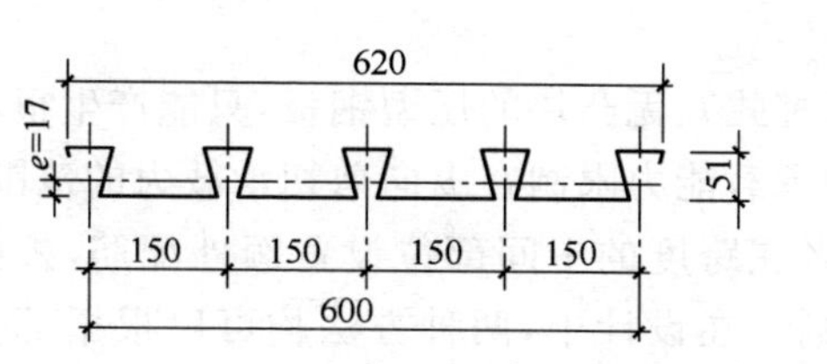

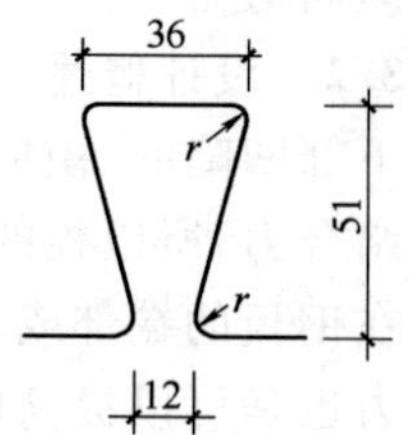


$t=0.84$ mm

$f_{yp}=280$ MPa

$A_p=1\,562$ mm²/m

$I_p=62\times10^4$ mm⁴/m

结合板在最终状态,光面钢板在没有连接情况下的抗弯承载力($\eta=0$):$M_{pa}=6.3$ kN·m/m

结合板厚度:$h=160$ mm

混凝土 C25/30:$f_{ck}=25$ MPa

计算体系(图中长度单位为 m):

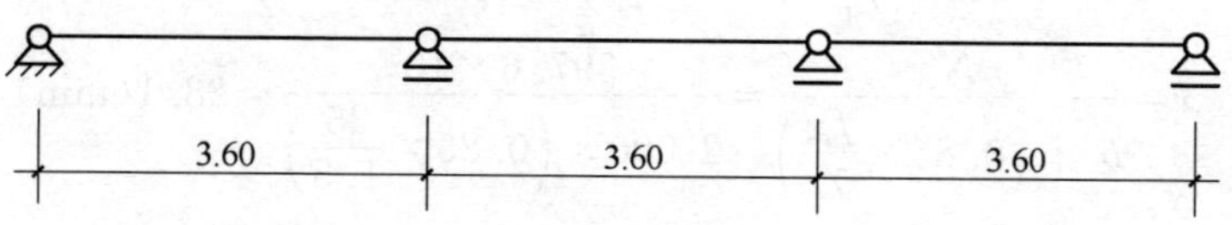


最终状态作为简支梁链来设计:

结合板的自重　　$G_1=3.55$ kN/m²

二期恒载重　　$G_2=1.2$ kN/m²

活荷载　　$Q=5.0$ kN/m²

分项安全系数:

作用　　$g_G=1.35$

　　$g_Q=1.50$

混凝土抗力　　$g_C=1.50$

压型钢板　　$g_{ap}=1.10$

配筋　　$g_s=1.15$

纵向剪力　　　　　　$g_{vs}=1.25$

**2.9.3.2** 设计概述

下部凹陷的(楔形榫式)、无凸块的压型钢板,只能产生很小的机械结合力,所以板的承载能力限制在纵向剪切承载力的范围内。

在钢板的端部或者在跨度的中间部位设置额外配筋,板的承载能力也是可以提高的。在设计中,两种方法均可以根据部分结合法加以考虑。

**2.9.3.3** 纵向剪切承载力检算(见 EC 4 附录 E 3)

根据生产说明(如技术规定),结合强度的设计值为:

$$\tau_{u,Rd}=34.0\ \text{kPa}$$

完全连接要求的剪切长度:

$$L_{sf}=\frac{N_{cf}}{b\cdot\tau_{u,Rd}}=\frac{A_p\cdot\dfrac{f_{yp}}{\gamma_{ap}}}{b\cdot\tau_{u,Rd}}=\frac{1\,562\times\dfrac{280}{1.1}}{1\,000\times 34}=11.7(\text{m})$$

用直线内插法检算部分结合:

$$N_{cf}=\frac{A_p\cdot f_{yp}}{\gamma_{ap}}=\frac{1\,562\times 280}{1.1}=397.6(\text{kN/m})$$

$$x=\frac{N_{cf}}{b_c\cdot\left(0.85\times\dfrac{f_{ck}}{\gamma_c}\right)}=\frac{397.6\times 10^3}{1\,000\times\left(0.85\times\dfrac{25}{1.5}\right)}=28.1(\text{mm})$$

根据 NAD,这里必须用系数 0.7 代替 0.85。

$$d_p=h_t-\text{e}=160-17=143(\text{mm})$$

$$M_{p,Rd}=N_{cf}\cdot(d_p\text{-}0.5x)=397.6\times(143-0.5\times 28.1)$$
$$=51.3(\text{kN}\cdot\text{m/m})$$

$M_{Sd}>M_{Rd}$检算不满足要求!

**2.9.3.4** 端部锚固检算(见 EC 4 附录 E 4)

端部锚固的基本数据如下:

类型:带头铆钉连接键 $\phi$19 mm,穿过型钢焊接;

数量:每一个肋中一个,在宽度范围内每米设置 6.67 个连接键。

带头铆钉连接键承载能力的设计值如下:

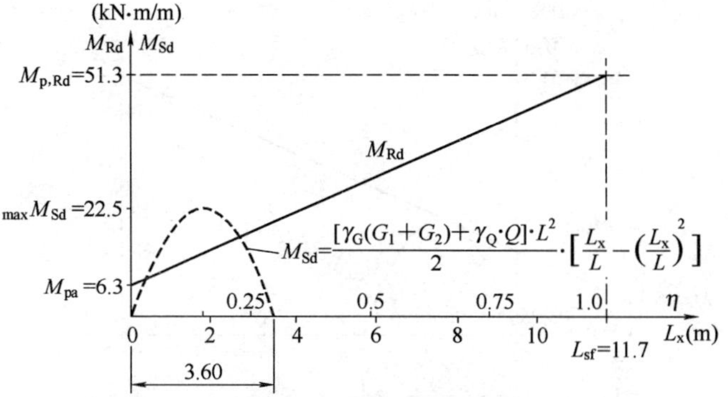

$$t=0.84\ \text{mm}$$

$$d_{d0}=1.1\times19=20.9\ \text{mm}$$

$$a=2d_{d0}$$

$$k_p=1+a/d_{d0}=3$$

$$P_{pb,Rd}=k_p\cdot d_{d0}\cdot t\cdot f_{yp}/r_{ap}$$

$$P_{pb,Rd}=3\times20.9\times0.84\times280\times10^{-3}/1.1=13.4(\text{kN})$$

端部锚固承载力如下：

$V_{ld}$＝每米板宽内的连接键数量×每个连接键的承载力

$=6.67\times13.4=89.4(\text{kN/m})$

$$\eta_{ld}=\frac{V_{ld}}{N_{cf}}=\frac{89.4}{397.6}=0.225$$

用线性内插法检算如下：

端部锚固对纵向剪切承载力的作用，通过图中直线向左推移考虑，表现为结构构件的抗力。直线向左推移的量通过纵向剪切承载力的一部分来确定。

$$\frac{-V_{ld}}{b\cdot\tau_{u,Rd}}=\frac{-89.4}{1.0\times34}=-2.63(\text{m})$$

$$\frac{N_{cf}-V_{ld}}{b\cdot\tau_{u,Rd}}=\frac{397.6-89.4}{1.0\times34}=9.07(\text{m})$$

对于任何截面均能满足 $M_{Sd}\leqslant M_{Rd}$，这意味着现在的检算(使用端部锚固)通过要求！

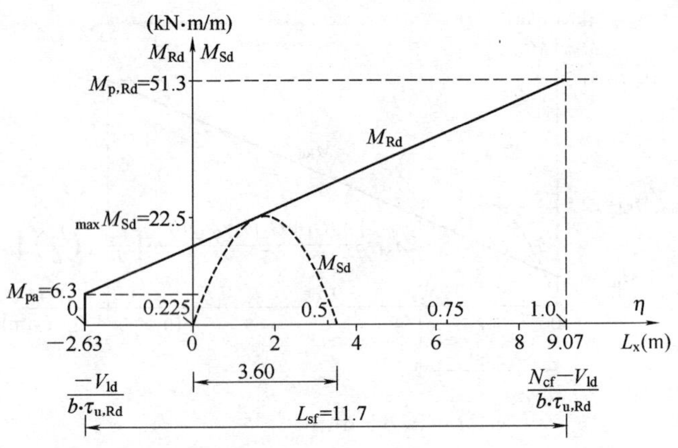


**2.9.3.5　超配筋检算(见 EC 4 附录 E 5)**

配筋基本数据如下：

$1\phi 6$ mm(每一个肋)

$A_s = 188\ \text{mm}^2/\text{m}$

$f_{sk} = 500$ MPa

$d_s = 130$ mm(距混凝土覆盖层上缘距离)

抗弯承载力如下：

$$N_{as} = \frac{A_s \cdot f_{sk}}{\gamma_s} = \frac{188 \times 500}{1.15} \times 10^{-3} = 81.7(\text{kN/m})$$

$\eta = 0$ 和 $L_x = 0$：

$$N_P = 0$$

$$x = \frac{N_{as}}{b \cdot \left(0.85 \cdot \frac{f_{ck}}{\gamma_c}\right)} = \frac{81.7 \times 10^3}{1\,000 \times \left(0.85 \times \frac{25}{1.5}\right)} = 5.8(\text{mm})$$

根据 NAD，这里的系数应用 0.7 代替 0.85。

$$z_2 = d_s - 0.5 \times x = 130 - 0.5 \times 5.8 = 127.1(\text{mm})$$

$$M_{pr} = M_{pa} = 6.3\ \text{kN} \cdot \text{m/m}$$

$$M_{Rd}(\eta = 0) = M_{pr} + N_{as} \cdot z_2$$

$$= 6.3 + 81.7 \times 0.127\,1 \approx 16.7(\text{kN} \cdot \text{m/m})$$

$\eta=1.0$ 和 $L_x=L_{sf}$：

$$N_p=N_{cf}=397.6\ \text{kN/m}$$

$$x=\frac{N_p+N_{as}}{b\cdot\left(0.85\cdot\dfrac{f_{ck}}{\gamma_c}\right)}=\frac{(397.6+81.7)\times10^3}{1\ 000\times\left(0.85\times\dfrac{25}{1.5}\right)}=33.8(\text{mm})$$

根据 NAD，这里的系数 0.7 应改用 0.85 代替。

$$z_2=d_s-0.5x=130-0.5\times33.8=113.1(\text{mm})$$

$$z_1=h_t-0.5x-e=160-0.5\times33.8-17=126.1(\text{mm})$$

$$M_{pr}=0$$

$$\begin{aligned}M_{Rd}(\eta=1.0)&=N_p\cdot z_1+M_{pr}+N_{as}\cdot z_2\\&=397.6\times0.126\ 1+0+81.7\times0.113\ 1\\&=59.4(\text{kN}\cdot\text{m/m})\end{aligned}$$

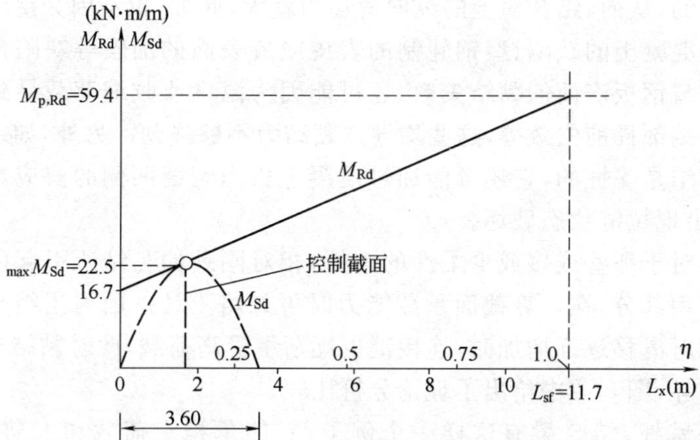


对于任何截面均满足 $M_{Sd}\leqslant M_{Rd}$，检算通过要求！

# 3　结合梁连接安全

## 3.1　概　　述

关于混凝土板与钢梁结合在一起共同工作的问题，重要的是两者结合之后的承载能力、结合的可靠性和两者之间连接的制作要经济方便。同时，结合梁指导原则 12[20]要求，两者之间的剪力要通过特殊的连接键来传递，并且不考虑混凝土与钢板表面的黏结。原因是，梁的横截面内剪力大且混凝土板在整个截面中是偏心的，从而，结合缝上的纵向剪切力就大，此外，也会因为浇注或振捣混凝土的缺陷、型钢轧制的表皮或者表面的油膜等缺陷使混凝土与钢板表面的黏结失效、还可能因为温度或收缩荷载导致在梁的端部提前失效等，这些均导致黏结力不够强劲。另外，如果这种黏结是脆性的，它还可能通过混凝土板内裂缝两侧的剪应力峰值，出现拉链状态破坏。

对于那些或多或少柔性的连接，相对刚劲的黏结所引起的附加作用部分，在计算截面承载能力时可忽略不计。因为当结合缝处相对滑移逐渐增加时，连接键也逐渐承受高荷载，此时黏结早已被破坏，图 3.1 中给出了理论分析比较。

另外，结合梁有这样一个例子，它能承担大荷载和大剪力，但它却不用连接键，这就是“型钢混凝土”(WIB)。德国铁路常用这种结构形式，跨度大约达到 25 m(图 1.13)。如果在受拉区设有通过板和钢梁腹板的连续配筋(至少 5$\phi$10/m)，则可以不设连接键。与普通结合梁的混凝土板远离中和轴很远不一样，这种结构的钢梁几乎处在结合构件的中间，所以水平向的剪切力较小。此外，混凝土与钢梁之间有很大的结合面以满足剪力传递的需要，并且不同钢梁之间的相互夹持也起帮助作用。WIB 的截面承载能力不比它的钢梁单独工作时的承载能力大多少。在过去的实践中，这种粗壮的结构形式经检验是可靠的。

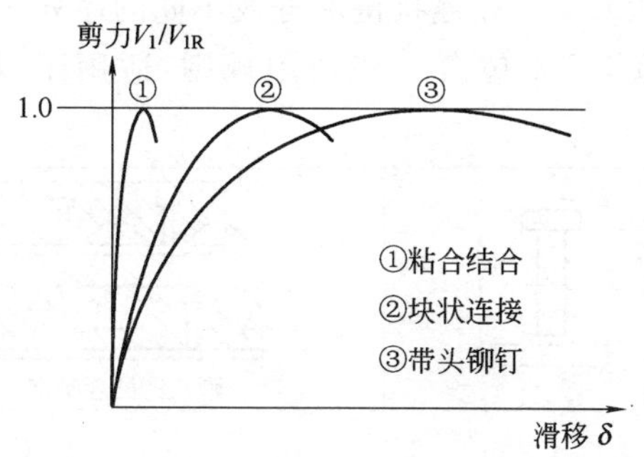


图 3.1　剪力—滑移曲线

欧洲规范 EC 4 规定，结合梁纵向连接键和横向配筋应按以下原则设计：应能承担极限状态（ULS）下混凝土板与钢梁之间的纵向剪力，不考虑结合缝处的自然黏结力。

此外，连接键还应该如此布置并验算：它能够提供足够的锚固力，以防止混凝土板从钢梁中拔出来。在结合结构中，钢梁不仅承担因弯矩、轴力和剪力而产生的纵向力，必要时还可以承担一些额外荷载和变形，比如局部力的作用等。这一特点在长度方向横截面变化不均匀的杆件中表现得尤为明显，此时钢梁可以使各段不同的变形变得连续均匀，同时其上也可以出现垂直于杆轴方向的（竖向）力、应变和额外变形。正如文献[3.31]直观显示的那样，在连接键中，存在明显的垂直于结合缝的力，即所谓的"晃动力"，就像在锚固木梁的铆钉中出现一样。

这种横向的连接键力或"晃动力"尤其会在横截面一侧非对称变化（此时出现整个截面重心轴的跳跃）的杆件中出现，而且大小不能忽略。这在那些为方便给水、排水管道通过以及方便板断开而在腹板上开大口子的地方同样如此，因此这些地方要特别注意。

## 3.2 连接键类型

### 3.2.1 EC 4 中认可的连接键类型

人们将键销类型和连接键区分成不同的序列。

欧洲规范 EC 4 包含一些使用规则，适用于以下连接键（图 3.2）：

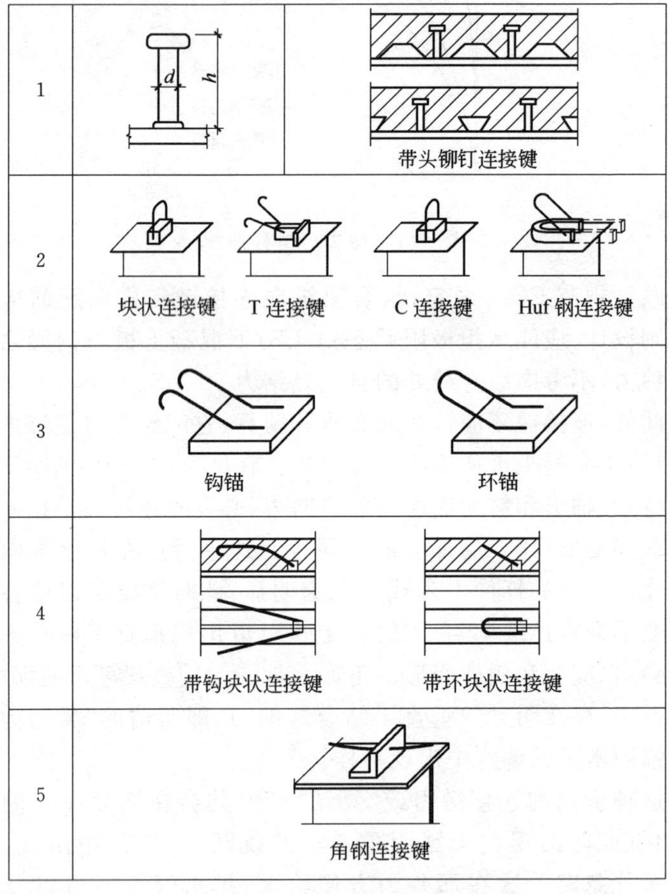


图 3.2 欧洲规范 EC 4 认可的连接键

- 在完全混凝土板中的带头铆钉连接键；

• 在压型钢板—混凝土结合板中的带头铆钉连接键；
• 块状连接键；
• 在完全实体混凝土板中的钩状和锚环连接键；
• 块状连接键与锚和环组合使用在完全实体混凝土板中；
• 在完全混凝土板中的角钢连接键。

块状连接键的使用条件是：在其前端不能是楔形的，而且块状连接键要足够刚劲，以致在破坏状态时连接键前端混凝土所受的压应力均匀分布。在设计连接键与钢梁之间的焊缝时要考虑连接键所受力的偏心率。

块状连接键与锚和锚环组合使用时，一起计算其承载力的条件是：能够注意到块状连接键与锚和锚环各自的变形过程，为简化计算，可以计入 50％锚的承载能力或计入 70％环的承载能力。

NAD[4]补充要求：焊接连接的配筋制作和验收要符合 DIN 1045 和 DIN 4099 的要求。

图 3.2 中第 2 至第 5 行的连接键是当前有一些使用期的桥梁中的典型类型，所以现在几乎没人再注意它们，尽管在维修时总还是用到它们。

在新的建筑中却正好相反，无论是建筑工程还是桥梁工程，都广泛地使用第一行中的焊接带头铆钉连接键。关于它们的设计与使用，在以后的章节中将作更作更详细的介绍。同时，与具有连续结合缝的实体混凝土板相比，压型钢板导致连接键区域的承载力与连接键刚度降低，见图 3.3。

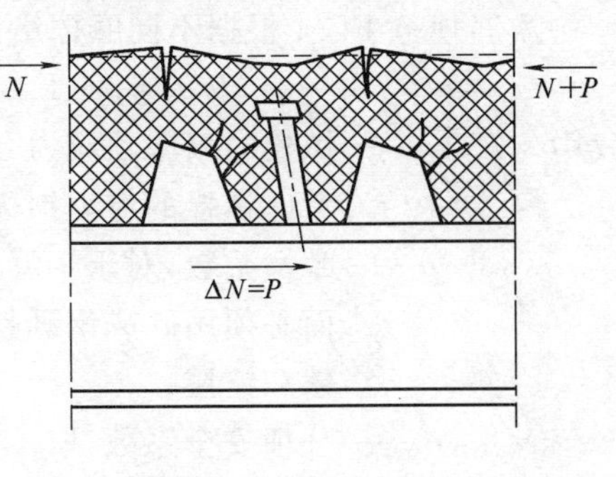

图 3.3 中断结合缝

此外，欧洲规范 EC 4 还提到摩擦结合，见图 3.4，显示了其相应的荷载—滑移过程。

摩擦结合是通过按要

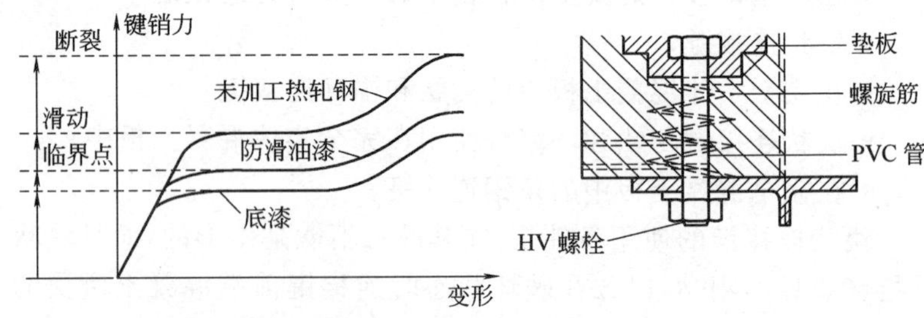


图 3.4 HV 螺栓摩擦结合的力—变形曲线

求设置的高强螺栓，将混凝土板紧压在钢梁的上翼缘上形成的，如此形成的摩擦力能够承担水平剪力。例如 Krupp-Montex 体系，在带头铆钉连接键形成结合的同时，利用大尺寸混凝土预制板在结构中同时形成摩擦结合，而且这种结构应该是可以拆卸的。这样的混凝土预制板应该在钢模中制成，以便混凝土板具有高精度，并且在钢梁的翼缘板上不留砂浆。预制板的上表面很平，所以对于停车房，车辆可以直接开上去；对于管理用房，不需要再作表面抹平。混凝土与钢之间的摩擦面上不能有灰尘、油或者其他什么没有清除干净的东西。欧洲规范 EC 4 根据不同的摩擦类型给出了相应的极限剪切力，并容许充分利用根据螺栓剪断、混凝土破坏并不考虑摩擦情况下得到的极限力，属于大滑移连接。也可以是几种作用与摩擦组合共同作用，但这要通过试验确定。

欧洲规范 EC 4 根据不同摩擦给出的极限剪切力为：

$$P_{Rd}=\mu \cdot F_{pr,Cd}/\gamma_v \qquad (3.1)$$

式中 $F_{pr,Cd}$——螺栓的极限预应力，根据混凝土的收缩与徐变要考虑螺栓的应力损失而对此作折减；

$\mu$——摩擦系数，对于钢翼缘可以取 0.5～0.55，翼缘表面必须用砂或钢砾打光，并且表面不应有松散的锈和镀层；

$\gamma_v$——分项安全系数，取 1.25。

因混凝土的收缩与徐变而导致螺栓中预应力的折减额，或根据长时间的试验结果计算得到，或取 $F_{pr,Cd}$ 的 40%，可以通过在一定时间后再张拉一次的办法来减少预应力的损失。

关于摩擦结合的极限承载力在欧洲规范 EC 4 中有论述，此外在 EC 3 的 6.5.3、6.5.8 和 7.5.6 中也涉及到该部分内容。

对于截面等级 1 和截面等级 2 的结合梁，当孔距小于 3 mm 时，在验算其极限承载能力时可以忽略滑移的影响。

### 3.2.2 EC 4 中没有认可的连接键类型

欧洲规范 EC 4 至今尚未给出以下连接键的使用规则：

- Hilti 牛腿形连接键；
- Perfobond 齿条连接键；
- Kombi 梁中的齿状连接键；
- 根部加强的带头铆钉连接键。

关于牛腿形连接键(图 3.5)的设计与使用，在整个德国至今都没有相应的规范或公用的建筑监管技术规定。所以在使用时，奥地利的关于“建筑结合结构指导原则”就成了唯一依据。这种连接键用定位铆钉固定在钢梁的上翼缘上，也可以用在压型钢板上，但此时的连接键材料不能太硬。这种连接键会有一个很有吸引力的使用空间，因为它避免了带头铆钉连接键在现场焊接时的恶劣

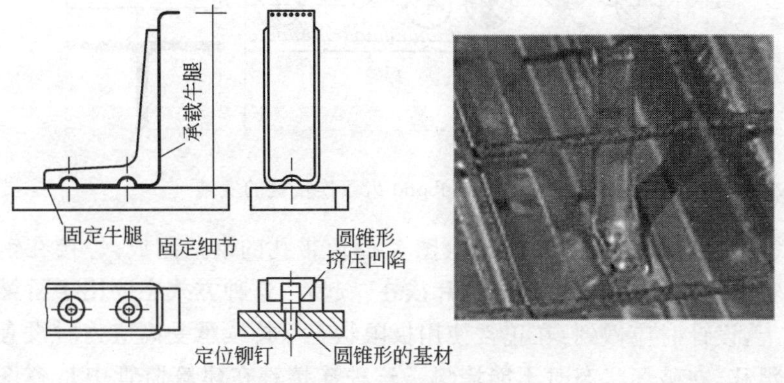


图 3.5 牛腿形连接键

环境条件。当它与压型钢板一同使用时，一个牛腿形连接键的承载能力与一个杆径为 13 mm 的带头铆钉连接键的承载能力差不多，它们的变形也类似，即使这种连接键的特征是延性的。

牛腿形连接键实质是一个带尖角的型钢，由一个承载牛腿和一个固定牛腿组成，为 L 形。可以通过铆钉固定工具，借助两个 Hilti 定位铆钉将其直接固定在钢梁上，或穿过中间放置的压型钢板固定在钢梁上。承载牛腿的一面承受荷载，另一面通过牛腿的塑性变形将连接键上的力重新分配，所以不存在连接键超载的问题。其顶端的弯边可以阻止混凝土板被拔起。固定牛腿有两个圆锥形挤压凹陷部分，其中间各有一个孔眼，通过压入定位铆钉，铆钉的材料流入圆锥形的挤压凹陷部分，这样可以使连接键饱满，从而使固定件的横向承载力提高。这种连接键是深度拉拔的结构构件，由达到深度拉拔质量的 2 mm 厚的薄钢板预制而成，它的使用要遵从奥地利的“建筑结合结构指导原则”等规定。

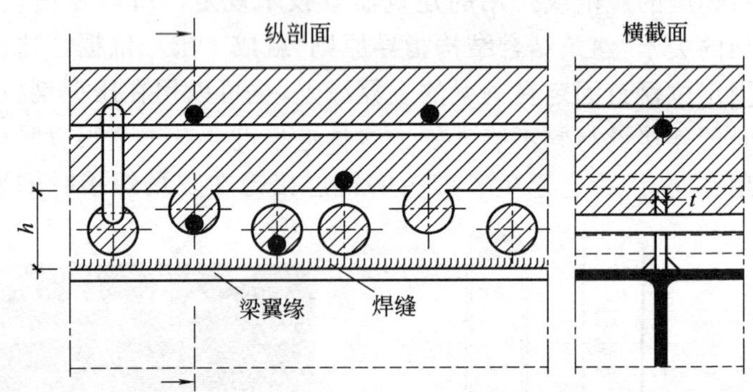


图 3.6　Perfobond 齿条连接键的实施

Perfobond 齿条连接键(图 3.6)由带孔的钢条制成，焊接在钢梁的上边缘(最多可以有两片挨在一起)。这种方式主要用于桥梁上，设计时应做到：在正常使用极限状态下持续承受高应力时没有滑移、在破坏状态时不能垮塌。这种连接键在建筑监管中是容许的[12][35]，并且在建筑结构和城市道路桥梁中使用在正弯矩区。

每一个孔和齿的承载力大约为：

$$_{\max}D=2\cdot\frac{\pi d^2}{4}\cdot\beta_{\mathrm{R}}\approx 1.0\cdot d^2\cdot\beta_{\mathrm{WN}}$$

当T形钢梁的腹板上端设计成锯齿形或梨形并在此内放置配筋时，混凝土连接键的承载力可参照Perfobond齿条连接键计算[12][44]。

这种混凝土连接键比带头铆钉连接键刚劲，既有优点也有缺点，在建筑工程中不常用。这种连接键虽然可以变形，但与没有上翼缘的T形钢梁共同作用，延展性仍然不够，所以它只需要很低的键销度，低到也许难以实现，其连接键根据剪力流 $V=S/I$ 的计算结果来布置（注意技术规定）。

对于没有连接键而只有单独的端部锚块的结合方式以及更有趣的其他研究（如带头铆钉连接键的根部比铆杆明显强劲的情况），这里仅作提及。

### 3.2.3 粘合连接

在混凝土与钢梁之间建立一种粘合连接是容易想到的，比如使用以环氧树脂为基础配制的混合粘合剂。这种粘合连接的质量除取决于粘合剂的强度外，还取决于连接的对象，即连接的是混凝土与钢还是两块钢板。由于粘合剂与被粘合母体之间的黏结力的计算值较小，所以被粘合母体的表面处理就显得非常重要。对于金属表面主要是将表面吸附层（比如氧化层、水膜等）除掉，此外还要将表面覆盖的灰尘、脂肪和油等除掉。至于锈和轧屑等最好根据DIN55928 T4，通过沙射流进行处理，达到标准清洁度Sa 3的要求。对混凝土表面，应除掉其表面水泥值较高的砂浆层而露出承载混凝土，最好也用射流进行处理。在建筑工地的常温条件下养护至合适的强度，该强度主要参照混凝土的抗拉强度来定。

环氧树脂能够较快地具有高强度，粘合牢固，不怕气候影响，耐碱（混凝土），100 ℃以内都可以保持足够的强度。粘合对准备工作要求较高，环氧树脂在硬化过程中对湿度很敏感，这意味着混凝土和钢翼缘板的上表面必须很干燥，否则混合物比例的微小变化和周围空气条件的变动都可能导致粘合物的特性不符合要求。比如，如果工作过程中温度太高，工作时间则很短(必须在此时间内粘合完成)，如果工作过程中温度太低，那么硬化就很慢，而且当气温小于 5 ℃时则不能粘合。

由于在黏结缝中连接比较坚硬，所以与之相应的计算体系、荷载、选择的横截面及刚度等，在传力过程中应对粘合应力进行调整。通常情况下应力 $\tau$ 分配不均匀，它会超过结合缝中的剪切承载力，如果这一应力峰值不能转移削减，粘合连接将会脆性破坏，并且根据裂缝的封闭形式不同，可能从梁端开始导致整个结合缝破坏。这种危险一定存在，尤其是在梁端，因为收缩、温度变化或者因为预应力锚固与偏心弯矩等导致的横向拉力一起产生很大的局部剪切力时容易发生。为防止这种破坏，使用粘合结合时，应尽可能在梁端补充加固没有滑移的刚性机械连接键。到目前为止，技术规定中也是这样要求的。这种粘合可以用在建筑物内部(干燥)和敞开的空间中进行，那里没有阳光直射或者不经常遭受潮湿。

在维修桥梁和楼板时常用这种粘合连接，在粘合剂被使用者采用前，生产厂家必须将其产品委托接受 DIBt 标准检验。

在提供粘合薄钢板的同时，还可以粘合 CFK(碳纤维布)薄片。

放置这种附加的薄钢板作为粘合的配筋，在过去的时间里得到了实践的验证，参见文献[3.43]。这种相对重的、宽而平的薄钢板在施工现场的移动是困难的，在那些难以达到的地方，有时很困难，从而导致工资费用高，此外没有交叉的可能，而且粘合后板的边缘不能焊接。

选择碳纤维 CFK 薄片也节省工资费用，因为 CFK 薄片非常轻而且可以卷起来，这就使得携带与粘合变得方便，但材料很贵。一旦公共 DIBt 建筑监管技术规定颁布，CFK 薄片将一定会得到广泛应用。

欧洲规范 EC 4 中没有粘合连接的有关规定。

## 3.3 铆钉连接键

### 3.3.1 连接键焊接

在结构工程领域，带头铆钉的锚杆、拉杆或者锚固件等，半径可以用到 22 mm，长度为 50～525 mm，DIN 32500. T3[12][22]有用电弧焊焊接这种铆钉的特性要求，如：

- 抗拉强度 $R_m=450\sim600$ MPa；
- 屈服强度 $R_e=350$ MPa（至少）；
- 极限伸长量 $A_s=15\%$（至少）。

带头铆钉将借助于铆钉焊接设备和焊枪用电弧焊半自动焊接[3.24]。带头铆钉由 St37-3 (S 235 J2 G3)圆钢制成，通过冷变形挤压制成成型的头。当在酸环境和容易生锈的环境中使用时，也能提供可焊接的不锈钢杆的带头铆钉，目前正致力于试验锚杆直径达 25 mm 的带头铆钉。

正在准备以下欧洲规范：

- EN ISO 14555“焊接-金属材料的螺柱焊接”；
- EN ISO 13918“焊接-电弧焊的铆钉”。

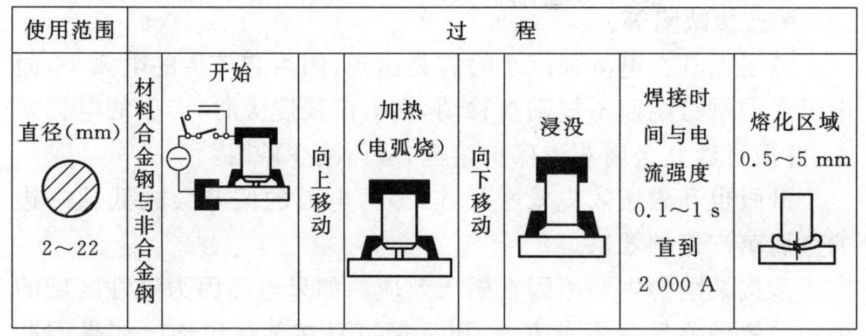


图 3.7 拉弧式电弧螺柱焊

拉弧式电弧螺柱焊(图 3.7)每分钟纯焊接时间可以焊接 10～12 个 $\phi$19 mm(3/4″)或者 8～10 个 $\phi$22 mm(7/8″)的带头铆钉连接键，包括准备时间和事后处理时间在内，每小时大约可以焊接 90

个。这样,如果没有在车间焊接好的话,在施工现场就需要一个足够大的电源线。对于直径为 22 mm 的铆钉,通常焊接时间为 1 s,电流达到 1 900 A,对于直径为 10 mm 的铆钉,通常焊接时间为 0.2 s,电流达到 800～1 000 A,这意味着根据铆钉直径的大小,电流供应接线在 90～160 kVA 之间。

焊接处用一个陶瓷环围住,它可以将此处的小环境与外界隔离开来,使电弧集中在焊接件上,通过铆钉浸泡在焊接池中,熔化的金属向周边挤压形成环形凸起,然后冷却硬化。

自然要求保证螺柱焊接的高质量,并且能够在生产中达到,尤其是在带头铆钉的铆杆直径达到 22 mm(25 mm)的上限值时。

对诸如制造过程中产生的、或因为电弧由于磁压效应而造成某一边偏差等产生的夹层应进行超焊。关于超焊没有规律可循,因为拉弧式电弧螺柱焊接使用的是直流电,它会因为铁磁体的分布而出现不利的磁压效应。但有经验的焊工能够处理这一问题,此时正确地设定焊接参数和铆钉提升是非常重要的[3.10]。

处理不好会导致以下的问题:

- 砂眼;
- 收缩;
- 连接缺陷等。

砂眼尤其在电流强度小时容易出现,因为它产生的电弧小,而电弧又向铆钉端面不规则地移动,在电流强度大时,产生的电弧就大,并通过建立金属蒸汽保护熔池,从而减少砂眼。

砂眼也和磁压效应紧密相连,因为电弧的偏差会减低某一边的金属蒸汽保护效果。

连接缺陷的主要原因在磁压效应。如果电弧因为磁性区域的中心位置偏差只在某一边烧,那么铆钉只在某一边熔。如果因此导致熔化凸起在铆钉根部没有闭合的话,那么该位置必须切除并算作缺陷。

采用螺柱焊接连接的产品,不仅要使用电控焊接设备,而且该设备要能保证准确的焊接参数,同时能适时平衡电网所供电流的不稳定波动。检测和检测方式也属于产品安全的内容，相关规定见 DIN 8536. T10[12][23]。

该规范划分合格检测、日常工作检测和生产过程监控。如果工厂愿意将焊接工作中合适的检验用于螺柱焊接的适当位置，工厂就执行了规范中要求的各种各样的检测。有一些检测经常用到，比如对采用堆焊方式焊接的铆钉用冲击弯曲试验来检验，一方面可以验证铆钉材料的焊接特性，另一方面也是工作状态的一个简单试验，同时还可以由此对选择的焊接控制参数提出建议。见图 3.8，铆钉将被锤击成 60°的弯曲，此时在焊缝中不应有裂缝(铆钉不能再弯回到原位)。

宏观检测用于评价焊接连接的缺陷如:砂眼、裂缝、连接缺陷和缩焊等，缺陷处磨光不能超过铆钉直径的 20%。

如果对结构材料的焊接特性有顾虑，可以做一个硬度试验。在铆钉的中间，从焊接区域以上铆钉的材料到结构的基础材料，根据 DIN 50133 硬度要达到硬度序列 HV 5 的标准。在热影响区域(WEZ)，硬度值不应大于 350 HV5。更进一步，对于那些刚度小的区域，如果冲击弯曲试验满足要求的话，硬度集中也是容许的(支撑效应)。图 3.9 给出了三种不同的螺柱焊接连接的硬化过程，使用的是普通带头铆钉，由 St37-3K 制成，焊接在 30 mm 厚的钢板上，钢板材料分别为 St37-3、St52-3、St E 690，焊接在温度为 10 ℃或者室温下进行，焊接电流为 2 100 A 和 31 V[3.7]。

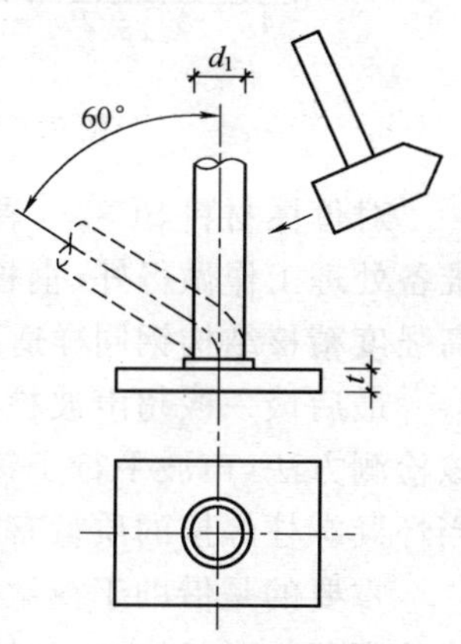

图 3.8　冲击弯曲试验

在高强度钢上焊接时，虽然硬度峰值大于 350 HV5(对于 50 mm 厚的 St 690 板可以达到 500 HV5)，但在静荷载作用下，对最终的抗拉强度没有影响。这是因为纤细的硬化区域支撑在有足够变形能力的区域上，而使得硬化过程不影响其他区域。

通过降低降温的速度(如预热),可以明显减少硬化集中。

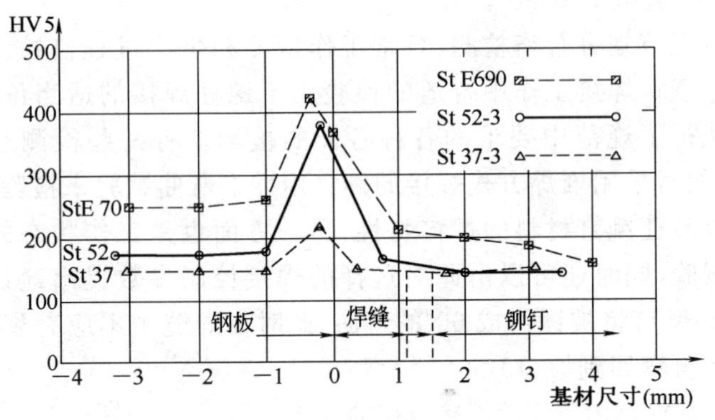


图 3.9　螺柱焊接的硬化过程

对母体材料 St 37-3 硬化不重要,它没有硬化下降。如果焊接准备处理工作做得好(钢板磨光、没有水分)、焊接参数设置正确,高强度精核结构钢同样适用于螺柱焊接。

最后谈一谈超声波检测,在 Liner 薄板使用螺柱焊接时要用该检测方法(声波平行于铆杆,检测头在铆钉头上),对于结合梁,当怀疑螺柱焊接的质量有问题时,最终手段也是使用超声波检测。

重要的是借助于视觉来监控焊接工作,通过螺柱焊接已经形成的凸起的形状、大小和均匀程度等用肉眼来判断,尤其要注意观察凸起的形状,以此来判断磁压效应。如果铆钉的某处焊接凸起没有闭合,那么就要对该开放的凸起作准确的检测。剪掉铆钉或铆钉的核心仅有部分焊接都是不容许的。对质量怀疑时可以使用冲击弯曲试验,声音检测也是一个很重要的方法。用一把重锤打击梁轴上的带头铆钉连接键,如果声音清脆、均匀,则通常情况下没有质量问题。

要求根据 DIN 18800. T7. 6. 2 作全面的合格检测,对于螺柱焊接还要根据 DIN 8563. T10 作进一步的检测。

关于众多的日常工作检测,DIN 8563. T10 还要求,对于道路桥梁,每隔 5 000 个焊接好的铆钉要对一个作重复检测。

### 3.3.2 透焊技术

在空心肋压型钢板和梯形截面压型钢板既做模板又做结合板的配筋时，带头铆钉穿过这一镀锌的薄钢板而焊接在钢梁的上翼缘上是可以做到的。当板厚小于 1 mm 时，在很多情况下可以采用传统的分阶段法焊接，人们首先采用的是两阶段技术。在实验室里，即使是更厚的板和更厚的覆盖层，也可以采用两阶段技术，尽管这种焊接过程会因为锌的蒸发而产生很强的烟雾和尖刺。对于这种两阶段焊接过程，开始时使用强度较小的电流，以便烧透较薄的钢板，然后使用强度较大的电流对铆钉进行焊接。

为了在建设现场条件下采用透焊技术得到好的螺柱焊接质量，必须注意以下部分，它们均已包含在技术规定中[3.29]：

- 需要焊接带头铆钉的钢梁和压型钢板上必须没有水、冰、脏东西和锈；
- 带头铆钉的直径为 16 mm$\leqslant d \leqslant$19 mm；
- 要使用陶瓷环，而且它使用时是干燥的；
- 压型钢板必须铺设在焊接平面内，要用定位铆钉、螺栓或者点焊固定(为防止风将压型钢板刮飞也得采取这些措施，如果不采取，在压型钢板铺设后立即透焊)；
- 镀锌的压型钢板厚度不应该大于 1.25 mm，并且镀锌层厚度不应该大于 25～30 μm；
- 未镀锌的压型钢板(到目前为止，德国还没有)厚度不应该大于 1.5 mm，其上的锈应尽可能少；
- 钢梁的焊接面上锌铬酸盐活性层不应大于 30 μm，50 μm 就太厚了；
- 铆钉的直径 $d$ 与上翼缘厚度 $t$ 的比例不应大于 2∶1；
- 足够强的焊接电流是获得好质量透焊的前提条件(两个方向的峰值各为 110 kVA，各自保证 63 A)。

以上所有条件在施工现场是很难达到的，除了那些自然气候因素外，人们还在思考(涂层的)底层及覆盖层厚度，它们由于生产技术的原因而超过容许偏差。因此，所要求的带头铆钉往往在工厂里焊接好并且一起刷防腐覆盖层，所以压型钢板必须在带头铆钉处结束或者在连接键的位置预先打好孔。

到目前为止，国外的经验(美国、英国)表明，当铆钉的直径小于19 mm(3/4″)时，在施工现场一定可以完成带头铆钉穿过压型钢板的焊接工作，并且没有质量问题(相应的试验钢梁有轻微的生锈)，见透焊技术报告[3.36]。之后在实验室里又用19 mm直径的带头铆钉在没有涂层的钢梁上进行了试验并得到了很好的经验，该梁在潮湿的环境里放置了3周让其轻微锈蚀，经验涉及到透焊、剪切试验与承载试验中的承载过程和破坏过程，试验钢梁是没有涂层的未加工的热轧钢。那么在德国为什么还要对在空气相对干燥的室内环境中使用的钢梁加涂层呢？今天这一要求不再是强制性的(见DIN 55928)，莱茵河畔法兰克福的商业银行新高层大楼就是一个使用不同要求的好例子。

总之，将带头铆钉穿过薄的镀锌压型钢板焊接在结合板和结合梁上是一定有经济意义的，压型钢板的厚度为0.75～1.25 mm。

但有关结合板的原则，在建筑监管技术规定(如文献[3.29])与欧洲规范EC 4中是不一样的。

欧洲规范EC 4的9.4.4.4规定，透焊带头铆钉时其铆杆的直径$d \leqslant 20$ mm，钢梁翼缘没有涂层、没有厚而松的锈层，同时也没有碾轧表皮、松的锈和轧屑，所以不要求在焊接前除锈和保证清洁度Sa 2 1/2(当然也不可能达到)。

在技术规定的其他要求中，如Hoesch技术规定和空心肋板技术规定等[3.29]，带头铆钉透焊在有涂层的翼缘上，其铆杆的直径$d \leqslant 22$ mm。技术规定中所称的过程检测(带头铆钉弯折60 ℃在焊接凸起中无可见裂缝)也没有退货或要求赔偿内容，有缺陷的铆钉焊接要替换。此外，工作中的检测范围被扩大了。

DIN 8563. T10[12][23]是一定要注意的。

在任何情况下，潮湿、脏、油和松锈等在焊接前都必须去除，这些同样适用于使用前的陶瓷环，而且要求其是干燥的，压型钢板与钢梁之间要压紧，至少在焊接区域是没有缝隙的。

即使技术规定容许，这里也建议原则上不使用 7/8″(22 mm)的带头铆钉进行透焊，以确保能够重复焊接。

使用 3/4″(19 mm)的带头铆钉与 7/8″(22 mm)的带头铆钉相比，连接键的承载能力降低为 75%，这意味着对于普通建筑工程的梁承载能力仅仅损失约 10%(部分连接)。

这种相对的减弱正好与实际情况一致。因为在使用压型钢板时，能够使用的连接键的数量是受到限制的。方便的做法是在每个肋里放置一个连接键，这样连接键就很柔，并且可以按照固定的间距布置，总的键销度 $\eta$ 也相对较小，从而导致通过部分连接法，使梁得到充分利用并具有较高的承载能力。

另外，NAD 目前规定欧洲规范 EC 4 以下内容：

对于带头铆钉的透焊，要求在被认可的场所，根据 DIN 18800 T7 作适宜性检测，必要时还要对在产品涂层上进行的焊接是否可用等进行检测。当有关压型钢板的公共建筑监管技术规定包含了相关的内容或限制性的要求时，遵从那里的要求。

### 3.3.3 连接键承载能力概述

浇注在混凝土内铆钉的承载力是根据剪力、弯矩和拉力共同作用来描述的。到目前为止都还没有一个精确的计算办法，其承载力的大小也受到连接键周边混凝土的影响，紧挨连接键的混凝土受多轴荷载作用。无论是实体的混凝土板翼缘，还是断缝的压型钢板，各自的铆钉特征曲线是可以得到的。当然，铆钉附近设置的横向配筋对连接键的承载能力也有明显影响，这样就发展了简单的工程模型和配筋公式，它近似地来自目前已知的承载作用(剪断、挤压应力、局部面压力、摩擦系数、桁架模型等)，铆钉的承载力计算值一直根据剪切试验确定。

文献[3.25，3.29]给出了一系列关于带头铆钉可能的承载模型和破坏模型，其中有两个合适的模型在这里给出来，它们不仅能够清楚地显示带和不带梯形截面压型钢板的差异，而且还可以让人们注意到，以下的表述仅仅适用于相对纤细的、高梯形截面压型钢板的肋（极限状态）。

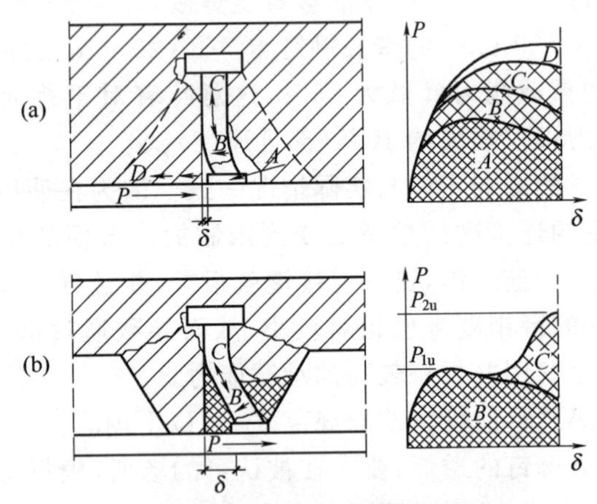


(a)带头铆钉连接键埋在实体混凝土板内；

(b)带头铆钉与高梯形肋压型钢板共同使用。

图 3.10　带头铆钉连接键承载特征模型

（根据 Lungershausen 的理论）

各承载部分简单描述如下：

- 承载部分 A：连接键焊接凸起的压力；
- 承载部分 B：连接键铆杆，提高的抗弯荷载；
- 承载部分 C：连接键拉力的水平分力；
- 承载部分 D：额外的摩擦力。

对于主要为静态的荷载，铆钉的抗剪承载力可根据欧洲规范 EC 4 的 10.2 计算，这一标准将来可以提供更好的可以比较的断裂荷载、破坏形式和荷载—变形曲线（特征曲线），只是所依据的检测试件太柔，尤其是使用压型钢板时。

在建筑结构中，铆钉与空心肋压型钢板和非空心肋压型钢板组合工作时，其典型的荷载—变形曲线如图 3.11 所示。

在作用力较小时刚度大，但到铆钉破坏时变形也大，这就是带头铆钉连接键的典型特征，它对于结合梁的承载特征有重要意义。

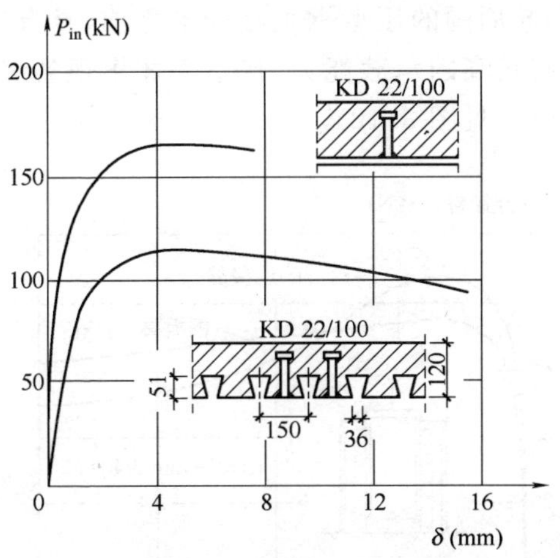


图 3.11 典型铆钉特征曲线

使用压型钢板时，贯穿结合缝和不连续结合缝的特征曲线的特点及其差别从图 3.11 可以清楚地知道：

- 铆钉埋在混凝土板里时承载能力高，如果使用压型钢板的话，计算承载力要折减；
- 在使用压型钢板时，铆钉的变形明显增大，这说明带头铆钉连接键与压型钢板一起使用时很柔。

压型钢板在建筑工程中同低强度混凝土一起使用，在桥梁结构中却同高强度混凝土一起使用。当与强度更高的混凝土一起使用时，在铆钉折断时其变形仍然很小，这说明此时铆钉更加刚性而不再纤柔，这在混凝土被施加预应力或者承受高压荷载时更是如此。但这并不重要，因为在桥梁中并不需要铆钉多纤柔，相反要谋求很刚劲的结合连接，铆钉将根据相应的弹性剪切影响准确地进行（分级）布置。

此外，特征线还受带头铆钉是否采用透焊技术或是在铺设压型钢板之前就已经焊接的影响。也就是说，带头铆钉是立在压型钢板端部还是立在压型钢板上事先打好的孔中，对特征线是有影响的。在使用透焊技术时，压型钢板与带头铆钉是焊在一起的，这就导致焊接凸起周围的压型钢板在变形之前，具有较大的初始刚度，铆钉也具有较高的承载能力，接下来才出现裂缝，从而导致试验荷载有所下降(见图 3.12)。

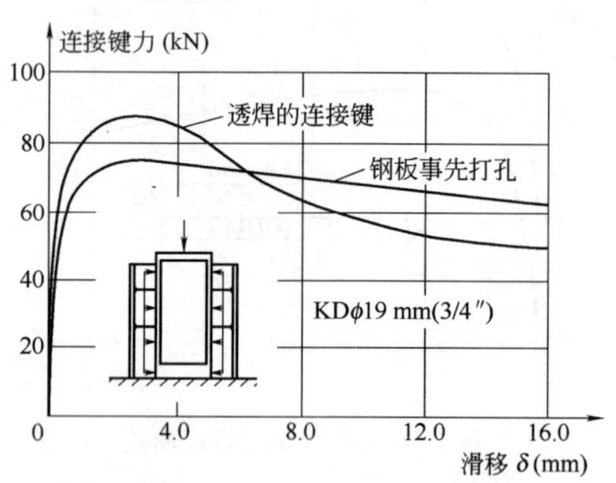


图 3.12 ϕ19 mm 带头铆钉与空心肋压型钢板特征线

如作进一步的剪切试验，加横向弯矩，结果显示：横向压力对铆钉承载特征的影响是有利的，其承载能力及柔度等均有所提高，这对于承担横向弯曲的受压区减小的成型混凝土翼缘板更为明显。当然，横向弯矩不应当很大，否则在混凝土翼缘板中会存在开口的裂缝。在欧洲规范 EC 4 中，没有区分带头铆钉处在受拉区或受压区的情况，但根据现在可以利用的少数试验资料看，当铆钉处在受拉区时，其承载能力要下降 10%～20%，此时实际存在的配筋显得特别强劲。

### 3.3.4 连接键在混凝土翼缘板中的承载能力

一个带头铆钉连接键，用自动螺柱焊接方法焊接，采用普通的焊接凸起，其极限承载力可通过以下公式计算，取小值：

$$P_{\mathrm{Rd}}=0.8f_{\mathrm{u}}\cdot\frac{\pi\cdot d^{2}}{4}\cdot\frac{1}{\gamma_{\mathrm{v}}}\tag{3.2}$$

$$P_{Rd}=0.29\alpha d^2\sqrt{f_{ck}\cdot E_{cm}}\cdot\frac{1}{\gamma_v} \tag{3.3}$$

式中 $d,h$——分别为焊接后铆钉的直径与长度；

$f_u$——铆钉材料的抗拉强度，计算最高值为 500 MPa，其他材料抗拉强度计为 450 MPa；

$f_{ck}$——混凝土圆柱体抗压强度特征值，见表 1.7；

$E_{cm}$——混凝土割线弹性模量中间值，见表 1.7；

$\alpha=0.2[(h/d)+1]$ （当 $3\leqslant h/d\leqslant 4$ 时）；

$\alpha=1.0$ （当 $h/d>4$ 时）。

承载能力极限状态下的分项安全系数取 $\gamma_v=1.25$。根据铆钉材料的抗拉强度和混凝土压强等级，将方程(3.2)、(3.3)计算的极限力 $P_{Rd}$结果列在表 3.1 中，表中带括号的数字对于铆钉破坏起决定性作用。

**表 3.1 带头铆钉连接键的极限力 $P_{Rd}$(kN, $h/d>4$)**

| $d$ (mm) | 方程(3.2)计算 $P_{Rd}$结果 | | 方程(3.3)计算 $P_{Rd}$结果($d=1.0$) | | | | |
|---|---|---|---|---|---|---|---|
| | 450 | 500 | C 25/30 | C 30/37 | C 35/45 | C 40/50 | C 45/55 |
| 22 | 109.4 | 121.6 | 98.1 | 110.0 | 121.6 | (132.9) | (142.9) |
| 19 | 81.6 | 90.7 | 73.1 | 82.1 | 90.7 | (99.1) | (106.6) |
| 16 | 57.9 | 64.3 | 51.9 | 58.2 | 64.3 | (70.3) | (75.6) |

这一铆钉极限承载力也适用于带头铆钉焊接在高强度精核结构钢 S420、S460 上的情况。试验经验显示，连接键在静荷载作用下，几乎不会在基材中开裂，而是在铆钉的侧面、焊接凸起的上部破坏。所以，高强度钢对连接键的承载能力没有影响，以此为前提，连接键可以按规定焊接。

### 3.3.5 压型钢板的影响

当压型钢板的肋与钢梁的纵轴线平行时，铆钉放置在一个被倒角的混凝土的区域内，此时连接键的极限承载力由钢筋混凝土板的极限承载力乘以如下的一个折减系数 $k_p$ 得到：

$$k_p = 0.6(b_0/h_p)\cdot(h/h_p-1)\leqslant 1.0 \tag{3.4}$$

式中　$h\leqslant h_p+75(\text{mm})$

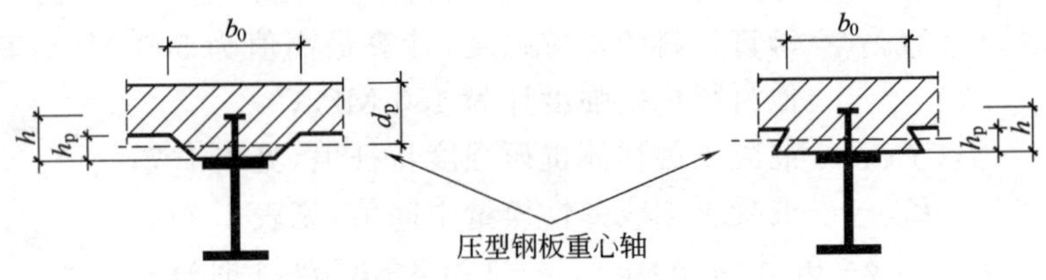


图 3.13　压型钢板的肋与钢梁的轴平行

当压型钢板的肋与钢梁的纵轴线垂直时，连接键设置在肋的单元格内，压型钢板的高度 $h_p\leqslant 85$ mm、肋的宽度 $b_0\geqslant h_p$，其极限力由钢筋混凝土板的极限力乘以如下的一个折减系数 $k_t$ 得到（在计算钢筋混凝土板的极限力时，取 ${}_{\max}f_u=450$ MPa）：

$$k_t=\frac{0.7}{\sqrt{N_r}}\cdot(b_0/h_p)(h/h_p-1) \tag{3.5}$$

式中　$N_r$——一个肋中铆钉连接键的个数，最多为 2 个。

对于穿过钢板焊接的带头铆钉连接键，系数 $k_t$ 在 $N_r=1$ 时不应大于 1，在 $N_r=2$ 时不应大于 0.8。

目前 NAD 规定在德国的应用，折减系数 $k_t$ 根据欧洲规范 EC 4 的方程(6.16)计算，对于事先打孔的压型钢板、压型钢板采用透焊的连接键以及压型钢板厚度 $t\leqslant 1.0$ mm 三种情况，折减系数 $k_t$ 不应超过表 3.2 的值。试验显示[3.36]，方程(3.5)计算的折减系数是偏小的，尤其是对较薄的压型钢板（$t\leqslant 1.0$ mm）和事先打孔的压型钢板太小（图 3.11）。

**表 3.2　折减系数 $k_t$ 的上限值**

| 每个肋中连接键的个数 | 透焊的连接键 $\phi<20$ mm | 事先打孔的压型钢板连接键 $\phi19\sim20$ mm |
|---|---|---|
| $N_r=1$ | 0.85 | 0.75 |
| $N_r=2$ | 0.70 | 0.60 |

新试验结果的评价[3.42,1.27]给出了设计建议的描述，见图 3.14。该图不仅包含相关的试验结果，而且也表示了与结合梁指导原则的相互关系，结合梁指导原则的要求是偏于安全的。曲线代表以下的规则和建议：

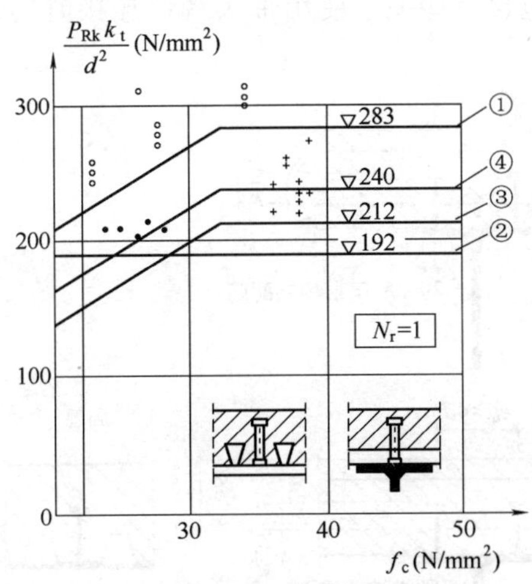


图 3.14　系数 $k_t$ 比较图示[3.42][1.27]

①EC 4 中 $f_{uk}=450$ MPa；

②结合梁指导原则 $f_{yk}=350$ MPa；

③设计建议针对事先打孔的压型钢板；

④设计建议针对透焊的连接键和压型钢板 $t\leqslant1.0$ mm。

所描述的试验结果为以下情况：

＋ KD $\phi$22，带事先打孔的压型钢板；

• KD $\phi$19，带事先打孔的压型钢板；

○ KD $\phi$19，透焊。

根据 NAD 算得的折减系数 $k_t$ 的上限值列于表 3.2 中，基本上是正确的也是必要的。根据方程(3.5)计算的折减系数 $k_t$ 而得到的承载性能对于薄的压型钢板是不够的。虽然空心肋压型钢板在计算连接键的承载力时也进行折减(图 3.11)，但根据方程

(3.5)的计算值 $k_t \geqslant 1$。所以为确保折减系数 $k_t$ 与 EC 4 协调一致，其表示形式还在进一步研究中。

其他连接键的承载能力，考虑空心肋压型钢板中连接键的位置及布置与带头铆钉之间的相互影响，参见文献[1.19]。

图 3.15 包含一些关于使用带头铆钉连接时的重要的设计指

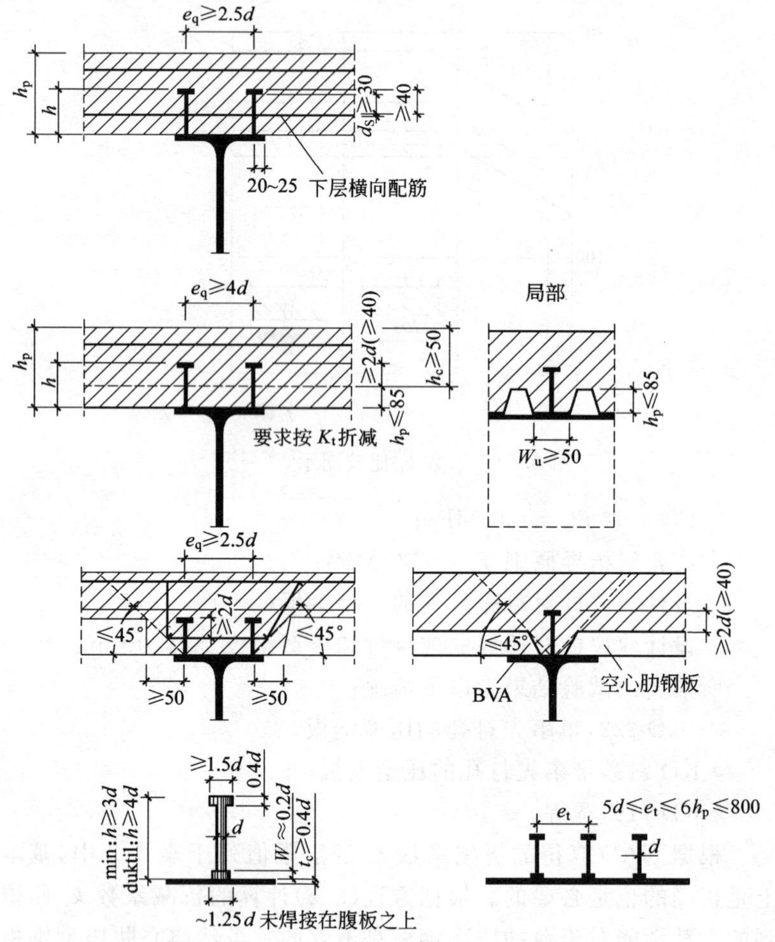


图 3.15　带头铆钉连接设计指导(尺寸单位:mm)

导，有时候带头铆钉太短，尽管焊接长的带头铆钉并不比短的贵。

为防止受压区的翼缘板屈曲，要遵守 EC 4 第 6.4.15 条的间距 $e_L$ 和 $e_q$ 最大值的规定。

## 3.4 混凝土翼缘板的横向配筋

### 3.4.1 混凝土翼缘板的剪切力

本小节研究结合缝处的纵向剪力以及该剪力向混凝土板传递的路径。桁架模型是一个较适宜的力学模型。图 3.16 为一个结合梁端跨混凝土板的示例，模型中的拉力 $Z$ 由配筋承担，其中一部分应该切割连接键的轮廓面积，以承担来自连接键的纵向拉力。如果混凝土板中没有横向负弯矩，上下两层的剪切配筋可各分一半，横向负弯矩越强，下层需要的剪切配筋就越少，横向连续布置的压型钢板可以作为配筋一同纳入计算。

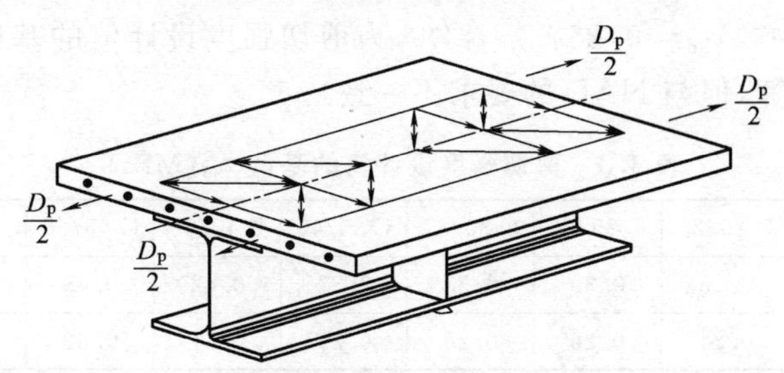


图 3.16　传递剪力的桁架模型

每个长度单位上纵向剪力效应的设计值 $V_{sd}$ 不应大于剪切破坏控制截面上纵向剪切抗力的设计值 $V_{Rd}$。$V_{sd}$ 是根据 4.7 由承载能力极限状态下要求的连接键的力和连接键的数量来确定的。

在计算 $V_{sd}$ 时，应注意到纵向剪力在混凝土板内的横向传递，此外，假设纵向剪力均匀分配在不同的连接键上。

关于纵向剪切承载力的控制截面见图 3.17，板中上下层的配筋均应一并计算其作用。如果垂直于梁轴的压型钢板是连续的或者穿过带头铆钉与钢梁焊接在一起，此时压型钢板也可以作为横向配筋一同计算。在这样的情况下，截面 a-a 起决定性作用。在垂直于梁轴的方向使用连续的压型钢板时，欧洲规范 EC 4 并不要求对 b-b 截面进行检算，折减系数 $k_t$ 已经包含了连接键的投影面能够承担的最大剪切荷载。

### 3.4.2 要求的横向配筋

如果未作详细的验算，结合梁混凝土板以及托梁内各关注断面的纵向剪切承载力的设计值取下列计算值的小者：

$$v_{Rd}=2.5A_{cv}\cdot\eta\cdot\tau_{Rd}+A_s\cdot f_{sk}\cdot\frac{1}{\gamma_s}+v_{pd}$$

$$\approx v_{Rd3}(\text{EC 2 计算值}) \tag{3.6}$$

$$v_{Rd}=0.2\cdot A_{cv}\cdot\eta\cdot f_{ck}\cdot\frac{1}{\gamma_c}+v_{pd}/\sqrt{3}$$

$$\approx v_{Rd2}(\text{EC 2 计算值}) \tag{3.7}$$

式中　$\tau_{Rd}=0.25f_{ctk,0.05}/\gamma_c$，为剪切强度设计值的基值（根据 EC 4 计算，但与 NAD 的要求不一致）。

**表 3.3　剪切强度设计值的基值 $\tau_{Rd}$**(MPa)

| 混凝土 | C 20/25 | C 25/30 | C 30/37 | C 35/45 | C 40/50 | C 45/55 | C 50/60 |
|---|---|---|---|---|---|---|---|
| $\tau_{Rd}$(EC4) | 0.25 | 0.30 | 0.33 | 0.37 | 0.42 | 0.45 | 0.48 |
| $\tau_{Rd}$(NAD) | 0.24 | 0.26 | 0.28 | 0.29 | 0.31 | 0.32 | 0.33 |

$\eta=1$：普通混凝土；

$\eta=0.3+3.7(\rho/24)$：轻质混凝土，$\rho$ 为原始密实度（$kN/m^3$）；

$A_{cv}$——每延米长梁的剪切控制截面的横截面面积平均值；

$A_s$——每延米长剪切控制截面（图 3.16）内垂直于梁的连续配筋截面面积的和，混凝土板本身具有的垂直于梁的配筋也应该一同纳入计算；

$V_{pd}$——根据 3.4.3 所称的条件计算压型钢板的结果（NAD），不用于方程（3.7）的评价。

为检算剪切破坏，在计算带压型钢板的翼缘板内的剪切面积

$A_{cv}$时，应考虑压型钢板肋的影响。如果肋的方向与梁的应力方向垂直，在计算剪切面积 $A_{cv}$ 时应计入肋内的混凝土；如果肋的方向与梁的应力方向一致，在计算剪切面积 $A_{cv}$ 时忽略肋内的混凝土。

横向配筋应该阻止纵向剪切破坏，它必须满足 EC 2 规定的锚固要求，以便其能够达到屈服强度。对于边梁，可以通过连接箍筋来实现这种锚固，它缠绕在带头铆钉上。

NAD 中依据德国规范而与欧洲规范 EC 4 不一致的地方如下：

- 根据欧洲规范 EC 4. T1-1 的方程(6. 26)作纵向剪切承载力检算时，压型钢板的部分承载力 $v_{pd}/\sqrt{3}$ 不计入其中。但这在根据方程(3. 7)进行评价时必须考虑；
- 剪切强度设计值的基值 $\tau_{Rd}$ 根据下式确定(这意味着带入计算的值与表 3. 3 中不一致)：

$$\tau_{Rd}=0.09\sqrt[3]{f_{ck}} \qquad (N/mm^2) \tag{3.8}$$

纵向剪切承载力的设计值 $V_{Rd}$ 根据 EC 2 受到方程(3. 6)和(3. 7)中 $V_{Rd2}$ 和 $V_{Rd3}$ 的限制。这里的设计值 $V_{Rd2}$ 根据倾斜受压混凝土杆的受力来确定，$V_{Rd3}$ 根据拉杆或横向剪切配筋来确定。在满足方程(3. 7)的同时，要求的横向配筋由方程(3. 6)确定，此时，连续的(或者锚固良好的)压型钢板应该一同计入。另一方面，鉴于刚度的差异，人们会问压型钢板是否与混凝土压杆共同作用？如此便显现出 NAD 与 EC 4 的差异之处。方程(3. 7)中忽略的压型钢板部分，会导致混凝土板厚度的增加，参见本书 9. 5. 3。

### 3. 4. 3　压型钢板作为横向配筋计算

对于垂直于梁轴线的连续压型钢板，当它连续通过钢梁时，压型钢板部分承担的力由下式确定：

$$v_{pd}=\frac{A_p \cdot f_{yp}}{\gamma_{ap}} \tag{3.9}$$

式中　$v_{pd}$——沿梁纵向单位长度内压型钢板的剪切承载力；

$A_p$——沿梁纵向单位长度内压型钢板的横截面积；

$f_{yp}$——压型钢板的屈服强度。

对于垂直于梁轴线的连续压型钢板，它没有连续地通过钢梁，连接键直接穿过钢板焊接在钢梁上，此时压型钢板部分承担的力由下式确定：

$$v_{pd}=\frac{P_{pb,Rd}}{e}\leqslant\frac{A_p\cdot f_{yp}}{\gamma_{ap}} \tag{3.10}$$

式中 $P_{pb,Rd}$——一个透焊的带头铆钉的挤压力极限值，见2.4.5方程(2.12)；

$e$——在梁长度方向带头铆钉的轴距。

### 3.4.4 纵向剪切承载力检算

图3.17是混凝土板检算纵向剪切承载力的典型控制截面，以下几条原则对其很重要：

通常情况下要对最不利的连接键轮廓面b-b作检算。如果压型钢板是现成的或者连接键的承载力考虑了折减系数 $k_p$ 或 $k_t$，也可以不作连接键轮廓面检算。连续的或者锚固良好的压型钢板可以传递剪切力，它可以减少下层的横向配筋，此时，只需要对e-e截面作检算。如果使用半预制件补充现场浇注混凝土的方法，必须设置

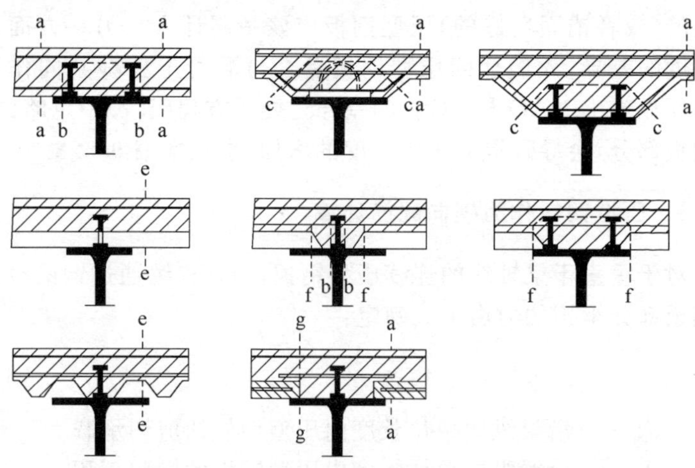

图3.17 混凝土板检算纵向剪切承载力的标准控制截面[3.25]

下层配筋(见截面 g-g),因为预制件内的横向配筋没有与连接键重叠。当压型钢板在带头铆钉边缘结束时,必须检算 f-f 截面。

上层配筋只在检算连接键轮廓面时考虑,如果它们确实切到(或者至少接触到)该断面的话。

为了防止混凝土板被提起,带头铆钉的头的下缘至少要高于下面的横向配筋 30 mm,当使用压型钢板时,要求带头铆钉的头的下缘到压型钢板的上表面至少达到 $2d$ 的距离,以保证带头铆钉能够传递混凝土中的拉力,见图 3.15。

抗弯或抗剪配筋可以用于相互计算,这意味着,上层和下层的配筋均为横向抗弯和抗剪配置。这是因为,一个横向负弯矩会在下侧产生横向压力,所以在横向可以叠加拉力。但要注意,对于楼板最不利的是,它是很纤细的结合梁与刚劲的墙或者井字形结构相连,那里也可能产生横向正弯矩,为此必须在下层布置足够的横向配筋,否则,在下侧会穿过钢梁产生纵向裂缝,它阻止连接键力的传递。

## 3.5 疲　　劳

### 3.5.1 概　　述

本节讲述焊接带头铆钉在重复加载、卸载情况下的强度,相关的一些重要概念如下:

- 长期强度(能够随时承担的荷载);
- 经过较少次数荷载循环后的时间强度:对分级荷载,时间强度通过应力循环线(Woehler 曲线)表示;
- 工作强度:是与荷载相关的概念,破坏理论(也就是使用所谓的 Miner 规则时)需要它。

其他可以使用的验证方法如下:

- 经验计算;
- 局部撕裂假设(裂缝生命期);
- 或者裂缝发展假设(断裂力学)。

这些在此不加描述。这里关注的检算模式以名义应力概念为基础,使用应力双振幅(振幅宽度或者应力差异 $\Delta\sigma$ 和 $\Delta\tau$),并且在欧洲规范 EC 3. T1-1 第 9 节中可以查到。就像焊接结构具有较强的切口应力集中效应和高的自应力一样，这里的应力差异 $\Delta\sigma$（及 $\Delta\tau$）没有中间应力影响，作为缺陷来考虑。

对于建筑结构和工业建筑中的结合梁，如果楼层的地板上经常有重的叉车、地板输送设备或货车开动，就会引起相应的结合板和结合梁经常承受重载或卸载，此时要求对该结合梁进行工作强度的检算。如果其上存在机器引起的振动，而又没有其他措施来避免材料疲劳的话（如很快地驶过共振区域），也应进行工作强度的检算。

铁路桥也同样要求检算，对于公路桥必须按照结合梁指导原则所谓的 2/3 规则通过其他的适用方法作替代检算：到目前为止，带头铆钉在非静止荷载作用下的承载力等于静止荷载下的承载力乘以 2/3 折减。这样便可以保证，在动力荷载作用下不会发生疲劳断裂，那些静力荷载和动力荷载之间的次要关系，根据经验不做检算。

### 3.5.2 承载与破坏机理

剪切试验显示，钢梁和混凝土板之间已有的相对错位（滑移）随着疲劳的增加明显增大，见图 3.18、图 3.19，其上端带有大荷载。

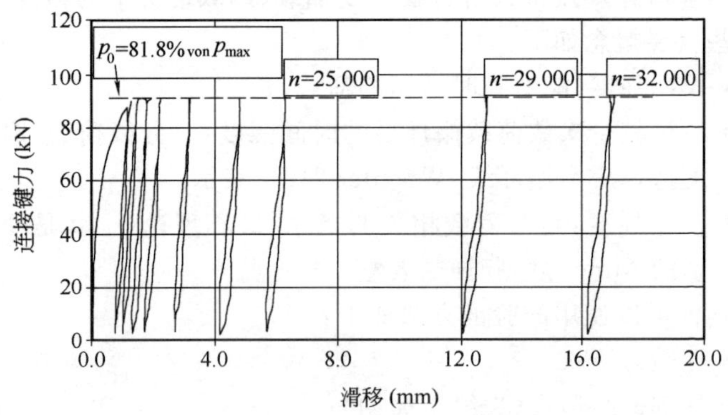


图 3.18 上端大荷载作用下剪切试验的荷载—滑移发展

这一滑移是由连接键根部较大的荷载区域内混凝土的破坏不断增加而导致的，所以，连接键必须承担不断增长的弹性和非弹性变形。虽然以下计算的 $\Delta\tau$ 作为补偿剪切荷载，但事实上它处理的是连接键铆杆部分复杂的弯曲荷载问题，最薄弱的地方当然是铆钉根部的焊接处，因为那里热影响区域（WEZ）、硬化、几何切口应力集中效应和高应力等集中到一起了。对于不断增加的荷载循环数，连接键在弯矩作用下总是很刚劲，就像对钉子做来回弯曲一样，这样就会产生裂缝并且不断发展直到最后破坏。

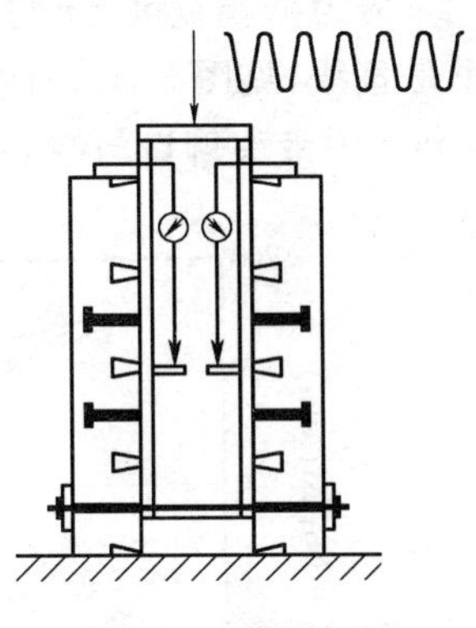

图 3.19　剪切试验

$$\Delta\tau=\Delta P/\frac{\pi d^2}{4} \tag{3.11}$$

裂缝从连接键受拉一侧开始，这可以在连接键的断裂图和松动但尚未完全断裂的连接键上得到证实，而且从中可知，裂缝发展的方式有以下三种，见图 3.20。

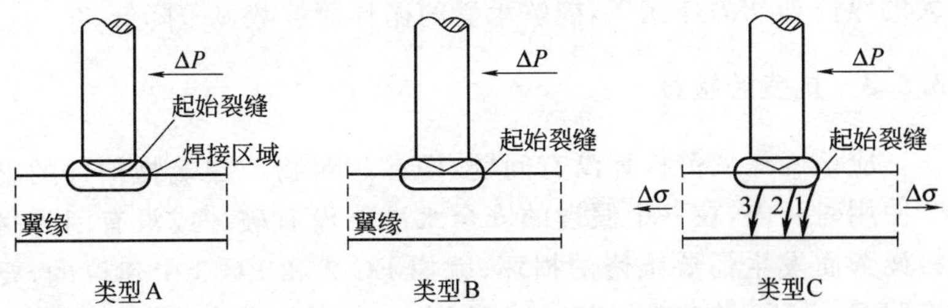


图 3.20　疲劳断裂的形式和发展过程

类型 A：裂缝从铆杆的根部开始，发展到铆杆或者焊接凸起；

类型 B：裂缝从焊接凸起的根部开始，通过焊接熔核或者热影响区域发展到翼缘板内；

类型 C：裂缝从焊接凸起的根部或铆杆根部开始，或者直接穿过翼缘板或者首先发展到焊接熔核的底部然后改变方向再穿过翼缘板。

应力振幅宽度 $\Delta\tau$ 与应力循环次数 $N$ 的关系在双对数坐标系里是直线，见图 3.21，直线 a 为带头铆钉在实体板中的情况，直线 b 和 c 为带头铆钉与空心肋压型钢板一起使用的情况。

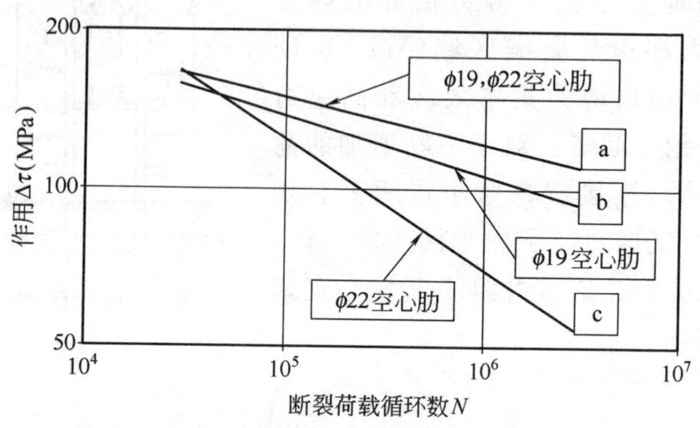


图 3.21　带头铆钉带或不带压型钢板使用时的疲劳强度[3.45]

对于图中的 b，由于到目前为止试验数据太少，所以人们自然会怀疑能否使用直线关系 b。很明显，对于带头铆钉 $\phi$22 mm 在较大的纵向剪切力作用下，能够承受的循环荷载数显著降低。

## 3.5.3　抗疲劳检算

应该确保疲劳检算没有问题，即在建筑物或建筑物构件的整个使用时间内，在一个假设的安全水准下没有破坏或没有因为材料疲劳而发生需要维修的损坏，就如 EC 2 和 EC 3 中建议的，要按照 EC 4 T2 作疲劳检算，该检算建立在应力循环线（Woehler 曲线）和 Miner 的损坏假设理论基础上。

需要证明，等效应力不超过考虑分项安全系数后的承载力：

$$\gamma_{Ff}\cdot\Delta\tau_E\leqslant\Delta\tau_{Rk}(N^*)/\gamma_{Mf}\qquad(3.12)$$

等效振幅宽度 $\Delta\sigma_E$ 以及 $\Delta\tau_E$ 根据 Miner 假设在应力循环线（Woehler 曲线）上不考虑断点取值：

$$\Delta\tau_E=\left(\sum_{i=1}^{k}\frac{n_i}{N}\cdot\Delta\tau_i^m\right)^{1/m}\qquad(3.13)$$

式中　$n_i$——第 $i$ 个振幅宽度 $\Delta\sigma_i$ 内的应力循环数；

$N$——结构物在其生命周期内的应力抽样数总和 $N=\sum n_i$；

$m$——梯度系数；

$\Delta\tau_{Rk}(N^*)$——$N^*$ 次时振幅宽度的特征值，$N^*=2\times10^6$。

应力循环线（Woehler 曲线）是根据分级试验计算的，应力振幅宽度 $\Delta\tau$ 也是常数。对于混合荷载的情况，振幅宽度大小不等，这时必须用损伤程度相等的替代振幅宽度，要用相同的应力循环数根据 Miner 规则计算，这就得到了等效的 $\Delta\tau_E$（对于钢梁翼缘板中的轴向力为 $\Delta\sigma_E$）。

欧洲规范 EC 3 T2 中的应力循环线（Woehler 曲线）为 5％分位值，此外，它是在梯度系数 $m=3$ 以及 $m=5$ 的基础上标准化得到的。从荷载为正态分布出发，所有规则中的分项安全系数 $\gamma_{Ff}$ 可假设为 $\gamma_{Ff}=1.0$。

对于分项安全系数 $\gamma_{Mf}=1.0$，要区分以下两种特殊情况：

- 对于某一个检查，危险区域的可达性；
- 整个结构构件破坏时的影响。

只有在危险区域确定和在进行惯例检查能够及时了解疲劳裂缝时，才能使用方便的分项安全系数 $\gamma_{Mf}=1.0$。除此之外，结合梁必须有足够的承载力储备，因为连接键本身可能不做检算，也可能因为铆钉脱落而导致没有足够的承载力储备，这时就必须使用较高的安全系数值 $\gamma_{Mf}=1.35$。

图 3.22、图 3.23 包含了应力循环线（Woehler 曲线）。图 3.22 适用于焊接的带头铆钉浇注在实体混凝土板中，并受剪切荷载的情况。

如果在钢梁翼缘板上（带头铆钉焊接在其上）出现明显的等效振幅宽度 $\Delta\sigma_E$，那么也必须对该荷载作方程（3.14）形式的检算，但现在可以用应力循环线（Woehler 曲线）根据图 3.23 进行。这不适用于非开裂状况 I-I 的情况（截面正弯矩区域内），因为这里的中性轴处在翼缘板内或者离翼缘板很近，所以在翼缘板中不会出现明显的活荷载应力。但在负弯矩区情况就完全不一样了，一旦混凝土受拉开裂，中性轴则向下移至钢梁中，则在翼缘板中出现明显的拉应力，其等效的振幅宽度必须用应力循环线（Woehler 曲线）根据 EC 3 对缺口群进行检算，见图 3.23。

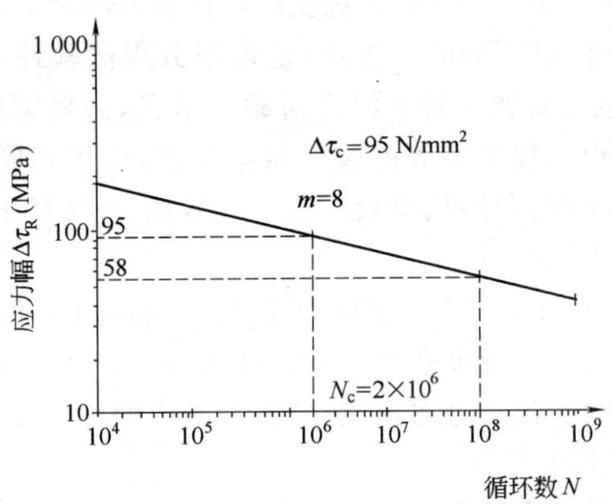


图 3.22　带头铆钉浇筑在混凝土中，纵向剪力根据 EC 4. T2 计算的疲劳强度曲线

$$\gamma_{Ff}\cdot\Delta\sigma_E\leqslant\Delta\sigma_{Rk}(N^*)/\gamma_{Mf} \tag{3.14}$$

根据 EC 3，振幅宽度是在应力循环数达到 $2\times10^6$ 时对切口群特性的说明。方程(3.12)、(3.14)和(3.15)中的振幅宽度 $\Delta\sigma_{Rk}$ 和 $\Delta\tau_{Rk}$ 描述的是在荷载循环 $N^*=2\times10^6$ 时带头铆钉和结构钢的疲劳强度。

考虑到翼缘板和连接键同时作用相互影响的情况，提出以下建议，就像 EC 3 那样使用圆形相互作用：

$$\left(\frac{\gamma_{Ff}\cdot\Delta\sigma_E}{\Delta\sigma_{Rk}}\right)^2+\left(\frac{\gamma_{Ff}\cdot\Delta\tau_E}{\Delta\tau_{Rk}}\right)^2\leqslant1 \tag{3.15}$$

这一检算应该可以阻止破坏形式 C 的出现，该破坏是裂缝从焊接处开始，向下向翼缘板发展。关于方程(3.15)最终的有效规定要由 EC 4 T2 来明确，圆形相互作用可以通过多边形来代替。

设计建议包含应力振幅宽度 $\Delta\sigma$ 和 $\Delta\tau$，它们的前提是带头铆钉的纵向剪切力没有被用完，连接键浇注在混凝土板内时，它的极限承载力为 0.6$P_{Rd}$，与压型钢板一起使用时为 0.8$P_{Rd}$。

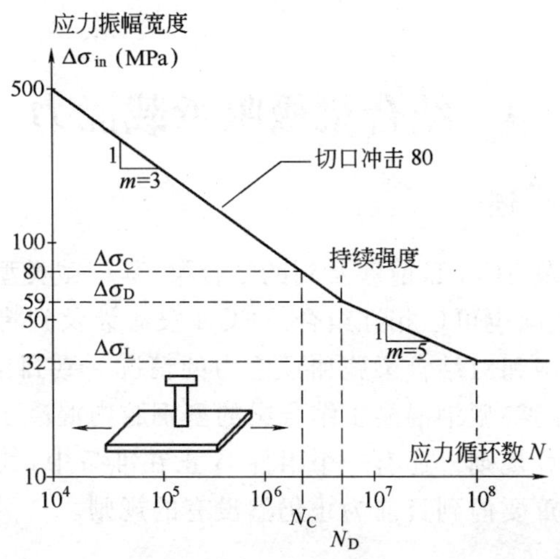


图 3.23 根据 EC 3 T2 计算的焊有铆钉的翼缘板的疲劳强度

应力以及应力振幅宽度在工作状态下根据弹性结构尽可能精确地进行计算，用于试验的权威荷载模型到目前为止尚没有确定，剪力计算时认为连接是刚劲的。这意味着，整个横截面服从平截面假定并且剪力服从 $V \cdot S/I$ 规则，其他就太复杂了。连接键的柔性会导致力偶 $N_a = N_c$ 减小并进一步导致纵向剪切力的减小，所以假设连接刚劲是偏于安全的，这一假设对桥梁结构十分准确。

# 4 结合梁极限承载能力

## 4.1 概　　述

欧洲规范 EC 4 目前涉及到的结合梁，其横截类型如图 4.1 所示，图中的截面也可以相互组合。EC 4 没有涉及到将型钢完全浇筑在混凝土中和对结合梁施加预应力的情况。到目前为止，EC 4 尚不包含(外露)型钢混凝土结合梁的型钢腔内混凝土的弯矩和剪切承载力计算规则。还有一个附件 G 正在准备中，其中将包含一些对德国很重要但到目前为止仍然没有的规则。

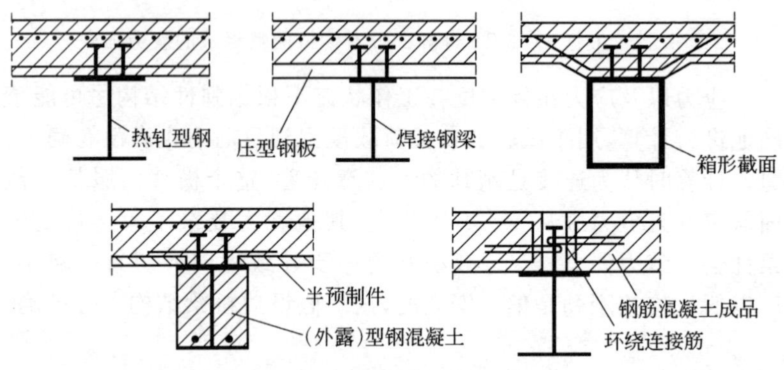


图 4.1　典型的横截面(EC 4 所涉及)

在讲述结合梁设计和要求的检算之前，首先介绍一个有代表性的单孔简支梁承载力试验的相关成果。如图 4.2 显示的试验梁 BT4[3.37]，它使用了事先钻孔的空心肋压型钢板，每个肋设一个 $\phi$22 mm 的带头铆钉，间距为 100 mm(等间距)，键销度几乎为 100%(完全结合)，受集中力作用，混凝土板受横向弯矩。

图 4.3 有选择地显示了两个试验结果(见曲线①、③)，图 4.3

同时显示了荷载—挠度曲线②和梁端荷载—滑移过程曲线④。通过卸载模拟了两次超载。在较小的荷载状况下，试验结果适用于正常使用状态，很刚劲，在结合缝处的滑移符合弹—塑性理论，而且延展性也好，否则，当试验荷载超过最大荷载时就迅速卸载。

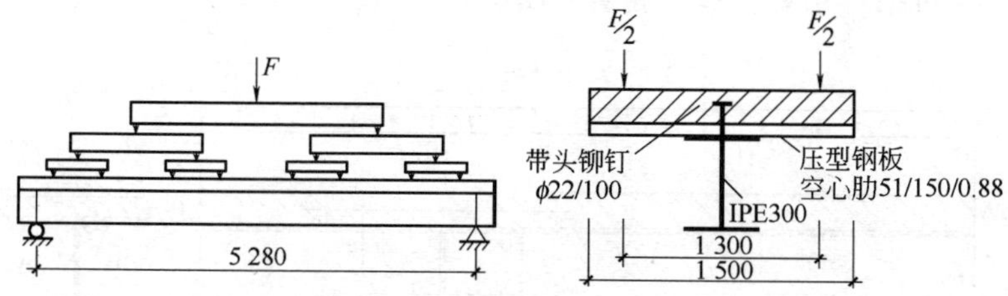


图 4.2　结合梁 BT4(单位:mm)

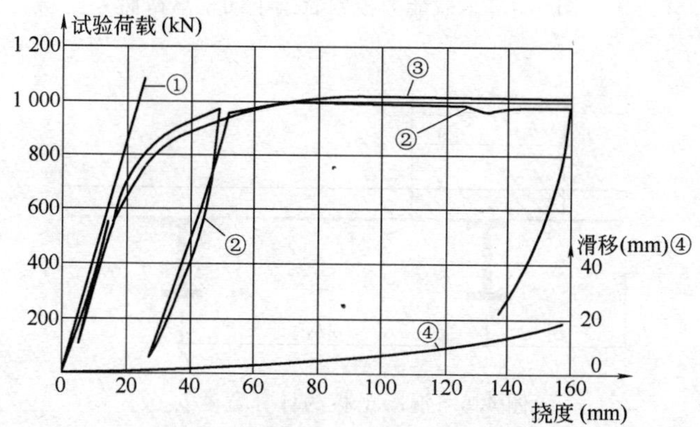


图 4.3　结合梁 BT4 的荷载—挠度与荷载—滑移过程曲线

特别之处在于试验荷载在端部滑移出现后还有明显增加，直到端部滑移达到 6 mm 为止。在承载能力试验中，端部滑移最终可达到近 15 mm。此外曲线③显示，软件“NG 结合连接”[3.26]作的非线性计算结果与试验结果很吻合，初始的弹性部分与直线①很接近。

正如其他很多试验一样，承载过程中延展性很好，破坏时有较大的端部滑移，与延展性好的结合板类似，见图 2.6，这也验证了塑性设计的结果。

结合梁结构及其构件应该满足方案阶段、承载能力极限状态下的计算和设计等基本要求，并注意合适的计算模型、分项安全系数和荷载组合等。

对结合梁要作以下检算，见图 4.4。

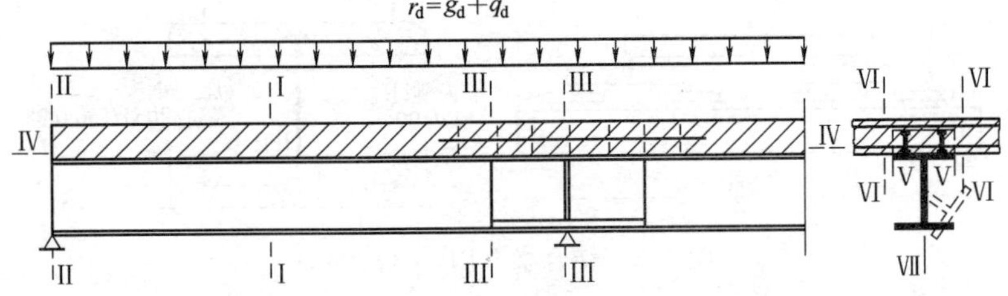


图 4.4 承载能力极限状态下的检算截面

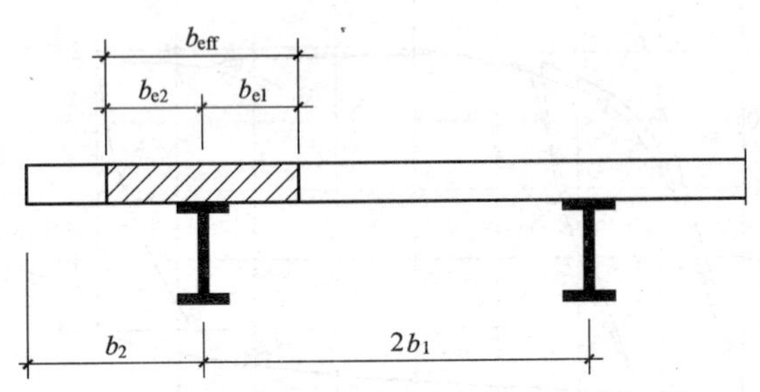


图 4.5 混凝土板的计算宽度 $b_{eff}$

- 关键截面的承载能力，见 EC 4 第 4.4 节；
- 结合缝处和混凝土板内的纵向剪切承载力，见 EC 4 第 4.6 节；
- 连续梁和悬臂梁的弯扭失稳，见 EC 4 第 4.6 节；
- 剪切屈曲和腹板缺陷，见 EC 4 第 4.7 节。

图 4.4 中显示的不同断面和破坏类型形象地区分了不同的承载能力，它们分别为：

Ⅰ-Ⅰ 正弯矩区弯矩承载能力；

Ⅱ-Ⅱ　剪切承载能力；

Ⅲ-Ⅲ　考虑剪力时($M—V$ 相互作用)负弯矩区弯矩承载能力；

Ⅳ-Ⅳ　纵向剪切承载力,检算结合安全性；

Ⅴ-Ⅴ　连接键投影面积、横向配筋；

Ⅵ-Ⅵ　混凝土板的纵向剪切承载力、横向配筋和结合安全性；

Ⅶ-Ⅶ　弯扭失稳,受压下翼缘侧向偏移。

关键截面也可能是较大的集中荷载和支撑反力以及横截面明显变化(腹板切除)处。

对于均布荷载作用下的等截面单跨简支梁,不考虑弯矩和剪力在同一个截面内的相互作用。

在对结合梁浇注混凝土的工况进行设计时,实际是对单纯的钢结构、有时还有压型钢板进行设计,其设计要根据欧洲规范 EC 3. T1-3 考虑安装荷载(也可以参见 EC 4 中 7.3.2)进行。

## 4.2　横截面的极限承载能力

### 4.2.1　混凝土板的有效宽度

在计算横截面极限承载能力时,在跨中(正弯矩区)和中间支座处(负弯矩区)分别使用相应的翼缘板有效宽度。

在计算截面的弹性内力时,将翼缘板的有效宽度 $b_{eff}$ 假设为常数。在两端支座处使用跨中的有效宽度,在悬臂处使用支座处的有效宽度。

假设梁腹板两侧的有效宽度(见图 4.5)为 $L_0/8$,不大于相邻两片梁间距的一半,相应的 $L_0$ 满足下列条件：

- 单跨简支梁的跨度；
- 对于连续梁近似为零弯矩点之间的距离(见图 4.6)。

### 4.2.2　截面等级划分

结合梁根据其受压翼缘板或者腹板的稳定特性(局部屈曲)分

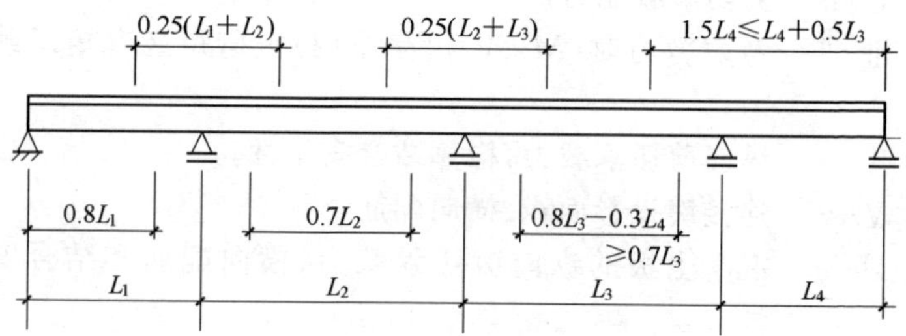


图 4.6　计算有效宽度时的等效跨度 $L_0$

成以下四个等级，见图 4.7。

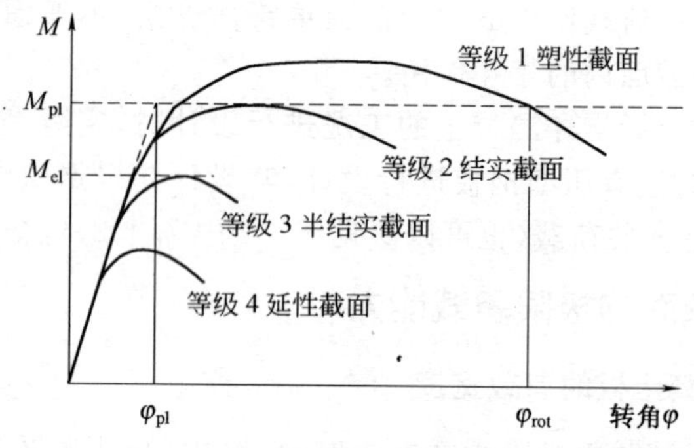


图 4.7　横截面的等级划分

等级 1 为塑性截面，可以完全发挥出截面的塑性承载能力，横截面可以充分地转动，所以可以用塑性理论（塑性铰理论）来计算其截面内力。

等级 2 为结实截面，可以完全发挥出截面的塑性承载能力，横截面可以作适当转动，所以截面内力可以用弹性理论计算，但必须配合适当的弯矩折减。

等级 3 为半结实截面，只容许钢梁横截面受压翼缘板在弹性阶段范围内工作，材料应力发展到屈服强度为止，因为此后便会出现局部失稳，从而阻止塑性弯矩承载能力的发挥。

等级 4 为延性截面，由于横截面的结构钢局部屈曲，材料在受压荷载作用下不能达到屈服强度，承载力由屈曲检算结果决定。

由于等级3、4的结合梁截面在建筑结构中很少使用，所以在建筑结构中研究它们意义不大，本文在接下来的章节中仅对它们作附带说明。

根据表4.1中钢梁横截面翼缘板的长厚比 $c/t$ 和表4.2中腹板的高厚比 $d/t$，可以将一个横截面划分为四个等级中的一个。整个横截面的等级根据各部分中最不利的等级确定，中性轴的位置根据材料强度的设计值在横截面的有效宽度内计算确定。

**表4.1　钢梁受压翼缘板的最大宽厚比 $c/t$**

| 受压翼缘 | | | | |
|---|---|---|---|---|
| | 辊扎截面 | | 焊接截面 | |
| 等级 | （工字形截面，$t$、$c$） | （箱形截面，$t$、$c$） | （工字形截面，$t$、$c$） | （箱形截面，$t$、$c$） |
| 1 | 10ε | 10ε | 9ε | 9ε |
| 2 | 11ε | 15ε | 10ε | 14ε |
| 3 | 15ε | 21ε | 14ε | 20ε |

| 钢种 | $f_y$ | ε |
|---|---|---|
| Fe 360 | 235 | 1.0 |
| Fe 430 | 275 | 0.92 |
| Fe 510 | 355 | 0.81 |
| S 460 | 460 | 0.71 |

**表4.2　受压腹板的最大高厚比 $d/t$（单位：cm）**

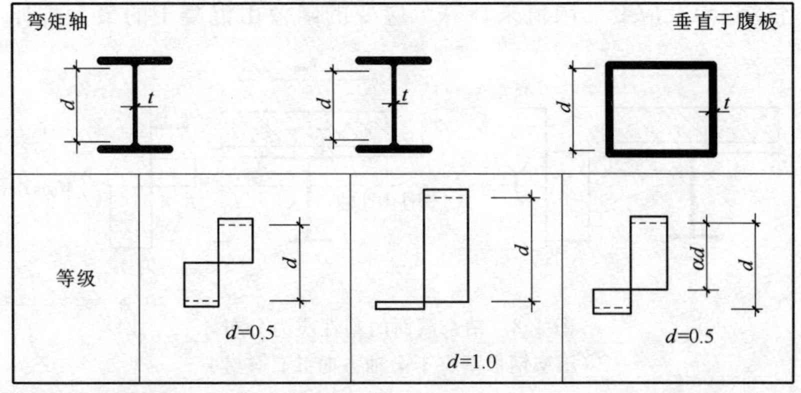

续上表

| 1 | $d/t=72\varepsilon$ | $d/t=33\varepsilon$ | $\alpha \geqslant 0.5$：$d/t=396\varepsilon/(13\alpha-1)$<br>$\alpha<0.5$：$d/t=36\varepsilon/\alpha$ |
|---|---|---|---|
| 2 | $d/t=83\varepsilon$ | $d/t=38\varepsilon$ | $\alpha \geqslant 0.5$：$d/t=456\varepsilon/(13\alpha-1)$<br>$\alpha<0.5$：$d/t=41.5\varepsilon/\alpha$ |
| 应力分布<br>(受压为正) | | | |
| 3 | $d/t=124\varepsilon$ | $d/t=42\varepsilon$ | $\psi>-1$：<br>$d/t \leqslant 42\varepsilon/(0.67+0.33\psi)$<br>$\psi \leqslant -1$：<br>$d/t \leqslant 62\varepsilon \cdot (1-\psi) \cdot (-\psi)^{0.5}$ |

当横截面处在正弯矩区时，中性轴位于混凝土板内或者钢梁的翼缘板内，此时横截面属于等级 1，而且与腹板和翼缘板的宽厚比(或高厚比)没有关系。

在一定条件下，某一横截面也可以按照较好的等级划分(如腹板上有孔时或外露型钢混凝土梁等)。

### 4.2.3 塑性状态下的抗弯承载力

抗弯承载力 $M_u$ 必须根据线性的应变关系(在整个截面内刚性结合)及应变的限值来计算。应变的限值由混凝土的最大拉伸

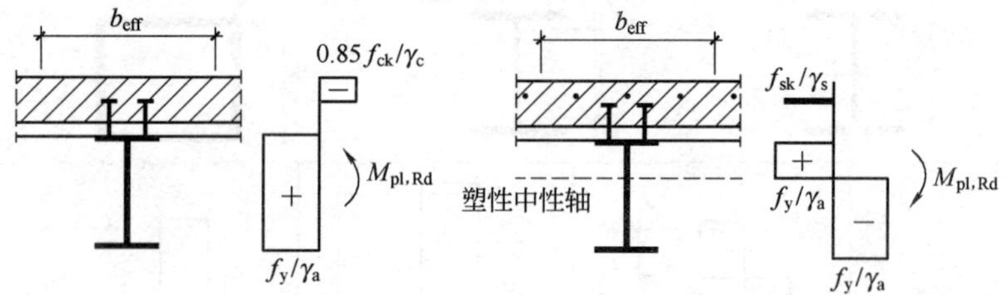


图 4.8 结合截面的塑性应力分布
(压型钢板垂直于梁轴方向并且连续)

应变或压应变决定，它可以防止出现过大的隆起变形。

当横截面的钢板足够厚时，可以达到完全塑性状态，弯矩承载力的计算就很简单了，这时截面可以归类为等级 1 的塑性截面和等级 2 的结实截面，图 4.8 为其相应的应力分布。

为了弄清楚抗弯极限承载力 $M_u$（应变限制）和 $M_{pl}$ 之间的相互关系，根据图 4.9 中钢梁为 S 355(Fe 510)的截面在正弯矩下计算这两个值，图 4.9 清楚地显示了两者的差别，尤其是中间那根表

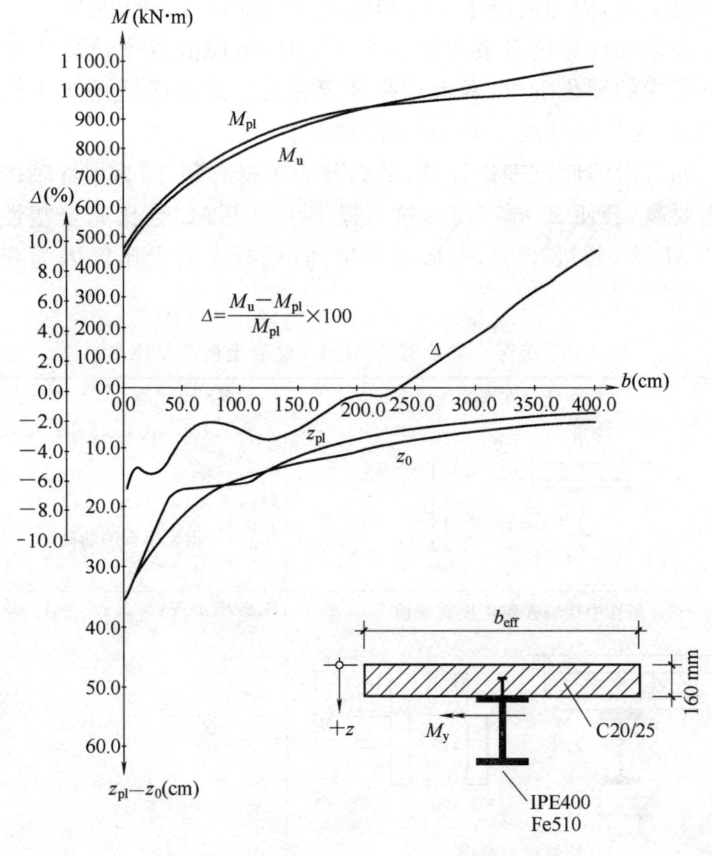

图 4.9 抗弯极限承载力 $M_u$ 和 $M_{pl}$ 的比较

示两者差异 $\Delta$ 的曲线，见方程(4.1)。

$$\Delta=\frac{M_u-M_{pl}}{M_{pl}}\times 100\% \tag{4.1}$$

对于很纤细瘦弱的混凝土板，用塑性理论计算得到的结果明显超出抗弯极限承载力 $M_u$(这里达到 6%)。如果塑性中性轴不在梁的腹板中，这种差异 $\Delta<3\%$，但偏于不利，这适用于受压区高度 $Z_{pl}/h\leqslant 0.3$ 的情况。当配筋率 $\rho$ 越接近 1 甚至超过 1 时(中性轴处在混凝土板中)，这种差异值 $\Delta$ 就越小。这样的横截面是有实际意义的，因为混凝土受压和钢受拉均得到充分的利用。

如果在计算抗弯极限承载力 $M_u$ 时，考虑混凝土破坏之前钢梁下翼缘的硬化阶段，两者结果还要接近。这主要适用于中性轴足够高、受压区高度 $z/h\leqslant 0.2$ 的情况。

如果用塑性铰理论计算，那么截面还要有利，因为中性轴的位置还要高，会使 $Z/h\leqslant 0.15$，抗弯极限承载力 $M_u$ 会比完全塑性计算的 $M_{pl}$ 大(超过 3%)，变形明显增加，混凝土的受压区因为变形而破坏。

**表 4.3　抗弯极限承载力 $M_{pl,Rd}$**(混凝土板在受压区)

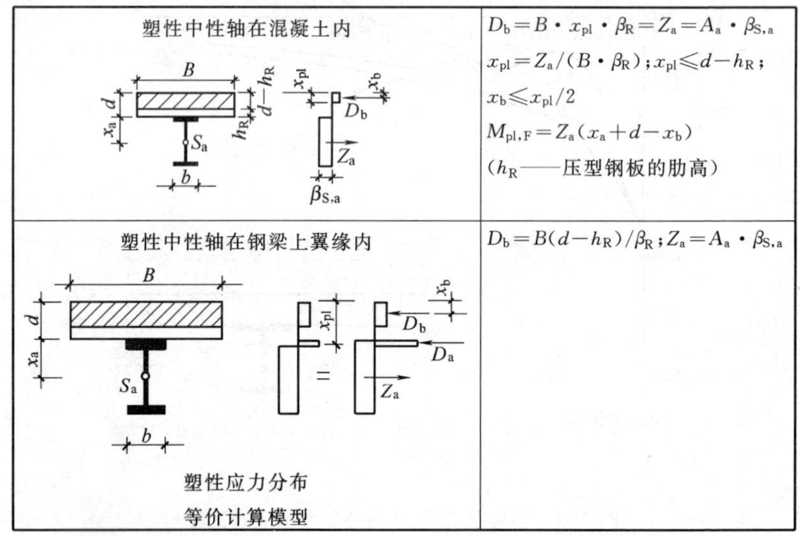

| 塑性中性轴在混凝土内 | $D_b=B\cdot x_{pl}\cdot\beta_R=Z_a=A_a\cdot\beta_{S,a}$<br>$x_{pl}=Z_a/(B\cdot\beta_R)$；$x_{pl}\leqslant d-h_R$；<br>$x_b\leqslant x_{pl}/2$<br>$M_{pl,F}=Z_a(x_a+d-x_b)$<br>($h_R$——压型钢板的肋高) |
| --- | --- |
| 塑性中性轴在钢梁上翼缘内<br>塑性应力分布<br>等价计算模型 | $D_b=B(d-h_R)/\beta_R$；$Z_a=A_a\cdot\beta_{S,a}$ |

续上表

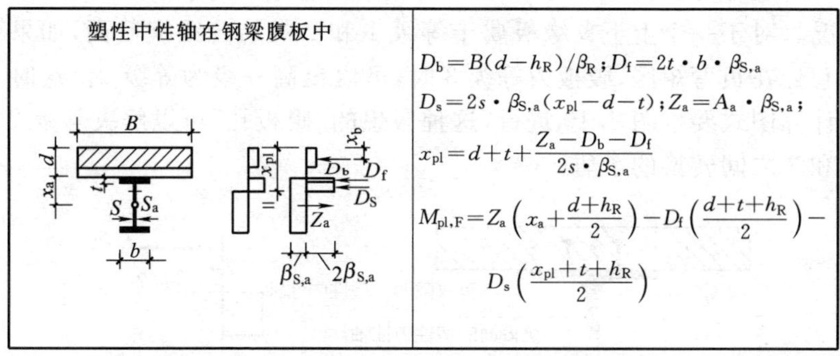

| 塑性中性轴在钢梁腹板中 | $D_b = B(d - h_R)/\beta_R$；$D_f = 2t \cdot b \cdot \beta_{S,a}$<br>$D_s = 2s \cdot \beta_{S,a}(x_{pl} - d - t)$；$Z_a = A_a \cdot \beta_{S,a}$；<br>$x_{pl} = d + t + \dfrac{Z_a - D_b - D_f}{2s \cdot \beta_{S,a}}$<br>$M_{pl,F} = Z_a\left(x_a + \dfrac{d+h_R}{2}\right) - D_f\left(\dfrac{d+t+h_R}{2}\right) - D_s\left(\dfrac{x_{pl}+t+h_R}{2}\right)$ |
|---|---|



**表 4.4　抗弯极限承载力 $M_{pl,Rd}$（混凝土板在受拉区）**

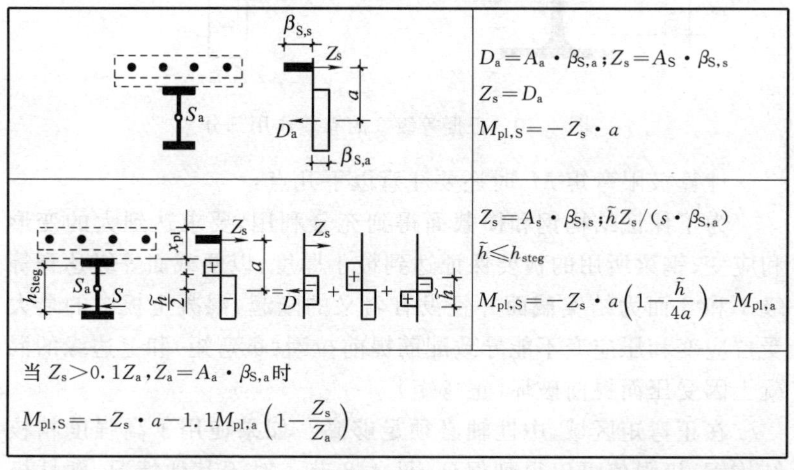

| | |
|---|---|
| | $D_a = A_a \cdot \beta_{S,a}$；$Z_s = A_S \cdot \beta_{S,s}$<br>$Z_s = D_a$<br>$M_{pl,S} = -Z_s \cdot a$ |
| | $Z_s = A_s \cdot \beta_{S,s}$；$\tilde{h} Z_s/(s \cdot \beta_{S,a})$<br>$\tilde{h} \leqslant h_{steg}$<br>$M_{pl,S} = -Z_s \cdot a\left(1 - \dfrac{\tilde{h}}{4a}\right) - M_{pl,a}$ |
| 当 $Z_s > 0.1Z_a$，$Z_a = A_a \cdot \beta_{S,a}$ 时<br>$M_{pl,S} = -Z_s \cdot a - 1.1M_{pl,a}\left(1 - \dfrac{Z_s}{Z_a}\right)$ | |



对于等级 1、等级 2 的横截面，抗弯极限承载力应该作完全塑性计算，其计算图示对于正弯矩见表 4.3，对于负弯矩见表 4.4。如果根据结合梁指导原则设计，其形式可以直接应用，如果根据 EC 4 设计，其计算值必须作以下的转换：

$$\beta_R \rightarrow 0.85 \cdot f_{ck}/\gamma_c$$

$$\beta_{S,a} \rightarrow f_y/\gamma_a$$

$$\beta_{S,s} \rightarrow f_{sk}/\gamma_s$$

此外还要替换：$b_{eff} \rightarrow B$、$t_w \rightarrow s$、$z \rightarrow x$ 等。

这样计算得到的塑性极限弯矩 $M_{pl,Rd}$ 适合于完全结合的情况。对于一个上下翼缘板属于等级 1 和 2 的结合梁横截面，如果它处在负弯矩区，腹板为等级 3 时，可以提高一级为等级 2。这时计算图式要按图 4.10 进行，这种假想的“腹板孔”可以解决等级 2 和 3 之间转换的矛盾。

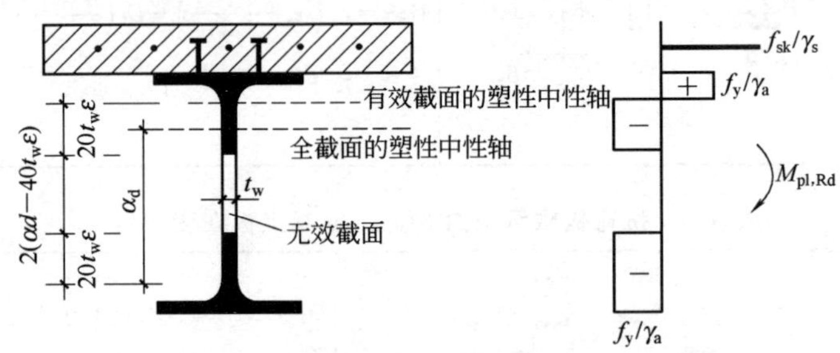


图 4.10　根据等级 2 的有效作用部分

计算极限弯矩 $M_{pl}$ 时还要注意以下几点：

为了保证结构钢和横截面得到充分利用，要求达到大的变形和应变；钢梁所用的板要保证达到最小厚度，以便截面等级达到等级 1 和 2 而为结实截面并且没有名义的隆起；混凝土板中的最大受拉应变和压应变不能导致配筋提前拉断（负弯矩）和上边缘的混凝土因受压而提前破坏（正弯矩）。

在正弯矩区域，中性轴必须足够高。如果使用了高强度精核结构钢，极限值可以得到保证，见 4.8 节。对于其他情况，塑性极限弯矩 $M_{pl}$ 有可能得不到充分的利用。

对于负弯矩区域，混凝土的配筋必须承担大的受拉应变，并且要考虑裂缝之间混凝土的强化作用。这里也存在这样的情况：如果结构钢能够得到充分应用（$M_{pl}$），结构钢的强度越高，配筋的受拉应变就越大。

为了避免配筋提前拉断，混凝土板必须有足够的配筋，与钢筋是自然硬化还是冷变形没有关系，最小配筋率要满足以下条件，参见[1.57]、12[25]。

S 235 (Fe 360)　　$\rho \geqslant 0.5\%$

S 355 (Fe 510)　　$\rho \geqslant 0.75\%$

S 460　　$\rho \geqslant 1.0\%$

如果一个连续结合梁根据塑性铰理论设计，并得到充分的利用，那么第一个塑性铰根据转动要求应该在中间支座上，所以那里要配制高延展性的配筋。对于结构钢 S 235，最小配筋率 $\rho=1.2\%$，对于高强度结构钢，最小配筋率要适当高一些，参见[1.57]、[4.45]、12[25]。

对于延展性，重要的不仅仅是极限应变 $\varepsilon_u$，还有比值 $f_u/f_y$。

$$\varepsilon_u \geqslant 5.0\%;f_u/f_y \geqslant 1.08。$$

随着 $f_u/f_y$ 的增加，增长的是（应力应变曲线的）长度，显示出来的是配筋的塑性应变，通过相对较差的结合方式和相对较延性的连接也容易形成结合（比如通过带头铆钉和压型钢板）。另一方面，裂缝之间共同作用的混凝土可以显著地减小截面转动幅度。

这一关系在结合梁指导原则中一点都没有提及，在欧洲规范 EC 4. T1-1 中虽然注意到了这一点，但考虑还不够。

### 4.2.4　弹性状态下的极限弯矩

如果结合梁的截面为等级 3，那么它的极限承载力必须依据应力变化和极限应力，根据图 4.11 计算。混凝土收缩徐变的影响在这里不考虑，因为由此引起相应的应变不大。

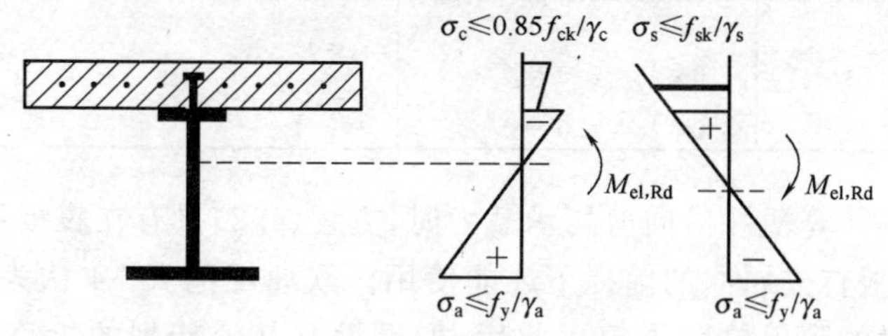


图 4.11　等级 3 的结合梁截面：标准的应力变化

### 4.2.5 极限剪力

混凝土板承担的横向剪力只是一小部分，而且取决于板厚、荷载大小和配筋，大致为整个横截面内力的10%～20%，所以在计算截面的横向剪力时不考虑混凝土翼缘板的影响，而只检算钢梁承担的横向剪力，见方程(4.2)：

$$V_{Sd} \leqslant V_{pl,Rd} = A_V (f_y/\sqrt{3})/\gamma_a \quad (4.2)$$

式中 $A_v$ 为剪切面积，具体计算为：

对于热轧型钢，计算在腹板方向的横向剪力时取 $A_v = 1.04 \cdot h_a \cdot t_w$；

对于焊接型钢，取 $A_v = d \cdot t_w$。

对于焊接型钢，腹板高度 $d$ 取两个翼缘板之间的高度值；对于热轧型钢，则用截面高度 $h_a$ 作为腹板高度。

对于以下情况不要求作剪切隆起检算：

- 梁的腹板没有加劲，未使用型钢混凝土加强，但 $d/t_w < 69\varepsilon$（所有的IPE型钢梁和HE型钢梁满足均这一条件）；
- 梁的腹板没有加劲，使用型钢混凝土加强，且 $t_w < 124\varepsilon$。

**表4.5 剪切隆起强度 $\tau_{ba}$**

| 规　　范 | 区　　域 | $\tau_{ba}$ |
| --- | --- | --- |
| EC 3 | $\bar{\lambda}_w \leqslant 0.8$ | $\tau_{ba} = 1$ |
| | $0.8 < \bar{\lambda}_w < 1.2$ | $\tau_{ba} = 1 - 0.625 \cdot (\bar{\lambda}_w - 0.8)$ |
| | $\bar{\lambda}_w \geqslant 1.2$ | $\tau_{ba} = 0.9/\bar{\lambda}_w$ |
| EC 4 | $\bar{\lambda}_w \leqslant 1.5$ | $\tau_{ba} = 1$ |
| | $1.5 < \bar{\lambda}_w < 3.0$ | $\tau_{ba} = 3/\bar{\lambda}_w + 0.2\bar{\lambda}_w - 1.3 \tau_{ba} = 0.9/\bar{\lambda}_w$ |
| | $3.0 \leqslant \bar{\lambda}_w \leqslant 4.0$ | |

在计算塑性横向剪切承载力时，方程(4.2)只有在腹板不是很厚、腹板首先屈曲的前提下才能使用。欧洲规范EC 4认为，剪力由钢梁的腹板单独承担。此后，如果没有其他特别的检算，EC 3第5.6节也从此规定。根据EC 3，在对无横向加劲的腹板和只有

横向有加劲的腹板作剪切隆起检算时，按下列要求进行：

- 用简化的方法检算，屈曲从极限隆起应力开始；
- 或者根据拉力跨理论，将梁的承载储备用完，尤其是对于那些加劲间距不超过 3 倍腹板高度的横向加劲的腹板。

如果剪切隆起检算根据提高的屈曲极限曲线进行，那么需要按以下步骤进行检算：

- 确定屈曲系数 $k_\tau$；
- 计算理想的屈曲应力 $\tau_{cr}=k_\tau \cdot \sigma_e$；
- 根据方程(4.3)计算板的柔度；

$$\bar{\lambda}_w=\sqrt{\frac{f_{yw}/\sqrt{3}}{\tau_{cr}}}=\frac{d/t_w}{37.4\varepsilon\sqrt{k_\tau}} \tag{4.3}$$

- 计算剪切屈曲应力 $\tau_{ba}$ 以及 $\bar{\tau}_{ba}=\tau_{ba} \cdot \sqrt{3}/f_{yw}$，见表 4.5；
- 计算防止剪切隆起的极限值：

$$V_{ba,Rd}=d \cdot t_w \cdot \tau_{ba}/\gamma_{M1} \tag{4.4}$$

如图 4.12 所示，根据 EC 4 计算的剪切隆起极限曲线在根据 EC 3 计算的曲线之上。原因是对于结合梁，其承载能力超出很多：

- 混凝土板夹紧钢梁的上半部；
- 混凝土板分担了弯矩和剪力；

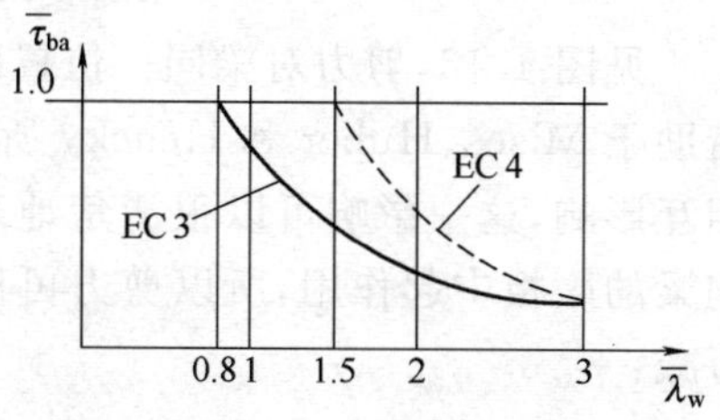


图 4.12　规范 EC 3 和 EC 4 中剪切隆起检算

- 混凝土板可以实现力的重新调整，调整部分作为承载力储备。

欧洲规范 EC 4(见表 4.5)中的有关规定考虑了混凝土板，对简支梁在均布荷载作用下没有横向加劲并且完全结合的情况也适用。

即使受拉跨没有得到充分的利用，腹板的承载能力一旦达到即破坏，即 $V_{Sd}>V_{cr}$，也只是带头铆钉连接键的承载力与常规比分配稍有不同而已，见 EC 4 中 4.4.4。

关于拉力跨理论，请参见推荐的参考文献如[1.57]和[4.24]。

### 4.2.6 弯矩和剪力

如果剪力的设计 $V_{Sd}$ 超过塑性极限剪力 $V_{pl,Rd}$ 的 0.5 倍，那么必须考虑剪力对极限弯矩的影响，检算式一般情况下根据 EC 4，见方程(4.5)：

$$M_{sd} \leqslant M_{f,Rd} + (M_{Rd} - M_{f,Rd})[1 - (2V_{Sd}/V_{Pl,Rd} - 1)^2] \quad (4.5)$$

式中

$M_{Rd}$——极限弯矩；

$M_{f,Rd}$——计算 $M_{Rd}$ 时有效截面的塑性极限弯矩，不考虑剪切面 $A_v$ 的影响。

如果腹板已被剪力充分利用，则得到方程(4.6)：

$$M_{sd} \leqslant M_{f,Rd} \quad (4.6)$$

见图 4.13，剪力对梁同一位置的抗弯承载力影响较小。如果借助于 Mises、Huber 和 Hencky 所著库仑理论中的弯矩—剪力的相互影响，这一影响可以很清楚地表示出来。因为剪切应力只在钢梁的腹板中起作用，所以剪力可以根据腹板所能承受的弯矩来折减：

$$V = A_{steg} \cdot \tau \qquad (A_{steg}\text{为腹板的截面积}) \quad (4.7)$$

$$\overline{V} = V/V_{Pl} = \frac{\tau \cdot \sqrt{3}}{f_y} \quad (4.8)$$

钢梁腹板中的库仑理论：

$$\sigma_V^2 = \sigma_M^2 + 3\tau^2 = f_y^2 \quad (4.9)$$

$$\sigma_M = {}_{\text{折减}} f_y = f_y \sqrt{1 - \overline{V}^2} \quad (4.10)$$

这一过程有其缺点，它必须要有两个不同的塑性极限用于计算，因此，方便的做法是用腹板厚度 $t_w$ 来代替 $f_y$ 计算，折减为方程(4.11)的值：

$$_{折减}t_W = t_W\sqrt{1-\overline{V}^2} \tag{4.11}$$

图 4.13 描述了根据 EC 4 计算的 $M$—$V$ 相互作用关系曲线，作为比较，将根据方程(4.11)作的精确计算和根据结合梁指导原则给定的简化方法计算结果描绘在一起。

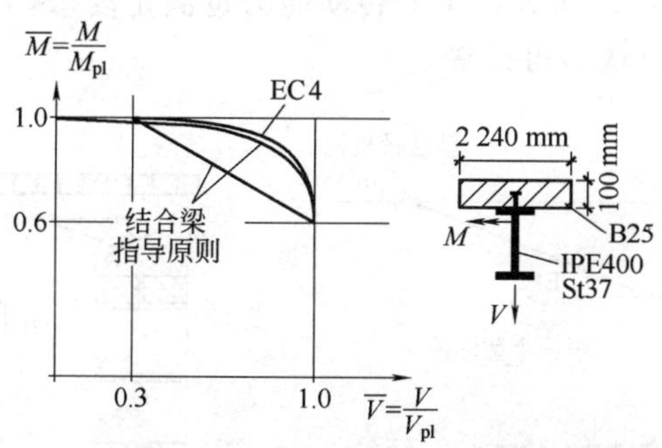


图 4.13　$M$—$V$ 相互作用示例

## 4.3　连续梁剪力

### 4.3.1　概　　述

对于静不定结构，其截面内力可以在承载能力极限状态(ULS)下，用弹性理论计算，计算结果可以作弯矩调整也可以不作调整，或根据塑性铰理论计算。

图 4.14 描述了一个假设的连续结合梁承载力试验，它的横截面为塑性截面(等级 1)。从图中可以很容易看出，中间支座处混凝土板在较小的荷载水平下发生开裂，继而产生从未开裂的状态Ⅰ到开裂的状态Ⅱ的过渡。作为一个规则，梁在中间支座处开始蠕变并在此产生塑性变形区域，直到出现第一个塑性铰，在此处可以认为变形是集中的。由于跨中还没有得到充分的利用，弯矩随着荷载的增加因为刚度比例的变化而向跨中转移，直到那里也出现一个塑性铰。连续梁体系将这样一直变化下去，一旦当跨中产生塑性铰，体系变成可动的机构体系。它可以继续变形，但荷载不

能增加，这就达到了塑性铰理论计算的极限荷载。对于钢结合梁，这种一直进行的弯矩调整是有意义的，也是经济的，直到满足塑性铰理论计算的条件为止。当结合梁在跨中达到它的最大承载力时，它就得到了充分的利用（见图 4.15）。至于弯矩能否继续调整，取决于中间支座处横截面的转动能力。如果那里的横截面为等级 1，那么可以认为这里的转动能力也满足要求，其他的一些次要条件同样也认为可以满足。

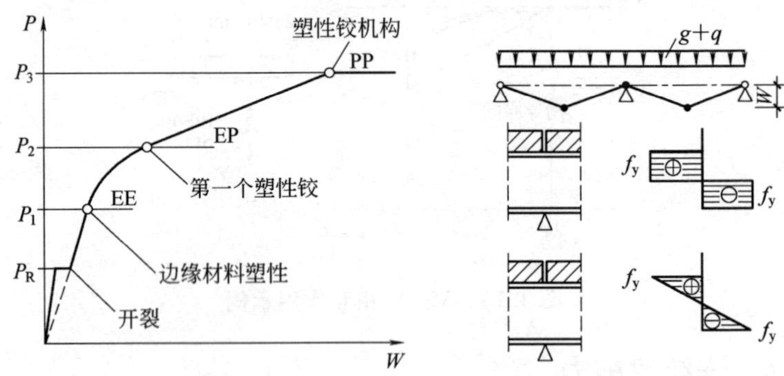


图 4.14　荷载—挠度曲线(示意)

图 4.15 表示的是一个两跨连续结合梁的塑性铰理论计算过程，对于普通的结合梁，支座处弯矩与跨中弯矩的比例为 $\eta_M = 0.4 \sim 0.6$，这表明以下几点：

- $q_{el}$部分的荷载在第一个塑性铰（在中间支座处）产生时小于塑性极限荷载 $q_{tot}$ 的 1/2；
- 附加部分的荷载 $\Delta q$ 大于 $q_{el}$部分的荷载；
- 在 $q_{tot}$第一个塑性铰处转动达到 $\psi_{pl}$时，$\Delta q$ 是显著的，并且它的值由于跨中截面的承载力大，比等截面连续梁 $\eta_M = 1.0$ 时的 $\Delta q$ 值要大。

出于经济的考虑，人们一直在努力通过对弯矩的调整，使得跨中的承载力也得到充分利用，为此，要求负弯矩区通过混凝土板的裂缝和钢梁的塑性变形而获得较大的弯曲变形，等级

1 的截面使其成为可能。在这样的塑性铰处，结合梁还得支撑好，以保证钢梁的受压区没有侧向偏移(型钢截面变形的弯扭失稳)。

如果横截面不是因为受弯矩而是因为受剪力破坏的话，塑性铰链通常是不能完全形成的。这种破坏当腹板上有大的矩形开口时会发生，因为次生弯矩可以在开口的角点处产生塑性铰，从而产生剪力铰。

对于结实截面和塑性截面的结合梁(截面等级 1 和 2)，如果采用塑性理论设计的话，制造方式和总的加载过程对其影响不大。因为在承载能力极限状态下检算时，使用的是整个截面上总的力，截面和连续梁体系的塑性储备得到了充分的利用，所有自重应力状态均被塑性化了。

该图线适用于均布荷载，且 $L_2:L_1=1.0$，$EI_2:EI_1=1.0$：

系统参数

| | |
|---|---|
| $L_2:L_1$ | 1.0 |
| $El_2:El_1$ | 1.0 |
| 均布荷载 $q$ | 1.0 |

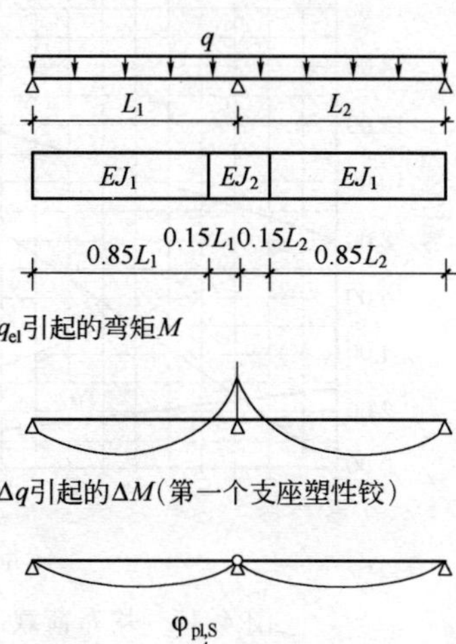


图示计算数据

| $M_{el,s}/(qL_1^2)$ | $M_{el,F}/(qL_1^2)$ | $a$ | $\eta_M$ |
|---|---|---|---|
| −0.1250 | 0.0703 | 0.375 | 1.778 |

| $\eta_M$ | $q_{el}L_1^2/M_{Pl,F}$ | $q_{tot}L_1^2/M_{Pl,F}$ | $\Delta qL_1^2/M_{Pl,F}$ | $\varphi_{pl}El_1/(M_{pl,F}L_1)$ |
|---|---|---|---|---|
| 0.000 | 0.000 | 8.000 | 8.000 | 0.3334 |
| 0.200 | 1.600 | 8.782 | 7.182 | 0.2993 |
| 0.400 | 3.200 | 9.533 | 6.333 | 0.2639 |
| 0.600 | 4.800 | 10.260 | 5.460 | 0.2275 |
| 0.800 | 6.400 | 10.970 | 4.570 | 0.1904 |
| 1.000 | 8.000 | 11.660 | 3.660 | 0.1525 |
| 1.778 | 14.225 | 14.225 | 0.000 | 0.000 |
| 1.800 | 14.225 | 14.293 | 0.069 | 0.0229 |
| 2.100 | 14.225 | 15.253 | 1.029 | 0.3428 |
| 2.400 | 14.225 | 16.213 | 1.989 | 0.6627 |

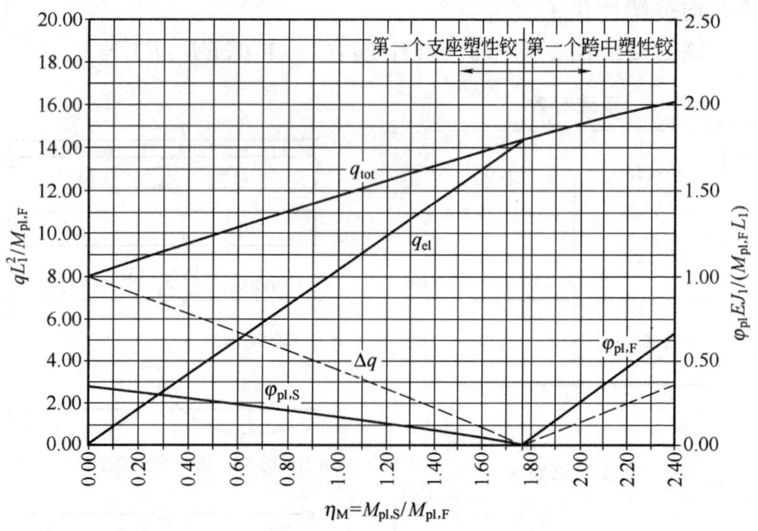


图 4.15　均布荷载下两跨连续梁的塑性铰理论

## 4.3.2　塑性铰理论的第一原则

首先必须给出以下前提条件：

- 钢梁的横截面必须以腹板为对称轴；

● 必须防止弯扭失稳；

● 塑性铰区域的受压翼缘板必须保持侧向稳定；

● 必须具有足够的转动能力。

如果满足以下条件，则具有足够的转动能力：

● 在塑性铰区域的横截面为等级 1，具有塑性转角，在其他区域的横截面为等级 1 或者 2；

● 相邻两跨的跨度差别，以小跨为比较标准，不超过 50%：

$$0.66 \leqslant (L_K / L_{K+1}) \leqslant 1.5;$$

● 梁端部跨度不超过相邻的中间跨度的 115%；

● 承受受拉荷载的混凝土板内的配筋满足高延展性配筋杆件的要求(见 EC 2)。

混凝土板可能由于裂缝断裂，如果设计成无缝的连续板，配筋率必须达到以下要求：不仅单个裂缝要小，而且尽可能多，并且配筋的混凝土板有足够的变形能力，见本章 4.2.3。

**表 4.6　局部梁跨和中间梁跨在均布荷载作用下的荷载与弯矩变化**($x_m$ 为最大弯矩位置)

| | | | | | | |
|---|---|---|---|---|---|---|
| 图示 | 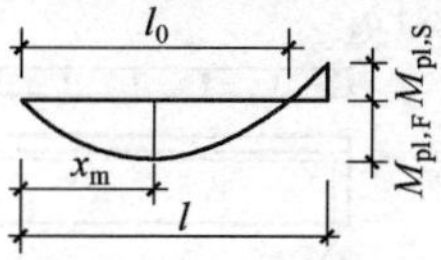 | | | 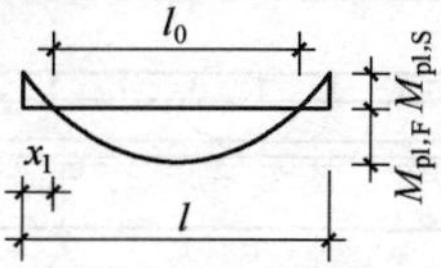 | | |
| $\frac{M_{pl,S}}{M_{pl,F}}$ | $\frac{q \cdot l^2}{M_{pl,F}}$ | $\frac{x_m}{l}$ | $\frac{l_0}{l}$ | $\frac{q \cdot l^2}{M_{pl,F}}$ | $\frac{x_1}{l}$ | $\frac{l_0}{l}$ |
| 0.0 | 8.0 | 0.5 | 1.0 | 8.0 | 0 | 1.0 |
| 0.1 | 8.395 | 0.488 | 0.98 | 8.8 | 0.023 | 0.95 |
| 0.2 | 8.782 | 0.477 | 0.95 | 9.6 | 0.044 | 0.91 |
| 0.3 | 9.161 | 0.467 | 0.93 | 10.4 | 0.061 | 0.88 |
| 0.4 | 9.533 | 0.458 | 0.92 | 11.2 | 0.077 | 0.85 |
| 0.5 | 9.899 | 0.450 | 0.90 | 12.0 | 0.092 | 0.82 |
| 0.6 | 10.26 | 0.442 | 0.88 | 12.8 | 0.105 | 0.70 |
| 0.7 | 10.62 | 0.434 | 0.87 | 13.6 | 0.117 | 0.77 |
| 0.8 | 10.97 | 0.427 | 0.86 | 14.4 | 0.127 | 0.75 |
| 0.9 | 11.31 | 0.421 | 0.84 | 15.2 | 0.137 | 0.73 |
| 1.0 | 11.66 | 0.414 | 0.83 | 16.0 | 0.146 | 0.71 |

表 4.6 作为跨中和中间支座的抗弯承载能力(弯矩)方程,含有关键截面的位置,该表是图 4.6 的补充与深化。

对于集中荷载,适用于以下额外条件:

在梁跨中间,混凝土处在受压区域,如果大于 1/2 的设计荷载集中在 1/5 的跨度内,塑性中性轴距混凝土板边缘的距离不应大于结合梁整个截面高度的 15%。

### 4.3.3 弹性状态下的截面内力计算

根据弹性理论进行截面内力计算,前提条件是应力—应变关系为线性,混凝土收缩引起的荷载,根据 EC 4 在建筑结构中是不需要考虑的,这意味着即使是本书 5.4 节讨论的强迫弯矩也可以不考虑。

在连续结合梁中,由于负弯矩区域混凝土的裂缝和型钢的塑性变形而引起的刚度损失,会影响梁内弯矩的分布。

欧洲规范 EC 4 允许采用两种计算模式来计算承载能力极限状态下的弹性截面内力,见图 4.16。

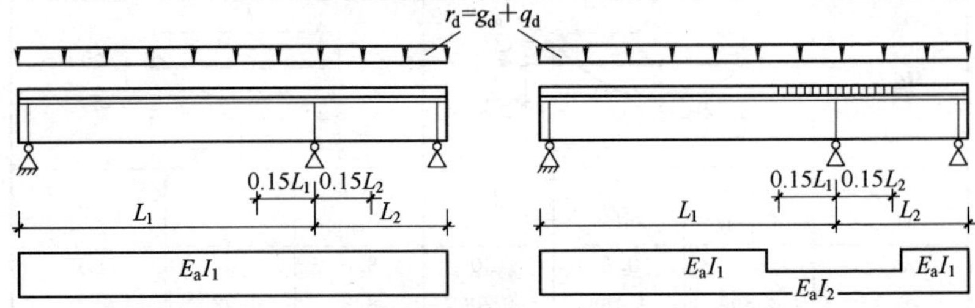


图 4.16 弹性计算时考虑与不考虑混凝土板内裂缝的抗弯刚度比较

- “忽略裂缝的弹性计算”,在跨中使用理想钢截面的抗弯截面模量,即使是混凝土截面承受拉力,也假设不开裂,配筋忽略不计(方法 1);
- “考虑裂缝的弹性计算”,在支座区域钢梁和截面有效宽度范围内的配筋的抗弯截面模量,配筋必须完好锚固(方法 2)。

对于等高度的连续梁,用弹性理论计算弯矩时要作弯矩调整,支座弯矩要根据不超过表 4.7 给出的百分数进行折减，由此引起的跨间弯矩变化根据荷载总量相等决定。

**表 4.7　弹性理论计算的支座弯矩容许的最大折减比例(%)**

| 负弯矩区截面等级 | 1 | 2 | 3 | 4 |
|---|---|---|---|---|
| 弹性计算不考虑裂缝 | 40 | 30 | 20 | 10 |
| 弹性计算考虑裂缝 | 25 | 15 | 10 | 0 |

根据弹性理论计算截面内力有很多好处，比如用常规的计算辅助手段就可以进行，尤其是用方法 1，荷载与不考虑裂缝的截面特征无关，集中力产生的内力可以叠加。这样计算所得承载力的精确程度，通过图 4.17 中的一个两跨连续梁的例子可以知道。改变两个跨度的比例值 $L_1/L_2$，考虑一个集中力(如一个交叉梁)与自重荷载共同作用，计算状态Ⅰ和状态Ⅱ(中间支座的截面混凝土开裂，不考虑裂缝之间混凝土相互作用)的截面内力，横截面的承载力根据应变的限制值来计算。这里没有给出绝对的数值，而是给出了根据弹性内力分布计算得到的荷载 $q_{el}$、$P_{el}$与根据塑性区域精确计算得到的荷载 $q_u$、$p_u$ 的比例系数，见图 4.17。

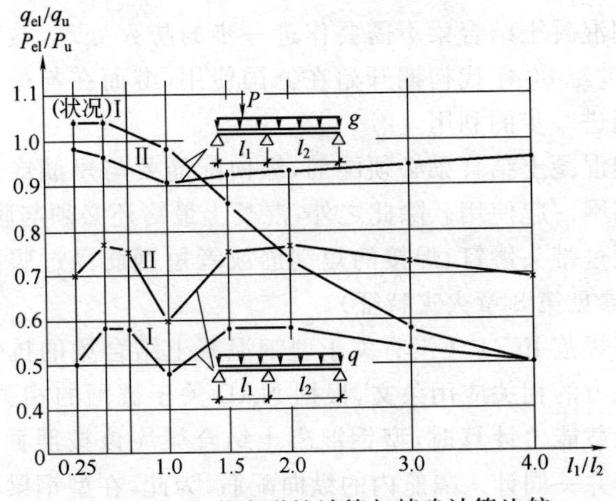


图 4.17　承载力弹性计算与精确计算比较

从图中可以清楚地看出：对于均布荷载，结算结果与实际的承载力是等差距的，尤其是对于等跨 $L_1=L_2$ 的情况，支座截面对于设计起控制作用，不考虑支座弯矩向跨中调整，因为弹性状态下截面内力计算是不了解塑性区或塑性铰的。弯矩调整可以达到40％（状态Ⅰ）以及25％（状态Ⅱ），参见表4.7。在考虑受拉区域（状态Ⅱ）的开裂混凝土时，计算得到的承载力 $q_{el}$ 较高，所以必须调整少一些，状态Ⅰ和状态Ⅱ之间 $q_{el}$ 的差别对于结合梁比混凝土结构更明显，因为结合梁的混凝土板虽然在中间支座处开裂，但它在跨间处于受压区，所以，抗弯刚度只在负弯矩区内因为裂缝需要折减，由此而影响中间支座和跨间的塑性变形。

对于较大的集中荷载，在状态Ⅱ下几乎可以得到真实的承载力，之后则不需要一个总的调整，对于状态Ⅰ也是如此。这里的曲线与实际承载力的距离变化很大：当集中力在小跨时，荷载 $P_u$ 得到很好的近似；当集中力在大跨时，荷载 $P_u$ 曲线与实际承载力的差距很大，因为第1跨被第2跨牢固地夹住，所以产生了很大的支座弯矩。在跨中得到充分利用之前，该支座弯矩对设计很重要。

## 4.4 型钢混凝土结合梁

型钢混凝土结合梁不需要作进一步的防火处理，这种结构形式从20世纪80年代初期开始在德国使用，继而在与德国接壤的国家得到进一步的利用。

型钢混凝土结合梁必须配筋，纵向配筋要与短筋或者钢筋混凝土钢筋网一起使用。除此之外，混凝土最终还必须与腹板连接，这可以通过带头铆钉、焊接的短钢筋或者短钢筋穿过腹板上的孔来实现（参见第8章火灾特征）。

欧洲规范EC 4还没有关于型钢混凝土结合梁的抗弯及横向剪力承载力的相关应用条文，根据NAD关于德国的相关部分，在作抗弯承载能力计算时，型钢混凝土结合梁应该按照截面等级1和2计算并一同计入隔舱内的纵向配筋，为此，在型钢梁和隔舱内混凝土之间要建立完全的连接。

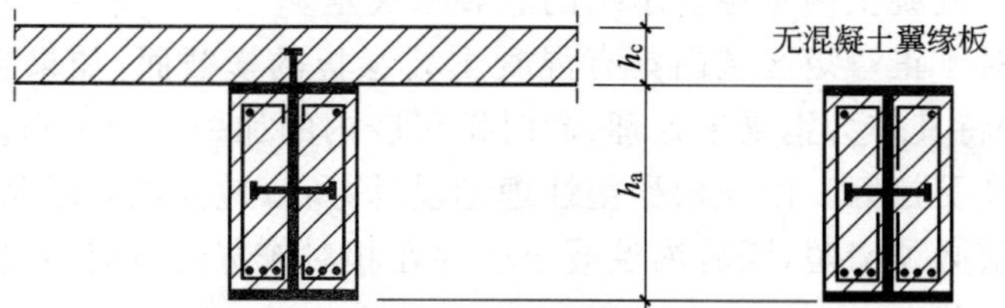


图 4.18　型钢混凝土结合梁的典型横截面

图 4.19 给出了不同情况下完全塑性的应力分布，通过它们，可以计算型钢混凝土结合梁考虑或者不考虑混凝土板时的塑性抗弯承载力，相应内容包含在欧洲规范 EC 4 的附件 G 中。

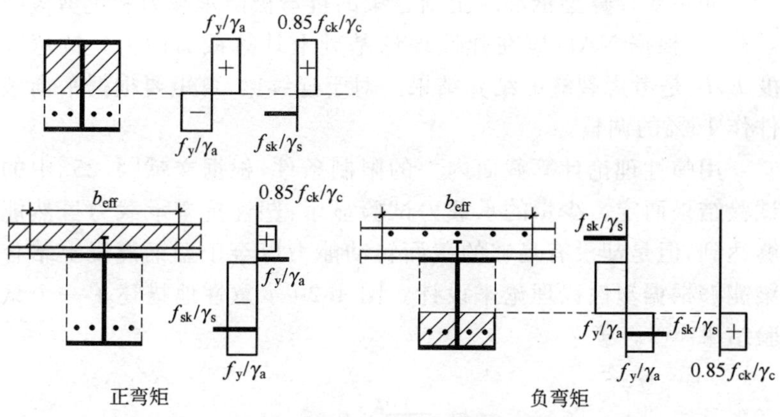


图 4.19　考虑与不考虑混凝土板时型钢混凝土结合梁的应力分布比较

总的剪力为型钢和隔舱内的混凝土各自承担的剪力总和。型钢承担的剪力根据欧洲规范 EC 4 计算，隔舱内混凝土承担的剪力根据欧洲规范 EC 2 计算。至于隔舱内的短钢筋，只有在其为闭合箍筋或者与型钢的腹板焊接在一起时才作为能够承受剪力的部分与隔舱内混凝土一起计算。

在弯矩和剪力相互作用的情况下，隔舱内的混凝土参与弯矩承载能力和剪力承载能力的计算，极限力 $V_{pl,Rd}$ 当然也就有型钢和隔舱内混凝土两者各自承担的总和来决定。

对于正弯矩区域内具有混凝土翼缘板的横截面，如果它有问题，则将其作为钢梁来处理，此时钢梁腔内的加劲混凝土则认为全部处在受拉区。由于根据塑性理论设计，所以应变没有限制，这样人们就必须清楚，隔舱内混凝土中存在相对较宽的裂缝，它将影响剪切承载力。

另一方面，通常情况下结合梁内较大的剪力在支座附近。那里或者是正弯矩较小（所以对于简支梁不考虑 $M$—$V$ 相互作用），或者是隔舱内的混凝土还处在受压区域（如果是连续梁的话），所以那里配筋的隔舱内的混凝土能够承担剪力。

如果要计算型钢混凝土结合梁的抗弯极限承载力和抗剪极限承载力，根据 NAD 应在弹性理论基础上计算截面内力。抗弯刚度 $E_a I_2$ 是考虑裂缝的结算结果。对于连续梁，弯矩要根据平衡条件作 15％的调整。

用弹性理论计算截面内力的限制条件，根据文献［4.25］中的试验结果而定。少量的承载力试验显示：塑性抗弯承载力虽然能够达到，但是却没有足够的截面转动能力以至于型钢混凝土结合梁能够根据塑性铰理论来设计。图 4.20 示意性地描述了一个试验结果[4.25]。

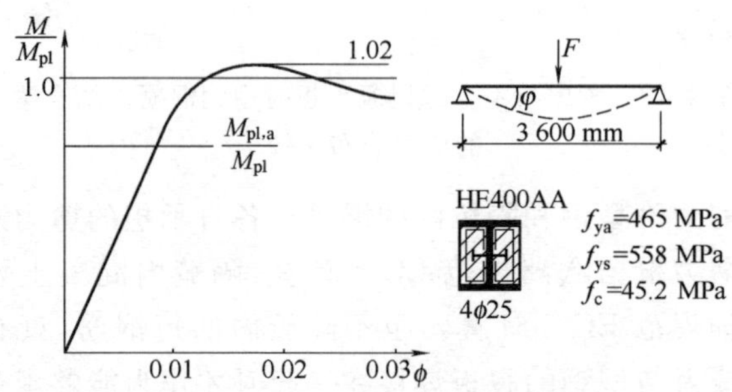


图 4.20　型钢混凝土结合梁横截面的弯矩—转动曲线

欧洲规范 EC 4 的附件 G 将在以下方面进行改进；如果将塑性铰区域隔舱内受压区的混凝土忽略不计并且在计算抗弯承载力

时也将其忽略，该种结合梁也可以根据塑性铰理论进行配筋。但这样就会导致图 4.20 显示一个低承载力水平下横截面的大转动能力，为此人们要确保连续混凝土板内的配筋不能事先断裂，因为受压区隔舱内的混凝土事实上在起作用。

总之，型钢混凝土结合梁通常情况下非常重，所以鉴于安装原因，它不能直接形成连续体系，而是通过梁与梁、梁与柱联在一起形成连续体系。所以这种连接的弯矩—转动特征就存在一个能否用塑性铰理论计算的实质性问题。

## 4.5 弯扭失稳

### 4.5.1 概　　述

必须确保结合梁不首先发生弯扭失稳(翻倒)。对于一般情况下处在正弯矩区域的结合梁，这一要求是自动得到满足的，因为钢梁的受压翼缘在整个长度范围内受到混凝土板的约束，可以认为，钢梁的侧向受到强劲支撑(扭转轴受到约束)。此外，混凝土板通过其横向的抗弯刚度还相当于一个连续的刚劲的扭转弹簧 $C_\theta$。

对于连续梁或者悬臂梁，在支座附近总有负弯矩，在下翼缘内产生压应力和压力，下翼缘将会偏移，这就与梁的扭转联系在一起。对于结合梁，腹板的横向弯曲(也就是型钢梁横截面的变形)很重要(横向波浪式隆起)，因为，腹板的上端嵌固在混凝土板中，所以腹板对横向偏移的下翼缘起着弹性约束的作用，最终导致截面横向变形，见图 4.21。

在负弯矩区域也可能出现对于横截面旋转中心的弯扭失稳，在检算中要格外注意连续的扭转弹簧 $C_\theta$。总的弹簧刚度根据型钢截面变形刚度 $C_{\theta p}$、支撑混凝土板的抗弯刚度 $C_{\theta M}$ 及结合刚度 $C_{\theta A}$ 来确定(见 DIN 18800)。

一般情况下，型钢截面变形刚度 $C_{\theta p}$、支撑混凝土板的抗弯刚度 $C_{\theta M}$ 对结合梁的影响明显比结合刚度 $C_{\theta A}$(尤其是设置多排带头铆钉时)大，所以转动支座影响刚度的大小可按方程(4.12)计算确定：

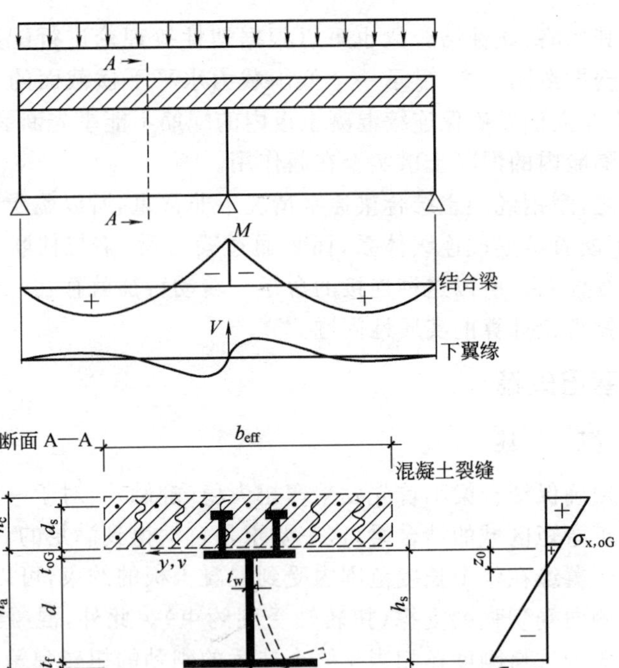


图 4.21　具有刚劲混凝土板的两跨连续梁型钢截面弯扭失稳

$$\frac{1}{c_{\vartheta}}=\frac{1}{c_{\vartheta P}}+\frac{1}{c_{\vartheta M}} \tag{4.12a}$$

即

$$c_{\vartheta}=\frac{c_{\vartheta P}\cdot c_{\vartheta M}}{c_{\vartheta P}+c_{\vartheta M}} \tag{4.12b}$$

## 4.5.2　足够转动约束检算

抗扭弹簧刚度中的型钢截面变形刚度 $C_{\theta p}$ 部分可以参照文献[4.32]或用以下适用公式计算，见图 4.22。

$$\delta_{11}=\frac{1}{3}\cdot 1\cdot\frac{h_S}{E\cdot I_W}=\frac{1}{3}\cdot\frac{(1-\mu^2)}{E}\cdot\frac{12}{t_W^3}\cdot h_S=\frac{1}{c_{\vartheta P}} \tag{4.13}$$

$$c_{\vartheta P}=\frac{E}{4(1-\mu^2)}\cdot\frac{t_W^3}{h_S}=5\ 770\cdot\frac{t_W^3}{h_S} \tag{4.14}$$

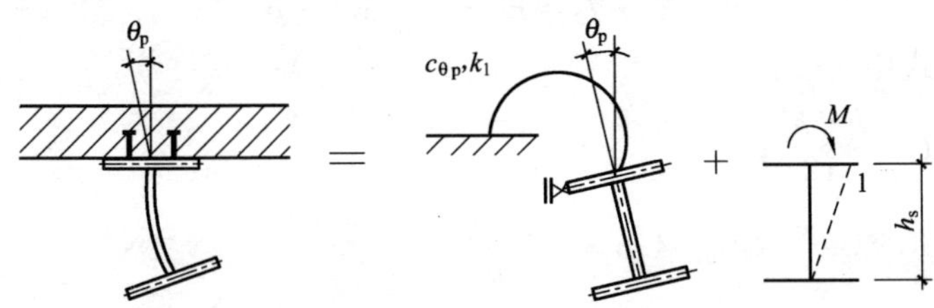


图 4.22 用抗扭弹簧代替型钢变形

可以用以下变量进行替代：

$k_s$（抗扭支撑）代替 $C_\theta$

$k_1$（混凝土板抗弯柔度部分）代替 $C_{\theta M}$

$k_2$（型钢截面变形部分）代替 $C_{\theta P}$

这样，沿梁纵向单位长度钢梁抗扭支撑的影响就可以按下式计算：

$$k_s = \frac{k_1 \cdot k_2}{k_1 + k_2} \tag{4.15a}$$

即 $$\frac{1}{k_s} = \frac{1}{k_1} + \frac{1}{k_2} \quad \text{（参见 DIN 18800）} \tag{4.15b}$$

$k_1$ 为开裂混凝土板或结合板部分，按下式计算：

$$k_1 = \frac{4E_a \cdot I_2}{a} \quad \text{（适用于混凝土板连续通过钢梁的情况）} \tag{4.16a}$$

$$k_1 = \frac{2E_a \cdot I_2}{a} \quad \text{（适用于单跨或者单侧悬臂的混凝土板情况）} \tag{4.16b}$$

$E_a \cdot I_2$——单位宽度混凝土板或结合板在开裂状态下的抗弯刚度；

$I_2$ 取以下两者中的较小者：

- 跨中正弯矩区的值；
- 中间支座负弯矩区的值。

$E_a \cdot I_2$ 的近似值可按下式计算[1.25,4.15,4.27]：

$$E_a \cdot I_2 = E_a \cdot I_c \cdot 6.5 \cdot \rho \tag{4.17}$$

式中

$I_c = \dfrac{b \cdot h_c^3}{12}$；

$\rho$——配筋率，$\rho = \dfrac{A_s}{h_c \cdot b}$

$k_2$ 为压型钢板变形部分，按下式计算：

$k_2 = \dfrac{E_a \cdot t_W^3}{4(1-v_a^2)h_s} \approx 5\ 770 \cdot \dfrac{t_W^3}{h_s}$ （适用于没有腔内混凝土加劲的梁） (4.18a)

$k_2 = \dfrac{E_a \cdot t_W \cdot b^2}{16 \cdot h_s\left(1 + \dfrac{4n \cdot t_W}{b}\right)}$ （适用于有腔内混凝土加劲的梁） (4.18b)

简单而又快捷的检算办法可以根据 DIN 18800. T2(11.90)，或根据 Kina 的文献[4.16]，采用以下形式：

要求的 $c_\vartheta \leqslant$ 实际的 $c_\vartheta$ (4.19a)

要求的 $c_\vartheta = \dfrac{175 \cdot M_{pl}^2}{E \cdot I_{ug} \cdot k_{min}^2}$ (4.19b)

式中 $k_{min}$ 根据表 4.9 查取（参照 DIN 18800. T5 草拟稿 1997）。

在根据方程(4.42)计算理想的弯扭矩 $M_{cr}$ 时也用到 $c_\theta$，这一检算过程在 DIN 18800. T5 中也有。这样我们必须注意，支座附近负弯矩区域型钢横截面变形的弯扭失稳由短波而非一个完整的波引起，类似于受弹性支撑的压杆(见 4.5.3)。

### 4.5.3 将受压翼缘作为受压杆检算

在实际工作中进行弯扭检算时，经常将下翼缘作为抗压杆，在可变轴向力作用下用二阶理论来研究。这也是 DIN 18800. T5 中的规定。

如果水平方向的连接能形成牢固的侧向约束，那么，纵向弯曲长度就取两相邻侧向约束之间的距离，并且，在考虑弯折危险的情况下，构件要能够承担相应的压力。

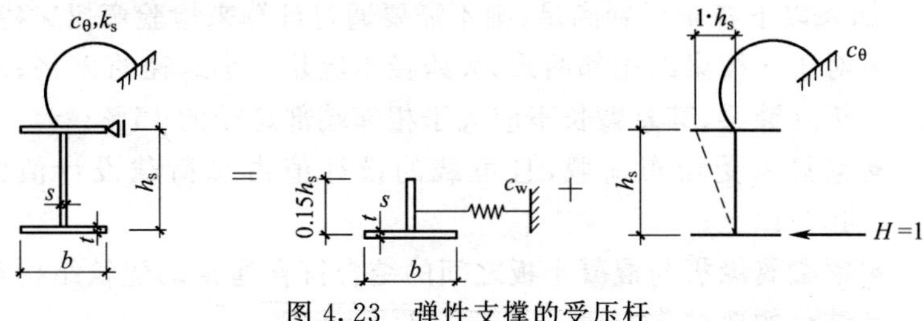


图 4.23　弹性支撑的受压杆

如果存在竖向加劲，那么这种加劲则成了向下开口的半框架的一部分(槽型梁问题)，这样，压杆在这些地方的侧向偏移受到弹性约束。压杆的几何偏心轴线根据弯曲曲线来定，那么因为必须要考虑不利的情况，所以就成了，所以就成了模拟的弯曲曲线。这一问题就回到了在非连续弹性约束下的压杆、在变化的轴向力作用下的问题，它可以用二阶理论来计算(适当时也可以使用变化的抗弯刚度)。

如果在节点的水平向连接处或者在半框架下部的末端不存在侧向支撑，那么腹板单独作为弹性约束而起作用，受压翼缘就可以理想化为弹性约束的、受变化轴向力作用的压杆。对于混凝土厚板和强劲的连接，其刚度系数 $c_W$ 如下计算：

$$\delta_{11}=\frac{1}{3}\cdot h_s^2\cdot\frac{h_s}{E\cdot I_W}=\frac{1}{3}\cdot\frac{h_s^3(1-\mu^2)\cdot 12}{E\cdot t_W^3}=\frac{1}{c_W}\qquad(4.20)$$

$$c_W\approx 5\ 770\left(\frac{t_W}{h_s}\right)^3$$

$$=c_{\vartheta P}/h_s^2\qquad(4.21)$$

如果考虑弹簧强度 $c_\vartheta$ 和型钢截面变形及钢筋混凝土板的抗弯柔度，那么刚度系数 $c_W$ 可根据 $\vartheta=h_s/c_\vartheta$ 和 $W=\vartheta\cdot h_s$ 即 $c_W=1/w$ 得：

$$c_W=\frac{c_\vartheta}{h_S^2}\qquad(4.22)$$

### 4.5.4　无需静力计算的检算

当连续梁和连续刚架在全长范围内为结合截面时，如果符合欧洲规范 EC 4 中 4.6.2(a～m)的要求，则其受压翼缘不需要额外的侧向支撑。

如果以下各条得到满足，则不需要通过计算来检验弯扭失稳：

- 对于连续梁的相邻两跨，大跨径不应超过小跨径的 20%；对于悬臂梁，其悬臂长不应大于相邻端部跨径的 15%；
- 梁只承受均布荷载，且恒载的设计值占总荷载设计值的 40%以上；
- 钢梁翼缘板与混凝土板之间的结合符合通常的建筑结构对结合的要求；
- 板的尺寸满足建筑结构和工业结构典型板的要求；
- 钢梁的高度 $h_a$ 满足表 4.8 的要求。

对于使用型钢混凝土的结合梁，型钢的高度 $h_a$ 不应超过表 4.8 中的数值加上 200 mm(对于 S 420 和 S 460 加上 150 mm)。

**表 4.8 无型钢混凝土结合梁的型钢最大高度 $h_a$(mm)**

| 钢截面 | 钢的类型 | | | |
|---|---|---|---|---|
| | Fe 360 | Fe 430 | Fe 510 | S 460 |
| IPE 或可比型钢 | ≤600 | ≤550 | ≤400 | ≤270 |
| HE 或可比型钢 | ≤800 | ≤700 | ≤650 | ≤500 |

### 4.5.5 考虑弯扭失稳的极限弯矩

对梁理想的弯扭失稳弯矩 $M_{ki}$ 进行安全检算时，如果不做选择地进行，虽然其结果精确但计算麻烦，欧洲规范将该弯矩描述为 $M_{cr}$(对于压杆，相应荷载为 $N_{cr}$)。在此需要注意的是：对于普通的结合梁，其上端侧向受到约束，这样，“翻倒”是在扭转轴受到约束的情况下进行的，此外，钢梁通过嵌固在混凝土板中而在上部受到扭转弹性约束，在计算弯扭失稳弯矩 $M_{cr}$($M_{ki}$)时，应考虑该扭转弹簧的 $c_\theta$ 值的作用。

对于没有中间侧向支撑的梁，这一弯扭失稳弯矩的极限值根据 $\gamma_{Rd}=\gamma_a=1.10$ 计算(这在欧洲规范系列中可能会改变)。

$$M_{b,Rd}=\chi_{LT}\cdot M_{Pl,Rd}\cdot\frac{1}{\gamma_{Rd}}\text{（适用于截面等级 1 和 2）}\quad(4.23)$$

$$M_{b,Rd}=\chi_{LT}\cdot M_{el,Rd}\cdot\frac{1}{\gamma_{Rd}}\text{（适用于截面等级 3）}\quad(4.24)$$

$$M_{b,Rd}=\chi_{LT}\cdot M_{el,Rd}\text{（适用于截面等级 4）}\quad(4.25)$$

式中

$M_{pl,Rd}$——塑性极限弯矩；

$M_{el,Rd}$——弹性极限弯矩。

考虑系统、荷载、横截面和弹性—塑性材料特性的缺陷等折减系数，用 $\chi_{LT}$ 表示如下：

$$\chi_{LT}=f(\bar{\lambda}_{LT},\phi_{LT},\alpha_{LT})\quad(4.26)$$

欧洲规范 EC 4 中给出了长细比 $\bar{\lambda}_{LT}$ 的计算方法：

- 参见 EC 4 的 B1.1 节，那里描述了一个简化方法，但不是很容易看明白；
- 根据弹性理论计算理想的弯扭失稳弯矩 $M_{cr}$。

一般情况下，长细比也可以根据欧洲规范 EC 3 附录 F 计算，这一检算偏于安全，因为这里不考虑侧向支撑和混凝土板的弹性扭转约束。

对于长细比 $\bar{\lambda}_{LT}\leqslant 0.4$ 的情况，不需要检算弯扭失稳。这意味着完全塑性抗弯承载力可以得到充分利用。如果钢梁的翼缘与混凝土板按照 EC 4 第 6 章的要求结合，且混凝土板的宽度不小于钢梁的高度（即使混凝土板没有侧向支撑），那么这样的结合梁截面也可以完全塑性化而使其抗弯承载力得到充分利用，这时也不需要检算弯扭失稳。

对于非恒载结合梁（制作结合梁时没有辅助支撑），检算中所使用的设计弯矩为浇注混凝土前钢梁的弯矩与浇注混凝土后结合梁的弯矩之和。

### 4.5.6 EC 3 折减系数的近似计算

折减系数 $\chi_{LT}$ 可以根据相应的长细比 $\bar{\lambda}_{LT}$ 通过以下计算得到：

$$\bar{\lambda}_{LT}=\pi\sqrt{\frac{E\cdot W_{Pl,y}}{M_{Cr}}} \tag{4.27}$$

对于轧制 PE 型钢和 HE 型钢，可以使用如下的偏于保守的近似公式计算（见 EC 3 F 21）：

$$\bar{\lambda}_{LT}=\frac{0.9L/i_Z}{\sqrt{C_1}\cdot\left[1+\frac{1}{20}\left(\frac{L/i_Z}{h/t_f}\right)^2\right]^{1/4}} \tag{4.28}$$

它适用于梁端部没有端部弯矩和(或)在剪切中心处没有横向剪力的梁，也适用于任何其他具有双对称轴、具有平衡翼缘板的 I 型型钢，但前提条件是杆端为叉轴支撑，而且没有拱形缺陷（换算长度系数不计端部夹紧，即 $k=k_w=1.0$）。

$C_1$ 是弯矩变化系数，可以根据端部弯矩和剪力在欧洲规范 EC 3 的表 F1.1 和 F1.2 中查取。

相应的细长度为：

$$\lambda_1=\pi\cdot\sqrt{\frac{E}{f_y}}=93.9\varepsilon \tag{4.29}$$

式中

$$\varepsilon=\sqrt{235/f_y} \tag{4.30}$$

相应的长细比为：

$$\bar{\lambda}_{LT}=(\lambda_{LT}/\lambda_1)\cdot\sqrt{\beta_w} \tag{4.31}$$

式中，$\beta_w=1$　　（适用于截面等级 1 和 2）

$\beta_w=W_y/W_{pl,y}$　　（适用于截面等级 3）

$\beta_w=W_{eff,y}/W_{pl,y}$　　（适用于截面等级 4）

弯扭失稳折减系数为：

$$x_{LT}=\frac{1}{\varphi_{LT}+\sqrt{\varphi_{LT}^2-\bar{\lambda}_{LT}^2}}\leqslant 1.0 \tag{4.32}$$

式中

$$\varphi_{LT}=0.5[1+\alpha_{LT}(\bar{\lambda}_{LT}-0.2)+\bar{\lambda}_{LT}^2] \tag{4.33}$$

缺陷系数为（参见表 6.2）：

$\alpha_{LT}=0.21$　　适用于轧制型钢截面；

$\alpha_{LT}=0.49$　　适用于焊接型钢截面。

这是与弯曲应力线 $a$ 和 $c$ 一样的缺陷系数。

这里的计算简单，不考虑约束扭转轴和因为钢梁埋在混凝土板中而产生的弹性扭转约束，所以通常情况下偏于保守。

### 4.5.7 理想弯扭失稳弯矩 $M_{cr}$ 的计算

根据弹性理论，考虑混凝土板产生的侧向约束和嵌固作用，由长细比 $\overline{\lambda}_{LT}$ 计算理想的弯扭失稳弯矩 $M_{cr}$（同 $M_{ki,y}$），这一方法可以较为精确地检算弯扭失稳。

相应的长细比 $\overline{\lambda}_{LT}$ 计算如下：

$$\overline{\lambda}_{LT}=\sqrt{\frac{M_{pl}}{M_{cr}}} \quad \text{适用于截面等级 1 和 2；} \tag{4.34}$$

$$\overline{\lambda}_{LT}=\sqrt{\frac{M_{el}}{M_{cr}}} \quad \text{适用于截面等级 3 和 4。} \tag{4.35}$$

式中 $M_{pl}$——根据材料安全系数 $\gamma_a=\gamma_c=\gamma_s=1.0$ 计算的塑性极限弯矩；

$M_{el}$——根据材料安全系数 $\gamma_a=\gamma_c=\gamma_s=1.0$ 计算的弹性极限弯矩；

$M_{cr}$——根据弹性理论计算的弯扭失稳弯矩的理想值。

如果将这一精确检算应用在连续梁的负弯矩区，受拉区的混凝土板不参与计算。如果考虑纵向配筋（状态Ⅱ），$M_{el}$、$M_{pl}$、$M_{cr}$则根据纯钢梁计算，在建筑结构中，梁截面通常可以是双对称的。

在以下计算 $M_{cr}$的过程中，用到这样的计算模型，模型中钢梁与混凝土板构成一个下面开口半框架，钢梁截面为 U 型，为连续的单轴或双轴对称轧制或者焊接等截面型钢。

对于简支梁的端部弯矩相同，根据图 4.24 ，理想的弯扭失稳弯矩 $M_{cr}$可以用能量法计算得到。钢梁部分的截面内力 $M_a$ 和 $N_a$ 可以通过混凝土板开裂时单独通过状态Ⅱ下横截面的特性参数计算（结构钢＋配筋，指标 St）：

$$M_a = M_{cr} \cdot \frac{I_{ay}}{I_{Sty}} \tag{4.36}$$

$$N_a = -M_{cr} \cdot \frac{z_{St} \cdot A_a}{I_{Sty}} \tag{4.37}$$

式中 $I_{Sty}$——整体截面关于 $y$ 轴的抗弯截面模量；

$I_{ay}$——结构钢关于 $y$ 轴的抗弯截面模量；

$z_{St}$——整体截面的重心点坐标；

$A_a$——结构钢的面积。

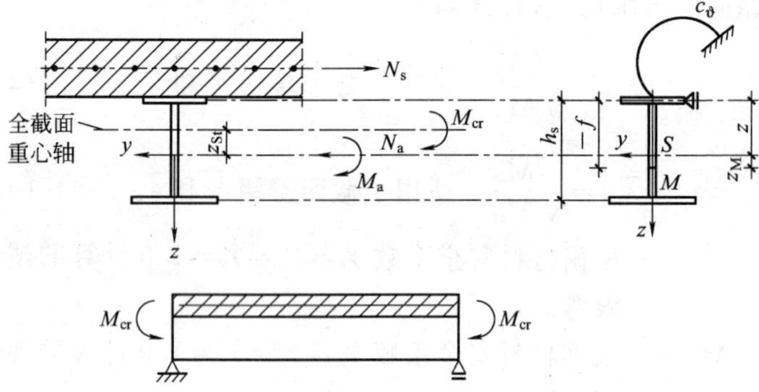


图 4.24 临界弯矩 $M_{cr}$ 的结合截面与计算系统

根据 $\vartheta = a \cdot \sin\pi x/L$ 与部分截面内力 $M_a$ 和 $N_a$ 可以得到 $M_{cr}$：

$$M_{cr}^2 = \left(\frac{\pi}{L}\right)^2 \cdot \frac{k_V}{h}\left\{E \cdot I_{aZ} \cdot f^2 + E \cdot I_{aW} + \left(\frac{L}{\pi}\right)^2 \times \left[G \cdot I_{aT} + c_\vartheta\left(\frac{L}{\pi}\right)^2\right]\right\} \tag{4.38}$$

式中

$$k_v = \frac{(I_{St}/I_{ay})h}{r_{Mz} - 2 \cdot f + \dfrac{(f+z_M)^2 + i_p^2}{z_e}} \tag{4.39}$$

$$z_e = \frac{M_a}{N_a} = -\frac{I_{ay}}{z_{St} \cdot A_a} \tag{4.40}$$

表达式$(E \cdot I_{aZ} \cdot f^2 + E \cdot I_{aW})$表示的是钢截面的拱刚度 $I_{aw,D}$ 移向上翼缘的侧向支撑点 $D$：

$$I_{aW,D} = I_{aZ,UG} \cdot h^2 \tag{4.41}$$

经过一些中间计算可以得到：

$$M_{cr} = \frac{k \cdot k_V}{L}\sqrt{\left(G \cdot I_{aT} + c_\vartheta \frac{L^2}{\pi^2}\right) E \cdot I_{aZ,UG}} \tag{4.42}$$

下式描述了理想情况下考虑弹性扭转约束时 St. Venant 的扭转刚度：

$$G \cdot I_{aT}^* = G \cdot I_{aT} + c_\vartheta \cdot \frac{L^2}{\pi^2} \tag{4.43}$$

根据方程(4.42)计算的总体结果，与配筋量 $A_s$ 接近于零、根据纯粹的钢梁在其侧向上翼缘处有约束时计算所得结果是一致的。

系数 $k$ 包含了弯矩变化的影响，取决于 $x$：

$$x = \frac{E \cdot I_{az,UG} \cdot h^2}{\left[G \cdot I_{at} + c_\vartheta \frac{L^2}{\pi^2}\right] L^2} \tag{4.44}$$

当端部弯矩一样时($M_y$ 为常数)，按下式计算：

$$k = \pi^2 \sqrt{x} + \frac{1}{\sqrt{x}} \tag{4.45}$$

已经显示出[4.15][4.16][4.27]：$k$ 值与所选择的型钢截面关系较小，所以连续根据表 4.9 使用最小的 $k$ 值是偏于安全的。

进一步简化，可得计算系数 $k_v$ 的计算式如下：

$$f = -\beta \cdot h \tag{4.46}$$

$$\beta = \frac{I_{aZ,UG}}{I_{aZ}} \tag{4.47}$$

$$r_{MZ} \approx -0.8(2 \cdot \beta - 1)h \tag{4.48}$$

$$z_a = f + z_m \tag{4.49}$$

$$k_V=\frac{I_{Sty}/I_{ay}\cdot h}{\dfrac{z_a^2+i_P^2}{z_e}+0.8h\left(1+\dfrac{\beta}{2}\right)} \tag{4.50}$$

对于横截面双向对称的特殊情况，取 $\beta=0.5$ 和 $z_a=-h/2$ 得到：

$$k_V=\frac{I_{Sty}/I_{ay}}{1+\dfrac{h^2/4+i_P^2}{h\cdot z_e}} \tag{4.51}$$

**表 4.9　梁具有横向(垂直于杆方向)荷载和端部弯矩时 $k$ 的最小值**

| 体　系 | 弯矩变化 | $k_{min}$ | | | | |
|---|---|---|---|---|---|---|
| | | $\psi=0.50$ | $\psi=0.75$ | $\psi=1.00$ | $\psi=1.25$ | $\psi=1.50$ |
| 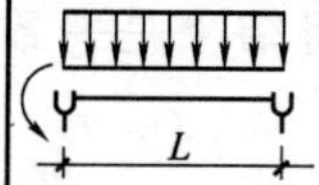 | 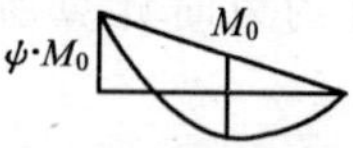 $\psi\cdot M_0$, $M_0$ | 41.5 | 30.2 | 24.5 | 21.1 | 19.0 |
| 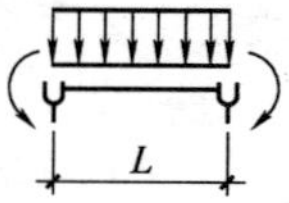 | 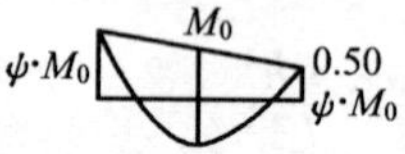 $\psi\cdot M_0$, $M_0$, $0.50\ \psi\cdot M_0$ | 33.9 | 22.7 | 17.3 | 14.1 | 13.0 |
| | 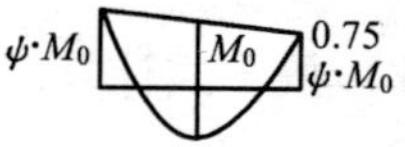 $\psi\cdot M_0$, $M_0$, $0.75\ \psi\cdot M_0$ | 28.2 | 18.0 | 13.7 | 11.7 | 10.6 |
| | 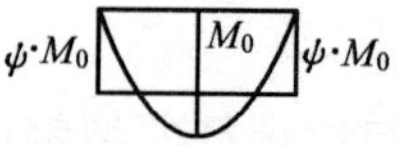 $\psi\cdot M_0$, $M_0$, $\psi\cdot M_0$ | 21.9 | 13.9 | 11.0 | 9.6 | 8.8 |
| 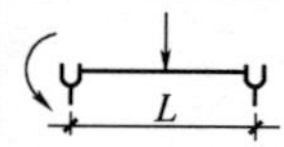 | 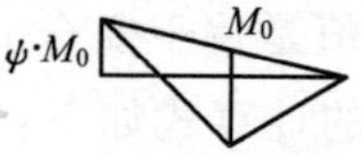 $\psi\cdot M_0$, $M_0$ | 28.4 | 21.8 | 18.6 | 16.7 | 15.6 |
| 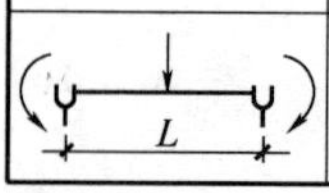 | 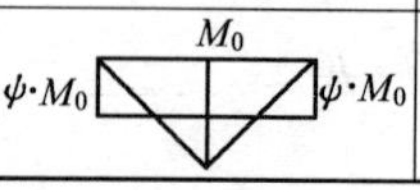 $\psi\cdot M_0$, $M_0$, $\psi\cdot M_0$ | 12.7 | 9.8 | 8.6 | 8.0 | 7.7 |

人们正在努力借助于有限元技术，在总体刚度的前提下计算出与临界力相对应的下翼缘的应力 $\sigma_{cr}$，将其作为其他一些重要变量的函数并用图像描述出来，由此计算出控制弯矩

$M_{cr}=W\cdot\sigma_{cr}$[4.29]。

### 4.5.8 根据附录 B 计算弯扭失稳弯矩

本章 4.5.7 中简短描述的计算理想弯扭失稳弯矩 $M_{ki}=M_{cr}$ 的计算过程，在欧洲规范 EC 4 中也是如此应用的，但是变量表示不一样，尤其是 $c_\theta$、$k_v$ 和 $k$ 分别由 $k_s$、$k_c$ 和 $C_4$ 代替。

在中间支座处，理想状态下的弯扭失稳弯矩 $M_{cr}$ 按下式计算，参见方程(4.42)：

$$M_{cr}=\frac{k_c\cdot C_4}{L}\sqrt{\left(G\cdot I_{aT}+\frac{k_s\cdot L^2}{\pi^2}\right)E_a\cdot I_{afZ}} \tag{4.52}$$

式中 $L$——钢梁下翼缘的两个相邻侧向约束之间的梁长；

$C_4$——沿长度 $L$ 方向上弯矩的变化系数，由欧洲规范 EC 4 中表 B.1～B.3 查取，对于支座弯矩大小不同的情况，$C_4$ 根据大的支座弯矩而定；表 B.1～B.3 中的 $M_0$ 是跨度为 $L$ 的单跨简支梁跨中弯矩；

$K_c$——系数，由欧洲规范 EC 4 中附录 B.1.3～B.1.4 查取。

弯矩系数 $C_4$ 可以根据简支梁在横向荷载及端部弯矩作用下，在表 4.9 中查取。

## 4.6 拉力跨理论

参见相关文献，尤其是[4.14]、[4.26]和[4.36]。

## 4.7 纵向剪切承载力

### 4.7.1 概　　述

连接键和横向配筋在梁的长度方向必须这样布置：它们能够承担承载能力极限状态下混凝土板与钢梁之间的纵向剪力，在此不考虑钢梁与混凝土板之间的黏结力。

为了避免混淆，有必要就以下概念进行统一说明：

a)板结合与梁结合。梁结合是在钢梁和混凝土板之间均匀地布置连接键的结果;而结合板则被描述为结合屋盖板的压型钢板与其上的表面混凝土共同作用,相互之间的作用是通过大面积的结合强度和适时对压型钢板端部及支座处的锚固来实现的。

b)刚性结合与延性结合。刚性结合意味着整个结合梁断面是一个完整的整体,没有相对滑移。延性结合则相反,结合梁断面不是一个完整的整体,在结合缝处有相对滑移。

c)完全结合与部分结合。完全结合可以达到抗弯承载能力,这是该种结合破坏的重要特征,对承载力试验和承载能力极限状态下进行设计均很重要。部分结合则是另一回事,纵向力破坏是该种结合破坏的重要特征,此时达不到抗弯极限承载能力。

d)柔韧连接键和硬性连接键。如果在设计计算结合梁或支撑结构时,连接键的大变形能力满足结合缝的理想塑性性能假设,这样的连接键即为柔韧连接键;反之,这样的连接键可分为或多或少的硬性连接键。

这些概念在接下来的章节中将进一步得到解释和应用。

### 4.7.2 刚性与延性结合

一旦归为刚性结合,则意味着在结合缝处没有相对滑移。当然在实际情况中总会有一点滑移。所以对于"刚性"可以这样理解:它的滑移很小,以至可以忽略不计。

结合梁指导原则给出的结果介于刚性与延性结合之间:如果在钢梁与混凝土板之间没有明显的滑移,则认为是刚性结合,这一点在静力计算中计算部分截面内力、应力、变形和抗弯刚度时都必须遵守。但指导原则同时又认为:在正常使用状态下,可以在结合缝处出现 0.1～0.2 mm 的相对滑移。

对于延性结合,要考虑结合缝处的滑移,这意味着在整个截面的应变变化中存在跳跃。对于截面的各个部分在滑移后与滑移前一样仍然适合平截面假定。以前有时称为"弹性结合",在此统一用概念"延性结合"来代替。

根据相应连接键的特征线,正常使用极限状态下建筑结构的结合梁显示为刚性结合，此时在结合缝中的滑移可以忽略；在计算破坏荷载作用下尤其是承载能力极限状态下，则显示为延性结合。这一特征适用于带头铆钉和其他一些具有类似特征线的连接键当

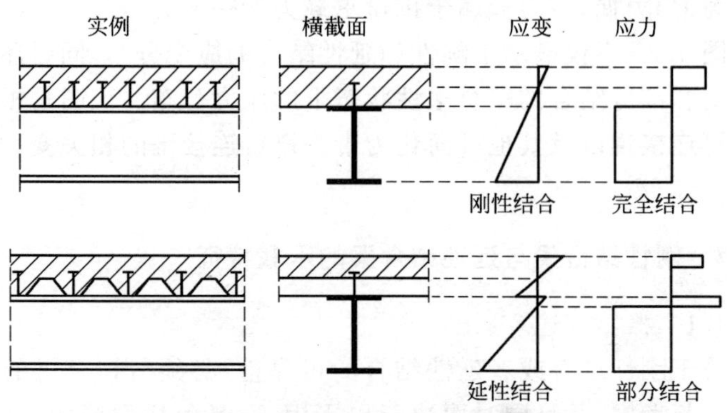


图 4.25　带头铆钉连接键的结合效果

键销度 $\eta$ 较小的情况，对于下部凹陷（楔形榫式）钢板的几何截面和带小块的压型钢板制成的结合屋盖也是如此。对于结合梁桥中的带头铆钉，由于梁很长、连接键数量很多，则不出现上述现象。此外在结合梁桥上由于使用高强度混凝土，它（有时还同预应力筋一起）导致较高的连接键刚度，从而使连接键得不到充分利用。

由于延性结合导致结合梁的各部分不能完全地共同工作，从而使结合梁的钢梁部分承受更大的弯矩，进而导致太大的挠度；另一方面，延性结合的结合缝处剪切力相对较小。

### 4.7.3　全部与部分结合

要研究“刚性”和“延性”结合在结合缝中存在和不存在滑移条件下的共同作用（抗弯刚度）问题，实际上是“完全”和“部分”结合的强度和承载能力问题。

“完全结合”就是即使再增加连接键，结合梁的承载能力也不会提高。

“不完全结合”就是按照完全结合确定的连接，在实际布置时

安排较少的连接键。如果使用带头铆钉或者使用可以足够变形的其他连接键，将不会导致部分结合的结合缝破坏，但此时结合缝传递剪力的能力减弱，从而不能建立起(混凝土板中的压力与钢梁中的拉力的)力偶，该力偶属于抗弯承载力的一部分。

图 4.25 不仅显示了刚性和延性结合的应变分布，同时还显示了完全和部分结合的完全塑性状态下的应力分布。该图是根据带头铆钉连接键以及其他可简化为带头铆钉连接键的相关变种得出的。

### 4.7.4 刚性结合梁与延性结合梁的承载特征

#### 4.7.4.1 概　　述

关于刚性结合或者延性结合的可靠性，必须与结合梁的承载特征一起考虑，并且同时取决于以下因素：是怎样配筋的、结合梁是仍然处在弹性状态还是已经处于弹塑性状态？如果像建筑结构通常采用的那样，按照完全塑性状态配筋，那么在结合梁的大弯矩区就会建立起塑性区域，它会再一次影响结合以及连接键的力，从而开始一个非线性的相互影响，它影响连接键的荷载和在梁长度方向上连接键的分布。为了弄清楚这一相互关系，文献[3.27]作了以下的计算分析。

图 4.26 中描述的是一个简支梁，由钢质为 St 52 轧制而成的 IPE 400 梁和 B25 混凝土制成的混凝土板组成，荷载有两个并排的集中力和一个均布荷载组成。这里仍然根据德国规范和原标示进行非线性计算，这对结果没有影响。

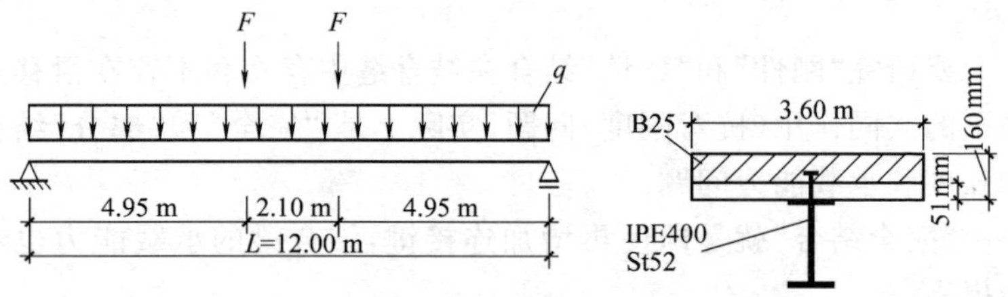


图 4.26　计算示例的横截面、体系与荷载

钢结合梁的完全塑性弯矩为 1 009 kN・m,相应的集中力 $F_{pl}=204$ kN,相应的均布荷载 $q_{pl}=56$ kN/m,连接键在梁的全长范围内均匀分布。

计算是根据延性连接键形成的完全结合进行的。有关等间距焊接的延性带头铆钉连接键 7/8 的计算,以简化的连接键特征线为依据进行,见图 4.27。该简化所引起的连接键承载力的折减通过钻孔的空心肋压型钢板予以考虑。接下来对计算结果作简要讨论,参见文献[3.28]。

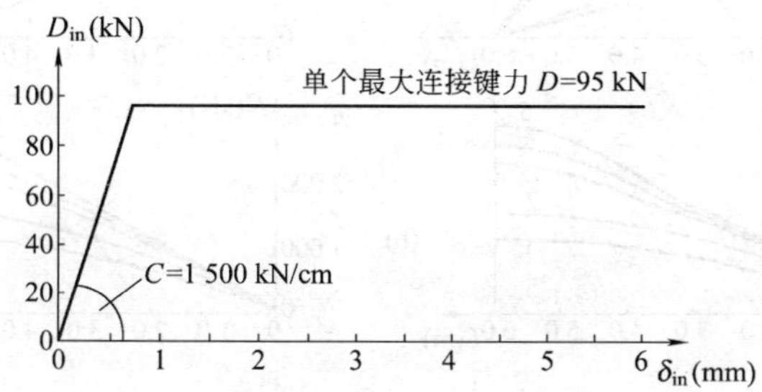


图 4.27 简化的延性结合连接键的特征线

#### 4.7.4.2 均布荷载与刚性结合

在荷载较低时,比如正常使用极限状态,连接键力的变化与剪力的变化类似,因为钢梁还处在弹性状态。钢梁中的轴向力与 $qL^2/8$ 抛物线相对应,如图 4.28 所示,钢梁中的轴向力随着荷载增加明显增大,它随着连接键力的变化呈"凸"或"凹",这与钢梁的塑性连在一起,在这些地方出现塑性区域。在本例中,跨中的连接键就像梁端的连接键一样受力很小。如果梁端承受最大荷载时的连接键设计正确,在连接键均匀布置时则不会出现拉链式的破坏。如果刚性连接键在全长范围内根据弹性计算的剪力影响 $T=Q\cdot S/I$ 分配的话,那么在梁跨中则需要很少的连接键。

#### 4.7.4.3 均布荷载与延性结合

计算承载力通过钢梁跨中截面的破坏来确定,在两种情况下计算荷载均为 $q_u=q_{pl}=56$ kN/m。在集中力情况下出现的承载力

降低在这里不会发生，因为在结合梁的任何地方都存在足够的连接键，该力满足建立轴向力 $N_a = |D_b|$ 的要求，这就是完全结合。

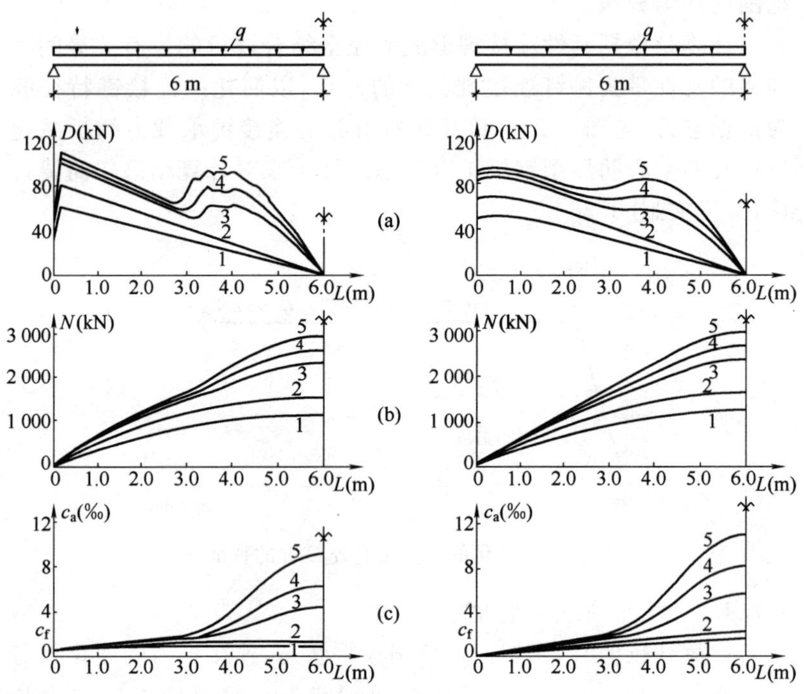


图 4.28　均布荷载下的计算结果[3.27]

（左边为刚性结合；右边为延性结合）

图 4.28(右)显示的连接键力的变化过程，在较低的荷载水平下和横向荷载的变化过程类似，并显示在支座附近，延性结合时连接键受的力比在刚性结合情况下要小，在跨中的连接键则出现超比例的荷载，钢梁的跨中处被塑性化（$M > M_f$）。这些特征在延性连接情况下比在刚性结合情况下更为经常出现，因为延性结合时连接键力可以调整。总的来讲，连接键受力均匀通过。本节的例子中，在承载能力极限状态下导致最大连接键的力，比在刚性结合情况下小 16%。如图 4.28(右)显示，在跨中横截面达到其抗弯承

载力时，总的来讲连接键还有储备。所以连接键不是同时得到充分利用的，即使其具有足够的延性。

### 4.7.5　连接键的分布产生的影响

根据在此之前计算的连接键力的变化，可以得出连接键在结合梁长度方向上分布的重要原则。

为了传递混凝土板中的最大纵向力，必须保证连接键的数量，同时它也必须能够传递任意两个(控制)截面之间的混凝土板中纵向力的差值。重要的截面可能是所有的端部支座截面、中间支座截面、最大弯矩截面、零弯矩截面、横截面变化较大的位置和较大集中荷载作用点处的截面等。

原则上讲，结合缝处的剪力为混凝土板中纵向力的变化。对于刚性结合，仍然建立在整体平截面假定的基础上，以便根据整个截面内线性分布的应变来确定混凝土板中的纵向剪力，从而可以求出比如结合梁桥结构中的剪力。用这一方法同样可以正确地求出部分塑性区域的剪力，如果需要充分使用结合梁的塑性承载力的话。

如果总的来讲梁还处在弹性状态，那么梁的塑性承载能力尚未得到充分利用，对于这种在平截面下有点复杂的情况，根据连接键公式，按照弹性计算剪力的过程计算 $T=V\cdot S/I$(或 $T=Q\cdot S/I$)。

图 4.29 中包含三种弹性计算的剪力变化过程，计算用的结合梁截面等高，以其为基础得出相应的连接键力的分布。

以梁的弹性性能为基础，根据弹性计算得到的剪力流来布置连接键。剪力计算根据等高、等截面梁进行。

因为我们希望至少在一定的范围内均匀布置连接键，所以当连接键的总数没有必要增加时，要求按剪力变化分段进行。分段原则按照连接键的刚度确定：

对于刚性的连接键，最高可以按照钢筋混凝土结构进行分段；对于延性的连接键，根据其柔度进行分段，越柔的连接键，越可以

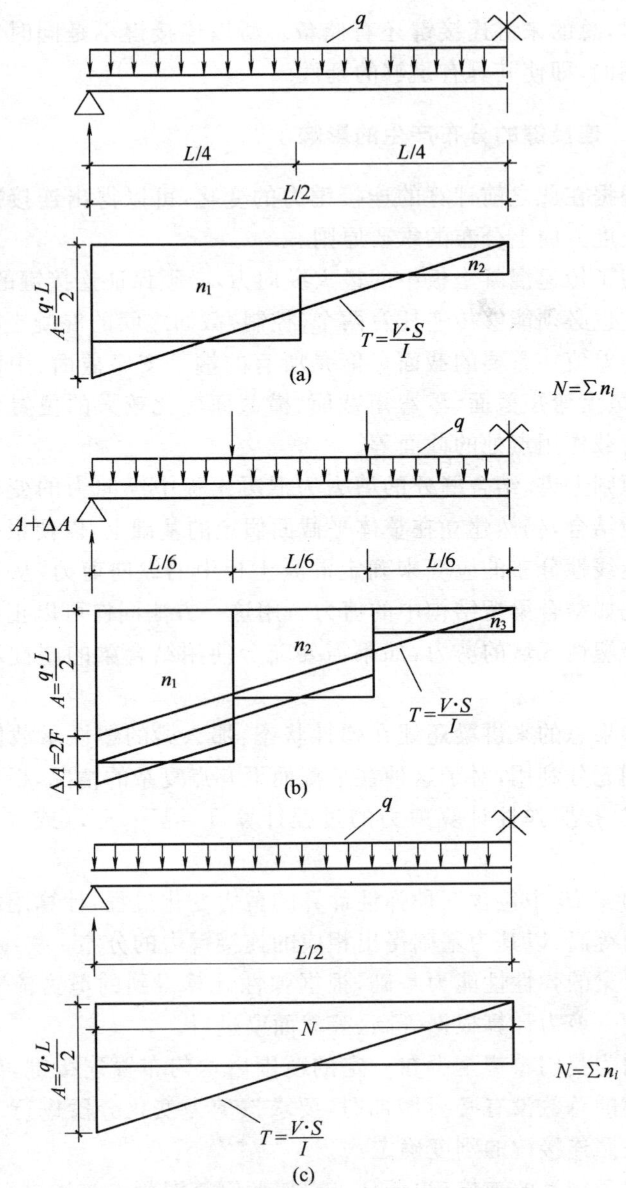


图 4.29　结构工程中带头铆钉连接键的分布

自由地将剪力流进行分段。根据到目前为止的设计经验，对于刚性连接键（比如块状连接键），剪力流的分段依据为 $\Delta T/T_{max}\leqslant 10\%$；对于延性连接键，分段依据为 $\Delta T/T_{max}\leqslant 25\%$。对于第一个数值，在 DIN 1045 中相应的规则为：剪力流沿梁的长度方向可以按照梁高的 2 倍来均匀分段。这也适用于摩擦连接键在正常使用极限状态下处于滑动临界点时的情况。

对于第二个数值，剪力流沿梁长方向可以按照梁高的 5 倍来分段。对于一般建筑结构的梁，这几乎是梁跨的四分之一，如图 4.29(a)所显示的划分。

如果结合梁按塑性特征进行配筋的话，其剪力变化从弹性计算的剪力流偏向部分塑性的梁的范围，见图 4.28。那里连接键的力明显增加，因为在相对短的范围内，必须建立起与 $M_{pl}$ 相对应的力偶。由于这一原因，应保证剪力在结合缝中均匀传递，刚性结合也是如此。

由于延性连接键能够进一步地将受力大的连接键上的力转移到受力小的连接键上，所以延性连接键（见 4.7.6～4.7.8）可以在控制截面之间均匀布置。当带头铆钉连接键使用在不是很长的建筑结构梁中时，也可以在控制截面之间均匀布置。图 4.29(c)描述的即是一个建筑结构梁中的连接键均匀布置的实例，它的抗弯承载力按完全塑性计算，其连接键有足够的延性；图 4.29(b)是考虑集中力的情况；图 4.29(a)只适用于延性连接键在均布荷载作用下的情况。如果跨中截面应该达到完全塑性阶段而得到充分利用的话，无论在梁的中间区域是否需要再布置连接键（与 $n_2$ 比），都必须对这一部分进行检算，见图 4.30。

从原则上讲：连接键越柔，连接键的力调整得越好，并且在一定长度范围内达到平衡；连接键越刚，连接键的布置计算必须越准确。

为了能够均匀地布置连接键，使用压型钢板是有效而又方便的。压型钢板的肋事先就给定了连接键的间距，同时它又导致连接键具有特别柔的特征，见图 4.29(c)，从而出现更大的相对滑移，

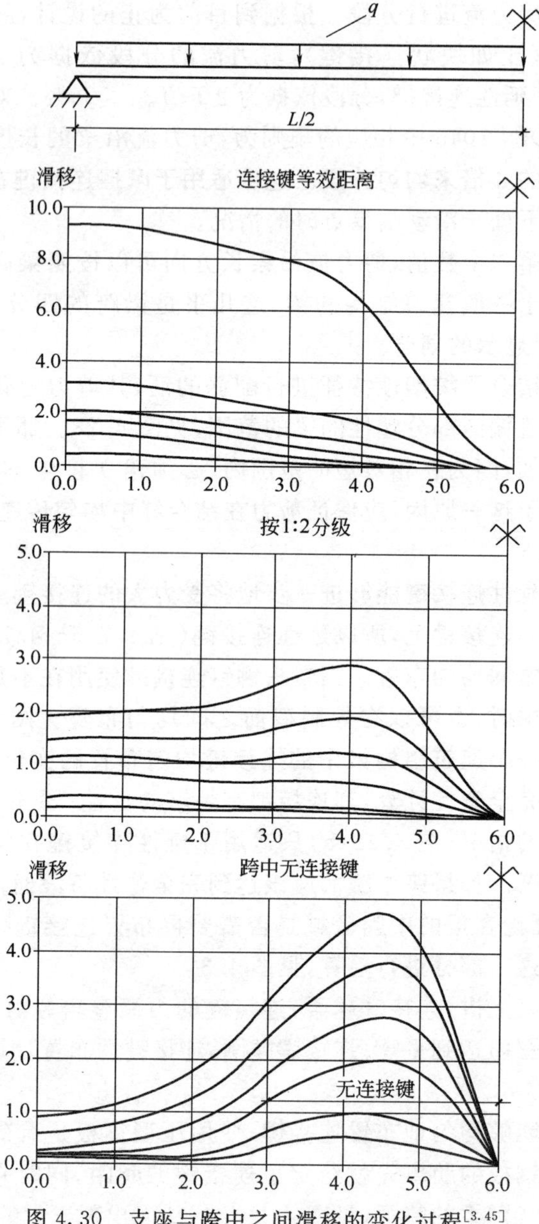


图 4.30　支座与跨中之间滑移的变化过程[3.45]

并进一步促成连接键力进行最优化的调整。

图 4.30 再一次显示了一个具有完全结合的建筑结构梁在带头铆钉连接键不同分布情况下相对滑移的例子。在正常使用状态下，滑移值很小，所以在图中没有显示出来，实际表现出来的是刚性连接。按 1∶2 分级是指：在梁外侧的 $L/4$ 跨度范围内布置跨中连接键的 2 倍。

再次回到简支梁在连接键均匀布置和受均布荷载作用的情况。

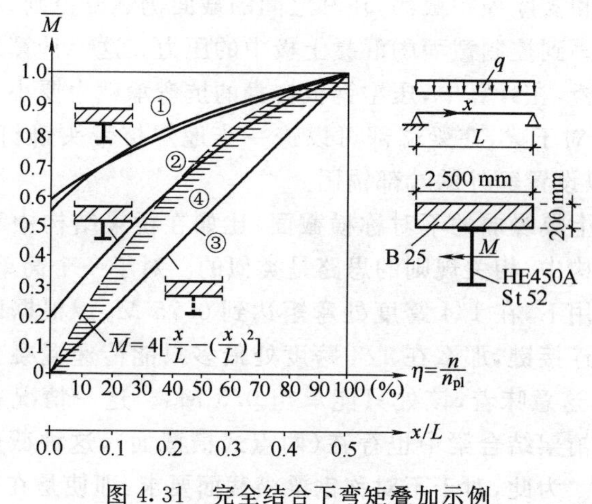


图 4.31　完全结合下弯矩叠加示例

图 4.31 显示的是一个连接键均匀布置的完全结合梁，不仅显示了荷载弯矩（$M_s$ 为曲线④效应），同时还显示了抗弯承载能力（抗力 $M_R$ 为曲线①、②和③）。图中显示的弯矩实质是梁截面的弯矩与 $qL^2/8$ 的比值，在 $0 \leqslant x/L \leqslant 0.5$ 的梁长范围内，同时还显示了弯矩与键销度 $\eta$ 的关系。在跨中，键销度达到 $\eta=100\%$（完全结合），向支座方向键销度逐渐变小。曲线①适用于通常情况的建筑结构梁，它的轧制钢梁具有抗弯承载能力，可以超过结合梁的 50%，该曲线用部分结合法计算（参见相应部分）。此外图中还显示了钢梁无上翼缘（曲线②）和无腹板（曲线③）情况下的抗弯承载

力。曲线③适用于没有钢上翼缘的桁架梁，曲线②描述的是上翼缘“萎缩”的焊接梁的极限情况。结构构件的抗力 $M_R$ 必须大于其荷载效应 $M_S$，否则结构构件的承载力就太小了。从图中曲线的比较可以明显地看出，在情况 1 中，带头铆钉可以均匀布置；在情况 2 中，从 $x/L=0.2$ 处开始不安全；情况 3 根本就不容许，因为在整个范围内超过承载力太多。为此欧洲规范 EC 4 限定：如果连接键是延性的，而且钢梁自身有承载能力，并且至少能够独自承担总弯矩的 40%，控制截面之间的连接键是可以均匀布置的。这里描述了跨中和支座控制截面，在其之间的截面仍然要控制，看连接键能否传递直到控制截面的混凝土板中的压力。这一计算过程也适合于结合板，在计算中，压型钢板自身的抗弯承载力要小于实际值的 20%。对于梁，在梁端部可以进一步地焊接带头铆钉；对于结合板，可以设置额外的端部锚固。

对于上翼缘弱的不对称横截面，比如在桥梁结构中和特别大跨度的结构中，相关规则的思路是类似的。对于一个简单梁，在均布荷载作用下，在 1/4 跨度处弯矩达到 0.75 $M_{pl}$。根据以上所述均匀分布连接键，那么在 1/4 跨度处最多只能传递混凝土板中压力的 1/2，这意味着，该处只能承担 0.5 $M_{pl}$。这一情况在没有钢上翼缘的桁架结合梁中也存在(两点式横截面)，这种截面在以前经常使用。为此，对于不对称钢梁横截面要求：即使是在塑性计算中，连接键也要根据弹性计算的剪力流进行布置。欧洲规范 EC 4 就是这样考虑的。

### 4.7.6 根据 EC 4 计算的连接键数量与分布

连接键和横向配筋必须在结合梁的长度方向上这样布置：在承载能力极限状态下，能够传递混凝土板与钢梁之间的纵向剪力。

连接键的数量必须不小于纵向剪力的荷载效应设计值 $V_1$ 与连接键极限力 $P_{Rd}$ 的比值：

$$N_1 = V_1 / P_{Rd} \tag{4.53}$$

对于按塑性理论计算抗弯极限承载力的梁和按弹性理论计算抗弯极限承载力的梁，在计算它们的有效纵向剪切力时，欧洲规范 EC 4 是区别对待的。

如果设计用的截面内力是根据弹性理论计算的，那么根据该内力计算的纵向剪力自然就是根据弹性剪力流计算理论得出的。这里需要注意：只有那些在结合缝起作用后出现的、使连接键承受作用的结合缝中的力才纳入计算。比如，如果在没有辅助支撑的情况下浇注混凝土（无支撑），当梁处在弹性状态时（见图 1.5），一期恒载由钢梁单独承受，而对连接键的受力没有影响。

如果梁的承载力按塑性理论计算，那么所有荷载引起的截面内力也是整个截面的内力，连接键在梁的长度方向则根据设计剪力的变化来布置。在跨中最大弯矩处和端部支座之间以及中间支座的最大弯矩处之间也可以简化来用弹性方法计算。

根据欧洲规范 EC 4，如果满足以下条件，在相邻控制截面之间的长度范围内也可以均匀布置带头铆钉连接键：

- 在相邻控制截面之间的长度范围内截面属于等级 1 或 2；
- 键销度 $N/N_f$ 满足 4.7.8 中的条件；
- 结合截面的塑性极限弯矩不超过钢梁截面塑性极限弯矩的 2.5 倍。

在计算控制截面时，变化大的、突然变化的截面都应该包含在内（但混凝土板从状态Ⅰ到状态Ⅱ的过程不能算在此列）。

### 4.7.7 完全结合

对于完全结合的简支梁，在跨中最大弯矩和端部活动支座之间通过连接键承担的设计纵向剪力 $V_1$ 按以下各计算值的小者取用：

$$V=F_{cf} \tag{4.54}$$

式中

$$F_{cf}=A_a \cdot f_y/\gamma_a \tag{4.55}$$

或 $$F_{cf}=0.85\cdot f_{ck}\cdot b_{eff}\cdot h_c/\gamma_c \tag{4.56}$$

对于完全结合的连续梁，在跨中最大弯矩和相邻支座之间通过连接键承担的设计纵向剪力 $V_1$ 根据图 4.32 计算：

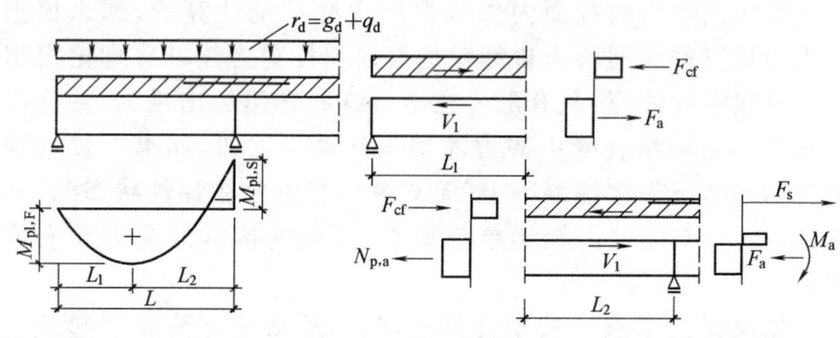


图 4.32　设计剪力 $V_1$

$$V_1=F_{cf}+(A_s\cdot f_{sk})/\gamma_s \tag{4.57}$$

式中　$A_s$——混凝土板有效宽度内纵向配筋的计算横截面积。

欧洲规范 EC 4 进一步给出了考虑跨中纵向配筋和负弯矩区压型钢板的相关规定。

### 4.7.8　延性连接键的部分结合

对于横截面等级 1 或 2 的结合梁设置延性连接键的情况，容许部分地均匀布置连接键。

由于延性连接键是能够变形的，在结构计算中，假设结合缝具有理想的塑性特征是合理的。

以此为出发点，给定带头铆钉相对滑移量的特征值至少为 6 mm，见图 3.11。当同时满足以下条件时，带头铆钉连接键或类似的连接键就是延性的：

- 焊接以后的长度：$h\geqslant 4\ d$；
- 铆杆的直径：$16\ \text{mm}\leqslant d\leqslant 22\ \text{mm}$；
- 键销度：$\eta=N/N_f$，不小于最小键销度。

最小键销度根据以下条件计算（见图 4.33）：

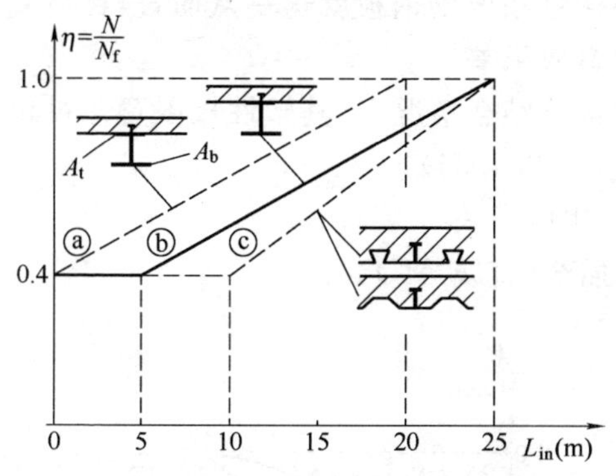


图 4.33　最小键销度 $\eta=N/N_f$

(a)如果 $3A_t \geqslant A_b$：$N/N_f \geqslant 0.40+0.03L$　　(4.58)

(b)如果 $A_t = A_b$：$N/N_f \geqslant 0.25+0.03L$　　(4.59)

(c)如果 $A_t = A_b$：$N/N_f \geqslant 0.04L$　　(4.60)

式中

$A_t$——钢梁上翼缘的横截面；

$A_b$——钢梁下翼缘的横截面。

对于图 4.33 中的曲线(c)还要注意其他条件。

任何情况下都应满足 $N/N_f \geqslant 0.4$：

$N$——在计算范围内的连接键数量；

$N_f$——完全结合所要求的连接键数量。

图 4.33 中的曲线(c)只有在以下条件满足的情况下才有效：

- 在一个肋内只能集中布置一个直径为 19 mm 的连接键，焊接后的长度不短于 76 mm；
- 钢梁的截面是一个双向对称的轧制 I 形型钢；
- 混凝土板为压型钢板结合板，压型钢板垂直于梁轴线并且连续通过；
- 压型钢板的尺寸满足 $b_0/h_p \geqslant 2$ 和 $h_p \leqslant 60$ mm；
- 翼缘板内的力 $F_c$ 通过线性内插法(如下)确定。

这里的最后一个条件，在最终取得一致认可后一定会重新表述。因为带头铆钉和压型钢板就这一点而言,比混凝土板中相对刚性的带头铆钉效果差。

结合梁在部分结合情况下,其塑性极限弯矩可以按照下述之一的方法确定(见图 4.34):

- 等代法(用应力块);
- 线性内插法(直线 AC)。

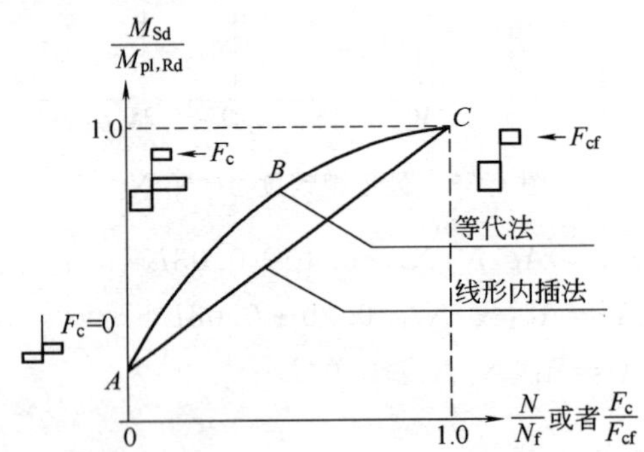


图 4.34　部分结合时 $F_c$ 与 $M_{Sd}$的关系

根据线性内插法,混凝土板中的压力 $F_c$ 计算如下:

$$F_c=\frac{M_{Sd}-M_{apl,Rd}}{M_{pl,Rd}-M_{apl,Rd}}\cdot F_{cf} \tag{4.61}$$

式中　$M_{apl,Rd}$——钢梁截面的塑性极限弯矩;

$M_{pl,Rd}$——完全结合时的结合梁截面的塑性极限弯矩;

$F_{cf}$——完全结合时的纵向剪力。

纵向剪力 $V_1$ 的设计值可以根据图 4.32 确定,或者用方程(4.57)～(4.60)来计算,方程中的压力 $F_{cf}$可以用 $F_c=\sum P_{Rd}$代替,该力由连接键承担。

用等代法计算时,混凝土承担的力通过连接键的承载力来确定,等代条件可以与 2.4.2 描述的以及所应用的类似(见图 4.34 中的曲线 ABC)。

当一个给定了连接键布置的压力 $F_c$ 确定时,要根据图 4.34

的内插关系来确定折减的塑性极限弯矩 $M_{Rd}$，该折减的塑性极限弯矩 $M_{Rd}$ 必须不小于荷载效应弯矩 $M_{Sd}$：

$$M_{Sd} \leqslant M_{Rd} \tag{4.62}$$

以上图 4.34 中描述的部分结合曲线 ABC，是从结合梁横截面在完全塑性应力分布且具有两个零应力线的基础上得出的（参照图 2.11）。

当键销度 $\eta=0$ 时，$M_{apl,Rd}$ 则是纯粹钢梁截面的承载力，当键销度取到计算图形的边缘时 $\eta=100\%$，则是完全结合，$M_{pl,Rd}$ 则是完全塑性的抗弯承载力，即使增加连接键的数量，承载力也得不到提高。在这两者之间即为部分结合，即使使用会变形的、延性的连接键，在结合缝处也不会出现破坏。但是由于受到连接键数量的限制，结合太弱，所以与完全抗弯承载力对应的、混凝土中的压力 $N_{cf}$ 不能被传递出去。对于延性的连接键，在结合缝处无论如何都会出现滑移，以至于在塑性计算中、在出现最大横截面承载力时有两根零应力线。对于这种应力分布，根据曲线 ABC 很容易计算。有利的一面是，由于钢梁的拉力折减了 $N_a(=|N_c|)$，所以钢梁没有得到充分的利用，因而可以承受额外的弯矩。对于这种等代法，可以使用偏于安全的线性内插法来代替，图中直线 $\overline{AC}$ 是通过方程(4.64)给定的。

对于 I 型截面的等代法，可以根据图 4.35，通过其弯矩—轴向力的相互作用，获得较好的近似计算（近似曲线 ABC）：

$$\begin{aligned} M_{Rd} &= F_c \cdot z + M_a \cdot F_c \\ &= F_c(h_a + 2 \cdot h_p + h_c)/2 + 1.11 \cdot M_{apl,Rd}(1 - F_c/F_a) \end{aligned} \tag{4.63}$$

式中　$F_c$——通过连接键承担的压力 $F_c = \sum P_{Rd}$；

$(N \leqslant N_f)$

　$F_a$——钢梁的塑性轴向力：$F_a = A_a \cdot f_y/\gamma_d$　　　　(4.64)

弯矩—轴向力其相互作用在 4.2.6 讲述。

根据大量（部分结合的）结合梁承载试验，这里只讨论大约 8 m的结合梁 BS1[3.37]，图 4.36 反应的是一个概貌，其中包含了试

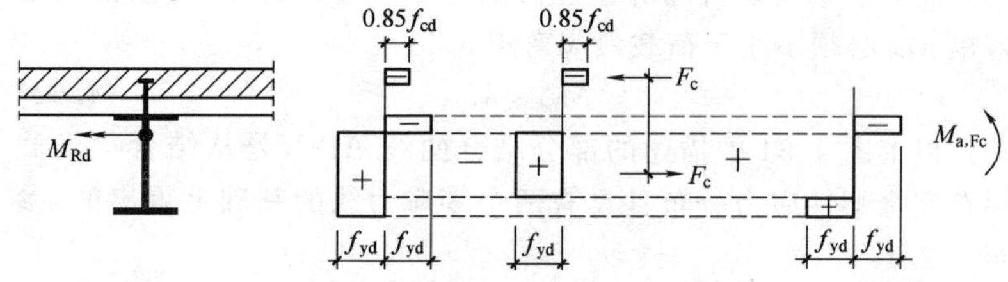


图 4.35 折减后的塑性极限弯矩 $M_{Rd}$

验的主要特征，其带头铆钉穿过镀锌的压型钢板焊接在钢梁上。由于这种焊接只适用于锚杆直径不超过 $d_1=19$ mm 的情况，所以该项目中使用了 19/100 的带头铆钉。

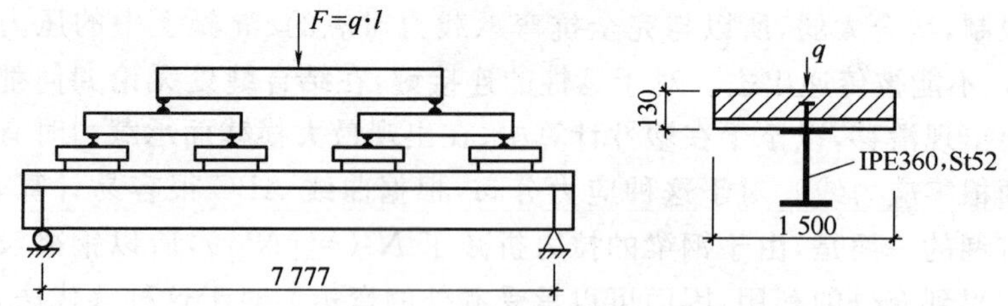


图 4.36 结合梁 BS1 的主要数据(mm)

通过图 4.37 来评价部分结合梁 BS1：

$$\overline{m}=0.77$$

$$\eta=0.32$$

$$N_a=\eta\cdot N_{Pl,a}=0.32\cdot 3\ 322=1\ 063\ \text{kN}$$

$${}_{\max}D_{du}=1\ 063/12=88.6\ \text{kN/连接键}$$

对于试验的承载力起控制作用的关键截面处在 $x=3.403$ m 的位置，在中间集中荷载的下方(试验的评价)。与根据表 3.1 考虑系数 $k_t$ 值(由表 3.2 查取)计算连接键的承载力相比较，得到以下结果：

$$P_{Rd}=81.6\cdot 0.85=69.4\ \text{kN}$$

$$\frac{{}_{\max}D_{du}}{P_{Rd}}=88.6/69.4=1.28$$

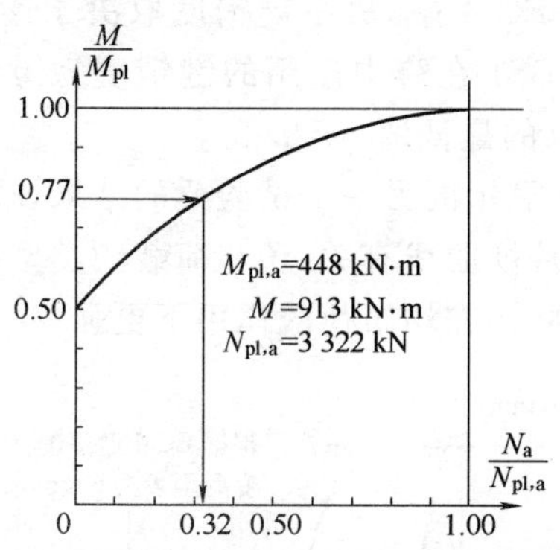


图 4.37　通过部分结合图表评价试验 BS1

结合是延性的，可以应用部分结合图表（上边的曲线），这里的连接键也是均匀分布的。

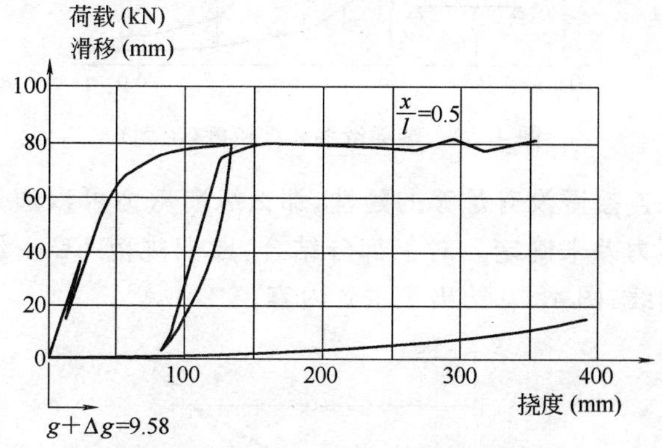


图 4.38　承载过程试验结果（BS1 梁）

在图 4.38 中，端部相对滑移的发展是很明显的。在正常使用状态下，尽管键销度很低，滑移仍然很小，随着荷载逐渐达到承载力的值，设计滑移值增长很快。

对于部分结合，其钢梁横截面至少是等级 2，因为这样才会出现两条零应力线、才能在钢梁的上部出现塑性，但在塑性铰处，它并不需要具有与塑性扭转对应的最小钢板厚度。

在欧洲规范 EC 4 中,最小键销度取决于连接键的变形与梁的长度。试验梁 BS1 在跨中选用的键销度为 $\eta=0.34$,尚低于欧洲规范 EC 4 要求的最低值 $\eta=0.4$。

就像图 4.39 显示的另一个试验梁的结果,端部滑移不仅与键销度和连接键的特征曲线有关,还与荷载的类型有关:梁的结合在集中荷载作用下要比在均布荷载作用下更强。

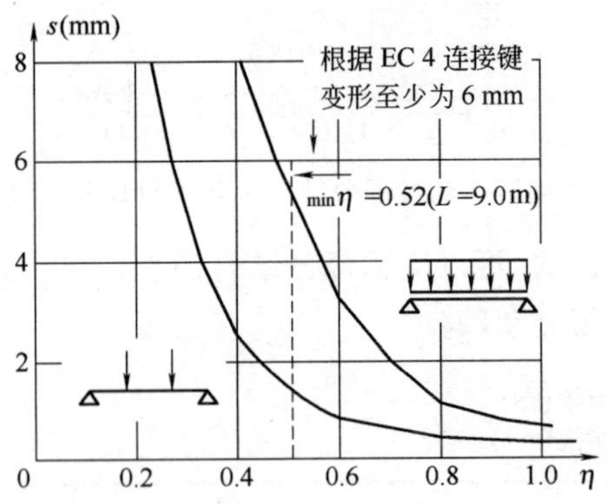


图 4.39　端部滑移和键销度(示例)

如果连接键没有足够的延性,那么纵向剪力可以通过混凝土板中的压力差来确定。对于部分结合,欧洲规范 EC 4 给出了多边形的图线,图 4.40 给出了主要内容。

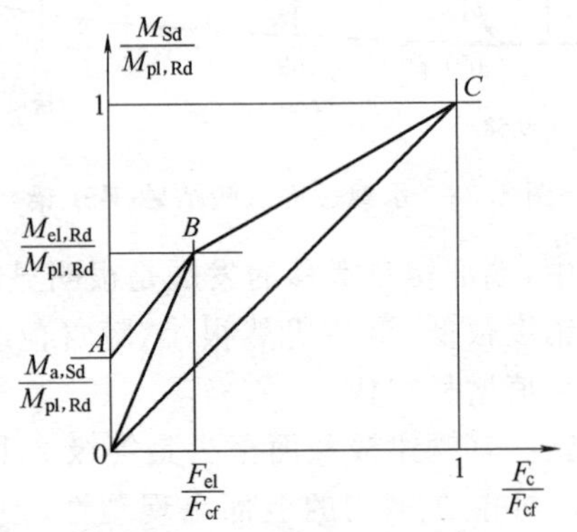


图 4.40　无足够延性的连接键的部分结合

最基本的直线$\overline{0C}$已经包含在结合梁指导原则中，它给出了线形的折减，是可以应用的。

要求的
$$N=\frac{M}{M_{pl}}\cdot N_f \tag{4.65}$$

无论如何，方程(4.65)没有考虑在使用延性连接键的条件下具有非常有利的承载特性。

## 4.8 高强度精核结构钢 S 420 和 S 460 的应用

### 4.8.1 目前的状况

高强度精核结构钢 St E460 在几年前就开始在结合梁中使用，比如用在室内停车场的屋盖梁中。其中的钢梁根据 DASt 指导原则 011 的要求进行设计使用。

为结合梁和结合柱而制定的特殊的使用规定到目前为止还没有，这一缺损在欧洲规范 EC 4. T1-1 的附件 H 中应该得到弥补。

焊接性能合适的热轧精核结构钢(TM 钢)经常被使用，关于这一钢种中平板或长条状产品的使用原则，在通用的结构钢建筑监管技术规定中有要求(Z-30.88-1)。该规定适用于结构部件在静止荷载和(或)非主要静止荷载(根据 DIN1055. T3 建筑结构)作用下的情况，它包含以下钢种在一定厚度下的热轧钢：

- S 355 M 和 ML；
- S 460 M 和 ML。

M 表示热轧钢，ML 表示低温韧性(可到－30 ℃)。

热轧只是在一定温度范围内得到一个最终形状的变换过程，这种精核结构钢的强度、韧性以及焊接性能等将通过化学条件和热力轧制有针对性地进行设置。其含碳量将稍微减少，碳的等代值 CEV 量为 0.39～0.45。由于高强钢的该值相对较低，所以高强钢的焊接性能和可处理性与低强度结构钢相比并不差。

### 4.8.2 EC 4 的附件 H

目前附录 H“S 460 和 S 420 在结合结构和构件中的应用”

正在准备中，这意味着 EC 4. T1-1 将要拓宽应用范围，使 S 460 和 S 420 应用在结合结构和构件中成为可能或简化其应用条件。

表 1.6 中包含屈服强度 $f_y$ 和抗拉强度 $f_u$ 的名义值，该值根据规范 EN 10113(TM 钢)和 EN 10137 取用。

如果这种高强度精核结构钢应用在结合梁中并且其性能得到充分应用，那么与普通结构钢比则出现较大的应变与压缩量，见 4.2.3 和 4.3.2。有个问题是：在正弯矩区域，混凝土受压多大才能使其与钢梁共同起作用；在负弯矩区域，配置的钢筋是否在钢梁充分利用之前达到其极限应变？这些在整体横截面的平截面假定条件下，用线性应变过程可以解释，通过混凝土的极限应变可以计算出极限承载力。但是，该极限承载力是否如此大，从而得到足够安全的塑性设计？

附件 H 的草稿中包含以下临时规则，这里作简短的示意性描述：

结构钢必须具有足够有利的屈服强度比利关系，以便能够应用塑性理论进行设计：

$$f_u/f_y \geqslant 1.10 \tag{4.66}$$

横截面等级 1 和 2 可以按完全塑性进行设计，那么塑性中性轴与受压区混凝土板的上翼缘之间的距离不应大于整个截面高度的 30%，这样，塑性抗弯承载力可以根据图 4.41 计算如下：

$$M_{Rd} = \beta_{pl} \cdot M_{pl,Rd} \tag{4.67}$$

此外，当结合截面在负弯矩区域按塑性设计时(参见 4.2.3 和文献[4.45]、12[25])，混凝土板中最小配筋率也要变化以满足下式：

$$A_s \geqslant \rho \cdot A_c \tag{4.68}$$

式中 $\rho = (f_y/235) \cdot (f_{ctm}/f_{sk})\sqrt{k_c}$

系数 $k_c$ 根据方程(5.138)确定，它相应的系数 $k_0$ 根据方程(5.121)确定，同时参照图 5.19，它也应该与欧洲规范 EC 4. T1-1 中 5.3.2 内容一致。高强度的结合梁在跨中的变形较大，该类连

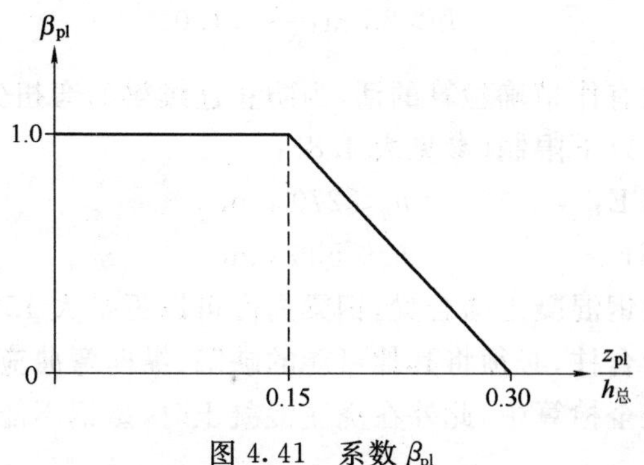


图 4.41　系数 $\beta_{pl}$

续梁从支座向跨中的内力调整也因此变得更难，但在负弯矩区域的截面转动能力未得到改善。所以在使用塑性铰理论时，要求检算截面具有足够的转动能力。这不仅要求在混凝土板中设置足够数量的配筋，还要求配筋必须具有高延性：

$$\varepsilon_{uk} > 5\%, (f_t / f_y)_k > 1.08$$

对于弹性理论计算的截面内力调整，应该受到表 4.10 中规定数值的限制。

**表 4.10　S 460 和 S 420 的弯矩调整(%)**

| 序　　号 | 截面等级 | 1、2 | 3 | 4 |
|---|---|---|---|---|
| 1 | 无裂缝 | 30 | 20 | 10 |
| 2 | 开裂 | 15 | 10 | 0 |

对于最少配筋的相关规定也要进行调整，这里引用了常见的横截面双向对称的钢梁。如果遵从以下的最小键销度，带头铆钉作为延性连接键使用并在控制截面之间均匀布置(这一条以后将适用于所有钢的类型)：

$$L \leqslant 25\ \text{m}: \frac{N}{N_f} \geqslant 1 - \frac{355}{f_y}(0.75 - 0.03L) \tag{4.69}$$

同时　$\frac{N}{N_f} \geqslant 0.4$；

$$L>25\ \mathrm{m}: \frac{N}{N_f} \geqslant 1.0$$

如果没有作精确检算的话，为防止连续梁的弯扭失稳，对型钢梁的高度作以下限制(参见表 4.8)：

对于 IPE：　　　　　$h_a \leqslant 270$ mm

对于 HE：　　　　　$h_a \leqslant 500$ mm

对于型钢混凝土结合梁，钢梁高度可以再扩大 150 mm。

对于结合柱，必须将其他可能的缺陷、纵向弯曲应力曲线应用于承载力安全检算中，此外在浇注混凝土时，型钢不能提前受压破坏。

如果遇到螺柱焊接的话，那么精核结构钢(St E460 和 St E 690)应该像普通结构钢(St37-3、St52-3 和 WT St52-3)一样，对这种螺柱焊接是合适的，参见[3.11]。在高强度精核结构钢的热影响区域(WEZ)，硬度无论如何都能达到 500 HV5(St 52-3 为 350)，焊接在静力荷载作用下不会破坏(见图 3.9)。当然，这取决于高强度精核结构钢的硬化梯度和热传递。如果如此高的硬度峰值能够不成为控制点，而取决于所谓细长硬化区域的支撑作用，则该支撑作用通过细长硬化区域周围的可变形材料区域来实现。当在一个细长的热影响区域(WEZ)内存在较陡的硬化梯度时，这种支撑作用尤其明显。

## 4.9 算例：结合梁极限承载能力

### 4.9.1 一跨结合梁辅助脚手架浇注混凝土

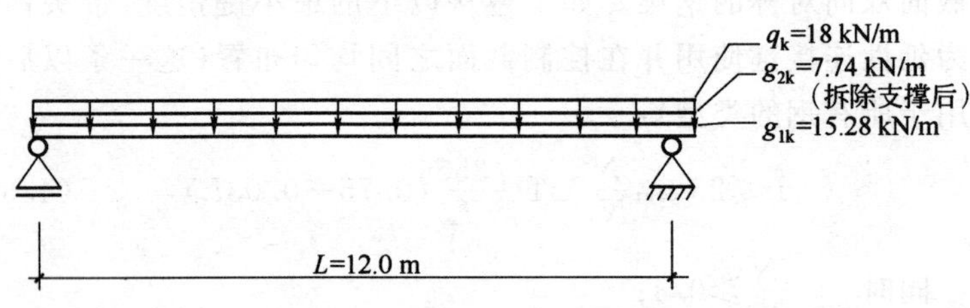

**4.9.1.1　体系与荷载**

建造状态下的辅助支撑

$$r_d = g_{1,d} + g_{2,d} + q_d = 1.35\times(15.28+7.74)+1.5\times18 = 58.08(\text{kN/m})$$

(分项安全系数查表 1.2)

**4.9.1.2　横截面与材料特征**

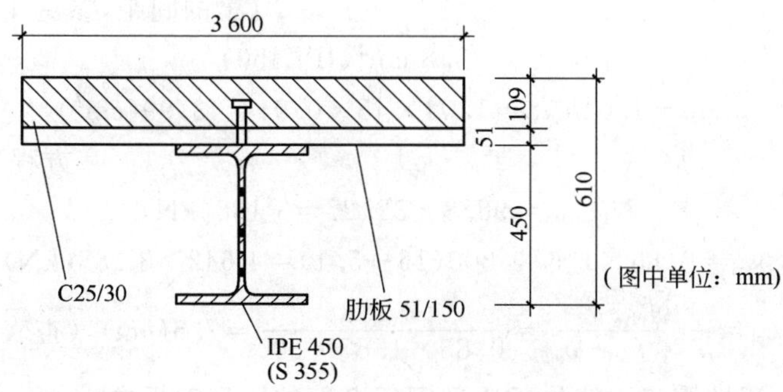


混凝土：

$$f_{ck}=25\text{GPa};\gamma_c=1.5;f_{cd}=\frac{25}{1.5}=16.7\ \text{GPa}(\text{查表 1.3})$$

$$E_{cm}=30.5\ \text{GPa}\qquad(\text{查表 1.7})$$

结构钢：

$$f_{yk}=355\ \text{GPa};\gamma_a=1.1;f_{yd}=\frac{355}{1.1}=322.7\ \text{GPa}$$

(查表 1.4)

$$E_a=2.1\times10^5\ \text{GPa}$$

空心肋压型钢板：

$$f_{yp}=280\ \text{GPa}$$

$$\gamma_{ap}=1.1$$

**4.9.1.3　极限承载力检算**

承载能力极限状态下的截面内力

$$M_{Sd}=58.08\times\frac{12^2}{8}=1\ 045(\text{kN}\cdot\text{m})$$

$$V_{Sd}=58.08\times\frac{12}{2}=348.5(\text{kN})$$

完全结合情况下的横截面承载力

$$b_{eff}=2\times\frac{L_0}{8}=\frac{L_0}{4}=\frac{12}{4}=3.0<3.6(\text{m})$$

(梁的间距,参见 4.2.1)

$$A_a=98.8\ \text{cm}^2(\text{IPE450})$$

$$A_V=1.04h_a t_w=1.04\times45\times0.94=43.99(\text{cm}^2)$$

方程(4.2)

$$N_{Pl,a,Rd}=98.8\times32.27=3\ 188(\text{kN})$$

$$N_{cd}=0.85\times1.67\times300(16-5.1)=4\ 642>3\ 188(\text{kN})$$

$$z_{pl}=\frac{N_{pl,a,Rd}}{a_c\cdot f_{cd}\cdot b_{eff}}=\frac{3\ 188}{0.85\times1.67\times300}=7.5(\text{cm})$$ (查表 4.3)

可知:塑性零应力线位于压型钢板上部的压型钢板内。

混凝土板内压力距钢梁中性轴重心的距离为:

$$a=\frac{45}{2}+16-\frac{7.5}{2}=34.8(\text{cm})$$

$$M_{pl,Rd}=3\ 188\times0.348=1\ 109(\text{kN}\cdot\text{m})>M_{Sd}(1\ 045\ \text{kN}\cdot\text{m})$$

(查表 4.3)

$$V_{Pl,Rd}=\frac{A_V\cdot f_{yk}}{\sqrt{3}\cdot\gamma_a}=\frac{43.99\times35.5}{\sqrt{3}\times1.1}=819.7(\text{kN})>V_{Sd}(348.5\ \text{kN})$$

方程(4.2)

**4.9.1.4** 纵向剪切承载力与结合

选择带头铆钉连接键 $\phi22$ mm,$h=100$ mm(焊接后的长),压型钢板事先打孔。

$\frac{h}{d}=\frac{100}{22}=4.54>4$ 得知:带头铆钉是延性的(见 EC 4 中 6.1.2)

$e_L=15$ cm　　(长度方向带头铆钉连接键的间距)

$f_u = 450$ GPa　　(见 3.3.5)

单个带头铆钉连接键的极限力为：

$$p_{Rd} = 0.8 f_u \frac{\pi d^2}{4} \cdot \frac{1}{\gamma_V} = 0.8 \times 45 \times \frac{\pi \cdot 2.2^2}{4} \times \frac{1}{1.25} = 109.4(\text{kN})$$

参见表 3.1 或方程(3.2)

$$p_{Rd} = 0.29 \cdot \alpha \cdot d^2 \cdot \sqrt{f_{ck} \cdot E_{cm}} \cdot \frac{1}{\gamma_V} \quad \text{见方程(3.3)}$$

当$\frac{h}{d} > 4$时，$\alpha = 1.0$

得到：$$P_{Rd} = 0.29 \times 1.0 \times 2.2^2 \times \sqrt{2.5 \times 3\ 050} \times \frac{1}{1.25}$$

$$= 98.05(\text{kN}) \quad \text{(参见表 3.1)}$$

每连接键 $P_{Rd} = 98.05$ kN，起决定作用。

由于横向连续的压型钢板造成结合缝的中断而导致的折减系数 $k_t$：

$$k_t = \frac{0.7}{\sqrt{N_r}} \cdot \frac{b_0}{h_p} \cdot \left(\frac{h}{h_p} - 1\right) = \frac{0.7}{\sqrt{1}} \times \frac{12.6}{5.1} \times \left(\frac{10}{5.1} - 1\right) = 1.66$$

见方程(3.5)

$k_t \leqslant 1.0$（根据 EC 4 对于透焊的带头铆钉连接键）；

$k_t \leqslant 0.75$（根据 NAD 对于事先打了孔的压型钢板）。

参照表 3.2 可得：

每连接键　　$P_{Rd} = 0.75 \times 98.05 = 73.54(\text{kN})$

完全结合时所需要的连接键数量计算如下：

$$N_{Pl,a} = N_{cf} = 3\ 188(\text{kN})$$

要求连接键数　　$N = \frac{3\ 188}{73.54} = 43.36 \approx 44$

现有连接键数　　$N = \frac{6.00}{0.15} = 40$

由于现有连接键数少于要求连接键数，所以是部分结合。

参见 4.7.8，能够承担最大的混凝土压力为：

$$N_c = 40 \times 73.54 \approx 2\ 942(\text{kN})$$

键销度 $\eta=\frac{N_c}{N_{cf}}=\frac{2\ 942}{3\ 188}=0.92<1$；

塑性弯矩折减，用线性内插法计算：

$M_{Rd}=M_{a,pl,Rd}+\eta\cdot(M_{pl,Rd}-M_{a,pl,Rd})=549+0.92\times(1\ 108-549)$

方程(4.65)

$=1\ 064(kN\cdot m)>M_{Sd}(1\ 045\ kN\cdot m)$ （参见图 4.34）

式中的 $M_{a,pl,Rd}$ 根据式(4.35)计算。

在这里不要求因为同时存在剪力而折减抗弯承载能力，因为跨中截面的最大内力($M_{Sd}$)与支座截面的最大内力($V_{Sd}$)不在同一位置，同时该结合梁没有分类。

检算能否容许按照 $e_L=150$ mm 均匀布置连接键：

a)在控制截面，横截面必须是等级 1 或 2(参见 4.7.8)：

在这里该条件得到满足，因为钢梁完全处在受拉区域内。

b) $\frac{N}{N_f}=\eta\geqslant0.25+0.03L=0.25+0.03\times12=0.61$

见方程(4.62)

现有的 $\eta=0.92$，大于要求的 $\eta=0.61$

c)由于 $2.5\times549=1\ 373>1\ 108(kN\cdot m)$

即 $2.5M_{a,pl,Rd}\geqslant M_{pl,Rd}$

检算结果：均匀布置连接键是容许的。

#### 4.9.1.5 边缘混凝土板的连接

混凝土板的剪力：$v_{Sd}=\frac{N_c}{L/2}=\frac{P_{Rd}}{e_L}=\frac{73.54}{0.15}=490(kN/m)$

（参见 3.4.1）

混凝土板内的控制剪力(左边)：

$$v_{Sd,li}=v_{Sd}\cdot\frac{A_{c1}}{A_c}=490\times\frac{1}{2}=245(kN/m)$$

针对压杆断裂的检算：

$$v_{Rd,2}=0.2A_{cV}\eta f_{ck}\frac{1}{\gamma_c}+\frac{v_{pd}}{\sqrt{3}}$$ 方程(3.7)

忽略压型钢板部分得到以下结果：

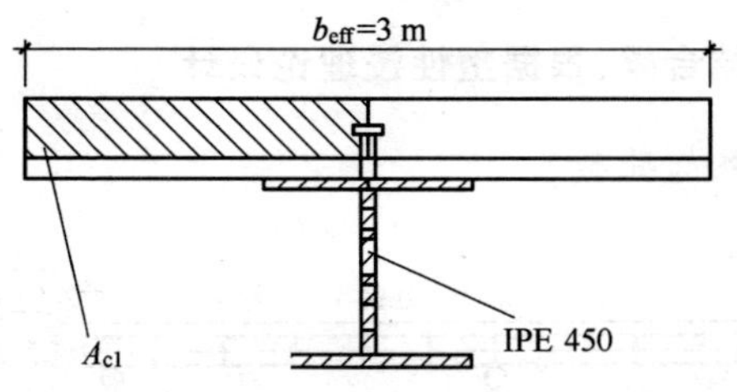


$$A_{cv}=(16-5.1)\times 100=1\ 090(\mathrm{cm}^2/\mathrm{m})$$

对于普通混凝土 $\eta=1.0$

$$v_{\mathrm{Rd},2}=0.2\times 1\ 090\times 1.0\times\frac{2.5}{1.5}=363>245(\mathrm{kN/m})$$

拉应力检算：

$$v_{\mathrm{Rd},3}=2.5A_{\mathrm{cV}}\cdot\eta\cdot\tau_{\mathrm{Rd}}+A_{\mathrm{S}}\cdot f_{\mathrm{sk}}\cdot\frac{1}{\gamma_{\mathrm{s}}}+v_{\mathrm{pd}}$$

见方程(3.6)

$$\tau_{\mathrm{Rd}}=0.25f_{\mathrm{ctk},0.05}\cdot\frac{1}{\gamma_{\mathrm{c}}}=0.25\times 1.8\times\frac{1}{1.5}=0.3(\mathrm{MPa})$$

根据 EC 4 可得

$$\tau_{\mathrm{Rd}}=0.09\sqrt[3]{f_{\mathrm{ck}}}=0.09\sqrt[3]{25}=0.263(\mathrm{MPa})$$

根据 NAD 可得

$$v_{\mathrm{pd}}=\frac{A_{\mathrm{p}}\cdot f_{\mathrm{yp}}}{\gamma_{\mathrm{ap}}}=\frac{15.62\times 28.0}{1.1}=397(\mathrm{kN/m})$$

见方程(3.9)

当忽略横向配筋时，纵向剪切承载力的计算值为

$$\begin{aligned}v_{\mathrm{Rd},3}&=2.5\times 1\ 090\times 0.026\ 3+397\\&=72+397=469\\&>v_{\mathrm{Sd}}(245\ \mathrm{kN/m})\end{aligned}$$

检算结果：对于边缘混凝土板的连接不需要额外的横向配筋。

构造要求控制截面 $A_{cv}$ 内的最小横向配筋率为 0.2%，该部分配筋可以同时作为支座负弯矩区横向连续结合板的抗弯配筋纳入计算。

梁在正常使用状态下的实例检算见 5.9 节。

### 4.9.2 两跨结合梁:根据塑性铰理论设计

#### 4.9.2.1 体系与荷载

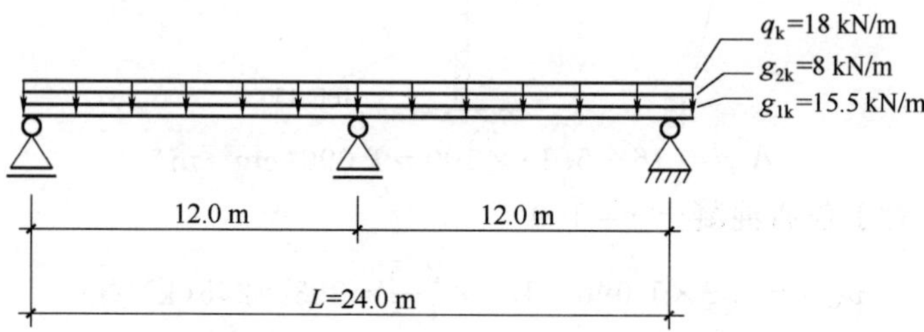


混凝土板和钢的自重在建造过程中由钢梁单独承担(活载结合),这里不作其检算。

在中间支座处混凝土板设断缝,这样混凝土板不再是连续的。

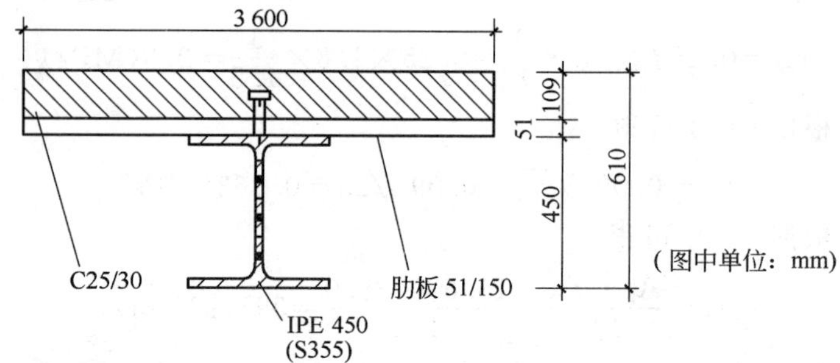


#### 4.9.2.2 横截面与材料特性

混凝土:

$$f_{ck}=25\ \text{MPa};\gamma_c=1.5;f_{cd}=\frac{25}{1.5}=16.7\ \text{MPa}$$

(参见表 1.3)

$$E_{cm}=30.5\ \text{GPa}$$ (参见表 1.7)

钢筋:

$$f_{yk}=355\ \text{GPa};\gamma_a=1.1;f_{yd}=\frac{355}{1.1}=322.7\ \text{GPa}$$

$$E_a = 2.1 \times 10^5\ \text{MPa}$$

空心肋压型钢板(取自建筑监管技术规定)：

$$f_{yp} = 280\ \text{MPa}$$

$$\gamma_{ap} = 1.1$$

**4.9.2.3** 横截面塑性承载能力

跨中梁间距

$$b_{eff} = 2 \times \frac{L_0}{8} = 2 \times \frac{0.8 \times 12}{8} = 2.4 < 3.6(\text{m})$$

(参见图 4.5、图 4.6)

$N_{pl,a,Rd} = f_{yd} \cdot A_a = 32.27 \times 98.8 \approx 3\ 188(\text{kN})$

$N_{cd} = 0.85 \times 1.67 \times 240(16 - 5.1) = 3\ 713(\text{kN}) > N_{pl,a,Rd}$

$$z_{pl} = \frac{3\ 188}{0.85 \times 1.67 \times 240} = 9.36(\text{cm})$$

塑性中性轴在混凝土板内、压型钢板之上。

$$M_{pl,Rd} = 3\ 188 \times \left(\frac{0.45}{2} + 0.16 - \frac{0.093\ 6}{2}\right) = 1\ 078(\text{kN} \cdot \text{m})$$

支撑范围：由于混凝土板内存在断缝，所以，只有型钢梁截面 IPE 450 单独承载。

受压翼缘：现有 $c/t = 95/14.6 = 6.5$

小于限制值 $c/t = 10 \cdot \varepsilon = 10 \times 0.81 = 8.1$

(参见表 4.1)

腹板：　　现有 $b/t = 378/9.4 = 40.2$

小于限制值 $b/t = \frac{36 \times 0.81}{0.5} = 58.3$　(参见表 4.2)

对于纯弯荷载取 $\alpha = 0.5$。

该横截面属于等级 1(塑性横截面)。

它具有足够的转动能力，没有过大凹凸。

$$W_{pl,y} = 1\ 702\ \text{cm}^3(\text{单独钢梁部分})$$

$$M_{pl,Rd} = 1\ 702 \times 32.27/100 = 549.2(\text{kN} \cdot \text{m})$$

**4.9.2.4** 完全结合情况下的承载力检算

$r_d = (g + q)d = (15.5 + 8) \times 1.35 + 18 \times 1.5 = 58.73(\text{kN} \cdot \text{m})$

计算最大承载力 $r_d$ 要利用表 4.6 的内容，该表中的承载力和弯矩变化过程均为均布荷载作用下的结果。

弯矩变化过程：

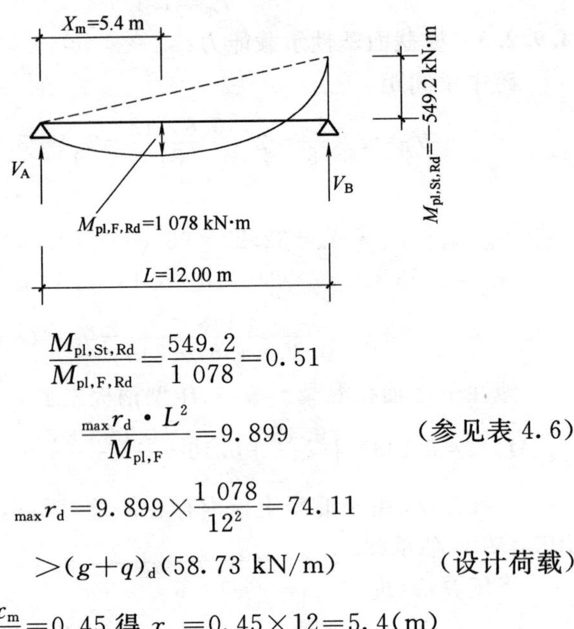


$$\frac{M_{pl,St,Rd}}{M_{pl,F,Rd}}=\frac{549.2}{1\ 078}=0.51$$

可得
$$\frac{{}_{max}r_d \cdot L^2}{M_{pl,F}}=9.899 \qquad \text{(参见表 4.6)}$$

$$_{max}r_d=9.899\times\frac{1\ 078}{12^2}=74.11$$

$$>(g+q)_d(58.73\ kN/m) \qquad \text{(设计荷载)}$$

由 $\frac{x_m}{L}=0.45$ 得 $x_m=0.45\times12=5.4(m)$

横截面内剪力引起的梁腹板内的剪力为：

$$\sum M_B=0 \text{ 即 } V_A\times12.00-58.73\times\frac{12^2}{2}+549.2=0$$

$$\text{得 } V_A=306.6(kN)$$

$\sum F_Z=0$ 得 $V_B=V_{Sd}=58.73\times12.0-306.6=398.2(kN)$

中间支座处的横向力与剪切力检算如下：

$$V_{Rd}=\frac{A_V\cdot f_{y,k}}{\sqrt{3}\cdot\gamma_a}=\frac{50.85\times35.5}{\sqrt{3}\times1.1}=947.5(kN)$$

$$\frac{V_{Sd}}{V_{Rd}}=\frac{398.2}{947.5}=0.42<0.5$$

省略 $M$—$V$ 的共同作用，使用完全的弯矩承载力（不产生由于剪力共同作用而导致的折减)。

**4.9.2.5** 纵向剪切承载力与结合

选择带头铆钉连接键 $\phi22$,$h=100$ mm(焊接后的长度),压型钢板事先打孔。

$$P_{\mathrm{R,d}}=73.54\ \mathrm{kN} \qquad \text{(见 4.9.1 算例)}$$

与完全结合情况下抗弯承载力对应的混凝土板内的压力计算:

$$N_{\mathrm{cf}}=N_{\mathrm{pl,a,Rd}}=3\ 188\ \mathrm{kN}$$

$$\sum P_{\mathrm{Rd}}=73.54\times\frac{5.4}{0.15}=2\ 647<3\ 188(\mathrm{kN})$$

连接键不能传递混凝土内直到 $x=5.4$ m 处的压力(最大弯矩 $M_{\mathrm{F}}$),所以是部分连接。

$$\eta=\frac{2\ 647.4}{3\ 188}=0.83 \text{ 可知 } \eta\geqslant0.25+0.03\geqslant0.4$$

(参见 4.7.8)

即 $\quad 0.83>0.25+0.03\times2\times5.4=0.57 \quad$ 方程(4.62)

**4.9.2.6** 部分结合情况下的承受荷载(塑性极限荷载)

参见 EC 4 中 6.2.1.2:

$$M_{\mathrm{Rd}}=M_{\mathrm{a,pl,Rd}}+\eta\cdot(M_{\mathrm{pl,Rd}}-M_{\mathrm{a,pl,Rd}})$$
$$=549.2+0.83\times(1\ 078-549.2)=998.1(\mathrm{kN\cdot m})$$

(参见图 6.1)

用折减的弯矩 $M_{\mathrm{Rd}}$ 重新计算承受荷载:

$$\frac{M_{\mathrm{pl,St,Rd}}}{M_{\mathrm{pl,F,Rd}}}=\frac{549.2}{988.1}=0.556$$

根据表 4.6,对于承受荷载最大的 $r_{\mathrm{d}}$(塑性极限荷载):

$$\frac{{}_{\max}r_{\mathrm{d}}\cdot L^2}{M_{\mathrm{Sd}}}=10.1 \text{(线性内插,参见表 4.6)}$$

得到 ${}_{\max}r_{\mathrm{d}}=10.1\times\frac{988.1}{12^2}=69.30>58.73(\mathrm{kN/m})$

检算结果:梁的配筋是足够的,且可以承受的荷载大于设计荷载。

4.9.2.7 侧向混凝土板的连接

推动剪切力为

$$V_{Sd}=\frac{P_{Rd}}{e_L}=\frac{73.54}{0.15}=490(kN/m)$$

切槽处的控制推动剪切力为

$$V_{Sd,1}=v_{Sd}\frac{A_{c1}}{A_c}\approx 245\ kN/m$$

带有压型钢板的压杆和拉杆的检算可以参照 4.9.1 的算例。

需要说明,如果在中间支座处混凝土板代替断缝而连续穿过,并且混凝土内有计算配筋,那么在 IPE 450 钢梁中性轴以上的腹板的受压区高度就要上移。当 $\alpha=0.7$ 时,截面则成了等级 2,那么截面则没有足够的转动能力,因而不能使用塑性铰理论。

4.9.2.8 支座区域梁的弯扭失稳检算

由于混凝土板在中间支座处被一条贯穿的缝分开,所以那里的支座弯矩由钢梁 IPE 450 单独承担,因而那里的检算可以简化为对纯粹的钢梁进行。在负弯矩区域这样做是正确的,因为弯扭失稳紧挨着中间支座发生。对于跨中区域(这里的梁上翼缘不能偏移),这一假设是偏于安全的。钢梁的弯扭失稳检算分为以下三种不同情况进行。

a)根据欧洲规范 EC 3 的简化检算

等级为 1 和 2 的截面的弯扭失稳极限弯矩为:

$$M_{b,Rd}=x_{LT}\cdot M_{pl,Rd}\cdot\frac{\gamma_a}{\gamma_{Rd}} \qquad 方程(4.23)$$

将长细比 $\lambda_{LT}$ 用于 $\chi_{LT}$ 计算,则使检算变得简单。但对于轧制型钢 IPE 和 HE 根据下式计算却非常保守(侧向固定和混凝土板的镶嵌均忽略不计):

$$\lambda_{LT}=\frac{0.9L/i_z}{\sqrt{C_1}\cdot\left[1+\frac{1}{20}\left(\frac{L/i_z}{h/t_f}\right)^2\right]^{1/4}} \qquad 方程(4.28)$$

$C_1=2.752$(对负弯矩区域的弯扭失稳要再大一点)

根据 EC 3 中的表 F1.1,可得

$$\lambda_{LT}=\frac{0.9\times 1\,200/4.12}{\sqrt{2.752}\left[1+\frac{1}{20}\left(\frac{1\,200/4.12}{45/1.46}\right)^2\right]^{1/4}}=103.3$$

相应的细长度为：

$$\lambda_1=\pi\cdot\sqrt{\frac{E}{f_y}}=\pi\cdot\sqrt{\frac{21\,000}{35.5}}=76.4 \qquad 方程(4.29)$$

长细比的限制值为：

$$\bar{\lambda}_{LT}=103.3/76.4\times 1.0=1.35 \qquad 方程(4.31)$$

$$_{Mit}\varphi_{LT}=0.5[1+0.21(1.35-0.2)+1.35^2]=1.532$$

方程(4.33)

考虑到弯扭失稳计算的折减系数为：

$$x_{LT}=\frac{1}{1.532+\sqrt{1.532^2-1.35^2}}=0.44 \qquad 方程(4.32)$$

用这种简化的方法，其检算的弯扭失稳是不够安全的。

$$M_{b,Rd}=0.44\times 549.2\times\frac{1.0}{1.0}=241.6<M_{Sd}(549.2\ \text{kN}\cdot\text{m})$$

（设计荷载作用下）

b)根据欧洲规范 EC 4 用理想弯扭弯矩 $M_{cr}$ 进行的精确检算

这一理想的控制弯矩根据方程(4.42)计算：

$$M_{cr}=\frac{k\cdot k_V}{L}\sqrt{\left(G\cdot I_{aT}+c_\vartheta\frac{L^2}{\pi^2}\right)E\cdot I_{az,UG}} \qquad 方程(4.42)$$

式中
$$k_V=\frac{I_{Sty}/I_{ay}}{1+\dfrac{h^2/4+i_p^2}{h\cdot z_e}} \qquad 方程(4.50)$$

$$h=45\ \text{cm}$$

$$I_{Sty}=I_{ay}(混凝土板内有裂缝)$$

$$i_p=\sqrt{\frac{33\,740+1\,676}{98.82}}=18.93(\text{cm})$$

$$z_e=\infty(单纯受弯) \qquad 方程(4.40)$$

$$k_v=\frac{1.0}{1+\dfrac{45.4^2/4+18.93^2}{45\infty}}=1.0$$

为了计算系数 $k$，必须首先确定弯矩比例 $\psi$（用 4.9.2.6 中的承载荷载）：

$$\psi=M_S/\left((g+q)\cdot L^2/8\right)=549.2/(69.3\times12^2/8)=0.44$$

对于 $\psi=0.5$ 的情况，$k=k_{min}(\psi)=4.15$ （见表 4.9）

弹簧刚度 $c_\theta$ 根据方程（4.12）由 $c_{\theta M,k}$（混凝土板的抗弯柔度）和 $c_{\theta P}$（压型钢板变形）两部分组成：

$$c_{\vartheta M,k}=\frac{2E_aI_2}{a}=k_1 \quad \text{方程（4.16b）}$$

$$E_aI_2=E_aI_c\times6.5\rho \quad \text{方程（4.17）}$$

$$\rho=\frac{A_S}{h_c\cdot b}=\frac{2.57}{10.9\times100}=2.36\times10^{-3}$$（当横向配筋用钢筋网 R257 设置在上层位置时）

$$I_c=\frac{bh_c^3}{12}=\frac{1\times10.9^3}{12}=107.9\ (\text{cm}^4/\text{cm})$$

$$E_aI_2=21\ 000\times107.9\times6.5\times2.36\times10^{-3}=34\ 760\ (\text{kN}\cdot\text{cm}^2/\text{cm})$$

$$c_{\vartheta M,k}=\frac{2\times34\ 760}{3\ 600}=193\ (\text{kN}\cdot\text{cm/cm})$$

$$c_{\vartheta p}=5\ 770\times\frac{t_W^3}{h_S}=5\ 770\times\frac{0.94^3}{45-1.46}=110\ (\text{kN}\cdot\text{cm/cm})$$

得 $$c_\vartheta=\frac{110\times193}{110+193}=70\ (\text{kN}\cdot\text{cm/cm}) \quad \text{方程（4.12）}$$

通过梁的扭转刚度 $G\cdot I_{aT}=8\ 100\times66.87=541\ 000\ \text{kN}\cdot\text{cm}^2$ 则可计算理想的控制弯矩：

$$M_{cr}=\frac{41.5\times1.0}{1\ 200}\sqrt{\left(541\ 000+70\times\frac{1\ 200^2}{\pi^2}\right)21\ 000\times0.5\times1\ 680}$$

$$=476\times10^3\ (\text{kN}\cdot\text{cm})=4\ 760\ (\text{kN}\cdot\text{m})$$

这样便可以计算相应的长细比：

$$\bar{\lambda}_{LT}=\sqrt{\frac{603}{4\ 760}}=0.355<0.4$$

可得：由于较小的细长度可以省略弯扭失稳检算。

c）根据 DIN 18800 T 2（11.90）的检算

为了阻止中间支座附近负弯矩区域钢梁的弯扭失稳，现有的抗扭约束是足够的，但以下条件必须满足：

$$_{\text{要求}}c_\vartheta \leqslant {}_{\text{现有}}c_\vartheta \qquad \text{方程（4.19）}$$

根据 DIN 18800 T 2（11.90）计算的抗扭约束的要求值为：

$$_{\text{要求}}c_\vartheta = \frac{M_{\text{Pl,k}}^2}{EI_{\text{z,k}}} \cdot k_\vartheta \cdot k_\text{V}$$

根据 $M_{\text{Pl,k}} = 60\ 300\ \text{kN} \cdot \text{cm}$，$I_{\text{z,k}} = 1\ 680\text{cm}^4$，$k_\text{V} = 1.0$，$k_\vartheta = 0.12$（系数根据 DIN 18800 T 2 第 3.3 节得到）计算得到以下要求的抗扭约束：

$$_{\text{要求}}c_\vartheta = \frac{60\ 300^2}{21\ 000 \times 1\ 680} \times 0.12 \times 1.0 = 12.4\ (\text{kN} \cdot \text{cm/cm})$$

现有的抗扭约束在上一标题（b）中计算得到：

$$c_\theta = 70\ \text{kN} \cdot \text{cm/cm}$$

检算结果如下：$_{\text{现有}}c_\vartheta = \dfrac{110 \times 193}{110 + 193} = 70 > 12.4 = {}_{\text{要求}}c_\vartheta$

结果表明：梁的抗扭约束足以抵抗弯扭失稳。

DIN 18800 T 5[12][25]中所涉及的内容，其最终有效地防止弯扭失稳的检算还必须等待。也许计算理想的弯扭失稳弯矩时要考虑弹簧刚度，参见方程（4.42）和（4.52），所以仍然必须适当考虑弯扭失稳（受压翼缘的偏差），参见 4.5.3。

### 4.9.3 两跨结合梁内力的弹性计算

设计以弹性计算的内力分布为基础，对于已配筋的型钢混凝土，只考虑其防火作用，简单地将其忽略不计。

#### 4.9.3.1 体系与荷载

$$r_\text{d} = g_{1,\text{d}} + g_{2,\text{d}} + q_\text{d} = 1.35\ (17.8 + 3.6) + 1.5 \times 18 = 55.89\ (\text{kN/m})$$

分项安全系数查表 1.2。

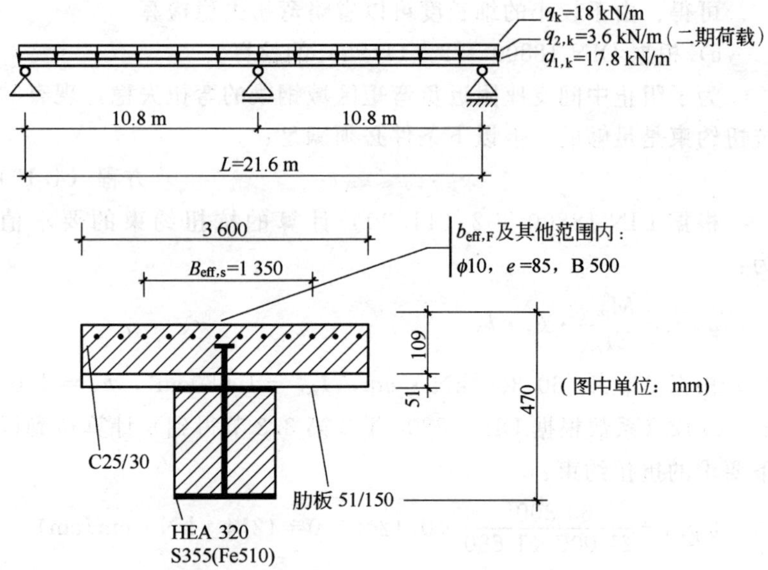


### 4.9.3.2　横截面和材料特性

混凝土：$f_{ck}=25$ MPa；$\gamma_c=1.5$；$f_{cd}=\frac{25}{15}=16.7$ MPa（查表1.3）

$$E_{cm}=30.5\ \text{GPa}\qquad(\text{查表 }1.7)$$

结构钢：$f_{yk}=355$ MPa；$\gamma_a=1.1$；$f_{yd}=\frac{355}{1.1}=322.7$ MPa（查表1.3）

$$E_a=2.1\times10^5\ \text{MPa}\qquad(\text{查表 }1.4)$$

空心肋压型钢板：$f_{yp}=280$ MPa（取自建筑监管技术规定）

$$\gamma_{ap}=1.1$$

不考虑型钢与混凝土的承载作用，最后在检算防火时考虑其共同作用。

为了使支座处横截面的塑性承载能力得到充分应用，钢梁HEA 320必须至少为等级2（见4.9.3.4）。

跨间横截面：$b_{eff,F}=\frac{2\times0.8\times10.8}{8}=2.16<3.6$（m）

见图 4.5、图 4.6：

支座横截面 $b_{eff,S}=2\times\frac{2\times0.25\times10.8}{8}=1.35<3.6(\mathrm{m})$

折减数 $n_0=\frac{E_a}{E_{cm}}=6.88$

以下是通过折减数 $n_0$ 根据总的理想横截面进行的计算。根据其计算出的刚度实际上也确定了截面的内力，因为对于静不定结构的内力取决于刚度或者说其比例关系。对于使用弹性理论对截面内力进行准确计算时，必须考虑 $n_0$、$n_\phi$ 和 $n_s$，但对于房屋建筑梁的设计则不需要考虑它们，因为房屋建筑不会使用等级 4 的截面。

跨中截面(正弯矩区)：

| 区域 | $A_i$ (cm²) | $\bar{z}_i$ (m) | $A_i\cdot\bar{z}_i$ (cm²·m) | $A_i\cdot\bar{z}_i^2$ (cm²·m²) | $I_{自身}$ (cm²·m²) | $I_{i0}$ (cm²·m²) |
|---|---|---|---|---|---|---|
| 混凝土板 | 342.2 | 0.055 | 18.82 | 1.035 | 0.338 8 | ($n_0$=6.88) |
| 配筋 | 19.55 | 0.035 | 0.684 | 0.024 | ≈0 | |
| HEA 320 | 124 | 0.315 | 39.06 | 12.304 | 2.293 | |
| Σ | 485.75 | 0.120 | 58.564 | 13.363 | 2.631 | 8.964 |

$$\bar{z}_s=\frac{\sum A_i\cdot\bar{z}_s}{\sum A_i}=\frac{58.564}{485.75}=0.120\ \mathrm{m}$$

$$I_{i0}=\sum I_{自身}+\sum A_i\cdot\bar{z}_i^2-\bar{z}_s^2-A_{ges}=2.631+13.363-0.120^2\times485.75=8.964\ \mathrm{cm^2\cdot m^2}$$

支座截面(负弯矩区域)：支座处横截面的混凝土受拉而开裂，在刚度计算中不考虑其作用(纯粹的钢截面，状态Ⅱ)。

| 区域 | $A_i$ (cm²) | $\bar{z}_i$ (m) | $A_i\cdot\bar{z}_i$ (cm²·m) | $A_i\cdot\bar{z}_i^2$ (cm²·m²) | $I_{自身}$ (cm²·m²) | $I_{st}$ (cm²·m²) |
|---|---|---|---|---|---|---|
| 配筋 | 12.2 | 0.035 | 0.427 | 0.015 | ≈0 | |
| HEA 320 | 124 | 0.315 | 39.06 | 12.304 | 2.293 | |
| Σ | 136.2 | 0.29 | 39.487 | 12.319 | 2.293 | 3.158 |

$$\bar{z}_s = \frac{\sum A_i \cdot \bar{z}_i}{\sum A_i} = \frac{39.487}{136.2} = 0.29\ \text{m}$$

$$I_{St} = 2.293 + 12.319 - 0.29^2 \cdot 136.2 = 3.158\ \text{cm}^2 \cdot \text{m}^2$$

**4.9.3.3** 弹性内力计算

在考虑中间支座的处截面开裂的情况下根据力法计算截面内力。

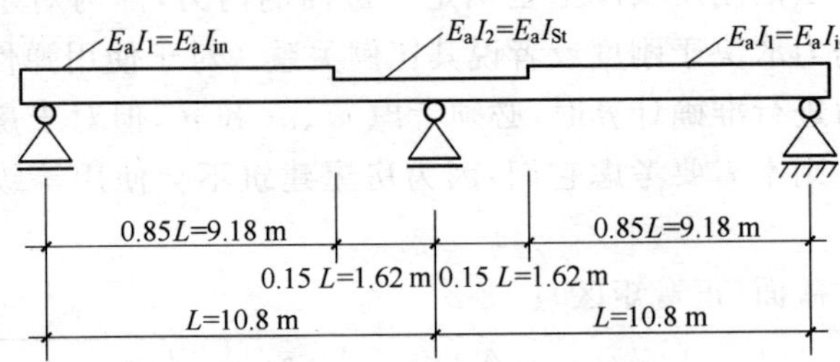


$$E_aI_1 = 21\,000 \times 8.964 = 188.2 \times 10^3 (\text{kN} \cdot \text{m}^2)$$

$$E_aI_2 = 21\,000 \times 3.158 = 66.32 \times 10^3 (\text{kN} \cdot \text{m}^2)$$

在静定结构上的荷载强度为：

$$g_d = (17.8 + 3.6) \times 1.35 = 28.9 (\text{kN/m})$$

$$q_d = 18 \times 1.5 = 27.0 (\text{kN/m})$$

$$r_d = (g + q)_d = 55.9\ \text{kN/m}$$

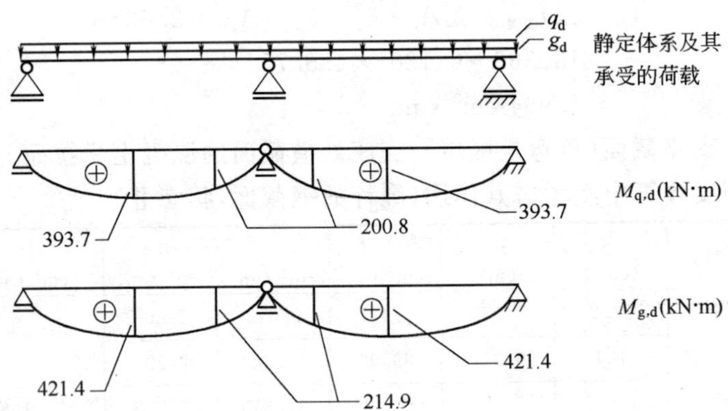

自重应力状态作用于静定结构上，$E_a I_1/E_a I_2=188.2/66.3=2.84$

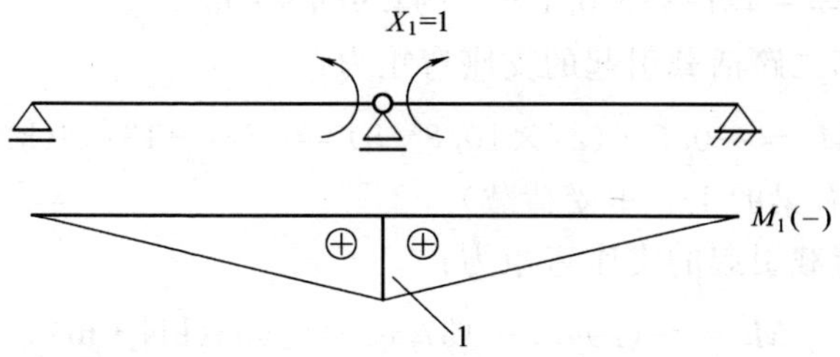


• 计算最小支座弯矩(单位荷载作用)：

$$E_a I_i \delta_{10}=2[1\times(393.7+421.4)\times(0.294+0.039\times2.84)\times10.8]$$
$$=7\ 126.3(\mathrm{kN\cdot m^2})$$

$$E_a I_i \delta_{11}=2[1\times1\times(0.204+0.129\times2.84)\times10.8]$$
$$=12.32(\mathrm{kN\cdot m^2})$$

$$X_1=-\delta_{10}/\delta_{11}=-7\ 126.3/12.32=-578.4(\mathrm{kN\cdot m})$$

该静力计算结果 $X_1$(中间支座处的弯矩)对于这种系统与荷载也可以通过下式求解[1.25,5.34]：

$$X_1=-(g+q)L^2/8[(0.89+0.11\alpha)/(0.61+0.39\alpha)]$$

(参见图 5.22)

式中 $\alpha=I_1/I_2$

• 计算最大跨中弯矩(最不利单跨活荷载)：

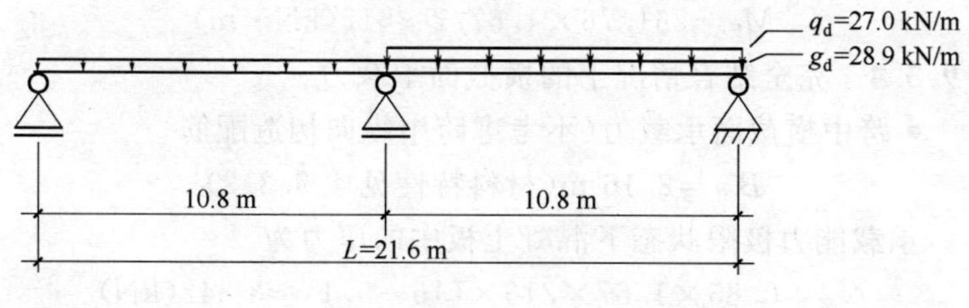


$$\alpha=2.84(见\ 4.9.3.3)$$

由恒载引起的支座弯矩为：

$$X_1 = M_{St} = -28.9\times10.8^2/[8\times(0.89+0.11\times2.84)/(0.61+0.39\times2.84)]$$
$$=-421.36\times0.7=-294.9(kN\cdot m)$$

由第二跨活载引起的支座弯矩为：

$$X_1 = M_{St} = -0.5\times(27\times10.8^2/8)\times0.7=-137.8(kN\cdot m)$$

（只有梁的 1/2 承受荷载）

该荷载引起的支座弯矩为：

$$M_{St}=-(294.9+137.8)=-433(kN\cdot m)$$

根据平衡条件（$\sum M_{B,re}=0$ 和 $\sum M_{xm}=0$）可以求得最大跨中弯矩。

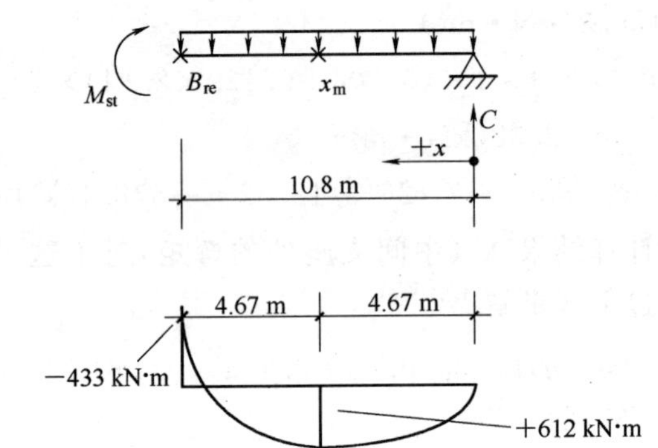


$$C=(28.9+27)\times10.8/2-433/10.8=261.76(kN)$$
$$X_m=261.76/(28.9+27)=4.67(m)$$
$$M_F=261.76\times4.67/2\approx612(kN\cdot m)$$

**4.9.3.4** 完全结合情况下的横截面承载力

● 跨中横截面承载力（不考虑跨中纵向构造配筋）

$B_{eff}=2.16$ m（材料特性见 4.9.3.2）

承载能力极限状态下混凝土板中的压力为

$$N_{cd}=0.85\times1.67\times216\times(16-5.1)\approx3\ 342(kN)$$

承载能力极限状态下钢梁中的拉力为

$$N_{pl,a,Rd}=32.27\times124\approx4\ 001(kN)>N_{cd}$$

可见对于完全结合，零应力线在钢梁内。

假设零应力线在钢梁的上翼缘内：

则 $z_{pt}=16+\dfrac{4\ 001-3\ 342}{2\times 32.27\times 30}=16.34$ cm （见表 4.3）

控制条件 $\sum F_x=0$：

两倍的上翼缘拉力 $N_f=2\times 32.27\times 30\times 0.34=658.3$(kN)

$$N_{pl,Rd}\approx N_{cd}+N_f$$

（即 4 001≈3 342+658.3=4 000.3）

塑性支座弯矩的设计值为：

$$M_{pl,Rd}=4\ 001\times\left(15.5\times\frac{16+5.1}{2}\right)-658.3\times\left(\frac{16.34+5.1}{2}\right)$$

$$=104\ 226-7\ 057$$

$$=97\ 169(\text{kN}\cdot\text{cm})\approx 971.7\ \text{kN}\cdot\text{m}$$

$$M_{sd}=612\ \text{kN}\cdot\text{m}$$

即 $M_{pl,Rd}>M_{sd}$

受压翼缘板 $c/t$ 比例控制（考虑型钢混凝土）：

$c/t=15/1.55=9.67<15\times 0.81=12.15$ （见表 4.1）

受压翼缘板 $c/t$ 比例满足横截面等级 2 对受压翼缘板的要求。

● 中间支座处梁横截面承载力

对于型钢混凝土，只考虑其防火作用，这里也简单将其忽略不计。

$M_{a,pl,Rd}=2\times 814\times 32.27=52\ 535(\text{kN}\cdot\text{cm})=525.35\ \text{kN}\cdot\text{m}$

承载能力极限状态下混凝土中配筋的拉力

$N_{sd}=12.47\times 50/1.15=542.1$(kN)($\phi$10、$e=8.5$ cm、$b_{eff}=1.35$ m)

假设零应力线在钢梁的腹板内：

$\bar{h}=\dfrac{N_{sd}}{s\cdot f_{yd}}=\dfrac{542.1}{0.9\times 32.27}=18.6\ \text{cm}<h_{腹板}$（见表 4.4）

$$a=16-3.5+31/2=28(\text{cm})$$

$$M_{pl,Rd}=-542.1\times 28\times(1-18.6/4\times 28)-52\ 535$$

$$=-65\ 190(\text{kN}\cdot\text{cm})$$

$$\approx-652\ \text{kN}\cdot\text{m}$$

$$\frac{M_{\text{Sd}}}{M_{\text{pl,Rd}}}=\frac{-578.4}{-652}=0.89<1.0$$

表明该结合梁在中间支座处的塑性承载力足够大，足以承担该处的截面内力，这里没有计入型钢混凝土的作用。

中间支座处钢梁的 $b/t$ 以及 $d/t$ 的比例控制如下：

钢梁（HEA 320）的腹板在翼缘板倒角半径内侧的高度为 $d=225$ mm，其中处于受压区域的部分为：

$$\alpha d=d/2+h/2=225/2+186/2=206(\text{mm})\text{（见表 4.4）}$$

$$\alpha=206/225=0.91$$

现有的 $d/t=22.5/0.9=25$（见表 4.2）

小于要求的 $d/t=396\times0.81/(13\times0.91-1)=29.6$

所以横截面等级为 1。

下翼缘属于横截面等级 2（见跨中截面）。

总的截面可以按照横截面等级 2 设计，可以根据塑性极限承载力来检算。

根据横截面等级的不同还可以进行弯矩调整（见表 4.7），但这里没有必要。

**4.9.3.5** 中间支座处横向剪切力检算

HEA 320 的剪切作用面积为：

$$A_{\text{v}}=1.04\times h_{\text{a}}\times t_{\text{W}}\qquad\text{方程（4.2）}$$

或者根据 EC 3 中的 5.4.6：

$$A_{\text{v}}=A-2bt_{\text{f}}+(t_{\text{W}}+2r)$$

$$t_{\text{f}}=124.4-2\times30\times1.55+(0.9+2\times2.7)\times1.55=41.13(\text{cm}^2)$$

$$V_{\text{Pl,Rd}}=\frac{A_{\text{V}}\cdot f_{\text{y,k}}}{\sqrt{3}\times1.1}=\frac{41.13\times35.5}{\sqrt{3}\times1.1}=766.4(\text{kN})$$

根据支座处最小弯矩 ${}_{\min}M$ 的荷载情况为：

$\sum M_{B,li}=0$ 得 $A=V_A=(28.9+27)\times\frac{10.8}{2}-\frac{578.4}{10.8}=248.30(kN)$

$\sum F_Z=0$ 得 $A=V_{B,li}=248.3-(28.9+27)\times 10.8=-355.4(kN)$

得 $\frac{355.4}{766.4}=0.46<0.5$

支座截面处由于 $M—V$ 的共同作用而产生弯矩承载力的折减在这里可以忽略，因为剪力在弯矩最大时足够小，实际中不考虑其作用。

**4.9.3.6** 纵向剪切承载力与结合

选择带头铆钉连接键 $\phi 22$，$h=100$ mm，间距 $e_L=150$ mm

单个带头铆钉连接键的极限力 $P_{Rd}=73.54$ kN(见 4.9.1.4)

承载能力极限状态下混凝土板的压力 $N_{cd}=3\ 342$ kN

$$\sum P_{Rd}=73.54\times 4.67/0.15\approx 2\ 289(kN)$$

键销度 $\eta=2\ 289/3\ 342=0.685$

为了使连接键属于延性连接键，必须满足下列最小键销度要求：

$$\eta\geqslant 0.25+0.03L\geqslant 0.4 \quad (参见\ 4.7.8)$$

即 $0.685>0.25+0.03\times 2\times 4.67=0.53$

见方程(4.62)

由于部分结合而引起的抗弯承载力折减为：

$$M_{Rd}=M_{a,pl,Rd}+\eta(M_{pl,Rd}-M_{a,pl,Rd})=525.3+0.685(971.7-525.3)\approx 831(kN\cdot m)$$

$$M_{Sd}=612\ kN\cdot m$$

检算结果：$M_{Sd}<M_{Rd}$

边缘混凝土板的连接检算与 4.9.1.5 中的算例类似。

由于跨中承载力大于计算的截面内力，所以键销度有进一步减小的可能，但无论如何要大于最小键销度 $\eta\geqslant 0.25+0.03L\geqslant 0.4$。

图示为截面内力、承载力及其组合：

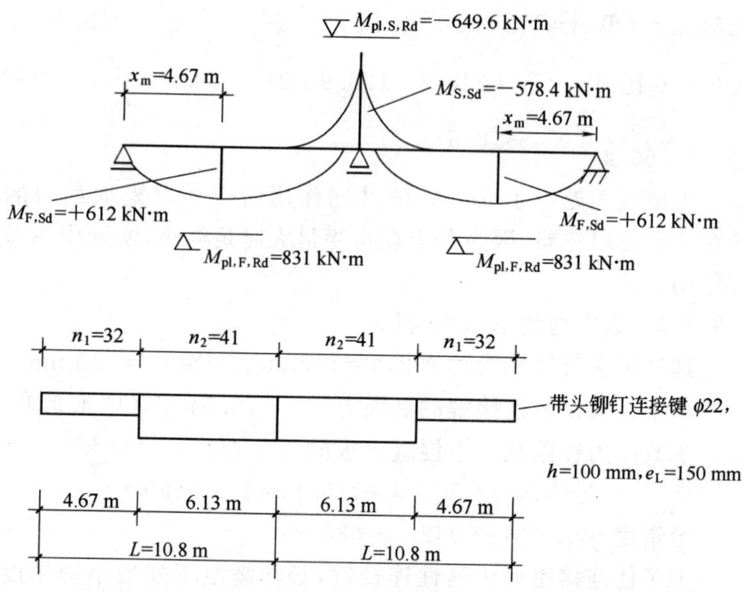


结果表明能够承担借助于弹性理论计算得到的截面内力。

**4.9.3.7** 支座范围内梁的弯扭失稳检算

该检算没有静力计算：结合梁要满足 4.5.4 中提出的所有条件，尤其满足表 4.8 要求的材质为 Fe 510（S355）的 HEA 型钢高度（650＋200）mm，其中增加的 200 mm 是由型钢混凝土产生的。

在 5.9.3 中将进一步完善该算例，那里需要计算混凝土板和型钢混凝土的最小配筋率，并检算裂缝宽度的限值。

# 5　结合梁的正常使用状态

## 5.1　概　　述

建设方或(和)使用者整天研究他的建筑结构及其结构构件，观察它们的使用状况，那么就一定会提出质量保证和好的使用性能的问题。从相对的方面讲，承载能力揭示的是一个假定的状态，在该状态下保证结构整体和其构件具有标准的可靠性。

就像其他现行有效的规范一样，欧洲规范在检算承载能力的同时也要求进行正常使用极限状态的检算。比如对房屋结构中的结合梁，要求作以下检算：

——对于连续梁负弯矩区域的混凝土板不能有太宽的裂缝；

——挠度不能太大，尤其是敏感结构构件的挠度不能太大；

——没有对人有干扰或者不舒服的震动出现。

所有这些检算都以体系的荷载和截面内力的精确计算为前提条件，这些计算必须考虑建造时序、混凝土的时间效应和混凝土中的裂缝。如果需要更高的计算精度，比如计算结合梁桥时，考虑采用预应力、或者需要获得某一个特定的倾斜度等，此时通常情况下在计算中要考虑裂缝之间混凝土的作用(这就是所谓的“拉伸刚化效应”)，必要时还要考虑钢梁的塑性变形。

精确计算也可能很麻烦，而且在很多情况下作精确计算也是没有必要的。比如对于普通的房屋建筑结构，经常是估算就足够了。

是否一定要作应力计算，这取决于结合梁自身(比如其横截面等级)：它决定了结构的适用范围(房屋结构还是桥梁结构)，是否必须要作应力计算并将应力限制在极限值之内。

通常情况下房屋建筑的横截面属于等级 1、等级 2，应该按照塑性理论设计,不需要作应力检算,但在很多情况下是要作挠度计算的,而且作挠度计算时按弹性阶段考虑。这意味着,即使作应力计算,也只是为了显示结合梁还处在弹性状态。在作这一计算时要考虑建造时序和混凝土的时间效应。对于连续梁,还得考虑负弯矩区的裂缝影响。

对于横截面等级为 3 和 4 的结合截面,其结构内力根据弹性理论计算。对于这种薄壁横截面,要考虑其加载历史、混凝土的收缩与徐变、裂缝和裂缝之间混凝土的影响。同时其应力状况还与预应力措施有关。

原则上讲,应力计算以整体横截面内应变线性变化为基础:整体横截面满足贝努利(Bernoulli)的平截面假定。混凝土板与钢梁之间作为刚性结合考虑,所以在总的结合缝处没有相对滑移。更进一步,还要尽可能真实地考虑以下因素:

——混凝土板的有效宽度(剪力滞后);

——混凝土的时间效应(收缩徐变);

——受拉混凝土翼缘板的裂缝,必要时考虑裂缝之间混凝土的影响;

——预应力筋和(或)施工措施引起的预应力;

——建造和加载历史(恒载结合或活载结合)。

只有在特殊情况下才需要在计算中考虑结合缝处的柔性(低一级带头铆钉连接键或者其他更柔的连接键)和钢梁在部分区域的塑性变形(比如在计算没有恒载结合的结合梁变形时)。

欧洲规范 EC 4(像其他德国规范 DIN 18800 新系列一样),不包含挠度的限值,但 EC 4 推荐参照 EC 3,这一点是可以应用的,但这里的挠度限值没有写成定值,因为它必须考虑到实际的竣工与使用过程。结构设计者要做到:不能没有缘由地放弃到目前为止的经验计算,并且同时要与极限值相统一。荷载和作用组合在这里起着重要作用,比如,低频荷载组合下的挠度或在几乎常遇荷载组合下的裂缝宽度起限制作用等。

借助于弯曲理论来计算应力是以刚性结合为前提的,在结合缝处没有相对滑移，整个截面符合平截面假定，即使是在非均质的结合梁中也是如此。无论怎样，有一部分荷载由钢梁单独承担，另一部分荷载由整个的结合梁截面承担，这一部分荷载是在混凝土硬化后、结合梁制造完成后才施加上去的。对于那些在混凝土中引起应力的荷载，必须区分它们的作用时间和长期作用的荷载导致的混凝土徐变。此外，混凝土收缩会引起自应力，它会引起刚性钢梁的缩短，这一收缩引起的应力又受到徐变变形的影响。与其相对，在短期荷载作用下，混凝土保持线弹性状态，所以参照持续荷载的起始时间按 $t=0$ 考虑。温度变化按短期荷载考虑。

在计算应力时自然也要区分，是否计算的是假设的整个截面还是作用在截面的一部分(混凝土板或钢梁上的)荷载。如图 5.1 所示，根据变形协调，将一个荷载弯矩 $M_L$ 分解为各部分截面的力。

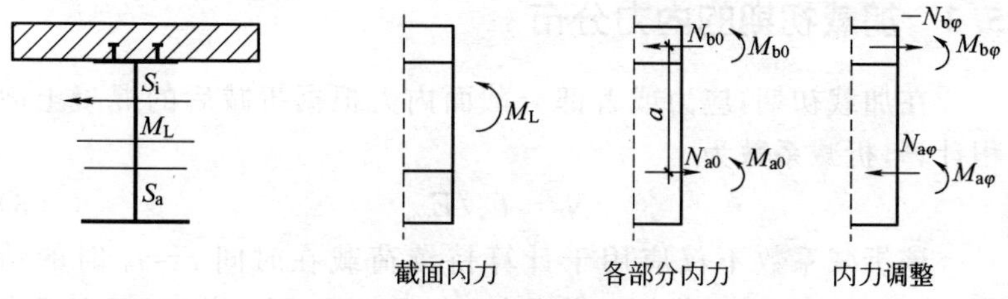


图 5.1　部分截面内力图示

经常将非均质的结合梁截面作为假设的均质截面计算，适宜的方法是，相关的弹性模量 $E$ 取钢的弹性模量值，因为钢的变形特性是不随时间变化的。刚度较小的混凝土板将通过折减系数 $n$ 来折减混凝土的面积，以便得到一个等价的钢梁。其横截面参数和刚度可以用通常的弹性理论来计算。

折减系数　$n=E_a/E'_c$　(5.1)

折减后的混凝土面积、等价的钢面积

$$A_{c,r}=A_c/n \quad (5.2)$$

计算所获得的钢应力是基于整个理想截面参数的结果。

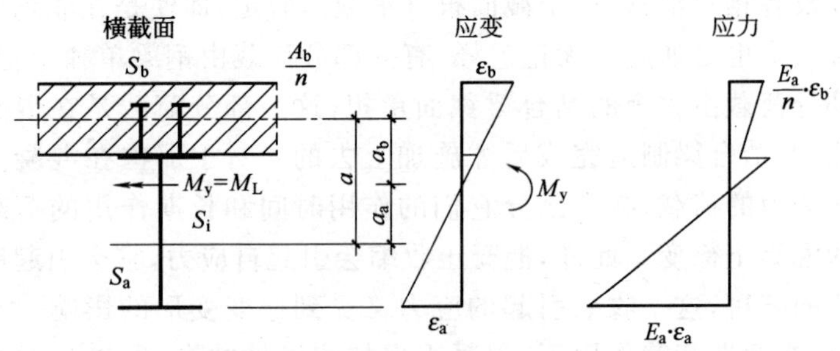


图 5.2　整体截面的应变和应力

混凝土部分的应力由同一计算纤维处的钢应力乘以折减系数($1/n$)得到,它当然也可以通过部分截面内力来计算,此时要根据具体截面部分的实际情况来计算。

根据假设的整体截面来计算应力的格式参见 5.9.1.3。

## 5.2　加载初期的内力分布

在加载初期,应力或者部分截面内力根据折减后的混凝土面积计算,折减系数为

$$N_0 = E_a / E_{cm} \tag{5.3}$$

该折减系数不仅应用于计算持续荷载在时间 $t=t_0$ 时的情况,还应用于短时间作用的荷载如:交通荷载、可变荷载、风和温度变化荷载等,同样应用于裂缝和收缩计算。

用内力分布来表示各部分截面的内力,也就是在时间 $t=0$ 时混凝土板和钢梁受到的作用并以整体截面内力 $N_L$ 和 $M_L$ 表现出来。它们将通过结合梁截面力的平衡和变形协调(部分截面内力是静不定的)来计算,根据图 5.3 可以列出两个关于以下两个未知力的方程:

力的平衡:　$$N_L = N_{c,0} + N_{st,0} \tag{5.4}$$

位移协调:　$$\varepsilon_c = \varepsilon_{St} = \varepsilon \tag{5.5}$$

根据图 5.4 可得到四个关于四个未知变量的方程:

力的平衡:　$$N_{st,0} = -N_{c,0} \tag{5.6}$$

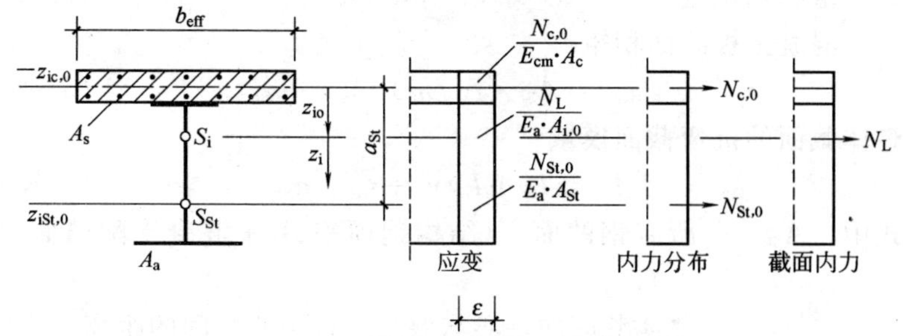


图 5.3 轴向力 $N_L$ 的内力分布

$$M_L = M_{St,0} + M_{c,0} + N_{St,0} \cdot z_{iSt,0} + N_{c,0} \cdot z_{ic,0} \qquad (5.7)$$

位移协调： $$k_{St} = k_c = k \qquad (5.8)$$

$$-\varepsilon_c + \varepsilon_{St} = k \cdot a_{St} \qquad (5.9)$$

图 5.3 和图 5.4 包含以下基本假设：

——整体截面为一平面(在结合缝处没有相对滑移)；

——胡克定律；

——混凝土微开裂(状态Ⅰ)；

——两个部分截面内力。

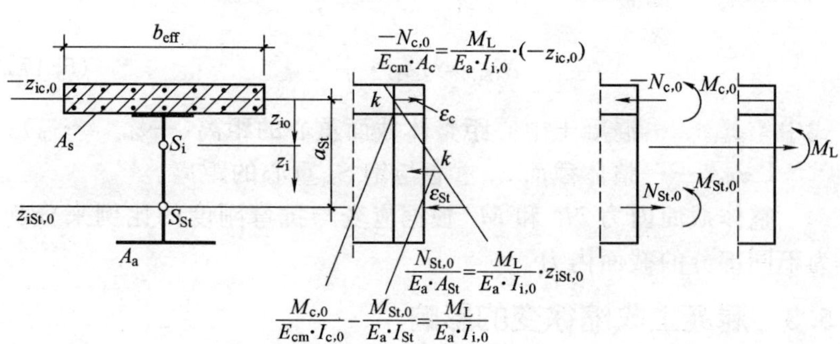


图 5.4 弯矩 $M_L$ 的内力分布

假想(等代)钢截面的参数计算如下：

结合梁的面积 $$A_{i,0} = A_{St} + A_c / n_0 \qquad (5.10)$$

重心轴位置 $$z_{i,0}=A_{St}\cdot a_{St}/A_{i,0} \tag{5.11}$$

混凝土板的面积矩

$$s_{i,0}=(A_{St}\cdot A_c/n_0)/A_{i,0}\cdot a_{St} \tag{5.12}$$

整体截面的抗弯截面模量

$$I_{i,0}=I_{St}+I_c/n_0+s_{i,0}\cdot a_{St} \tag{5.13}$$

式中 $A_{St}$——所有钢的面积(结构钢面积 $A_a$＋混凝土配筋面积 $A_s$)；

$z_{i0}$——整体截面的重心与混凝土板中心之间的距离；

$z_i$——整体截面的坐标(向下为正)；

$a_{St}$——混凝土板与钢的中心轴之间的距离。

通常情况下(不包括桥梁带预应力的情况)在正弯矩区不考虑 $A_s$,以便于 $a_{St}$超过距离 $a$;在负弯矩区为状态Ⅱ,只考虑面积 $A_{st}$。

在加载初期,根据一个外加力 $N_L$ 和一个正弯矩 $M_L$(图 5.4)及以上截面参数可以计算以下部分截面内力分布:

$$N_{c,0}=N_L\cdot\frac{A_c/n_0}{A_{i,0}}+M_L\cdot\frac{A_c/n_0}{I_{i,0}}\cdot z_{ic,0} \tag{5.14}$$

$$M_{c,0}=M_L\cdot\frac{I_c/n_0}{I_{i,0}} \tag{5.15}$$

$$N_{St,0}=N_L\cdot\frac{A_{St}}{A_{i,0}}+M_L\cdot\frac{A_{St}}{I_{i,0}}\cdot z_{iSt,0} \tag{5.16}$$

$$M_{St,0}=M_L\cdot\frac{I_{St}}{I_{i,0}} \tag{5.17}$$

式中 $z_{ic,0}$——混凝土中心距整体截面重心的距离($-z_{ic,0}=z_{i,0}$)；

$z_{iSt,0}$——整体截面 $S_i$ 重心与钢 $S_{St}$重心的距离。

整体截面内力 $N_L$ 和 $M_L$ 根据应变与抗弯刚度的比例来分割为不同部分的截面内力。

## 5.3 混凝土收缩徐变的影响

### 5.3.1 概　　述

在钢仍处在屈服强度之内的线弹性状态下时,混凝土的特性是与时间相关的,这种时间特性通过徐变(在长期荷载作用下变形增加)和收缩(因为干燥而变短)来表示,如果在凝固的过程中存在水化热的话。

型钢和钢筋因为混凝土的这种变形而产生弹性阻力,并因此出现结合梁截面的部分内力和应力,它们建立起一个平衡体系,尤其是混凝土试图避免承担荷载,这就进一步导致钢梁在共同作用中变得更强。图 5.1 描述了在自重应力状态下的内力大小调整,它同时伴随着弯曲变形,从而导致静不定结合结构的强迫弯矩 $M_{zw}$,它将统一作为整体截面的内力进行计算。这种由于混凝土的收缩徐变而引起的、随时间而改变的部分内力分布,用内力调整来解决。

为了计算这种应力调整,有很多精确的计算方法,有一组计算方法,与扎特勒(Sattler)相关联,它从部分截面内力出发,建立在 1937 年由迪辛盖尔(Dischinger)提出的一阶微分应力—应变关系的基础上:

$$\frac{d\varepsilon_b}{dt}=\frac{\sigma_b}{E_b}\cdot\frac{d\varphi}{dt}+\frac{1}{E_b}\cdot\frac{d\sigma_b}{dt}+\frac{\varepsilon_{S\infty}}{\varphi_\infty}\cdot\frac{d\varphi}{dt} \tag{5.18}$$

从这一微分关系出发,通过忽略混凝土内弯矩调整对钢梁的作用影响,可以导出两个相互联系的分离的微分方程。这适用于那些混凝土板截面惯性矩 $1/n$ 小于钢梁截面惯性矩的情况,尤其是那些桥梁中的高结合梁截面。可以通过以下值来判断:

$$j=\frac{A_{b,r}\cdot I_{b,r}}{A_a\cdot I_a}\leqslant 0.2 \tag{5.19}$$

### 5.3.2 徐变应变

扎特勒(Sattler)的结果是近似根据宋塔格(Sontag)在时间点 $t$ 时的部分截面内力得来的,它以微分应力—应变关系和确定的徐变及收缩变形过程为前提,见方程(5.18)、方程(5.33)。在 20 世纪 70 年代,根据当时的认知水平,亨泽尔(Haensel)将其用于混凝土的时间特性是合适的,那时吕施(Ruesch)和容维尔特(Jungwirth)建议,将徐变应变分成延迟的弹性(可逆)和塑性(不可逆)

两部分：

$$\varepsilon_t = \varepsilon_{el} + \underbrace{\varepsilon_{pl} + \varepsilon_v}_{\varepsilon_k} \tag{5.20}$$

$$\varepsilon_k = \varepsilon_{el} \cdot \varphi_t = \frac{\sigma_0}{E_b} \cdot \varphi_t \tag{5.21}$$

式中　$\varphi_t$——混凝土总的徐变。

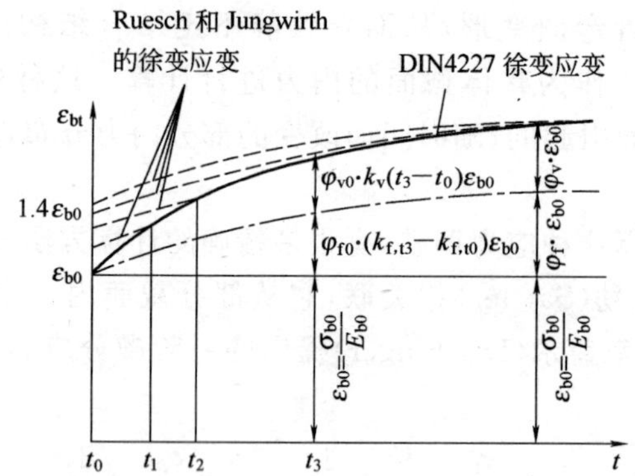


图 5.5　Ruesch 和 Jungwirth 的徐变应变

用 $\varepsilon_v$ 表示很快衰退的、延迟的弹性变形，这一部分徐变可以提前计算，在卸载时可以恢复，与弹性性能相对应；同时还有不可恢复的塑性变形（如塑性徐变），它在很长的时间区间内起着作用，其塑性数可以计算如下：

$$\varphi_t = \varphi_f + \varphi_v \tag{5.22}$$

即：总的徐变数＝塑性徐变数＋延迟的弹性值。

$$\varphi_t = \varphi_{f0} \cdot (k_{f,t} - k_{f,t0}) + \varphi_{v0} \cdot k_{v(t-t0)} \tag{5.23a}$$

$$\varphi_t = \varphi_{f0} \cdot (k_{f,t} - k_{f,t0}) + 0.4 \cdot k_{v(t-t0)} \tag{5.23b}$$

方程（5.23b）包含延迟的弹性变形最终值，相应 $\varphi_{v0}=0.4$。

人们在计算纯粹的弹性变形时加上首先出现的延迟弹性变形而忽略延迟弹性变形的时间过程，这样，混凝土在时间点 $t$ 时与长度相关的变化为[5.14]：

$$\varepsilon_{bt} = \frac{\sigma_{b0}}{E_{b0}}[1 + \varphi_{f0} \cdot (k_{f,t} - k_{f,t0}) + 0.4] \tag{5.24}$$

$$=\sigma_{b0}\frac{1.4}{E_{b0}}\left[1+\frac{\varphi_{f0}\cdot(k_{f,t}-k_{f,t0})}{1.4}\right]$$

$$\varepsilon_{bt}=\frac{\sigma_{b0}}{E_{b,v}}(1+\varphi_{f,v}) \tag{5.25}$$

式中

$$E_{b,v}=\frac{E_{b0}}{1.4} \tag{5.26}$$

$$n_v=\frac{E_a}{E_{b0}}\times 1.4=1.4n_0 \tag{5.27}$$

$$\varphi_{f,v}=\frac{\varphi_{f0}\cdot(k_{f,t}-k_{f,t0})}{1.4} \tag{5.28}$$

### 5.3.3 内力调整

这一调整计算是通过折减混凝土的弹性模量 $E(E_{b,v}=E_{b0}/1.4)$和考虑塑性部分的 $\varphi_{f,v}$ 来实现的，从当时的认知水平和德国规范认可的混凝土在长期荷载(比如自重荷载)作用下的徐变，将它们带入计算。

尤其是微分方程(5.18)可以继续使用，扎特勒(Sattler)和宋塔格(Sontag)的结果仍然有效，下面示意性地针对结合截面(整体截面)的恒载和混凝土板的收缩对它们进行推导，其中涉及的变量在德语地区到目前为止仍然被普遍应用，见图 5.6。

考虑延迟的弹性变形的变量，迪辛盖尔(Dischinger)微分方程可以表示为(扩展的迪辛盖尔微分方程)：

$$\frac{d\varepsilon_{b,t}}{dt}=\frac{\sigma_{b,v}}{E_{b,v}}\cdot\frac{d\varphi_{f,v}}{dt}+\frac{1}{E_{b,v}}\cdot\frac{d\sigma_{b,v}}{dt}+\frac{\varepsilon_S}{\varphi_{fn,v}}\cdot\frac{d\varphi_{f,v}}{dt} \tag{5.29}$$

由混凝土的徐变引起的部分内力标上索引 $k$，混凝土标上 $b$，钢筋标上 $a$。混凝土处在受压区时，其配筋忽略不计。在时间点 $t=0$ 时，部分内力根据方程(5.14)～(5.17)计算，再加上持久荷载与弹性变形对应的延迟弹性部分，通过方程(5.26)、方程(5.27)得到图 5.6 中的部分内力 $M_{b;v}$、$N_{b;v}$、$M_{a;v}$和 $N_{a;v}$。

内力平衡：

$$N_{b,k}=-N_{a,k} \tag{5.30}$$

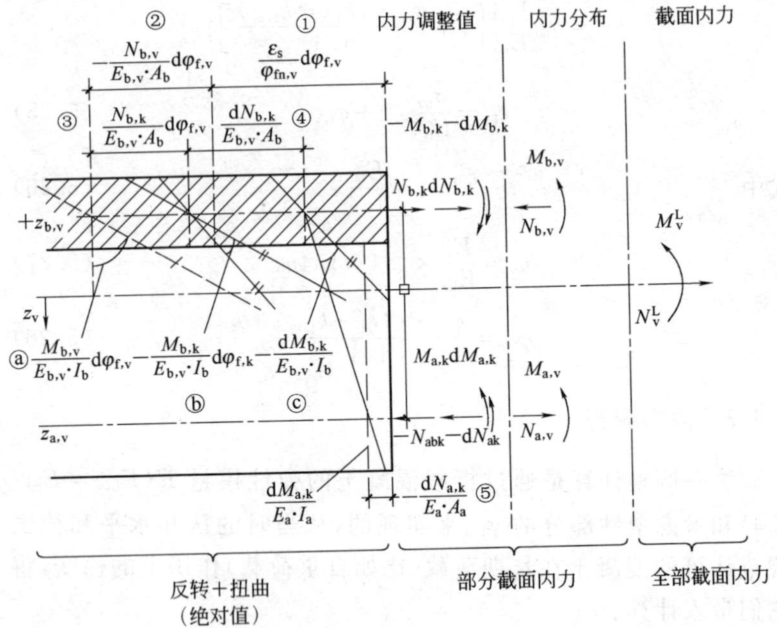

图 5.6　内力调整计算[5.14]

由此可得：

$$\begin{aligned} dN_{b,k} &= -dN_{a,k} \\ M_{a,k} &= -M_{b,k} + N_{b,k} \cdot a \end{aligned} \tag{5.31}$$

相应　$$dM_{a,k} = -dM_{b,k} + dN_{b,k} \cdot a$$

除了这两个平衡条件外，同时还有两个协调条件用于计算四个内力 $N_{a,k}$、$N_{b,k}$、$M_{a,k}$ 和 $M_{b,k}$ 的调整，第一个协调条件由混凝土板的长度变化推导而来，见图 5.6。

$$\frac{\varepsilon_S}{\varphi_{fn,v}} \cdot d\varphi_{f,v} - \frac{N_{b,v}}{E_{b,v} \cdot A_b} \cdot d\varphi_{f,v} - \frac{N_{b,k}}{E_{b,v} \cdot A_b} \cdot d\varphi_{f,v} - \frac{dN_{b,k}}{E_{b,v} \cdot A_b}$$

$$= -\frac{dN_{a,k}}{E_a \cdot A_a} + \frac{dM_{a,k}}{E_a \cdot I_a} \cdot a \tag{5.32}$$

方程(5.32)考虑了以下变形部分：

(1)由于混凝土收缩而导致的混凝土缩短；

(2)在部分内力 $N_{b,v}$作用下的徐变而导致的混凝土缩短；

(3)由于 $N_{b,k}$解除而导致的混凝土伸长；

(4)由 $dN_{b,k}$在时间段 $dt$ 内导致的混凝土伸长；

(5)钢梁在时间段 $dt$ 内的内力调整 $dN_{a,k}$；

(6)由于钢梁内增长的扭矩 $dM_{a,k}$而导致混凝土板的弹性长度变化。

对于收缩，以方程(5.32)为前提条件，即收缩应变与徐变应变成比例关系如下：

$$\varepsilon_{bt}=\frac{\sigma_{b,0}}{E_{b,v}}(1+\varphi_{f,v})+\frac{\varepsilon_S}{\varphi_{fn,v}}\cdot\varphi_{f,v} \tag{5.33}$$

第二个协调条件出于以下扭转部分(见图 5.6)：

(a)由部分内力 $M_{b;v}$引起的塑性扭转；

(b)由内力调整 $M_{b,k}$引起的塑性扭转；

(c)由 $M_{b;k}$引起的弹性扭转；

(d)由增长值 $dM_{a;k}$引起的弹性扭转。

方程为：

$$\frac{M_{b,v}}{E_{b,v}\cdot I_b}-\frac{M_{b,k}}{E_{b,v}\cdot I_b}\cdot d\varphi_{f,v}-\frac{dM_{b,k}}{E_{b,v}\cdot I_b}=\frac{dM_{a,k}}{E_a\cdot I_a} \tag{5.34}$$

将两个平衡条件代入变形协调条件，得到两个相互关联的微分方程：

$$\frac{dN_{b,k}}{d\varphi_{f,v}}+\alpha_v\cdot N_{b,k}-\frac{dM_{b,k}}{d\varphi_{f,v}}\cdot\frac{A_{b,v}\cdot\alpha}{I_a}\cdot\alpha_v=\alpha_v(N_S-N_{b,v}) \tag{5.35}$$

$$\frac{dM_{b,k}}{d\varphi_{f,v}}+\alpha_{M,v}\cdot M_{b,k}-\alpha_{M,v}\cdot\frac{I_{b,v}\cdot\alpha}{I_a}\cdot\alpha+\frac{dN_{b,k}}{d\varphi_{f,v}}=-\alpha_{M,v}\cdot M_{b,v} \tag{5.36}$$

收缩力
$$N_{Sch}=N_S=\frac{\varepsilon_S}{\varphi_{fn,v}}\cdot E_{b,v}\cdot A_b \tag{5.37}$$

$$\alpha_v=1+\frac{E_{b,v}\cdot A_b}{E_a\cdot A_a}+\frac{E_{b,v}\cdot A_b}{E_a\cdot I_a}\cdot a^2 \tag{5.38}$$

如果忽略因为混凝土弯矩随时间改变而导致对内力调整的影

响，那么方程(5.35)中 $dM_{b,k}=0$ 则变为：

$$\frac{dN_{b,k}}{d\varphi_{f,v}}+\alpha_v\cdot N_{b,k}+\alpha_v(N_{b,v}-N_S)=0 \tag{5.39}$$

这里处理的一般形式为：

$$\frac{dy}{dx}+p(x)\cdot y+q(x)=0 \tag{5.40}$$

式中 $y=N_{b,k}$

$$p(x)=\alpha_v$$

$$q(x)=N_{b,v}-N_S$$

其解为

$$y=-q(x)\left|1-e^{-p(x)\cdot x}\right| \tag{5.41}$$

$$N_{b,k}=(N_S-N_{b,v})\left[1-e^{-\alpha_v\cdot\varphi_{f,v}}\right] \tag{5.42}$$

将该结果代入两个混凝土弯矩的微分方程得

$$M_{b,k}=-M_{b,v}\cdot\left[1-e^{-\alpha_{M,v}\cdot\varphi_{f,v}}\right]+\frac{I_{b,v}}{I_a}\cdot a\cdot N_{b,k}\cdot A_v \tag{5.43}$$

这样时间点 $t$ 时的部分截面内力通过叠加内力分布和内力调整的大小为：

$$M_{a,t}=M_{a,v}+M_{a,k} \tag{5.44a}$$

$$N_{a,t}=N_{a,v}+N_{a,k} \tag{5.44b}$$

$$N_{b,t}=N_{b,v}+N_{b,k} \tag{5.44c}$$

$$M_{b,t}=M_{b,v}+M_{b,k} \tag{5.44d}$$

一些结果简要总结如下：

a)与时间有关的恒载轴力($N_S=0$)

$$N_{b,t}=N_{b,v}-N_{b,v}\left[1-e^{-\alpha_v\cdot\varphi_{f,v}}\right]=N_{b,v}\cdot e^{-\alpha_v\cdot\varphi_{f,v}} \tag{5.45}$$

b)单独收缩

$$N_{b,t}=N_S\cdot\left[1-e^{-\alpha_v\cdot\varphi_{f,v}}\right] \tag{5.46}$$

$$M_{b,t}=\frac{I_{b,v}}{I_a}\cdot a\cdot N_{b,t}\cdot A_v \tag{5.47}$$

式中 $A_v = \dfrac{1-e^{-\varphi_{f,v}}}{\varphi_{f,v}}$

c)与时间有关的恒载弯矩

$$M_{b,t} = -M_{b,v} \cdot e^{-\varphi_{f,v}} + \frac{I_{b,v}}{I_a} \cdot a \cdot N_{b,k} \cdot A_v \qquad (5.48)$$

### 5.3.4 整体截面的收缩徐变计算

以往推导的收缩徐变相关关系是这样进行的:不必再通过内力分布和调整大小来对时间特性作描述,在人们关注的一定时间间隔后的应力可以用整体截面直接计算。

在内力分布和调整计算中不考虑混凝土收缩徐变的影响,而在整体截面中直接计算有很多优点。计算时必须将混凝土面积通过折减系数进行折减,折减量取决于荷载的类型和作用的时间,并作为横截面形成的函数加以区别,参见文献[5.6]和[5.14]。折减系数根据扎特勒(Sattler)的文献[5.4]和[5.15]并与部分截面的精确截面内力和应力比较而计算得到。

$$n_{A,L} = n_v(1+\psi_{A,L} \cdot \varphi_{f,v}) \qquad (5.49)$$

$$n_{L,L} = n_v(1+\psi_{L,L} \cdot \varphi_{f,v}) \qquad (5.50)$$

这一折减数包含以下徐变系数:

$\psi_{A,B}$——恒载的徐变系数;

$\psi_{A,BX}$——活载的徐变系数,如收缩和静不定结构的强迫弯矩;

$\psi_{A,A}$——强迫变形的徐变系数,如安装措施中的预应力。

用于折减混凝土面积的折减系数形式如下:

$$n_{A,B} = n_v(1+\psi_{A,B} \cdot \varphi_{f,v}) \qquad (5.51a)$$

$$n_{A,BX} = n_v(1+\psi_{A,BX} \cdot \varphi_{f,v}) = n_{A,S} \qquad (5.51b)$$

$$n_{A,A} = n_v(1+\psi_{A,A} \cdot \varphi_{f,v}) \qquad (5.51c)$$

根据图 5.7 和拓展的微分方程(5.29)的精确解,折减系数推导如下,其中忽略混凝土板中的弯矩 $M_{b,t}$。

平衡弯矩作用 $M_v^L$: $N_{a,t} = -N_{b,t}$ (5.52)

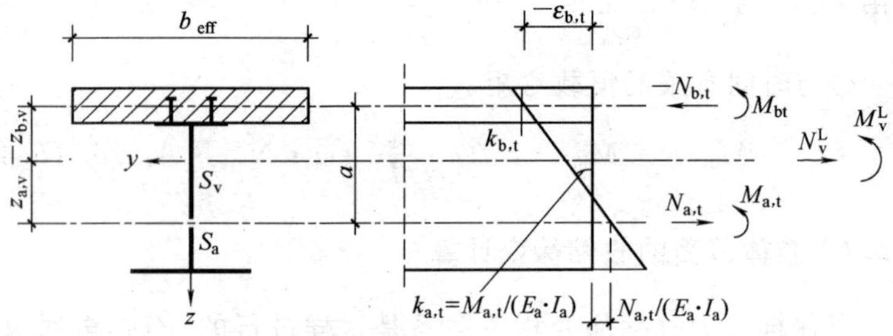


图 5.7　时间点 $t$ 时总的变形

$$M_{a,t}=M_v^L+N_{b,t}\cdot a$$

轴向力作用 $N_v^L$：　$N_v^L=N_{b,t}+N_{a,t}$　(5.53)

$$M_{a,t}=a\cdot N_{b,t}-N_v^L\cdot z_{a,v}=a\cdot N_{b,t}-N_v^L\cdot\frac{A_{b,v}}{A_{i,v}}\cdot a$$

协调扭转作用　$k_{a,t}=k_{b,t}=\dfrac{M_{a,t}}{E_a\cdot I_a}$　(5.54)

混凝土轴的应变 $-\varepsilon_{b,t}=\dfrac{M_{a,t}}{E_a\cdot I_a}\cdot a-\dfrac{N_{a,t}}{E_a\cdot A_a}$

考虑系数后

$$\varepsilon_{b,t}=\frac{N_{b,t}}{E_a\cdot A_{b,r}}=\frac{N_{b,t}}{E_{b,v}\cdot n_v\cdot\dfrac{A_b}{n_{A,L}}}=\frac{n_{A,L}}{n_v}\cdot\frac{N_{b,t}}{E_{b,v}\cdot A_b}\tag{5.55}$$

$$k_{b,t}=\frac{M_{b,t}}{E_a\cdot I_{b,r}}=\frac{M_{b,t}}{E_{b,v}\cdot n_v\cdot\dfrac{I_b}{n_{I,L}}}=\frac{n_{I,L}}{n_v}\cdot\frac{M_{b,t}}{E_{b,v}\cdot I_b}$$

将方程(5.55)代入方程(5.54)得：

$$-\frac{n_{A,L}}{n_v}\cdot\frac{N_{b,t}}{E_{b,v}\cdot A_b}=\frac{M_{a,t}}{E_a\cdot I_a}\cdot a-\frac{N_{a,t}}{E_a\cdot A_a}\tag{5.56}$$

$$-\frac{n_{I,L}}{n_v}\cdot\frac{M_{b,t}}{E_{b,v}\cdot I_b}=\frac{M_{a,t}}{E_a\cdot I_a}$$

因此，通过将方程(5.52)代入方程(5.56)并经过一些变换后，可以计算弯矩荷载 $M_v^L$ 的折减系数 $n_{A,L}$ 如下：

$$n_{A,L}=n_v\cdot\left[1+\frac{1}{\varphi_{f,v}}\cdot\left(-\frac{M_v^L\cdot A_{b,v}}{I_a\cdot N_{b,t}}\cdot a-\frac{1}{\alpha_v}\right)\cdot\varphi_{f,v}\right]\tag{5.57}$$

$$=n_v\cdot[1+\psi_{A,L}\cdot\varphi_{f,v}]$$

式中 $\psi_{A,L}=\dfrac{1}{\varphi_{f,v}}\cdot\left(-\dfrac{M_v^L}{N_{b,t}}\cdot\dfrac{A_{b,v}}{I_a}\cdot a-\dfrac{1}{\alpha_v}\right)$

同样 $\psi_{I,L}=\dfrac{1}{\varphi_{f,v}}\cdot\left(\dfrac{M_v^L+a\cdot N_{b,t}}{M_{b,t}}\cdot\dfrac{I_{b,v}}{I_a}-1\right)$

通过将方程(5.53)代入方程(5.56),可以得到轴向力荷载 $N_v^L$ 的折减系数如下:

$$\psi_{A,L}=\frac{1}{\varphi_{f,v}}\cdot\left(-\frac{N_v^L}{N_{b,t}}\cdot\frac{1}{\alpha_v}\cdot\frac{A_{b,v}}{A_{i,v}}-\frac{1}{\alpha_v}\right)\tag{5.58}$$

$$\psi_{I,L}=\frac{1}{\varphi_{f,v}}\cdot\left(\frac{N_{b,k}\cdot a}{M_{b,t}}\cdot\frac{I_{b,v}}{I_a}-1\right)$$

接下来计算一个恒载弯矩作用的最终徐变系数(标志“B”),并与大家熟知的、准确的结果进行比较。

见方程(5.45):

$$N_{b,t}^B=N_{b,v}^B\cdot e^{-\alpha_v\cdot\varphi_{f,v}}$$

式中 $N_{b,v}^B=-M_v^B\cdot\dfrac{S_{i,v}}{I_{i,v}^*}$

$$I_{i,v}^*=I_{i,v}-I_{b,v}=I_a+S_{i,v}\cdot a(I_{b,v}\approx 0)$$

$$N_{b,t}^B=-M_V^B\cdot\frac{S_{i,v}}{I_{i,v}^*}\cdot e^{-\alpha_v\cdot\varphi_{f,v}}$$

可得到:

$$\psi_{A,B}=\frac{1}{\varphi_{f,v}}\cdot\left(-\frac{M_v^B}{M_v^B}\cdot\frac{A_{b,v}}{I_a}\cdot\frac{I_{i,v}^*}{S_{i,v}\cdot e^{-\alpha_v\cdot\varphi_{f,v}}}\cdot a-\frac{1}{\alpha_v}\right)$$

式中 $\dfrac{1}{\alpha_v}=\dfrac{A_{b,v}}{I_a}\cdot\dfrac{I_{i,v}^*}{S_{i,v}}$

最终徐变系数为:

$$\psi_{A,B}=\frac{1}{\varphi_{f,v}}\cdot\left(\frac{1}{\alpha_v\cdot e^{-\alpha_v\cdot\varphi_{f,v}}}-\frac{1}{\alpha_v}\right)=\frac{e^{\alpha_v\cdot\varphi_{f,v}}-1}{\alpha_v\cdot\varphi_{f,v}} \tag{5.59}$$

在表 5.1 中可以获得该徐变系数和其他情况下的徐变系数。

除了徐变外，在计算中还必须考虑收缩，混凝土的收缩导致其在干燥的过程中长度发生变化：

$$\varepsilon_{S,t}=\varepsilon_{S,0}(k_{S,t}-k_{S,t0}) \tag{5.60}$$

收缩应力和变形将借助于以下介绍来计算，其收缩力为(比较图 5.8)：

$$N_{Sch}=N_S=A_b\cdot E_b\cdot\varepsilon_S=A_b\cdot\frac{\varepsilon_S}{n_{A,S}}\cdot n_0\cdot E_{b0}$$

$$N_{Sch}=\frac{A_b}{n_{A,S}}\cdot\frac{n_v}{1.4}\cdot E_{b0}\cdot\varepsilon_S \tag{5.61}$$

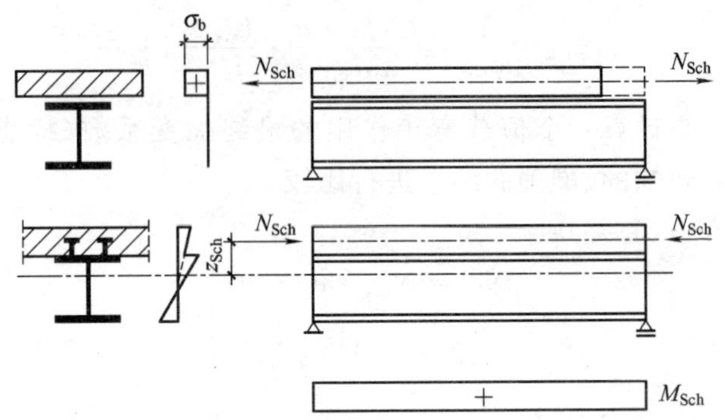


图 5.8　计算自重应力状态下的“混凝土收缩”

a)混凝土构件在没有阻碍情况下收缩，并通过力 $N_{Sch}$(同时考虑混凝土徐变)将构件向原始长度方向弹性拉回，则此时相应的应力为：

混凝土 $\sigma_b=\frac{N_{Sch}}{A_b}$；钢 $\sigma_a=0$；

b)通过力 $N_{Sch}$ 拉长的混凝土板将以最终的收缩值与钢梁结合在一起；

c)力 $N_{Sch}$ 将以其大小按相反方向与结合梁上的其他作用力叠

加计算。

在力 $N_{Sch}$ 作用的同时，在结合梁上还作用有弯矩：

$$M_{Sch}=N_{Sch}\cdot z_{Sch} \tag{5.62}$$

在计算混凝土面积的折减系数时要考虑这一荷载随时间而进行的增长，由于该荷载不是从一开始就起作用，所以此时的折减系数要比不随时间改变的荷载作用时小（混凝土不总是具有徐变能力）。

如果连续梁通过抬高或降低支架来获得预应力（通过施工措施来获得预应力），那么在时间点 $t$ 时，因为徐变而折减的沉降弯矩为：

$$M_{A,t}=M_{a,v}\cdot\frac{I_{i,A}}{I_{i,v}} \tag{5.63}$$

式中 $M_{a,v}$ 为时间 $t=0$ 时的沉降弯矩。

方程(5.63)适合于等截面参数的结合梁，但在等高度梁时也总能很好地近似地应用。该方程显示：在时间点 $t=0$ 时的强迫变形（弯曲）必须在整个过程中都存在。并且沉降弯矩 $M_{A(t=0)}$ 从时间点 $t=0(I_{iv})$ 到 $t=\infty(I_{iA})$ 的过程中，逐渐降低着它在刚度中的比例。

在整体横截面内进行的计算以其为前提：

混凝土截面
$$I_{b,v}=\frac{1}{n_v}\cdot I_b \tag{5.64}$$

在整体横截面的抗弯计算中可以忽略不计，所以有：

$$A_{b,v}=\frac{1}{n_v}\cdot A_b \tag{5.65}$$

$$A_{i,v}=A_a+A_{b,v} \tag{5.66}$$

$$I_{i,v}^*=I_a+\frac{A_{b,v}\cdot A_a}{A_{i,v}}a^2=I_{i,v}-I_{b,v} \tag{5.67}$$

通过这些横截面数据，可以计算得到如下截面内力的特性参数：

$$\alpha_v=\frac{A_a\cdot I_a}{A_{i,v}\cdot I_{i,v}^*} \tag{5.68}$$

$$\alpha_{N,v}=\frac{A_a}{A_{i,v}} \tag{5.69}$$

$$\alpha_{M,v}=\frac{I_a}{I_a+I_{b,v}} \tag{5.70}$$

$$k\approx\beta_v\cdot\alpha_v \tag{5.71}$$

$$\beta_v=\frac{S_{t,v}}{I_a}\cdot a \tag{5.72}$$

由于对延迟的弹性变形的计算假设，在长期荷载作用下和徐变开始时，横截面的参数考虑折减系数 $n_v$（标志 v）。

在表 5.1 中将弯折系数 $\psi_{A,L}$ 和 $\psi_{I,L}$ 表示在一起。表 5.2 中含有一些少量的横截面参量 $\alpha$ 的徐变系数 $\psi_{A,L}$ 的数字评价。

**表 5.1 徐 变 系 数**

| 荷载 | 徐变系数分项 | |
|---|---|---|
| | $\psi_{A,L}$ | $\psi_{I,L}$ |
| 恒载弯矩 | $\frac{e^{\alpha_v\cdot\varphi_{f,v}}-1}{\alpha_v\cdot\varphi_{f,v}}$ | $\frac{(1-e^{-\varphi_{f,v}})(1-k)+k\cdot\varphi_{f,v}}{\varphi_{f,v}[1-(1-e^{\varphi_{f,v}})(1-k)]}$ |
| 恒载轴向力 | $\frac{e^{\alpha_v\cdot\varphi_{f,v}}-1}{\alpha_v\cdot\varphi_{f,v}}$ | $\frac{\varphi_{f,v}-(1-e^{-\varphi_{f,v}})}{\varphi_{f,v}\cdot(1-e^{-\varphi_{f,v}})}$ |
| 活载弯矩 | $\frac{\alpha_v\cdot\varphi_{f,v}-(1-e^{-\alpha_v\cdot\varphi_{f,v}})}{\alpha_v\cdot\varphi_{f,v}\cdot(1-e^{-\alpha_v\cdot\varphi_{f,v}})}$ | $\frac{\varphi_{f,v}-(1-e^{-\varphi_{f,v}})}{\varphi_{f,v}\cdot(1-e^{-\varphi_{f,v}})}$ |
| 活载轴向力 | $\frac{\alpha_v\cdot\varphi_{f,v}-(1-e^{-\alpha_v\cdot\varphi_{f,v}})}{\alpha_v\cdot\varphi_{f,v}\cdot(1-e^{-\alpha_v\cdot\varphi_{f,v}})}$ | $\frac{\varphi_{f,v}-(1-e^{-\varphi_{f,v}})}{\varphi_{f,v}\cdot(1-e^{-\varphi_{f,v}})}$ |
| 收缩 | $\frac{\alpha_v\cdot\varphi_{f,v}-(1-e^{-\alpha_v\cdot\varphi_{f,v}})}{\alpha_v\cdot\varphi_{f,v}\cdot(1-e^{-\alpha_v\cdot\varphi_{f,v}})}$ | $\frac{\varphi_{f,v}-(1-e^{-\varphi_{f,v}})}{\varphi_{f,v}\cdot(1-e^{-\varphi_{f,v}})}$ |
| 强迫位移 | $\frac{e^{\alpha_{Nv}\cdot\varphi_{f,v}}-1}{\alpha_{Nv}\cdot\varphi_{f,v}}$ | $\frac{e^{\varphi_{f,v}}-1}{\varphi_{f,v}}$ |

由于解方程体系时，忽略了混凝土板的截面惯性矩（图 5.7），虽然在混凝土的重心轴处计算的混凝土应力是正确的，但在混凝土边缘处计算得到的应力却总是太大，所以，为了正确地计算混凝土的应力，罗伊克（Roik）在他那个时期引进了理想混凝土板厚度的建议。这样，对于恒载则有：

$$d_{id}=\frac{n_{A,B}}{n_{I,B}}\cdot d \tag{5.73}$$

且混凝土中的纵坐标为[5.16]：

$$z_{L}^{id}=z_{b,L}\pm\frac{n_{A,L}}{n_{I,L}}\cdot\frac{d}{2} \tag{5.74}$$

应力的计算实例在第 5.9.1.3 中，这里不再赘述。由于它只针对普通的建筑结构（不针对桥梁），所以不考虑理想的混凝土厚度 $d_{id}$。

对于桥梁设计前期拟定尺寸和普通建筑结构梁估算 $\psi_{A,L}$ 值可根据文献[5.16]，精确计算 $\psi_{A,L}$ 徐变值见表 5.2。

$$\psi_{A,B}=1.10$$

$$\psi_{A,BX}=\psi_{A,S}=0.52$$

$$\psi_{A,A}=1.5$$

**表 5.2 徐 变 值**

| $\alpha_v\cdot\varphi_{f,v}$ / $\alpha_{Nv}\cdot\varphi_{f,v}$ | $\psi_{A,B}$ / $\psi_{A,A}$ | $\psi_{A,BX};\psi_{A,S}$ | $\alpha_v\cdot\varphi_{f,v}$ / $\alpha_{Nv}\cdot\varphi_{f,v}$ | $\psi_{A,B}$ / $\psi_{A,A}$ | $\psi_{A,BX};\psi_{A,S}$ |
|---|---|---|---|---|---|
| 0.0 | 1.0 | 0.5 | 0.5 | 1.297 | 0.541 |
| 0.1 | 1.052 | 0.508 | 0.6 | 1.370 | 0.550 |
| 0.2 | 1.107 | 0.517 | 0.8 | 1.532 | 0.566 |
| 0.3 | 1.166 | 0.525 | 1.0 | 1.718 | 0.582 |
| 0.4 | 1.230 | 0.533 | 2.0 | 3.195 | 0.657 |

欧洲规范 EC 4 涉及到 EC 2 中的部分，不区分徐变变形，关注以下的两个变形部分也没有分开。

- 延迟的弹性；
- 纯粹的流变徐变。

EC 2 按下式计算混凝土的总体变形值很大：

$$\varepsilon_{tot}(t,t_0)=\varepsilon_n(t)+\sigma(t_0)\cdot I(t,t_0)+\sum I(t,t_i)\cdot\Delta\sigma(t_i) \tag{5.75}$$

这是混凝土在荷载首先作用下在时间点 $t_0$ 时以及在应力

$\sigma(t_0)$包含应力变化 $\Delta\sigma(t_i)$ 在内在时间点 $t_i$ 时的混凝土总变形。在计算截面内力时，方程(5.75)可以作以下变形：

$$\varepsilon_{iot}(t,t_0)=\varepsilon_n(t)+\sigma(t_0)\cdot I(t,t_0)+[\sigma(t)-\sigma(t_0)]\left[\frac{1}{E_{t0}}+x\frac{\varphi(t,t_0)}{E_{c28}}\right] \tag{5.76}$$

在该公式中，$\varepsilon_n(t)$描述的是一个与荷载应力无关的、强迫的变形(比如收缩和温度)。相关系数 $x$(德国规范中到目前为止仍用 $\rho$ 表示)与应变的发展有关，其他参量为：

$t_0$——荷载首先作用于混凝土的时间点；

$t$——关注的时间点；

$E_{c(t0)}$——时间点 $t_0$ 时的相关(正切)弹性模量；

$E_{c28}$——28 d 时的相关(正切)弹性模量；

$\varphi(t,t_0)$——徐变数，相对于 28 d 后用 $E_{c28}$ 计算的弹性变形；

$I(t,t_0)$——时间点 $t$ 时的徐变公式：

$$I(t,t_0)=\frac{1}{E_{c(t0)}}+\frac{f(t,t_0)}{E_{c28}} \tag{5.77}$$

泽尔纳(Zerna)和特罗斯特(Trost)在 1967 年就已经提出了这一方法，在他们的方法中，混凝土被看作是线性的黏弹性体，其材料特性与时间有关，他们通过以下的代数方程来代替与时间相关的混凝土应力与应变之间的关系。

$$\varepsilon_b(t)=\frac{\delta_{b0}}{E_{b,0}}[1+\varphi(t)]+\frac{\delta_b(t)-\delta_{b0}}{E_{b,0}}[1-\rho\cdot\varphi(t)]+\varepsilon_S(t) \tag{5.78}$$

在公式中，相关系数 $\rho$ 考虑了混凝土在持续应力改变下随龄期而减小的徐变能力，在连接处，起点荷载 $\sigma_{b0}$ 通过事先给定的应变关系而确定。

相关系数 $\rho$ 不是常数而是在 0.5～1.0 之间变化：$\rho=0.5$ 适用于完全老化的黏弹性体；$\rho=1.0$ 适用于材料特性与时间无关的黏弹性体(与荷载作用时间无关)。在实际应用中，相关系数 $\rho$ 的取值范围在 0.7～0.9 之间，这在 Trost 公开发表的作品中可以查到。作为近似计算和一种背景知识，事实上徐变和收缩的作用是不明确的，根据 Trost 的方法，无论如何系数 $\rho$ 值可以总取 0.8 用于计算。

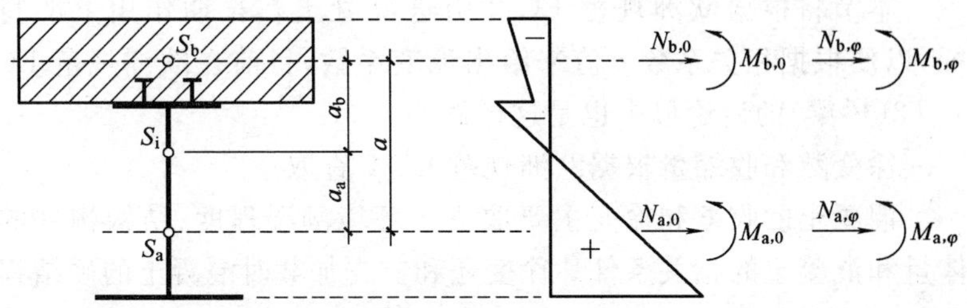

图 5.9　Torst 方法中的内力分布与内力调整

根据 Trost 的方法，在 $t=0$ 时根据整体截面计算内力分布和应力，整体截面的面积按照 $n_0=E_a/E_c$ 折减。

在计算内力调整时，在横截面内建立一个自应力状态，其计算基础是：普通结合梁含有一个混凝土翼缘板，静定支撑，再加上两个平衡条件与两个协调条件。

相关系数 $\rho_N$、$\rho_M$ 通过比较 Sattler/Sontag/Haensel 的结论，用数字计算方法迭代的结果和在任何时间段 $\rho_N=\rho_M=0.5$ 的结果来确定。这样根据比较徐变而导致的内力调整为(无收缩)：

$$N_{b,k}=-N_{b,v}(1-e^{-\alpha_v\cdot\varphi_{f,v}}) \tag{5.79}$$

$$N_{b,\varphi}=-N_{b,v}\cdot\frac{\alpha_v\cdot\varphi_{f,v}}{1+\alpha_v\cdot\rho_N\cdot\varphi_{f,v}} \tag{5.80}$$

得到

$$\rho_N=\frac{\alpha_v\cdot\varphi_{f,v}-(1-e^{-\alpha_v\cdot\varphi_{f,v}})}{\alpha_v\cdot\varphi_{f,v}(1-e^{-\alpha_v\cdot\varphi_{f,v}})} \tag{5.81}$$

或者用近似值

$$\rho_N\approx0.5+0.08\alpha_v\cdot\varphi_{f,v} \tag{5.82}$$

相应的比较为

$$\rho_M\approx0.5+0.08\alpha_{M,v}\cdot\varphi_{f,v} \tag{5.83}$$

式中 $\alpha_N$ 和 $\alpha_{M,v}$ 根据方程(5.69)和(5.70)以及以下前提条件得到：

$$\alpha \cdot \varphi_{f,v} \leqslant 2.5$$

## 5.3.5 根据欧洲规范考虑长期作用效应

本节将根据欧洲规范 EC 2 引进混凝土在长期作用下的特征，以便根据相关系数 $\rho$ 值来给出徐变系数，目前在欧洲规范 EC 4. T2（桥梁）的讨论稿中也是这样做的。

徐变数和收缩量根据欧洲规范 EC 2 查取。

混凝土的收缩和徐变主要取决于环境潮湿程度、结构构件的体量和混凝土的相关条件。徐变还和首先加载时混凝土的硬结程度、荷载大小以及加载时间长短有关。在估算徐变数 $\varphi(\infty, t_0)$ 和基础收缩量 $\varepsilon_{cs}$ 时应该考虑这些影响。

如果不要求作特别的精确计算，表 5.3、表 5.4 中的数值可以作为普通混凝土的最终徐变数 $\varphi(\infty, t_0)$ 和最终收缩量 $\varepsilon_{cs\infty}$，在龄期 $t_0$ 时开始作用荷载，混凝土的受压应力按不大于 $0.45 f_{ck}$ 考虑。最终徐变数 $\varphi(\infty, t_0)$ 与表 1.7 中的弹性模量 $E_{cm}$ 相互关联。

**表 5.3 普通混凝土的最终徐变数 $\varphi(\infty, t_0)$**

| 加载时的龄期 $t_0$(d) | 构件有效厚度 $2A_c/u$(mm) | | | | | |
|---|---|---|---|---|---|---|
| | 50 | 150 | 600 | 50 | 150 | 600 |
| | 干燥条件（室内）($RH$=50%) | | | 潮湿条件（室外）($RH$=80%) | | |
| 1 | 5.5 | 4.6 | 3.7 | 3.6 | 3.2 | 2.9 |
| 7 | 3.9 | 3.1 | 2.6 | 2.6 | 2.3 | 2.0 |
| 28 | 3.0 | 2.5 | 2.0 | 1.9 | 1.7 | 1.5 |
| 90 | 2.4 | 2.0 | 1.6 | 1.5 | 1.4 | 1.2 |
| 365 | 1.8 | 1.5 | 1.2 | 1.1 | 1.0 | 1.0 |

表 5.3、表 5.4 给出的数据适用于中等混凝土温度 10 ℃～20 ℃之间，所以对于一年内温度的变化范围在－20 ℃～＋40 ℃之间是可以的。同理，表 5.3、表 5.4 给出的相对空气湿度作为中间值，其值在 $RH$＝20%～100%之间变化也是容许的。

**表 5.4　普通混凝土的最终收缩量 $\varepsilon_{cS\infty}$（‰）**

| 构件位置 | 相对空气湿度（%） | 构件有效厚度 $2A_c/u$<br>≤150(mm)<br>≤600(mm) |
|---|---|---|
| 内部 | 50 | −0.60<br>−0.50 |
| 外部 | 80 | −0.33<br>−0.28 |

$h_o=2A_c/u$ 表示的是构件的有效厚度，对于建筑结构和桥梁结构中的普通结合梁，它就是混凝土板的厚度，$u$ 是横截面与空气接触的周边长度。由于在使用压型钢板时，混凝土只有上半部分在空气中干燥，构件的有效厚度几乎翻了一倍。

徐变系数的三种情况：

a)荷载不随时间变化

$$\psi_{A,B}=\frac{1}{1-\alpha_N\cdot\varphi_t(1-\rho_N)} \tag{5.84}$$

$$\psi_{I,B}=\frac{1}{1-\alpha_M\cdot\varphi_t(1-\rho_M)} \tag{5.85}$$

b)荷载收缩和随时间变化

$$\psi_{A,S}=\psi_{A,BX}=\alpha_N\cdot\varphi_T\cdot\rho_N$$

$$\psi_{I,S}=\psi_{I,BX}=\alpha_M\cdot\varphi_T\cdot\rho_M$$

c)有沉降

$$\psi_{A,A}=\frac{1}{1-\alpha_A\cdot\varphi_t(1-\rho_N^A)} \tag{5.86}$$

$$\psi_{I,A}=\frac{1}{1-\varphi_t(1-\rho_M^A)} \tag{5.87}$$

相关系数的几种情况：

$$\rho_N=0.5+0.08\alpha_N\cdot\varphi_t \tag{5.88}$$

$$\rho_M=0.5+0.08\alpha_M\cdot\varphi_t \tag{5.89}$$

$$\rho_N^A=0.5+0.08\alpha_A\cdot\varphi_t \tag{5.90}$$

$$\rho_M^A=0.5+0.08\varphi_t \tag{5.91}$$

式中的横截面参数 $\alpha$：

$$\alpha_N = \frac{A_{St} \cdot I_{St}}{A_{i,0}(I_{i,0} - I_c/n_0)} \tag{5.92a}$$

$$\alpha_M = \frac{I_{St}}{I_{St} + I_c/n_0} \tag{5.92b}$$

$$\alpha_A = \frac{A_{St}}{A_{i,0}} \tag{5.92c}$$

表 5.5 给出了结合梁只有一个混凝土翼缘板时的徐变系数 $\psi_{A,L}$ 和 $\psi_{I,L}$。

**表 5.5　精确的徐变系数[1.25]**

| 荷载类型 | 徐变系数 $\psi_{A,L}$ | 徐变系数 $\psi_{I,L}$ |
|---|---|---|
| 长期恒载 | $\dfrac{1}{1-0.5\alpha_N \cdot \varphi_t + 0.08(\alpha_N \cdot \varphi_t)^2}$ | $\dfrac{1}{1-0.5\alpha_M \cdot \varphi_t + 0.08(\alpha_M \cdot \varphi_t)^2}$ |
| 收缩、强迫弯矩 | $0.5\alpha_N \cdot \varphi_t + 0.08(\alpha_N \cdot \varphi_t)^2$ | $0.5\alpha_M \cdot \varphi_t + 0.08(\alpha_M \cdot \varphi_t)^2$ |
| 沉降 | $\dfrac{1}{1-0.5\alpha_A \varphi_t + 0.08(\alpha_A \cdot \varphi_t)^2}$ | $\dfrac{1}{1-0.5\varphi_t + 0.08\varphi_t^2}$ |

对于只有一个混凝土翼缘板的结合梁，人们可以在考虑徐变和收缩的情况下，既精确又相对简单地进行计算，此时只用一个折减系数：

$$n_{A,L} = n_0(1 + \psi_{A,L} \cdot \varphi_t) \tag{5.93}$$

式中　$n_0$——短期荷载的折减系数，$n_0 = E_a/E_{cm}$；

$E_{cm}$——混凝土的割线弹性模量(见 EC 2 表 1.7)；

$\varphi_t = \varphi(t, t_0)$，为徐变系数(见 EC 2 附录 1)，为计算时混凝土的龄期 $t$ 和加载龄期 $t_0$ 的函数；

$\psi_{A,L}$——徐变系数，取决于横截面参数和作用的类型。

系数 $\psi$ 考虑了在事先给定的应变条件下应力随时间变化而对混凝土徐变产生的影响，标志 A 和 L 说明混凝土面积 $A_c$ 要折减，徐变系数 $\psi$ 可以根据表 5.5 中的式子计算，或者直接根据表 5.6 的数字进行估算。表 5.5 中的 $\psi$ 值对结合梁桥中的预应力措施的精确计算更有意义(见 EC 4. T2 讨论稿)，表 5.6 中简化的 $\psi$ 值

(见文献 12[3])适用于一般情况,尤其适合在建筑结构中。

通过这一徐变系数 $\psi_{A,L}$ 和最终徐变数 $\varphi(\infty,t_0)$,对于普通混凝土根据表 5.3 计算出折减系数 $n_\varphi/n_0$、$n_s/n_0$ 和 $n_A/n_0$ 列于表 5.7 中,作为混凝土板的有效厚度,这里取一个结构构件的中间值 $h_0=150$ mm。

**表 5.6　根据文献 12[3]得到的徐变系数 $\psi_{A,L}$(适当简化)**

| | |
|---|---|
| 持续恒载 | 1.10 |
| 收缩和随时间而改变的荷载引起的强迫弯矩 | 0.55 |
| 通过安装措施引起的预应力 | 1.60(1.50) |

**表 5.7　折减系数的参考值(建筑工程)**

| 加载龄期 | 荷载徐变 $n_\varphi/n_0$ | | 收缩 $n_S/n_0$ | | 沉降 $n_A/n_0$ | |
|---|---|---|---|---|---|---|
| $t_0$(d) | 内侧 | 外侧 | 内侧 | 外侧 | 内侧 | 外侧 |
| 1 | 6.1 | 4.5 | 3.5 | 2.8 | 8.4 | 6.1 |
| 7 | 4.4 | 3.5 | 2.7 | 2.3 | 6.0 | 4.7 |
| 28 | 3.8 | 2.9 | 2.4 | 1.9 | 5.0 | 3.7 |
| 90 | 3.2 | 2.5 | 2.1 | 1.8 | 4.2 | 3.2 |
| 365 | 2.7 | 2.1 | 1.8 | 1.6 | 3.4 | 2.6 |

这样,混凝土板的有效弹性模量为:

$$E_c'=E_{c,eff}=\frac{E_{cm}}{1+\psi_{A,L}\cdot\varphi(t,t_0)} \tag{5.94}$$

欧洲规范 EC 4 容许在房屋结构计算中,如果没有更精确的要求的话,可以作进一步的简化,这意味着对于"简单的房屋结构和一些特别的合理情况"可以按下式简化:

持续荷载时　$$E_{c,eff}=\frac{E_{cm}}{3}; \tag{5.95}$$

其他荷载情况和收缩时,取中间值 $E_{cm}/2$;

短时间荷载时,取 $E_{cm}$。

该简化方法意味着混凝土通过以下折减系数考虑时间效应:

持续荷载时 $n=3n_0$

收缩和中间值 $n=2n_0$

短时荷载时 $n=n_0$

由于这一方法并不难，在房屋结构中也需要使用更精确的折减系数，比如表 5.7 中的数据仅仅用于推荐，所以避免使用最后一种简化方法。它更适合于能够承受大变形的单跨结合梁和敏感的扩建单元。

对于普通混凝土，欧洲规范 EC 4 与 EC 2 的差别在于以下最终收缩值：

- 在干燥的环境里为 $-325\times10^{-6}$；
- 在其他环境及混凝土填充的空心截面情况下为 $-200\times10^{-6}$。

此外根据 EC 4，对于建筑结构中的静定梁，只在梁的长细比 $L/h<20$ 和自由收缩量超过 $400\times10^{-6}$ 时才考虑收缩影响。根据前面的说明，这一条建议也不应该遵守。

## 5.4 超静定连续结合梁的强迫弯矩

对于超静定体系，这里描述的静定部分的内力调整要与随时间变化的强迫作用进行叠加。其中，将 5.3 节中做了大量解释的自应力状态定义为初始作用。超静定体系的弯曲变形随着时间的延长而增加，它的截面内力作用在整个横截面上，这一部分作用定义为二次作用。

常见的超静定体系计算控制即是以下变形值的计算：

$$\delta_1=\int\frac{M_1\cdot M_{\mathrm{V}}^{B}}{E_{\mathrm{a}}\cdot I_{\mathrm{i,v}}}\mathrm{d}x=0 \tag{5.96}$$

它必须为零，因为这是超静定体系的 $X_1$ 在时间点 $t=0$ 时的计算，此时中间支座处没有转动。无论是在计算 $X_1$ 还是在作计算控制时，抗弯刚度的绝对大小都不起控制作用，所以可以计算 $EI_{\mathrm{c}}$ 的倍数值：

$$E_{\mathrm{a}}\cdot I_{\mathrm{c}}\cdot\delta_1=\int M_1\cdot M_{\mathrm{V}}^{B}\cdot\frac{I_{\mathrm{c}}}{I_{\mathrm{i,v}}}\mathrm{d}x=0 \tag{5.97}$$

这一“计算控制”现在可以根据图 5.10 的 $M_V^B$ 图，作时间点 $t=\infty$时的计算：

$$E_a \cdot I_c \cdot d_1^B = \int M_1 \cdot M_V^B \cdot \frac{I_c}{I_{i,B}} dx \tag{5.98}$$

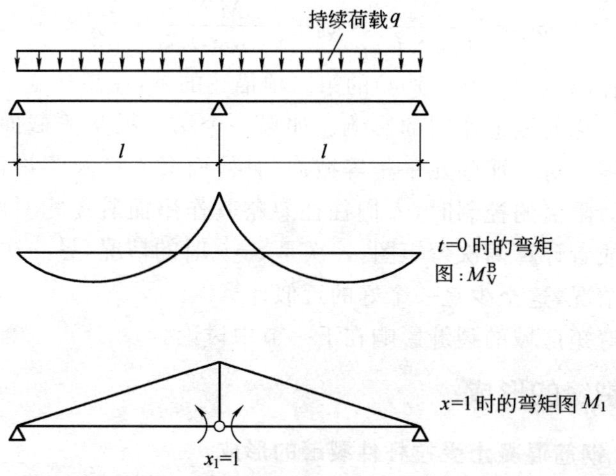


图 5.10　均布荷载作用下的弯矩图

如果沿梁长方向的比例 $I_c/I_{i,B}$ 相对于 $I_c/I_{i,v}$ 没有改变的话，该值也为零。这适合于连续等截面梁的情况，也适合于建筑结构中典型的连续钢梁截面、一个混凝土板的等截面梁的情况，连续梁等值没有裂缝（状态Ⅰ）。对于其他所有情况都是类似的，徐变变化从零开始建立一个强迫弯矩 $M_{BX}$，这适用于分级的桥梁结构和建筑结构，它们的中间支座截面处的混凝土板中有裂缝。

$$E_a \cdot I_c \cdot \delta_1^B = \int M_1 \cdot M_V^B \cdot \frac{I_c}{I_{i,B}} dx \tag{5.99}$$

$$E_a \cdot I_c \cdot \delta_{1,1}^{BX} = \int M_1 \cdot M_1 \cdot \frac{I_c}{I_{i,BX}} dx \tag{5.100}$$

$$X_1 = -\frac{\delta_1^B}{\delta_{1,1}^{BX}} \tag{5.101}$$

$$M^{BX} = X_1 \cdot M_1 \tag{5.102}$$

这样便可以计算时间点 $t=0$ 以及 $t=\infty$ 时钢梁的应力和混凝土截面在重心轴处的应力：

$$\sigma_{a,t}=\frac{M_{V}^{B}}{I_{i,B}}\cdot z_{B}+\frac{M^{BX}}{I_{i,BX}}\cdot z_{BX} \tag{5.103}$$

$$\sigma_{b,t}=\frac{M_{V}^{B}}{n_{A,B}\cdot I_{i,B}}\cdot z_{B}+\frac{M^{BX}}{n_{A,BX}\cdot I_{i,BX}}\cdot z_{BX} \tag{5.104}$$

方程(5.103)和(5.104)的第二项描述的是：在超静定结构中，随时间变化的强迫作用的影响。如果一个结合梁是等截面的，其影响为零。对于那些几乎是等截面的梁，而又不涉及容许值的检算和应力限值的控制时，人们往往忽略其作用而避免相对麻烦的计算。或者计算两次弯矩图，一次是 $t=0$ 时的情况，另一次是 $t=\infty$ 时的情况，这至少是一个好的近似计算。

负弯矩区域的裂缝影响在下一节中讨论。

## 5.5 裂缝的形成

### 5.5.1 钢筋混凝土受拉杆件裂缝的形成

在负弯矩区域，钢筋混凝土受到明显的受拉作用，混凝土板将会开裂，该裂缝影响到整个截面的刚度，进而影响到梁的内力分布和结合梁的两个部分：钢梁和钢筋混凝土板的内力分布。

有必要首先弄清楚轴心受拉钢筋混凝土杆在开裂前和开裂后的相互关系，然后再应用到结合梁的计算上。

开始阶段，轴向力 $N$ 小于开裂轴力 $N_{R}$，处于非开裂状态Ⅰ，混凝土和钢筋具有相同的应变(连接处完全共同作用)，混凝土的应力为：

$$\sigma_{b}=\frac{N}{A_{bi}}=\frac{N}{A_{b}[1+(n-1)\cdot\mu]}\approx\frac{N}{A_{b}} \tag{5.105}$$

钢筋的应力为其值的 $n$ 倍：

$$\sigma_{s}=n\cdot\sigma_{b} \tag{5.106}$$

随着 $N$ 的逐渐增大，混凝土达到抗拉极限 $\beta_{bz}$，$N$ 也达到开裂轴力 $N_{R}$，出现裂缝：

$$N_R = N_{sr} = \beta_{bz} \cdot A_{bi} \cong \beta_{bz} \cdot A_b \tag{5.107}$$

在裂缝出现前，钢筋的应力为：

$$\sigma_{sr1} = n \cdot \beta_{bz} \tag{5.108}$$

在第一条裂缝出现后，裂缝处的钢筋必须承担全部的荷载 $N_{sr}$，这样钢筋中的应力为：

$$\sigma_{sr2} = \frac{N_{sr}}{A_s} = \frac{\beta_{bz}[A_b + (n-1)A_s]}{A_s} = \frac{\beta_{bz}}{\mu} \cdot [1 + (n-1)\mu] \approx \frac{\beta_{bz}}{\mu} \tag{5.109}$$

式中　$\beta_{bz} = \beta_{bz,5\%}$

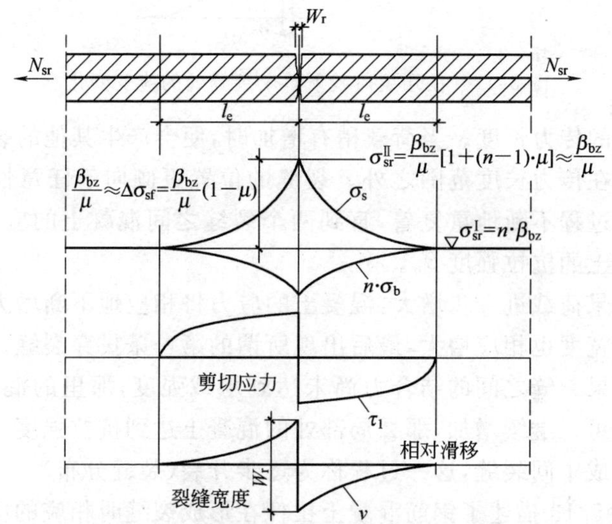


图 5.11　第一条裂缝周围的应力和变形

在裂缝处，配筋中的应力存在突变值，其大小为：

$$\Delta\sigma_{sr} = \sigma_{sr2} - \sigma_{sr1} = \frac{\beta_{bz}}{\mu}(1-\mu) \approx \frac{\beta_{bz}}{\mu} \tag{5.110}$$

与该应力突变值 $\Delta\sigma_{sr}$ 相对应的应变突变值如下，见图 5.12。

$$\Delta\varepsilon_{sr} = \varepsilon_{sr2} - \varepsilon_{sr1} \tag{5.111}$$

由于在混凝土和配筋之间存在应变状况的差异，导致在缺陷处出现裂缝，见图 5.12。也因此激活了裂缝周围的结合力，该结合力阻止混凝土与钢筋之间的相对滑移。从裂缝开始，在一个 $L_t$ 长度后，钢筋的应变 $\varepsilon_{sr1}$ 和混凝土的应变 $\varepsilon_{c1}$ 才成为一样，该长度就

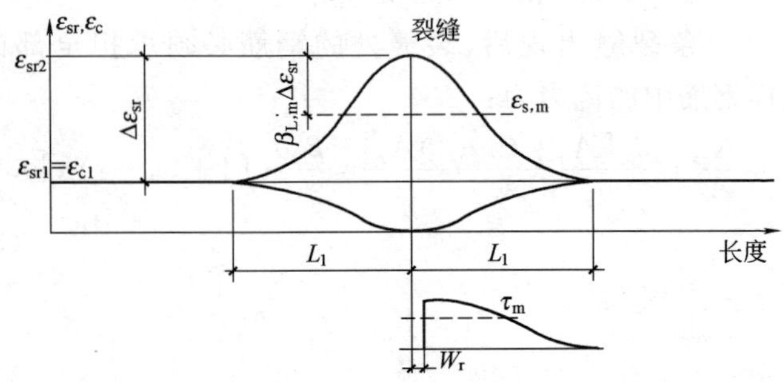


图 5.12　在开裂荷载下单个裂缝处的应变变化

是所谓的传力长度。当荷载稍有增加时，便会产生其他的裂缝，但它只能在传力长度范围之外。裂缝的位置更倾向于任意性，这种开裂的过程不断地重复着，直到两个裂缝之间混凝土的应力不超过混凝土的抗拉强度 $\beta_{bz}$。

如果荷载进一步增大，混凝土的应力将相应地不断增大，现存裂缝的宽度也相应增大，最后出现所谓的第一条贯穿裂缝。

如果裂缝之间的结合力尚未达到承载强度，那里的混凝土应力当然可以继续增加，那么局部处的混凝土达到抗拉强度，从而进一步形成中间裂缝，这一过程称为逐步开裂(裂缝分布)。

图 5.13 描述了钢筋混凝土拉杆在形成裂缝时相应的应力。

开裂截面内的拉力由钢筋承担。在裂缝之间，拉力将通过结合力由钢筋传给周围的混凝土，这就导致裂缝之间的混凝土参与承载，这就是所谓“拉伸刚化效应”。如果忽略该作用，钢筋混凝土拉杆的刚度值就是估算值。对于结合梁的混凝土翼缘板也是如此。

图 5.14 描述的是拉杆(配筋嵌入其中)的应力应变的整个过程，在 CEB/FIP 模型规范[5.39]中也可以查到。

从混凝土的第一个裂缝出现到钢筋屈服，裂缝的形成经过以

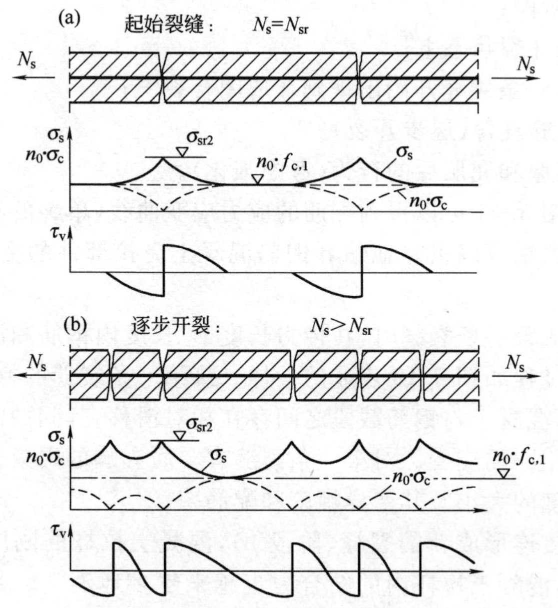


图 5.13　第一条以及更多裂缝形成后钢筋混凝土拉杆的荷载

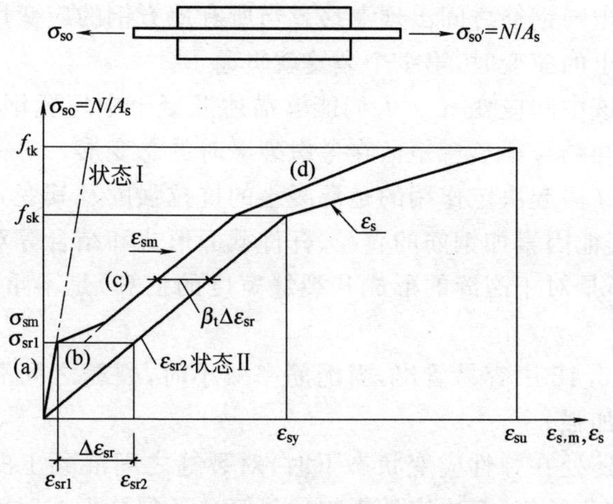


图 5.14　根据 CEB/FIP 模型规范的内置配筋得出的应力应变关系

下不同的阶段：

(a)未开裂状态Ⅰ；

(b)第一条裂缝开始出现到形成闭合裂缝；

(c)裂缝发育(逐步开裂)；

(d)屈服和屈服后的行为(考虑强化)。

参照图 5.14 可以得到配筋的应力应变曲线(单纯的状态Ⅱ)，根据这一关系可以很好地估算钢筋混凝土受拉部件的变形、刚度和阻尼。

在形成第一条裂缝时，在传力长度 $L_t$ 长度内钢筋和混凝土的应变变化过程如图 5.12 表述的一样。该第一条裂缝的特征是，在裂缝附近，混凝土与钢筋截段之间存在相对滑移，其间的混凝土与钢筋具有相同的应变。对第一条裂缝有实质影响的因素包括混凝土抗拉强度的大小及其变异幅度和配筋率。

随后接连形成新的裂缝(阶段 b)，混凝土拉杆的刚度也因此逐渐减小，混凝土拉杆内的结合力也越来越多地消失。裂缝之间的混凝土还处在状态Ⅰ，没有开裂。当裂缝呈闭合状态时，裂缝之间的距离最大为两倍的传力长度 $L_t$。该长度适用于小范围，该范围内混凝土与钢筋之间出现滑移。当所有地方钢的应变均大于钢周围混凝土的应变时，第一个裂缝就贯通了。

通过该中间应变 $\varepsilon_{s,m}$，人们能够描述混凝土中埋置钢筋、混凝土翼缘板和结合梁负弯矩区在考虑裂缝时的总变形。对钢的弹性应变($\sigma_s < f_{sk}$)起决定作用的是混凝土的抗拉强度及其变异幅度和配筋率，其他因素如钢筋的直径、杆件截面形式和结合等对于中间应变(但不是对于裂缝的形成和裂缝宽度的估算)是不重要的(阶段 c)。

在图 5.15 中容易看出，当配筋率减小时，裂缝之间混凝土的共同作用加强。

当钢还处在弹性应变状态下时，对裂缝之间混凝土的共同作用(拉伸刚化效应)起决定性影响的是第一条裂缝形成时钢的应力 $\sigma_{sr1}$，它取决于混凝土的抗拉强度 $\beta_{bz}(f_{ct})$ 和配筋率 $\mu(\rho)$。因为几何上的配筋率对于图形来说没有意义，所以在通常情况下选择第一条裂缝形成时的应力 $\sigma_{sr1}$ 进行控制。

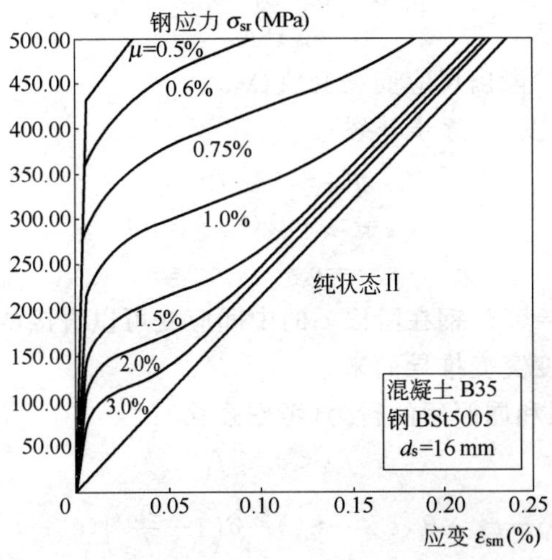


图 5.15 钢在弹性应变状态下的中间应力—应变关系

在塑性变形区域 d(该区域对承载力计算、弯矩调整和转动等很重要)，中间应变和裂缝之间混凝土的共同作用(该作用对于钢筋混凝土构件中的结合很重要)，在屈服强度 $f_{sk}$ 之上的范围内影响着配筋率和配筋的特性。

为使其达到希望的精度，对于精确的检算同时也对所有实用的方法，可以通过调整、同时也简化图 5.14 中埋置在混凝土内钢筋的应力—应变曲线(多边形 $\sigma_s-\varepsilon_{s,m}$)的方法来考虑裂缝之间混凝土的共同作用，具体如下：

(a)混凝土未开裂： $0<\sigma_s\leqslant\sigma_{sr1}$ (5.112)

$$\varepsilon_{s,m}=\varepsilon_{s1}$$

影响第一条主裂缝位置的因素有：

- 抗拉强度的变异幅度；
- 其他影响(如收缩)；
- 混凝土中形成裂缝的位置(如横向配筋和压型钢板的肋，尤其在薄板中)。

(b)形成第一条裂缝:$\sigma_{sr1}<\sigma_s\leqslant\sigma_{sm}$

$$\varepsilon_{s,m}=\varepsilon_{s,2}-\frac{\beta_t(\sigma_s-\sigma_{sr1})+(\sigma_{sm}-\sigma_s)}{\sigma_{sm}-\sigma_{sr1}}(\varepsilon_{sr2}-\varepsilon_{sr1}) \quad (5.113)$$

在这一阶段出现应变突变值 $\Delta\varepsilon_{sr}$。

(c)裂缝发育(逐步开裂):

$$\sigma_{sm}<\sigma_s\leqslant f_{sk}$$

$$\varepsilon_{s,m}=\varepsilon_{s2}-\beta_t(\varepsilon_{sr2}-\varepsilon_{sr1}) \quad (5.114a)$$

$$\varepsilon_{s,m}=\varepsilon_{s2}-\beta_t\cdot\Delta\varepsilon_{sr} \quad (5.114b)$$

带入 $\beta_t=0.4$,钢在阶段 c 的中间应变可以直接从形成第一条裂缝时的应变突变推导而来。

(d)屈服和屈服后的行为(考虑强化):

$$f_{sk}<\sigma_s\leqslant f_{tk}$$

$$\varepsilon_{s,m}=\varepsilon_{sy}-\beta_t(\varepsilon_{sr2}-\varepsilon_{sr1})+\delta\left(1-\frac{\sigma_{sr1}}{f_{sk}}\right)(\varepsilon_{s2}-\varepsilon_{sy}) \quad (5.115)$$

式中 $\varepsilon_{sy}$——屈服应力 $f_{sk}$时的应变;

$\varepsilon_{s1}$——未开裂状态Ⅰ时的应变;

$\varepsilon_{s2}$——配筋的应变(不计入混凝土);

$\varepsilon_{sr1}$——第一条裂缝形成时的应变;

$\varepsilon_{sr2}$——最后的裂缝形成时的应变(第一条裂缝成为闭合裂缝);

$\sigma_{sr2}$——裂缝中的钢的应力;

$\sigma_{sr1}$——第一条裂缝形成前钢的应力,它是混凝土的抗拉强度和配筋率的函数;

$\sigma_{sm}$——最后的裂缝形成(第一条裂缝成为闭合裂缝)时,裂缝中钢的应力。

$\beta_t=0.4$:针对短时间作用荷载(纯粹的拉力);

$\beta_t=0.25$:针对长时间作用或重复作用荷载(纯粹的拉力);

$\delta=0.8$:适用于考虑比例关系 $f_{tk}/f_{sk}$和屈服强度 $f_{sk}$;

$\delta=0.8$:适用于延性配筋(类型 A)和 $f_{sk}=500$ MPa 的情况。

为了考虑事先设定的变形(比如通过施工措施引起的变形),图 5.14 中凸起的切线可以用一个拉通的直线来代替。

通常情况下,最后裂缝(第一条裂缝成为闭合裂缝)中钢的应力可以根据第一条裂缝中钢的应力按下式计算得到:

$$\sigma_{srn}=1.3\sigma_{sr}=1.3\sigma_{sr1} \tag{5.116}$$

### 5.5.2 裂缝对结合梁计算的影响

对于弯曲荷载,基本假设与钢筋混凝土杆件在受拉荷载作用下一样,它必须作为结合梁上的受拉杆件承担弯曲荷载。当横截面混凝土板的上边缘拉应力超过弯拉应力强度时,出现弯曲裂缝。

对于负弯矩作用下的结合截面,图 5.16 定性地描述了弯矩 $M$ 和翼缘板内的轴力 $N_s$ 及弯曲 $k$[5.29]之间的关系。在抗裂弯矩 $M_r$ 范围内、混凝土翼缘板的边缘达到混凝土的抗拉强度时,关系曲线是线性的,是弹性关系。当达到抗裂弯矩 $M_r$ 后,在开裂轴力 $N_{s,r}$ 作用下首先形成一些间距较大的裂缝,这些裂缝导致混凝土翼缘板刚度的降低和相应中间应变 $\varepsilon_{s,m}$ 的增加。截面形成新的平衡,该平衡通过较小的轴力 $N_s$ 和 $N_a$ 来表示。

内力平衡:

$$N_a=-N_s \tag{5.117}$$

$$M_a=M-N_s\cdot a \tag{5.118}$$

变形协调:

$$\varepsilon_{s,m}=\varepsilon_a+k\cdot a$$

式中 $k=\dfrac{M_a}{E_a\cdot I_a}$

则混凝土板的中间应变为:

$$\begin{aligned}\varepsilon_{s,m}&=\frac{-N_s\cdot a}{E_a\cdot I_a}+\frac{M_a}{E_a\cdot I_a}\\&=\frac{-N_s\cdot a}{E_a\cdot I_a}+\frac{M-N_s\cdot a}{E_a\cdot I_a}\end{aligned} \tag{5.119}$$

当弯矩 $M$ 继续增加、钢筋混凝土翼缘板内力达到开裂轴力

$N_{sr}$时，就会继续形成其他裂缝。在继续形成裂缝的过程中，翼缘板轴向力的降低和弯曲变形的增加相对来讲就不是很重要。

在第一裂缝区域，翼缘板的承载力上限由开裂轴力 $N_{sr}$ 来表示。由于较大的裂缝间距，在单个裂缝处的相对滑移不受相邻裂缝的影响。

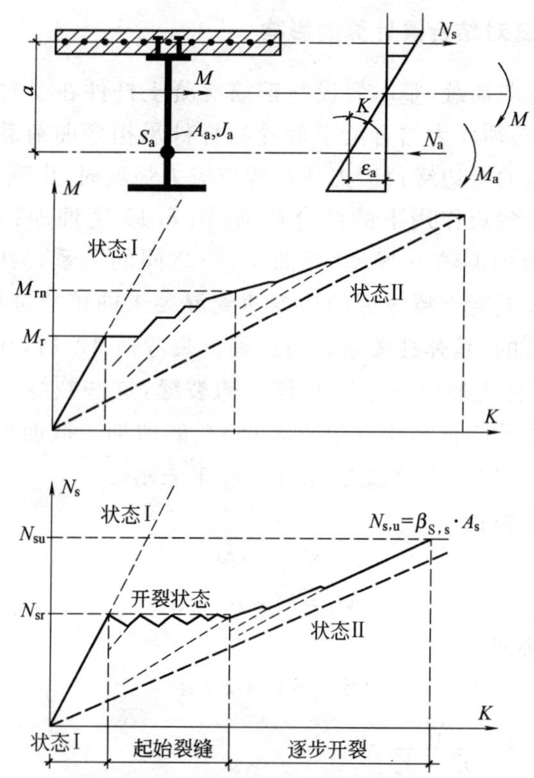


图 5.16　受拉混凝土翼缘板形成裂缝时的弯矩和轴力

在该荷载作用区域，如果人们考虑到混凝土抗拉强度的变异，裂缝的最大宽度不会超过第一条裂缝的宽度值(第一裂缝宽度)。

随着弯矩增加到 $M_{rn}$(图 5.16)，在整个配筋长度范围内翼缘板中的裂缝间距要调整，并出现混凝土的相对滑移。在翼缘板中

$N_s = N_{sr}$作用下，裂缝之间混凝土的应力 $\sigma_b$ 小于混凝土的抗拉强度。该状态下被认为出现第一条闭合裂缝。

随着弯矩的增大，混凝土板内的轴向力 $N_s$ 逐渐增大并超过 $N_{sr}$，同时裂缝宽度也不断增大。由于混凝土与钢筋之间的结合作用还没有用完，所以在裂缝之间的力还可以继续向混凝土传递，并且在裂缝之间再次达到混凝土的抗拉强度并不断发展下去，最后成为逐步开裂。如图 5.16 所描述，在较高的荷载作用范围内，裂缝之间的混凝土也有很明显的强化作用(拉伸刚化效应)与纯粹状态Ⅱ下的承载作用相比(不考虑混凝土)，表现出较大的翼缘板内轴力 $N_s$ 和整体截面较小的变形。

由于混凝土收缩引起的变形对结合梁的裂缝和变形特性有显著的影响，配筋和钢梁对收缩变形的阻碍作用导致自应力状态，使混凝土翼缘板受拉力作用，这样，在弯矩荷载作用下，在较低荷载水平时就开始形成裂缝。

图 5.17 中表示了这种因为收缩而引起的自应力状态(初始影响)和开裂弯矩 $M_r$ 及其相应的应力。如果在计算非开裂截面的收缩应力时使用折减系数 $n=n_s$ 的话，在计算开裂弯矩引起的应力时最好使用折减系数 $n=n_0$。一旦当混凝土翼缘板上缘的应力达到混凝土的抗拉强度，就会产生第一条裂缝。

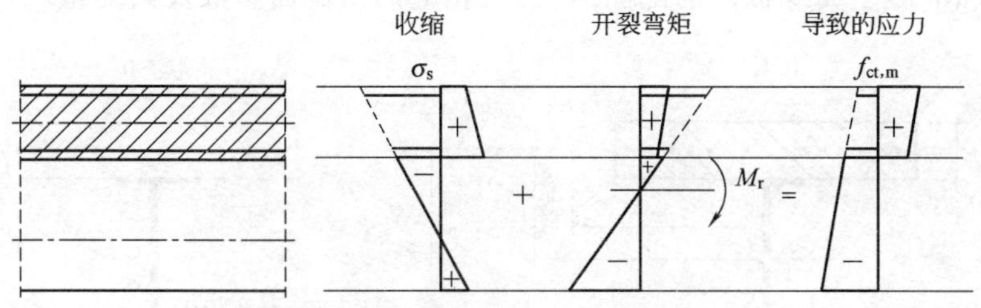


图 5.17　收缩、开裂弯矩 $M_r$ 及其相应的应力

在裂缝形成的时候，混凝土翼缘板释放的拉力和相应的弯矩调整到整个的钢梁截面上(状态Ⅱ)，对于结合梁，这一调整致使钢筋混凝土板内因为钢梁阻止收缩而引起的轴向力随着裂缝的不断

形成而很快地削减掉。由此人们认为，在裂缝发展稳定前，当形成贯穿裂缝时，这种削减几乎可以进行得很彻底。

这样，这种收缩自应力在混凝土翼缘板开裂的范围内事实上对结合梁的变形没有影响，所以这种横截面内的自应力（初始影响）在开裂区域将忽略不计。

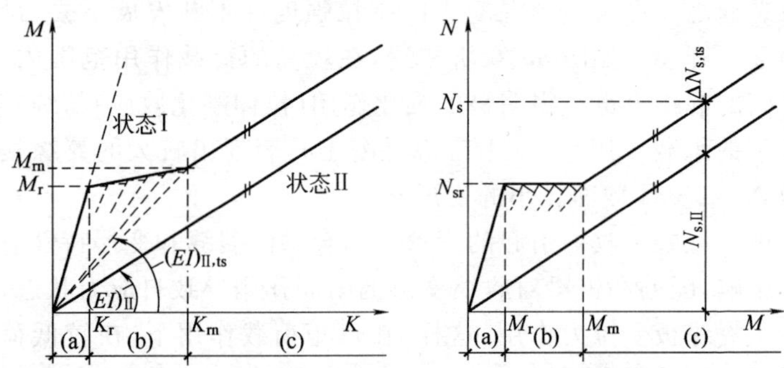


图 5.18 结合梁的弯矩、部分截面内力 $N_s$ 与弯曲的相互关系[5.34]

对于结合梁，混凝土板内的裂缝影响和裂缝间混凝土的作用影响在图 5.18 中再次概要地描述一遍，人们再次理解裂缝形成的不同阶段和给定的弯矩对变形 $k$ 及轴向力 $N_s$ 的影响。图 5.19 表示出了状态Ⅰ（混凝土未开裂）和状态Ⅱ（整体钢横截面由钢梁和混凝土翼缘板内的配筋组成）时相应的横截面参数及其变量。

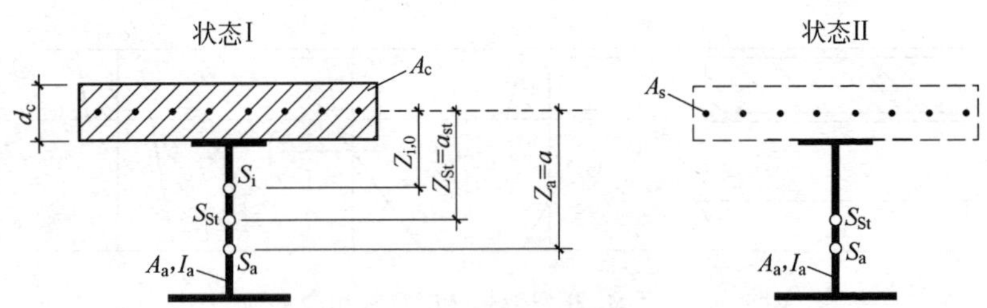


图 5.19 横截面参数与变量

$$A_{i,0}=A_{St}+A_c/n_0$$

式中 $A_{St}=A_a+A_s$

$$z_{i,0}=A_{St}\cdot a_{St}/A_{i,0}$$

式中 $a_{St}=A_a\cdot a/A_{St}$

$$I_{i,0}=I_{St}+I_c/n_0+\frac{A_{St}\cdot A_c/n_0}{A_{i,o}}\cdot a_{St}^2$$

式中 $I_{St}=I_a+\dfrac{A_s\cdot A_a}{A_{St}}\cdot a^2$

在(a)区段，按未开裂状态Ⅰ的横截面参数来描述。这样在不考虑收缩应力影响的情况下，计算开裂轴力如下：

$$N_{sr}=\beta_{bzw}(1+\mu\cdot n_0)A_b\cdot k_0 \tag{5.120}$$

式中 $k_0=\dfrac{1}{1+\dfrac{d}{2z_{i,0}}}$ (5.121)

参数 $k_0$ 考虑了混凝土翼缘板中的应力梯度，从而考虑了边缘应力和截面中心处应力的差异。

区段(b)描述的是第一条裂缝形成状态，随着裂缝的不断发展，混凝土板的变形刚度和结合梁的抗弯刚度逐渐减小。从安全考虑，可以用上限值 $N_s=N_{sr}$ 计算。

区段(c)描述的是第一贯穿裂缝形成后裂缝形成稳定时的影响，翼缘板板的轴向力 $N_s$ 通过第一条裂缝形成时的应力突变为：

$$\Delta\sigma_{sr}=\frac{f_{ct,m}}{\rho} \tag{5.122}$$

相应的应变突变为：

$$\Delta\varepsilon_s\approx 0.4\,\frac{\Delta\sigma_{sr}}{E_s}=\frac{0.4f_{ct,m}}{\rho\cdot E_s} \tag{5.123}$$

$$\begin{aligned}N_s&=M\cdot\frac{A_s\cdot z_{St}}{I_{St}}+0.4\,\frac{f_{ct,m}}{\rho\cdot\alpha_{St}}\cdot A_s\\&=N_{s\text{Ⅱ}}+\Delta N_s\end{aligned} \tag{5.124}$$

式中 $\alpha_{St}=\dfrac{I_{St}\cdot A_{St}}{I_a\cdot A_a}$ (5.125)

翼缘板的轴向力 $N_s$ 由两部分组成：一是来自纯粹状态Ⅱ的横截面的轴向力 $N_{s\text{Ⅱ}}$，另一是来自裂缝之间混凝土的共同作用 $\Delta N_s$。

对于混凝土配筋的应力 $\sigma_s=N_s/A_s$ 计算如下：

$$\sigma_s = M \cdot \frac{z_{St}}{I_{St}} + \frac{0.4 f_{ct,m}}{\rho \cdot \alpha_{St}} \tag{5.126}$$

$$= \sigma_{s\text{II}} + \Delta\sigma_s \tag{5.127}$$

式中 $$\Delta\sigma_s = \frac{0.4 f_{ct,m}}{\rho \cdot \alpha_{St}} \tag{5.128}$$

这里的 $\sigma_{s\text{II}}$ 是在纯粹状态Ⅱ的横截面内计算的混凝土配筋应力;$\Delta\sigma_s$ 是相应情况下由于裂缝之间混凝土的共同作用而引起的应力增加值。

在区段(c)贯穿裂缝形成后,荷载作用于纯粹状态Ⅱ的横截面上,各部分截面的内力可以根据设计弯矩 $M_{sd}$ 来计算。对于桥梁截面,必须较精确地计算额外的翼缘板内力 $\Delta N_{s,ts}$ 和相应由于裂缝之间混凝土共同作用而引起的部分截面内力,并加入截面内力统一计算,见图 5.20。

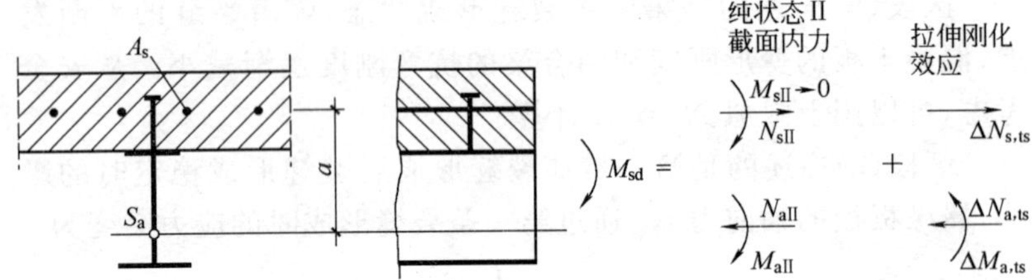


图 5.20 裂缝形成稳定阶段的部分截面内力

这一由于"拉伸刚化效应"而导致的轴向力增加可以根据 $\sigma_s$-$\varepsilon_{s,m}$ 曲线关系按下式简化计算:

$$\Delta N_{s,ts} = 0.4\,\frac{f_{ct,m} \cdot A_s}{\rho \cdot \alpha_{St}} \tag{5.129}$$

如图 5.20 所示,由此引起的结合梁各部分截面内力增加为:

$$\Delta N_{a,ts} = -\Delta N_{s,ts};\ \Delta M_{a,ts} = \Delta N_{s,ts} \cdot a \tag{5.130}$$

根据方程(5.117～5.119),在考虑"拉伸刚化效应"时,结合梁截面在开裂状态下的抗弯刚度按下式计算(见图 5.18):

$$k = \frac{M_a}{E_a \cdot I_a} = \frac{M - N_s \cdot a}{E_a \cdot I_a} = \frac{M}{E_a \cdot I_{\text{II},ts}} \tag{5.131}$$

式中　$E_a \cdot I_{Ⅱ,ts}=\dfrac{E_a \cdot I_a}{1-N_s \cdot a/M}$

为了考虑裂缝稳定阶段裂缝之间混凝土的相互作用，可以理想地将配筋集中放置在混凝土板中 $A_s$ 的位置。其横截面根据中等应变协调决定：

$$\varepsilon_{s,m}=\frac{N_s}{E_s \cdot A_s}-0.4\frac{f_{ct,m}}{\rho \cdot E_s}=\frac{N_s}{E_a \cdot A_{s,id}} \tag{5.132}$$

当上式中的理想面积 $A_{s,id}$ 按下式确定时，该要求得到满足。

$$A_{s,id}=\frac{A_s}{1-\dfrac{0.4f_{ct,m}}{\rho \cdot \delta_{sⅡ}}} \tag{5.133}$$

如果以此为出发点，由于对裂缝宽度的限制要求，钢的应力应该限制在 $\sigma_{sⅡ}=0.8 \cdot f_{sk}$ 内，最后理想的配筋面积 $A_{s,id}$ 按下式计算：

$$A_{s,id}=\frac{A_s}{1-\dfrac{0.5f_{ct,m}}{\rho \cdot f_{sk}}} \tag{5.134}$$

通过方程(5.132)，共同作用的应变刚度按下式计算，参见文献 12[28]和[1.73]：

$$(EA)_{eff}=\frac{N_s}{\varepsilon_{s,m}} \tag{5.135}$$

在计算连续梁的截面内力时，为了考虑混凝土板中的裂缝以及裂缝之间混凝土的相互作用，使用理想的配筋面积 $A_{s,id}$ 是很合适的。这样配筋中的应力可以简单地按下式计算：

$$\sigma_s=\frac{N_s}{A_s} \tag{5.136}$$

欧洲规范 EC 4. T2 桥梁部分也是这样建议的，而且对于结合梁，其混凝土板含有预应力。当然，这一精确的相对繁琐的计算对于普通的建筑工程是没有必要的，所以欧洲规范 EC 4. T1-1 给出了更简单的另一种可选的方法，即按照图 5.22 计算截面内力以考虑混凝土中的裂缝。同时这里假设，在中间支座两侧跨度的 15%

范围内，由于混凝土板开裂充分，能够按纯粹的状态Ⅱ横截面计算。如文献[1.70]所显示的，这样计算得到的截面内力与精确计算得到的结果符合较好。

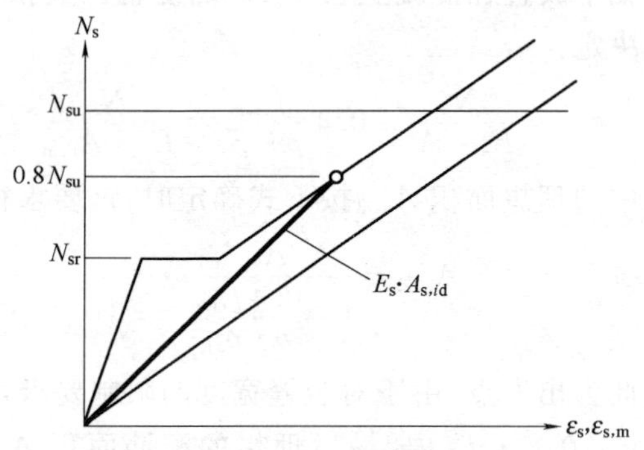


图 5.21　确定理想配筋面积[1.70]

由于这一可选方法中忽略了裂缝之间混凝土的相互作用，所以开裂混凝土板中的局部轴向力计算不正确，并导致其中的钢应力 $\sigma_s$ 计算也不正确。正如前面所描述的，如果需要对贯穿裂缝作精确的裂缝宽度限制检算的话，考虑额外应力 $\Delta\sigma_s$ 也是容易做到的。

由此可以得出以下结论：在计算连续梁的内力时，必须考虑负弯矩区混凝土板中的裂缝。

如果横截面等级为 1 和 2，欧洲规范 EC 4 容许按非开裂状态Ⅰ进行内力计算。对于普通的建筑结构，这一点意味着全梁的抗弯刚度是常数，其截面内力可以根据表格中建议的数据查取。由于裂缝和钢梁中塑性区域的存在，所以截面内力要根据 EC 4 第 4.5 节规定的幅度进行调整，由于中间支座处的裂缝而导致的这一调整从中间支座向跨中进行。

截面内力计算也可以根据以下假设进行：即中间支座处抗弯刚度根据纯状态Ⅱ的抗弯刚度进行折减，见图 5.22。在这种情况下，计算得到混凝土板和配筋中的力 $N_s$ 就太小了。由于裂缝之

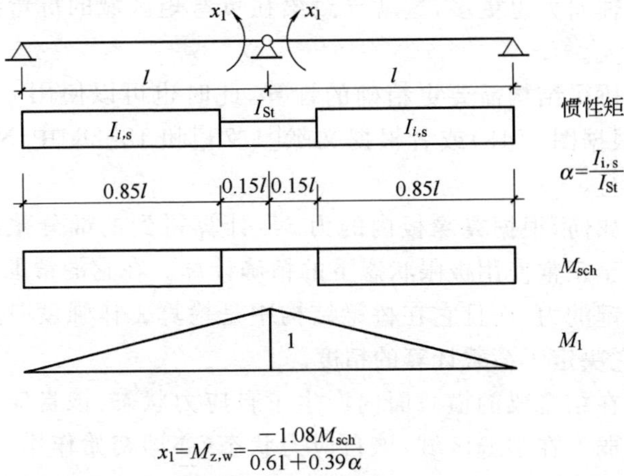


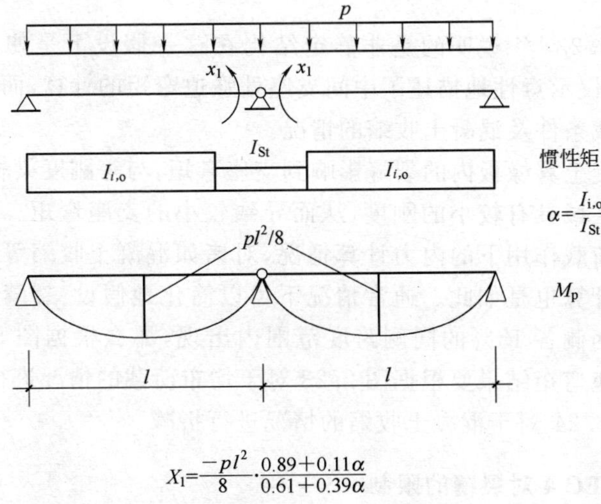


图 5.22　静不定结构的计算

间混凝土的相互作用，混凝土板的实际刚度要比计算值大一些，它所承担的轴向力也更多，这就导致梁在负弯矩区域的抗弯刚度比计算值更大。

对于桥梁结构需要更精确的计算，此时也可以使用 $m—k$ 关系(比如根据图 5.18)或者根据文献[1.73]和 12[28]中 $N_s—\varepsilon_{s,m}$ 的关系进行。

无论如何，根据翼缘板内的力 $N_s$ 计算得到的部分截面内力也可以用于正常使用极限状态下的精确计算。在它的帮助下可以计算连接键的力，而且它在桥梁结构中是检算工作强度时所必须的，因为它决定了荷载计算的精度。

收缩在结合梁的横截面内产生了自应力状态，该自应力状态被徐变削弱。在裂缝区域，该自应力状态(亦即初始作用)随着裂缝的不断形成(阶段 b)明显地降低，在贯穿裂缝处几乎消失。

这意味着，收缩轴向力 $N_{Sch}$ 及其相应的收缩弯矩 $M_{Sch}$ 作为初始荷载会产生自应力和变形，但只在非开裂区域起作用，如图 5.22。

图 5.22[5.34]说明的是非静定结构在这一假设下是如何计算的，这里仅示意性地描述了中间支座处强迫弯矩的计算，而且只描述了活载条件及混凝土收缩的情况。

混凝土翼缘板内的裂缝影响到支座弯矩：与等刚度梁相比，在负弯矩区域具有较小的刚度，从而导致较小的支座弯矩。这不仅适用于荷载作用下的内力计算情况，对诸如混凝土收缩等作用下的内力计算也是如此。通常情况下可以简化地假设：裂缝只在中间支座两侧各 15% 的同侧跨度范围内出现，那么根据图 5.22 计算的支座弯矩结果要根据图 2.23 对于均布荷载的情况进行折减；根据图 5.24 对于混凝土收缩的情况进行折减。

### 5.5.3 EC 4 对裂缝的限制

只要混凝土受拉，裂缝就不可避免。对裂缝是这样限制的：不影响结构物的正常使用；因为裂缝而导致的表象不明显；能够保证

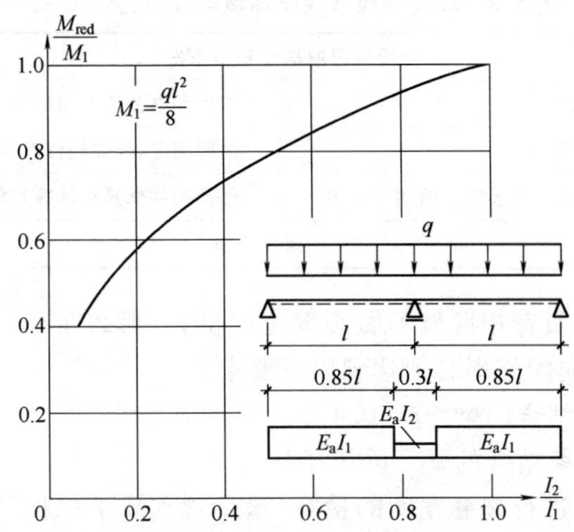


图 5.23　裂缝引起的弯矩调整(均布荷载)

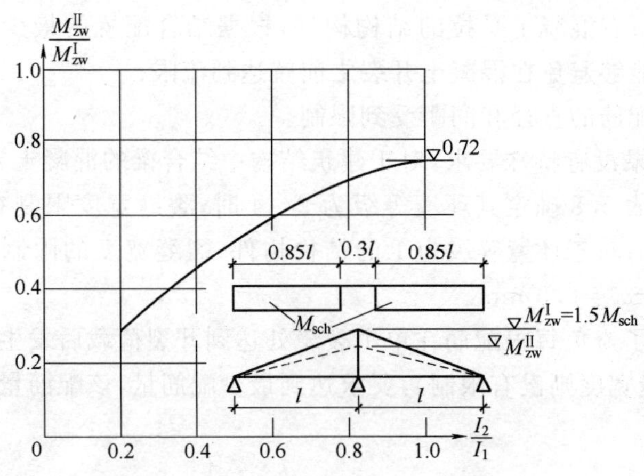


图 5.24　裂缝引起的弯矩调整(混凝土收缩)

配筋混凝土板的耐久性等。

对于表 5.8 中环境等级为 1 的结构构件,其裂缝宽度对耐久性没有影响,所以对这一类构件通常情况下不需要作裂缝宽度的检算。

**表 5.8　环境等级取决于环境条件**(根据 EC 2)

| 环境等级取决于环境条件 | | |
|---|---|---|
| 1 | 干燥环境 | 住宅和办公建筑物的内部 |
| 2 | 潮湿环境 | 内腔潮湿、外部构件有冰冻 |
| 3 | 有冰冻、露水作用的潮湿环境 | 外部构件暴露在冰冻和露水环境中 |
| 4 | 海水环境 | |

如果在负弯矩区域不做裂缝宽度检算,那么在有效宽度范围内,长度方向配筋率必须达到以下要求:

- 恒载结合的梁　$\rho=0.4\%$;
- 非恒载结合的梁　$\rho=0.2\%$。

如果要进行裂缝宽度的检算(这是规则要求根据结构物的形式和功能)来决定最大裂缝宽度,同时要与建设方达成一致要求。

裂缝宽度的限制要满足以下条件:

- 所有混凝土受拉的结构构件,根据结合配置的最少配筋要能够避免在混凝土开裂之前就达到流限;
- 配筋的直径和间距受到限制。

如果没有特殊要求,对于建筑结构中结合梁的混凝土翼缘板,当根据表 5.8 确定其环境等级为 2～4 时,裂缝宽度限制在 $w_k<0.3$ mm;对于环境等级为 1 的结构构件,裂缝宽度的限制值可以扩大到 $w_k=0.5$ mm。

为了避免每根配筋在单个裂缝处达到开裂荷载后发生塑性变形(裂缝宽度则没有限制),要求达到最少配筋量,该配筋量按下式确定:

$$A_s \geqslant k \cdot k_c \cdot \frac{f_{cte} \cdot A_{ct}}{\sigma_{st}} \tag{5.137}$$

式中　$f_{cte}$——第一条裂缝出现时混凝土的有效抗拉强度,至少为 3 MPa,通常情况下取 $f_{ctm}$;

$\sigma_{st}$——配筋的应力,与裂缝有关,它不能大于屈服强度,可根据配筋的直径在表 5.9 中查取;

$k$——抗拉强度的折减系数：

$k=0.8, k_c \approx 0.9$

或者根据下式精确计算(但不适用于延性连接键)

$$k_c=\frac{1}{1+\dfrac{h_c}{2z_0}} \geqslant 0.7 \tag{5.138}$$

对于Ⅰ横截面的(外露)型钢结合梁,最少配筋量通过以下参数确定：$k=0.8$、$k_c=0.4$ 及 $\sigma_{st}=f_{sk}$。

**表 5.9　计算肋形钢板最少配筋量容许的最大配筋应力**

| 配筋直径(mm) | 6 | 8 | 10 | 12 | 16 | 20 | 25 | 32 |
|---|---|---|---|---|---|---|---|---|
| 裂缝宽度限制值 | 配筋的最大应力 $\sigma_s$ 及 $\sigma_{st}$(MPa) | | | | | | | |
| $w_k=0.3$mm： | 450 | 400 | 360 | 320 | 280 | 240 | 200 | 160 |
| $w_k=0.5$mm： | 500 | 500 | 500 | 450 | 380 | 340 | 300 | 260 |

这一确定最少配筋量的应用原则适用于形成第一条裂缝的整个区域。

如果根据承载能力极限状态确定的配筋量(如承受高荷载的中间柱)大于根据方程(5.137)计算要求的最小配筋量,那么裂缝宽度限制值的检算通过恒定作用来实现,而不直接计算裂缝宽度。翼缘板内纵向配筋的应力应考虑裂缝之间混凝土的相互作用按下式计算：

$$\sigma_s=\sigma_{se}+\frac{0.4f_{ctm}\cdot A_{ct}}{\alpha \cdot A_s} \tag{5.139}$$

式中　$\sigma_{se}$——配筋中的应力(状态Ⅱ)；

$A_{ct}$——受拉区共同作用的混凝土翼缘板面积；

$A_s$——截面 $A_{ct}$ 内配筋的总面积；

$\alpha=\dfrac{A_{St}\cdot I_{St}}{A_a \cdot I_a}$；

$A_{st}$、$I_{st}$——总的钢截面的相关参量(不含混凝土)。

对于建筑结构梁,在计算钢应力 $\sigma_s$ 时忽略收缩的影响,该应力 $\sigma_s$ 不应该超过屈服强度 $f_{sk}$。

配筋间距要符合表 5.10 最大值的要求，如果该表难以应用，那么配筋的直径根据值 $\sigma_s$ 和 $w_k$ 查表 5.9 确定。

检算 I 型截面（外露）型钢混凝土时，取钢应力 $\sigma_s=0.5f_{sk}$。

通常情况下可以计算裂缝宽度以便对其进行限制，但很少这样要求。

**表 5.10　肋型钢板配筋的最大间距**

| 钢应力 $\sigma_s$(MPa) | | ≤160 | 200 | 240 | 280 | 320 | 360 | 400 |
|---|---|---|---|---|---|---|---|---|
| 配筋的最大间距(mm) | $w_k=0.3$ mm | 250 | 200 | 160 | 110 | 参见表 5.9 | | |
| | $w_k=0.5$mm | 250 | 250 | 250 | 250 | 200 | 140 | 80 |

为了获得有利的裂缝分布，配筋率必须达到一定数值。其外，尽可能使用较细的配筋，配筋要有较好的黏结力、相互之间足够近地相邻配置。

## 5.6　挠　　度

变形不应该影响正常使用并且结构物外形不应该有明显的变化，所以欧洲规范 EC 4 没有给出限制值。这必须根据要求的功能和构件的敏感性来定，欧洲规范 EC 3 给出了建议的限制值，在设计建筑结构的板和屋盖时要求遵守这些值的规定，见表 5.11。

**表 5.11　欧洲规范 EC 3 建议的限制值**

| 构　　件 | 限制值 | |
|---|---|---|
| | $\delta_{max}$ | $\delta_2$ |
| 屋顶，一般情况 | $L/200$ | $L/250$ |
| 屋顶，建筑物的挠度可以被看见 | $L/250$ | $L/300$ |
| 屋顶，经常可以在其上走动（不仅指维护） | $L/250$ | $L/300$ |
| 天花板，一般情况 | $L/250$ | $L/300$ |
| 天花板与屋顶，上有装饰、其他脆性覆盖层或可移动部分 | $L/250$ | $L/350$ |
| 天花板，上有套管（如果计算其极限承载力时不考虑变形） | $L/400$ | $L/500$ |

注：$L$——结构构件的支撑跨度（对于悬臂梁为结构构件长度的两倍）

结合梁的挠度要一并考虑徐变和收缩的影响部分 $\delta_k$ 和 $\delta_s$。

除了最大挠度 $\delta_{max}$ 外，要特别注意由使用荷载、混凝土的收缩及徐变引起的总变形 $\Delta\delta$，最大挠度可以通过给钢梁设预拱度来消除。

$$\Delta\delta = \delta_2 + \delta_k + \delta_s \tag{5.140}$$

这一变化会随着时间的延长而导致挠度的增加，会影响使用并且导致竣工构件损坏。

在建筑结构中，通常情况下挠度是作为小概率和不利的作用进行荷载组合计算的，而且挠度是钢梁单独承受荷载下的挠度与结合梁的挠度之和。计算挠度时按弹性理论进行，因为梁在正常使用极限状态下，应该仍处于线弹性状态，收缩、徐变和受拉区域混凝土的裂缝一并考虑。这适用于一般建筑结构的结合梁负弯矩区域混凝土板和(外露)型钢混凝土正弯矩区域，不适用于跨中区域混凝土板和中性轴处于钢梁上端混凝土板内的情况。必要时，要求调整计算结果，以便考虑钢梁中塑性区域引起的变形。如果连续梁在现场建造时没有使用支撑(活载结合)、而且在其最终状态充分利用塑性进行设计的话，就可能在正常使用极限状态下有此要求。

对于非恒载结合的承载结构，连接键柔性的影响在一定条件下可以忽略不计，这一条件为：连接键按照欧洲规范 EC 4 第 6 章最小键销度达到 50%或者连接键的承载力达到 $P_{Rk}$ 的 70%，使用肋型板时，其肋应该垂直于梁的纵轴方向、肋高不超过 80 mm。

**表 5.12　欧洲规范 EC 3 建议给定的挠度标准值**

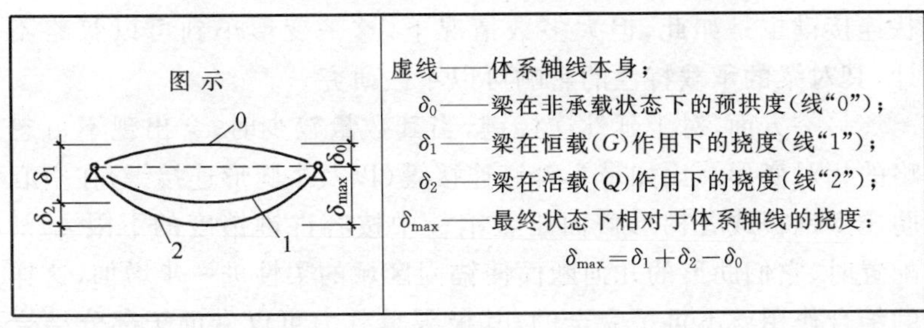

| 图示 | 虚线——体系轴线本身；<br>$\delta_0$——梁在非承载状态下的预拱度(线“0”)；<br>$\delta_1$——梁在恒载($G$)作用下的挠度(线“1”)；<br>$\delta_2$——梁在活载($Q$)作用下的挠度(线“2”)；<br>$\delta_{max}$——最终状态下相对于体系轴线的挠度：<br>$\delta_{max} = \delta_1 + \delta_2 - \delta_0$ |
|---|---|



如果这一条件得不到满足，对于键销度 $\eta \geqslant 0.4$ 的情况可以按下式扩大：

$$\frac{\delta}{\delta_c}=1+C\left(1-\frac{N}{N_f}\right)\left(\frac{\delta_a}{\delta_c}-1\right) \tag{5.141}$$

式中 $\delta_a$——单独使用钢梁的抗弯刚度时计算得到的挠度；

$\delta_c$——使用结合梁的抗弯刚度、同时不考虑结合缝的延性时，计算得到的挠度；

$C=0.5$：梁采用恒载结合时（采用支撑）；

$C=0.3$：梁采用活载结合时（不采用支撑）。

虽然形式简单，但计算结果不是很精确，而且至多只适合于焊接带头铆钉连接键的情况。虽然该式不直接涉及到钢的种类，但由于不同钢种带来的影响，间接地通过完全结合时连接键的数量 $N_f$ 得到体现：钢的强度越高，梁的挠度增加得越快；另一方面，采用恒载结合的结合梁变形增加更大。连接键是根据承载能力极限状态设计的，所以它传递的纵向力是在截面塑性（截面等级 1 和 2）的前提下计算得到的，而在正常使用极限状态下，同样的连接键采用恒载结合时要承受更大的荷载，变形当然更大。

## 5.7 柔性连接

结合梁计算的所有规则都建立在刚性连接的基础上，在结合缝处没有相对滑移。这意味着即使在各向不同性的结合梁中，平截面假定仍然可以应用，这就导致结合梁的两个主要部分（钢梁和混凝土板）完全共同作用。事实上变形总是存在，即使是刚性的块状连接键也是如此，但大多数情况下，这一变形小到可以忽略不计，其对梁的承载特性的影响可以不去研究。

另一方面，对于延性连接键，当其数量较少时，会出现不可忽略的相对变形。比如带头铆钉连接键（以及牛腿形连接键）在空心肋压型钢板或者梯形截面压型钢板中按容许键销度的下限 40% 配置时，它们肋形的几何断面使锚固区域的柔性进一步增加，这样的结合作用就不再是完全的，其极限承载力可以借助于部分结合理论进行检算（见 4.7.8）。但在正常使用极限状态下，连接键的延性导致钢梁承受更大的荷载并由此导致较大的变形。在桥梁结构中，连接键的数量通常情况下要达到以下要求：根据相应的剪切力来配置；在结合缝处实际不出现滑移。

在有些情况下，与刚性连接键相比，延性连接键很实用。比如它可以使连接键的力在一定范围内（在剪力检算时截取）完全地进行调整，同时在收缩荷载及钢梁与混凝土板之间温度差异荷载作用下，不出现单个的集中剪力。对于静定结构，收缩应力与温度应力是一个自应力状态，在等截面结构中它是不变的，所以在结合缝中不出现分散的剪力。相反，在梁的端部，在钢梁和混凝土板之间存在一个结合力（见第 5.3 节收缩计算模型）。事实上它涉及的是翼缘板内力的传递问题，而在梁端，翼缘板还没有完全起作用，为此才有众所周知的剪力分布图，在计算中也是这样设定的（在长度方向选择板的有效宽度）。在横截面骤变处以及混凝土板内预应力筋的锚固范围内存在小的集中剪力，在这些情况下，连接键的延性可以为局部出现的剪力提供较好的分布。

在任何情况下，连接键的延性导致钢梁中的轴力与剪力的降低以及弯矩的增加。有个桥梁的例子（Rodenkirchen 桥），在当时的情况下设想钢桁梁不连续连接，以使混凝土翼缘板内压力均匀，所以至少要完全取消一些区段的连接键，这样便出现了不连续的结合。这也是有用的，比如连续梁中间支座处，为了“削减”该处的弯矩峰值，混凝土板成为一个受拉条带，其受力是均匀的，这样裂缝均匀且宽度小，这样在一个比较长的受拉范围内获得比较好的变形性能（截面转动能力）。

在人们使用常规的结合特征、借助于功能强大的计算程序对延性结合进行计算时，利用恒定弹簧钢度的线弹性结合计算仍然在使用，参见文献 12[1]～12[3]。如果这种均匀的结合连接的弹簧常数为 $c$(kN/cm$^2$)，在位置 $x$ 处的剪力为 $T(x)$(kN/cm)，该处钢梁和混凝土翼缘板之间的相对弹性滑移为 $\delta=T(x)/c$(cm)，见 5.2.5。

根据霍伊申（Hoischen）的理论[5.2]，该问题的微分方程为：

$$\frac{\mathrm{d}^2 N}{\mathrm{d}x^2}-\omega^2\cdot N+\gamma\cdot M=0 \tag{5.142}$$

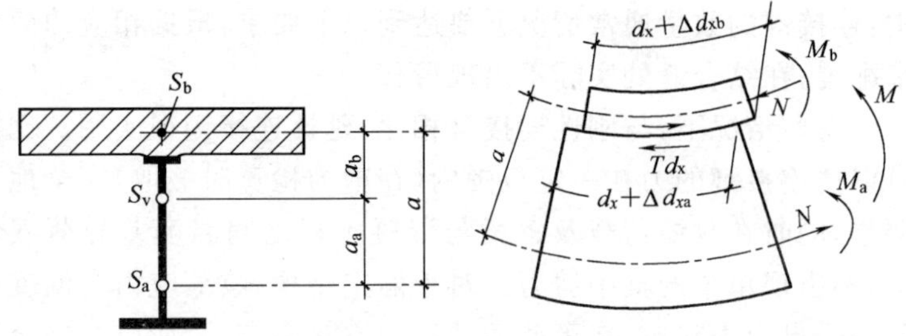


图 5.25　单元微分方程的推导

式中

$$\omega^2=\frac{a\cdot I_{i,0}}{a_b\cdot E_b\cdot A_b(I_{b,r}+I_a)}\cdot c \tag{5.143}$$

$$\gamma=\frac{a}{E_a(I_{b,r}+I_a)}\cdot c \tag{5.144}$$

$$I_{b,r}=I_b/n_0 \tag{5.145}$$

部分计算结果显示在图 5.26～图 5.28 中,它们以文献[5.2]的结果为基础得到,适合于结合缝线弹性和材料特性线弹性的情况。这些图标可以用来快速估算弹性状态下的延性连接键在结合梁中的影响。如果需要额外考虑收缩徐变的作用,根据扎特勒(Sattler)的文献[5.3],在计算截面惯性矩时要忽略混凝土部分。

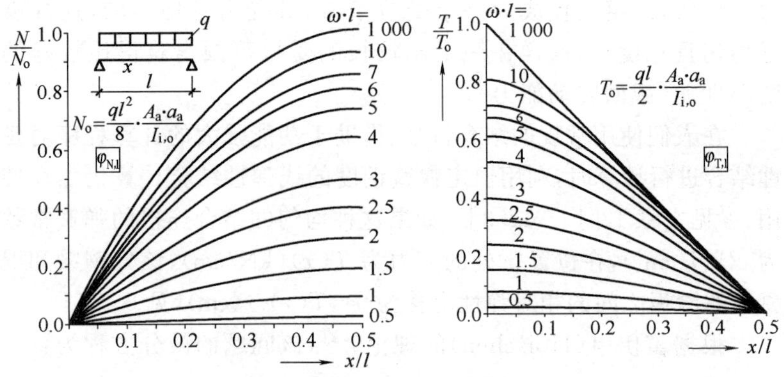


图 5.26　均布荷载作用下的轴力和剪力

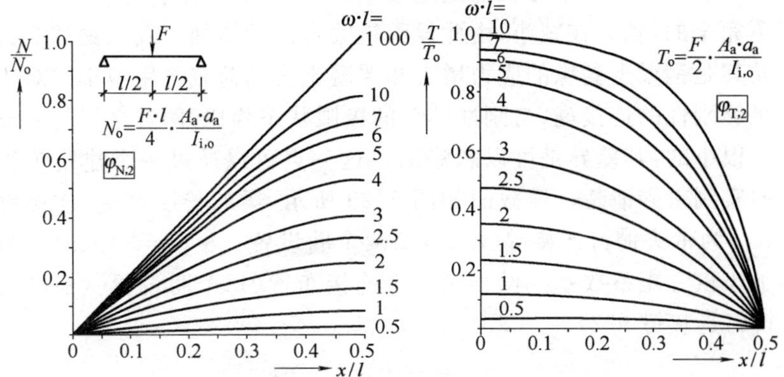


图 5.27 跨中集中荷载作用下的轴力和剪力

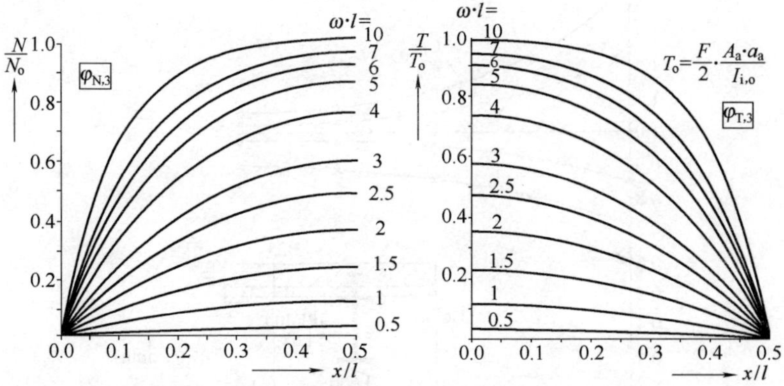


图 5.28 温度、收缩和预应力作用下的轴力和剪力

弯矩总和由如下式中几部分组成：

$$M=M_a+M_b+N\cdot a \tag{5.146}$$

并在横断面内根据各部分相应的刚度，分成以下部分：

$$\frac{M_a}{E_a\cdot I_a}=\frac{M_a}{E_b\cdot I_b}=\frac{M-N\cdot a}{E_a\cdot I_a+E_b\cdot I_b} \tag{5.147}$$

如果混凝土板内的弯矩忽略不计的话，经常以下式表示：

$$M_a=M-N\cdot a \tag{5.148}$$

以上最后一个方程清楚地显示出，对于延性结合，共同作用是不完全的，轴力在减小，由此导致钢梁弯矩的增加以及钢梁的应力尤其是钢梁上翼缘的应力增大和混凝土内的荷载作用减小。对于足够刚性的连接键，与刚性结合的极限状态相比，两者之间的差异是很小的，其差异是可以忽略的。这一点可以通过一个建筑工程的实例来弄清楚。横截面如图 5.29 所示，梁的长度可变，连接键($c_1$)为带头铆钉连接键($\phi$22)，每两个肋设置一根($e=30$ cm)。为了比较弯矩系数 $\varphi_{Ma}$，给出第二个连接布置(每个肋设置一根带头铆钉连接键 $\phi$22)。

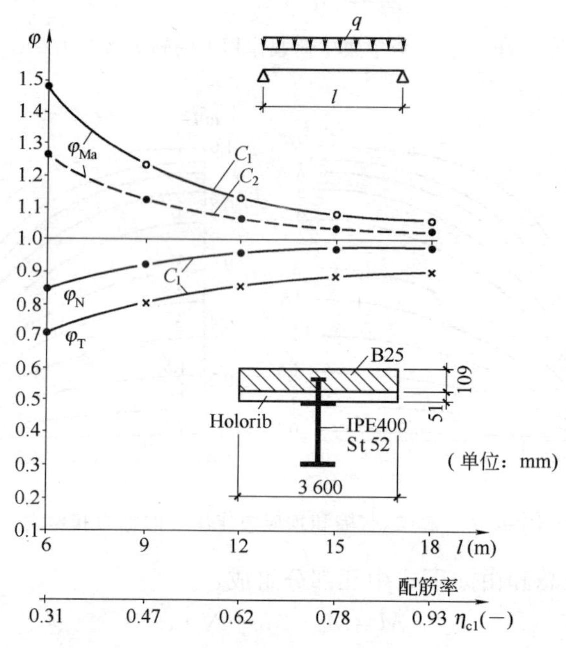


图 5.29　建筑结构的应用实例

图 5.29 中没有表示出钢梁的弯矩 $M_a$、剪力 $T$ 和轴力 $N$，而是表示出它们与刚性结合情况下对应量(下标为"0")比值的最大值：

$$\varphi_{N}=N/N_{0};\varphi_{T}=T/T_{0};\varphi_{Ma}=M_{a}/M_{a0} \tag{5.149}$$

这里清楚地显示出，连接的延性尤其是小跨度时连接的延性与刚性比具有显著的差异。钢梁在很小的跨度下配置较少的连接键时，延性结合受力比刚性结合情况下大，差值可以达到50%（$c_1$），所以会影响挠度，梁端部连接键的受力将减少近30%。图5.29也显示，随着结合缝处连接键数量及刚度的增加，与刚性结合的差异迅速减少。由于带头铆钉连接键的变形小，所以在静力计算中没有考虑，这在桥梁结构中尤为明显。

为了考虑弹性状况下的延性连接键，可以使用以下刚度：具有连续结合缝的混凝土板内的单个带头铆钉连接键 $\phi$19 或 $\phi$22 时：

$$\bar{c}=3\,000/3\,500(\text{kN/cm})$$

压型钢板（空心肋或类似压型钢板）混凝土板内的单个带头铆钉连接键 $\phi$22 时：

$$\bar{c}=1\,500/2\,000(\text{kN/cm})$$

例如，如果每连续延米设置了10个 $\phi$22 的带头铆钉连接键，则连接键的刚度为：

$$c=3\,000\times10\times\frac{1}{100}=300(\text{kN/cm})$$

## 5.8 振动特性

这里所说的振动主要是指人类活动引起的振动，其中，在生产过程中引起的振动主要由机械产生。

人类引起振动的原因如：行走、跑步、蹦跳或者跳舞等，这些振动会让人们不舒服。它们虽然不会损伤正常的使用功能，但是它可以损坏一些次要构件，如窗户和墙面等。

人类活动引起的楼板振动的强度，首先取决于楼板（或构件）的自振频率与激振源频率的比。除了基础频率外，更高的频率（对于办公室建筑为第3振型）也可能起控制作用。

在表述因人类活动而引起的激振频率的同时，还需要描述的一个重要参量就是结构构件的自振频率。它取决于计算体系、跨度、抗弯刚度及其分配(表 5.13):刚度越大、自振频率越高、出现危险振动的机会越小。为了避免高频的速度和加速度,前提是采取措施避免共振发生,此外,以下方法也属于有效措施之列:

- 进一步增加构件的刚度;
- 提高阻尼;
- 条件许可时安装减振器。

以下影响也可以使结构变得刚劲,例如由于铰支撑事实上不是理想的铰而是被夹紧的,因此在振动过程中应变比理想状态要小;阻尼作用以及大多数情况下改扩建工程中(覆盖层、隔离墙或类似情况)的措施;结合缝中的摩擦和混凝土内裂缝之间相互作用等。与桥梁或钢烟囱比,在楼层结构中使用减振器的算是例外。

**表 5.13 欧洲规范 EC 3 推荐的屋盖振动限制值**

| 构　　件 | 最小自振频率 $f_e$ (Hz) | 总挠度 $\delta_1+\delta_2$ (mm) |
|---|---|---|
| 屋盖:长期有人走动(办公及居住建筑); | ≥3 | ≤28 |
| 屋盖:有节奏跳动或舞蹈(体操及舞蹈大厅) | ≥5 | ≤10 |

实际阻尼根据所谓的自由振动试验来确定。由于振幅随阻尼成指数下降,所以能够用两个相邻振动振幅 $x_n$ 和 $x_{n+1}$ 的比值来确定对数增量 $\delta$,它与阻尼系数 $\xi$ 通过下式联系在一起:

$$\delta = l_n \cdot \frac{x_n}{x_{n+1}} \approx 2\pi \cdot \xi \tag{5.150}$$

关于自振周期,可以通过振动敏感性的简单计算来进行粗略估算,由此就可以得到在该建筑内生活或长期工作的人们能否感到舒适的第一个结果。表 5.13 给出了欧洲规范 EC 3 对自振频率限制的推荐值,最小不应小于 3 Hz、5 Hz,该值大于走路和普通的跑步频率,1.5 Hz$<f\leqslant$2.5 Hz。计算时必须考虑自重,必要时考

虑长期作用的使用荷载。

对于那些采用较低限制值的结构，在很多情况下已经出现了振动的迹象，通过对强迫振动的计算，可以计算重要情况下的振动速度和振动加速度。更进一步的评论参见 DIN 4150 或 VDI 指导原则 2057。巴赫曼（Bachmann）和阿曼（Ammann）在文献[5.30]中也给出了限制值，但有些高，比如要求结合结构的值 $f_e \geqslant (7.5 \sim 8.5)$ Hz。执行这一提高了下限的限制值，可能是因为被研究结构中的人需要更高的敏感度并且长时间处于其中，或者被研究结构具有较小的阻尼和没有镶入式的辅助构件等，禁止出现不容许的人类诱导振动。实际上建筑物表现出很大的阻尼，如人行天桥，其地板铺装、表面装饰、墙面单元、隔离墙和外加构件等可以消耗能量。所以前面给定的那些重要数值，如果要遵从则需要采取一些辅助措施，但这些数值并不一定要执行。

$$f_e = \frac{\alpha}{2\pi \cdot L^2} \cdot \sqrt{\frac{EI}{m}}$$

式中 $f_e$——自振周期；

$m$——单位长度质量；

$EI$——抗弯刚度（含 $n_0$）；

$\alpha$——基础周期的系数；

$L$——跨度。

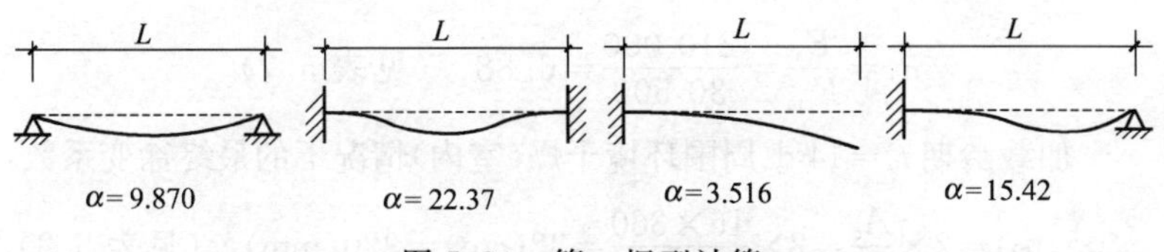


图 5.30 第一振型计算

在对连续楼板进行草拟设计时，了解阻尼的大小和其影响的准确性是很重要的，所以在制造楼板时经常使用那些常用尺寸。以图 5.31 为例，图中含有相对高的阻尼也含有较低的阻尼，这样便于确定其控制作用的自振周期。

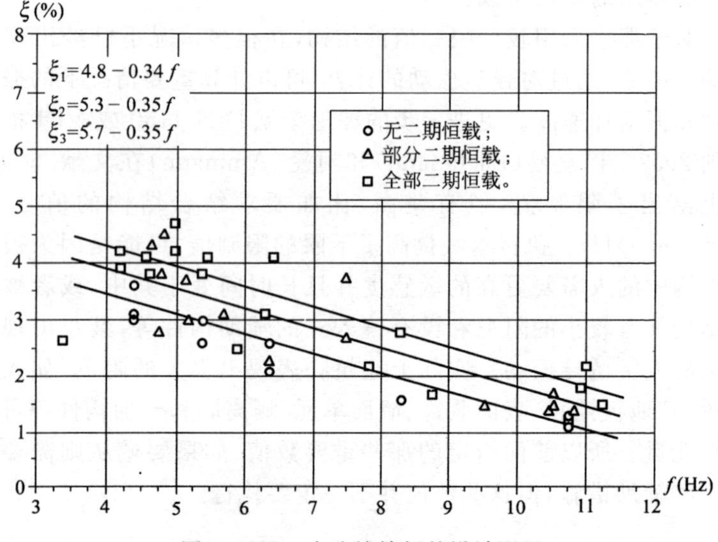


图 5.31　一个连续楼板的设计阻尼

## 5.9　算例:结合梁正常使用状态

### 5.9.1　变形、应变和振动机理

在 4.9.1 中设计的结合梁,在这里研究其正常使用状态。

#### 5.9.1.1　截面参数

折减系数:短期荷载与长期荷载在时间点 $t=0$ 时:

$$n_0=\frac{E_a}{E_{cm}}=\frac{210\ 000}{30\ 500}=6.88 \quad (\text{见表 5.7})$$

加载龄期 $t_0=14$ d、周围环境干燥(室内)情况下的最终徐变系数:

$$\varphi(\infty,\text{to})=2\times\frac{A_c}{u}=2\times\frac{16\times 360}{360}=32(\text{cm})=320(\text{mm}) \quad (\text{见表 5.3})$$

压型钢板阻止混凝土板下侧干燥,最终徐变系数为 $\varphi(\infty,\text{to})\approx 2.7=\varphi$

所以折减系数计算如下:

$$n_{A,L}=n_0(1+\psi_{A,L}\cdot\varphi)$$

式中 $\psi_{A,L}$ 为徐变系数。

稍作简化：$\psi_{A,B}\approx1.10$（恒定的长时间作用荷载，见表 5.6）

$\psi_{A,S}\approx0.55$ （收缩）

得：$n_\varphi=6.88\times(1+1.1\times2.7)=27.3$（长期荷载下的徐变）

$\approx4n_0$

$n_S=6.88\times(1+0.55\times2.7)=17.1$ （收缩）

$\approx2.5n_0$ （见表 5.7）

横截面值如下：

$$A_a=98.82\ \text{cm}^2$$

$$I_a=33\ 740\ \text{cm}^2$$

$$A_c=3\ 270\ \text{cm}^2$$

$$I_c=3.237\ 6\ \text{cm}^2\cdot\text{m}^2$$

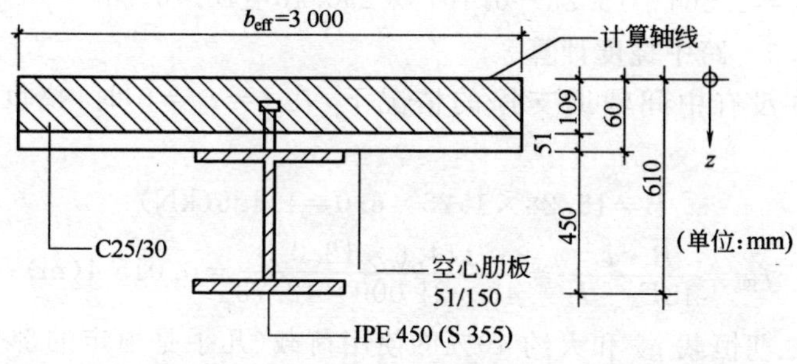


| 部分 | $A_i$ (cm²) | $\bar{z_i}$ (cm) | $A\cdot\bar{z_i}$ (cm²·m) | $A\cdot\bar{z_i}^2$ (cm²·m²) | $I_{自身}$ (cm²·m²) | $I$ (cm²·m²) |
|---|---|---|---|---|---|---|
| ①<br>② | 98.82<br>475.3 | 0.385<br>0.055 | 38.05<br>26.14 | 14.65<br>1.44 | 3.374<br>0.471 | $t=t_0=0$<br>$n_0=6.88$ |
| Σ | 574.12 | 0.112 | 64.19 | 16.09 | 3.845 | $I_{i0}=12.73$ |
| ② | 119.69 | 0.055 | 6.59 | 0.362 | 0.118 5 | 徐变<br>$t=\infty$<br>$n_\varphi=27.3$ |
| Σ | 218.51 | 0.205 | 44.64 | 15.01 | 3.493 | $I_{i\varphi}=9.32$ |
| ② | 191.33 | 0.055 | 10.52 | 0.578 | 0.185 9 | 收缩<br>$t=\infty$<br>$n_S=17.1$ |
| Σ | 290.15 | 0.167 | 48.57 | 15.23 | 3.564 | $I_{iS}=10.70$ |

理想截面的重心轴位置：

$$\bar{z}_s=\frac{\sum A_i\bar{z}_i}{\sum A_i}$$

理想截面的惯性矩：

$$I=\sum I_{自身}+\sum A_i\bar{z}_i^2-\bar{z}_s^2\cdot\sum A_i$$

$$n_0=6.88：\bar{z}_s=\frac{64.19}{574.12}=0.112(\mathrm{m})$$

$$I_{i0}=3.845+16.09-0.112^2\times574.12=12.73(\mathrm{cm^2\cdot m^2})$$

$$n_\varphi=27.3：\bar{z}_s=\frac{44.64}{218.51}=0.205(\mathrm{m})$$

$$I_{i\varphi}=3.493+15.01-0.205^2\times218.51=9.32(\mathrm{cm^2\cdot m^2})$$

$$n_S=17.1：\bar{z}_s=\frac{48.57}{290.15}=0.167(\mathrm{m})$$

$$I_{is}=3.564+15.23-0.167^2\times290.15=10.70(\mathrm{cm^2\cdot m^2})$$

**5.9.1.2 跨中挠度计算**

在没有中间辅助支撑的情况下，在 $t=t_0=0$ 时，挠度计算如下：

$$B=15.28\times1.25\times6.0=114.6(\mathrm{kN})$$

$$f_{B0}=\frac{B\cdot L^3}{48E_a\cdot I_{i0}}=\frac{114.6\times12.0^3}{48\times21\,000\times12.73}=0.015\,4(\mathrm{m})$$

二期恒载 $g_2$ 和大约 40% 的使用荷载（几乎是恒定的部分）在时间点 $t=0$ 时的挠度为：

$$f_{g2,0}=\frac{5}{384}\times\frac{(7.74+0.4\times18)\times12^4}{21\,000\times12.73}=0.015\,1(\mathrm{m})$$

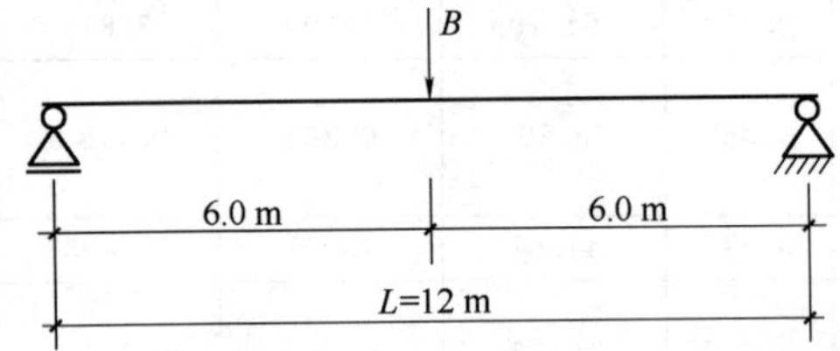


使用荷载（短时间作用，几乎是总的使用荷载的 60%）挠度为：

$$f_q=\frac{5}{384}\times\frac{0.6\times18\times12^4}{21\ 000\times12.73}=0.011(\mathrm{m})$$

因取消辅助支撑，在时间点 $t=\infty$ 时的徐变挠度为：

$$f_{B\infty}=0.015\ 4\times\frac{12.73}{9.32}=0.021(\mathrm{m})$$

二期恒载 $g_2$ 和长期荷载(40%的使用荷载)在时间点 $t=\infty$ 时的挠度为：

$$f_{g2,\infty}=0.015\ 1\times\frac{12.73}{9.32}=0.021(\mathrm{m})$$

收缩在时间点 $t=\infty$ 时引起的挠度为：

$$N_{Sch}=A_c\cdot\frac{E_a}{n_S}\cdot\varepsilon_{cS}=3\ 270\times\frac{21\ 000}{17.1}\times325\times10^{-6}$$

$$=130(\mathrm{kN})\quad(\text{见 5.3 节})$$

$$M_{Sch}=N_{Sch}\cdot z_{Sch}=1\ 306\times(0.167-0.055)=146.2(\mathrm{kN})\quad(5.62)$$

$$f_{Sch}=\frac{1}{8}\times146.2\times\frac{12^2}{21\ 000\times10.70}=0.012(\mathrm{m})$$

时间点 $t=\infty$ 时的最大挠度为：

$$f_{max}=f_{B\infty}+f_{g2,\infty}+f_{Sch}+f_q=0.021+0.021+0.012+0.011$$

$$=0.065(\mathrm{m})$$

在对梁浇注混凝土之前，至少应该对 $t=0$ 时的恒载挠度(最好连同记入由长期作用的荷载组合引起的挠度)设预拱度如下：

$$f_0=f_{B0}+f_{g2,0}=0.015\ 4+0.015\ 1\approx0.03\ \mathrm{m}$$

这样，最终状态下相对于计算中轴线的挠度只有：$f_{max}=0.065-0.03=0.035$ m，这只有 $L/343$，满足表 5.12 的要求。

因徐变而引起的挠度为：

$$f_k=f_{B\infty}-f_{B0}+f_{g2,\infty}-f_{g2,0}=0.021-0.015+0.021-0.015$$

$$=0.012\ \mathrm{m}$$

在拆除辅助支撑和完成二期恒载加载后，在短期使用荷载作用下，考虑混凝土的长期效应，会出现以下的额外挠度：

$$\Delta f=f_k+f_{Sch}+f_q=0.012+0.012+0.011=0.035(\mathrm{m})$$

如果事先没有考虑到这一变化的、随时间延长而增加的挠度的话，在改扩建或二次装修时可能会导致损坏。

**5.9.1.3** 正常使用极限状态下的跨中应力

对于建筑结构中结实的结合梁，不要求作应力检算，但这里还是讲解以下应力的计算过程。此外可以借助于最大值来判断：梁在正常使用极限状态下是否处在弹性状态。正如人们所知道的，结构钢 S 355(Fe 510)制成的钢梁在下翼缘处的屈服强度是不够的。

- 在计算时一定要注意，荷载是否作用在钢梁(有没有辅助支撑)或结合梁上；
- 检算钢梁在浇注混凝土工况下的承载力时，要考虑额外的施工荷载(在本例中没有作这一检算)。

跨中应力可以根据表格作如下计算：

a)浇注混凝土后钢梁中的应力(考虑混凝土浇注过程中的施工荷载)：

$$M_a = -g_1 \frac{L^2}{2}/8 = -15 \times 28 \times \frac{6^2}{8} = -68.76(\text{kN}\cdot\text{m})$$

$W_a = 1\ 500\ \text{cm}^3$(IPE 450 的弹性抵抗矩)

$$\sigma_a = \pm 6\ 876/1\ 500 = \pm 4.58(\text{kN/cm}^2)$$

b)结合梁跨中承受如下弯矩：

$$M_B = B \cdot \frac{L}{4} = 343.8\ \text{kN}\cdot\text{m}$$

$$M_{g2} = (7.74 + 0.4 \times 18) \times \frac{12^2}{8} = 268.9(\text{kN}\cdot\text{m})$$

$$M_q = 0.6 \times 18 \times \frac{12^2}{8} = 194.4(\text{kN}\cdot\text{m})$$

c)考虑徐变和收缩(与徐变同时作用)情况下结合梁中的应力($\sigma_a$——钢梁下翼缘的应力；$\sigma_b$——混凝土板上边缘的应力)：

$$t=0\begin{cases}\sigma_a = \dfrac{M_{g+q}}{I_{i0}} \cdot z_{i0} \\ \sigma_b = \dfrac{M_{g+q}}{I_{i0}} \cdot \dfrac{z_{i0}}{n_0}\end{cases}$$

$$t=\infty\begin{cases}\sigma_a=\dfrac{M_g}{I_{i\varphi}}\cdot z_{i\varphi}+\dfrac{M_q}{I_{i0}}\cdot z_{i0}-\dfrac{N_{Sch}}{A_{is}}+\dfrac{M_{Sch}}{I_{is}}\cdot z_{Sch}\\ \sigma_b=\dfrac{M_g}{I_{i\varphi}}\cdot\dfrac{z_{i\varphi}}{n_\varphi}+\dfrac{M_q}{I_{i0}}\cdot\dfrac{z_{i0}}{n_0}+\dfrac{N_{Sch}}{A_c}-\dfrac{N_{Sch}}{A_{is}}\cdot\dfrac{1}{n_s}+\dfrac{N_{Sch}}{I_{is}}\cdot\dfrac{z_{Sch}}{n_s}\end{cases}$$

d)应力汇总：

| $\sigma_a$(kN/cm²) | $\sigma_b$(kN/cm²) | 作　用 | 时间点 |
|---|---|---|---|
| −4.58 | | 浇注混凝土后、拆除支撑前(荷载 $q_1$) | $t=0$ |
| 13.44 | −0.44 | $M_B$(拆除支撑) | |
| 10.52 | −0.34 | $g_2+0.4q$(长期荷载) | |
| 7.60 | −0.25 | $0.6q$(可变荷载) | |
| 26.98 | −1.03 | $\sum g_1+g_2+q$ | |
| 14.89 | −0.28 | $M_B$(拆除支撑) | $t=\infty$ |
| 11.69 | −0.22 | $g_2+0.4q$(半长期荷载) | |
| 7.60 | −0.25 | $0.6q$(活载) | |
| 1.56 | 0.01 | 收缩 | |
| 31.16 | −0.74 | $\sum g_1+g_2+q+s$ | |

#### 5.9.1.4　振动性能

结合梁的振动敏感性是根据第一自振周期来估计的：

$$\omega=\frac{\pi^2}{L^2}\sqrt{\frac{E_a\cdot I_{i0}}{m}}$$

通过质量分配 $m=g/9.81$ 和长期作用荷载部分：

$$g=15.28+7.74=23.02(\text{kN/m})$$

$$\omega=\frac{\pi^2}{12^2}\sqrt{\frac{21\,000\cdot 12.73}{23.02/9.81}}=23.13(1/\text{s})$$

$$f=\frac{\omega}{2\pi}=\frac{23.13}{2\pi}=3.68>3(\text{Hz})$$

对楼板屋盖，在通常使用荷载作用下，该频率值满足要求。

### 5.9.2　最小配筋和裂缝宽度限制

本节中钢结合梁的裂缝宽度限制检算根据 4.9.3 中的设计实

例进行，它为室内建筑结构梁，根据表 5.8，划分为环境等级 1。

首先，最小配筋率要满足在形成第一条裂缝时配筋不屈服；

然后才是计算裂缝宽度限值 $w_k=0.3$。

这里要求钢筋在计算应力下，其直径不超过表 5.9 中的限制值。

**5.9.2.1** 计算混凝土板中的最小配筋率

混凝土翼缘板的最小配筋率根据下式计算确定：

$$A_s \geqslant k \cdot k_c \cdot \frac{f_{cte} \cdot A_{ct}}{\sigma_{St}} \tag{5.151}$$

式中

$$k=0.8;k_c=\frac{1}{1+\frac{h_c}{2z_0}} \geqslant 0.7; \quad h_c=160-51=109(\text{mm}) \tag{5.152}$$

$$z_0=109/2-120.3 \approx 11(\text{mm})$$

$$k_c=\frac{1}{1+\frac{109}{2 \cdot 11}}=0.17<0.7$$

$$f_{cte}=3\text{MPa}$$

$$A_{ct}=100(16-5.1)=1\ 090(\text{cm}^2/\text{m})$$

$$\sigma_{St}=360\text{MPa}(\phi 10, w_k=0.3\ \text{mm}) \quad (\text{见表 } 5.9)$$

$$\alpha_s \geqslant \frac{0.8 \times 0.7 \times 3 \times 1\ 090}{360}=5.08(\text{cm}^2/\text{m})$$

**5.9.2.2** 混凝土翼缘板的裂缝宽度检算

针对限制裂缝宽度的配筋计算，考虑荷载大小(荷载不考虑收缩影响，这在建筑工程中对于结合梁截面等级 1～3 的情况是常见的)：

$$\sigma_s=\sigma_{se}+\frac{0.4 f_{ctm} A_{ct}}{\alpha A_s} \tag{5.139}$$

$\sigma_s$——板内纵向配筋的应力，考虑裂缝之间混凝土的作用；

$\sigma_{se}$——在状态 II 下上层配筋的应力。

正常使用极限状态下梁内的荷载为：

$$g_k+q_k=17.8+18=35.8(\text{kN/m})$$

在该算例中，裂缝宽度限制是根据总的使用荷载简化计算的。

类似于 4.9.3.3，在全部正常使用荷载作用下的支座弯矩为：

$$M_{St}=X_1=-\frac{35.8\times10.8^2}{8}\times\frac{0.89+0.11\times2.84}{0.61+0.39\times2.84}$$

$$=-365.3(\text{kN}\cdot\text{m})$$

$$I_{St}=31.58\times10^3(\text{cm}^4)$$

配筋与弹性中性轴之间的力臂 $a_b$ 为：

$$a_b=\bar{z}_s-c=29-3.5=25.5(\text{cm})\quad(见 4.9.3.2)$$

配筋中的应力为：

$$\sigma_{se}=\frac{36\ 530}{31.58\times10^3}\times25.5=29.4(\text{kN/cm}^2)=294(\text{MPa})$$

$$f_{ctm}=0.26\ \text{kN/cm}^2(\text{C25/30})\quad(见表 1.7)$$

$$=2.6(\text{MPa})$$

$$\alpha=\frac{A_{St}\cdot I_{St}}{A_a\cdot I_a}$$

$$A_{St}\cdot I_{St}=136.2\times3.158=430.1(\text{cm}^4\cdot\text{m}^2)$$

$$A_a\cdot I_a=124\times2.293=284(\text{cm}^4\cdot\text{m}^2)$$

$$\alpha=\frac{430.1}{284}=1.51$$

现有 $\alpha_s=9.24\ \text{cm}^2/\text{m}(\phi10,e=8.5\ \text{cm})$

考虑裂缝之间混凝土的作用时，配筋的应力得到提高为：

$$\sigma_s=29.4+\frac{0.4\times0.26\times1\ 090}{1.51\times9.24}=29.4+8.1=37.5(\text{kN/cm}^2)$$

$$=375(\text{MPa})$$

对于肋形钢板使用直径 10 mm 的配筋时，容许的最大钢筋应力为 360MPa（根据表 5.9），这里超了大约 4%。

**5.9.2.3** （外露）型钢混凝土的最小配筋

$$A_s\geqslant k\cdot k_c\cdot\frac{f_{cte}\cdot A_{ct}}{\sigma_{St}}$$

$$k=0.8$$

$$k_c=0.4$$

$$\sigma_{st}=f_{sk}=500\text{MPa}$$

$$f_{cte}=3\text{MPa}$$

$$A_{ct}\approx 30\times 31=930(\text{cm}^2)$$

$$A_s\geqslant 0.8\times 0.4\times\frac{0.3\times 930}{50}=1.8(\text{cm}^2)$$

**5.9.2.4** 关于混凝土翼缘板和(外露)型钢混凝土内配筋的小结(截面草图参见 4.9.3.2)

构件配筋(B 500 S),现有 $a_s$ 等于有效宽度 $b_{eff,s}$:$\phi 10$,$e=8.5$ cm,9.24 cm²/m 内混凝土板的限制裂缝有效宽度为 $b_{eff,s}$;$\phi 10$,$e=15$ cm,5.24 cm²/m 附近的混凝土板的最小配筋率为:

(外露)型钢混凝土 4$\phi$8/2.01 cm²(本章完)。

# 6 结 合 柱

## 6.1 概 述

以前就有人在钢结构建成后用混凝土外包层来做纯粹的钢保护层，以便获得足够的耐火时间，或者防止机动车辆撞击。对于结合柱，可以这样说明：当型钢和钢筋混凝土两者之间的连接能够保证两者作为一个柱按照设计要求共同作用，而且在计算中可以将此作为共同体考虑。

结合柱与结合梁的区别在于，一是横截面的组成不同，二是荷载类型不同。结合柱的型钢截面和非开裂部分混凝土截面的重心在同一个位置，而且以受压为主。

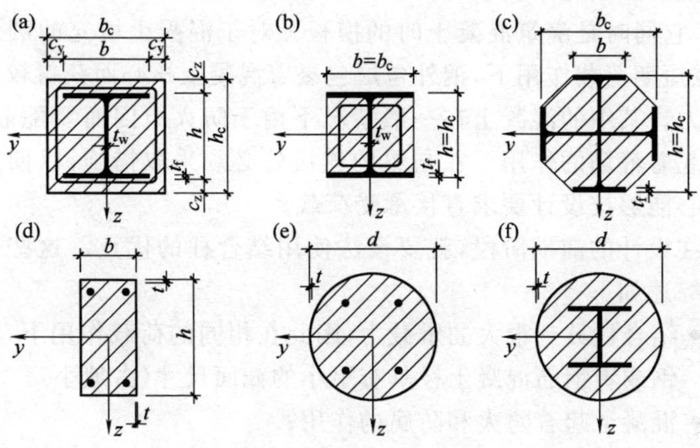


图 6.1 EC 4 示意的结合柱典型横断面

图 6.1 根据 EC 4 给出的横断面可以分成以下几类：

- 型钢完全浇筑在混凝土内；

- 型钢部分浇筑在混凝土内或型钢截面腔内浇筑混凝土；
- 空心闭合型钢截面内填充混凝土。

这几类横截面可以组合使用，当然在工程实际中，人们已经使用它们的组合了。

关于型钢完全浇筑在混凝土内的柱子，由于有足够的混凝土保护层，不需要其他的保护措施而具有较长的耐火时间，也不需要防腐。由于钢完全埋在混凝土内而不可见，所以难以连接一些因其他安排而设置的钢构件，或者需要为此设计其他额外构件，以便力的传递。

关于型钢仅部分浇筑在混凝土内的柱子，这种类型制造起来很简单，因为在浇筑型钢截面腔内混凝土时，型钢同时起着模板的作用。此外，由于型钢截面的翼缘板可见，使以后的进一步焊接成为可能，可以很容易地连接上其他的构件或改扩建等的构件，其足够的耐火时间必须通过内置配筋的混凝土覆盖层来获得。

混凝土填充的横截面可以是圆形截面型钢也可以是方形截面型钢，它同时是浇筑混凝土时的模板。对于混凝土填充的圆形钢管，在短期荷载作用下，钢外包层包裹着混凝土核心而获得较高的承载力。其中的混凝土在一般情况下由于防火原因而要配筋，钢管也起着箍筋的作用。在与梁的连接处必须采取措施，以便混凝土核心能够按设计要求直接承受荷载。

在设计的前期阶段，就要设法使用结合柱的优点。这些优点简要综述如下：

- 结合柱具有很大的承载力，因此在相同的荷载作用下，它比钢或者钢筋混凝土柱具有更小的截面尺寸(占地小)；
- 混凝土起着防火和防腐的作用；
- 结合柱的刚度比钢柱的刚度大很多；
- 连接用的扣件可以与钢结构的连接键一起设置；
- 结合柱可以整体预制，或者先预制型钢部分后在现场浇筑混凝土外包层，或者先预制钢管后在现场填充混凝土，安装速度快；

- 在地震荷载或者其他动荷载作用下具有更好的性能，尤其是与钢筋混凝土柱相比具有更好的延性。

图 6.2～图 6.5 中示意性地显示了一些房屋结构中的例子。在楼层结构中，经常采用加劲的结构，比如采用实心核以承担水平荷载和对结构进行加强。结合柱的纵向弯曲长度根据楼层高来确定，对于受压构件，这样的柱子大多属于中等长细比。如果没有对其进行准确的计算，就必须考虑材料的弹塑性，二阶理论的影响（变形与作用力占同样比重）和轴线的原始缺陷应尽可能地化简并取安全的近似方法加以考虑。

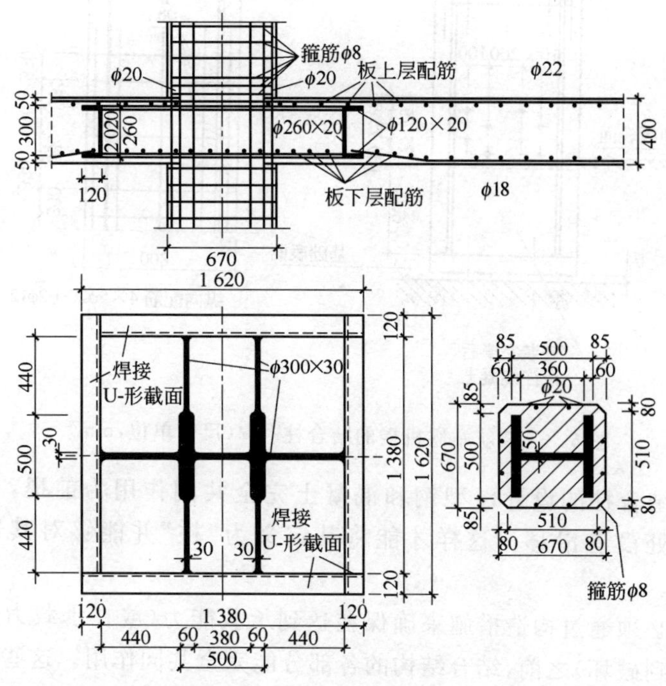


图 6.2　带 Geilinger（钢蘑菇）的结合柱（单位：mm）

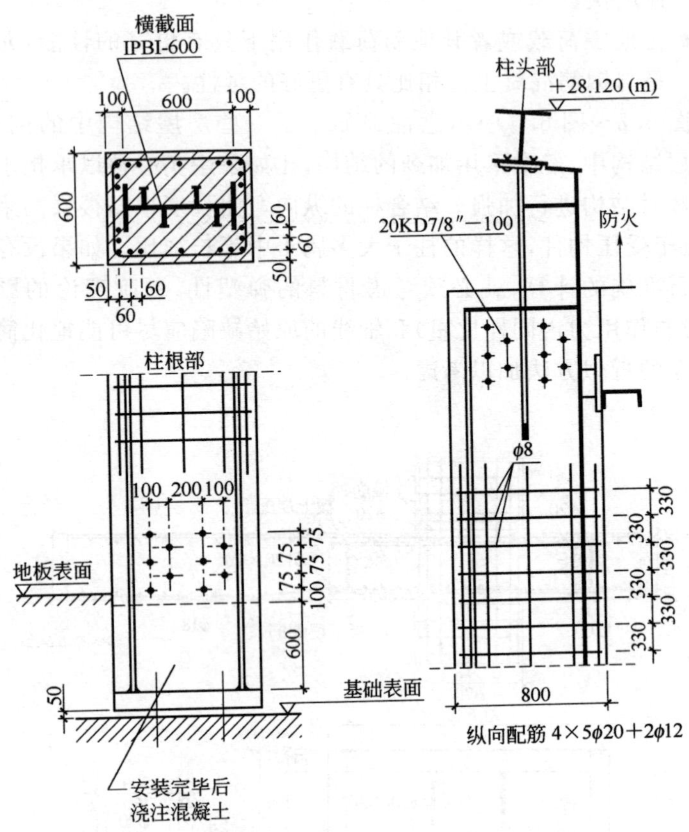


图 6.3　某航站候机楼的结合柱[6.11]（尺寸单位：mm）

结合柱的设计以型钢和混凝土完全共同作用为前提，在结合缝处没有滑移。这样才能将其定义为“柱”并能够对其进行计算。

必须通过构造措施来确保在达到承载能力（或在承载力试验中达到破坏）之前，结合结构的各部分能完全共同作用。这些措施包括：整个结合缝内摩擦和黏结力（尤其在弯矩荷载作用下）起作用、在柱的端部和传力区间设置连接键，此外，不可忽略的还有外

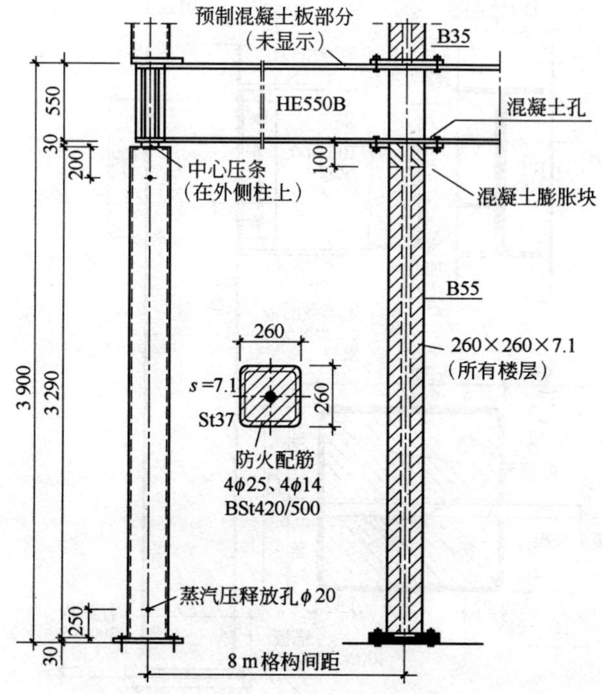


图 6.4　Bottrop 城市大厅——混凝土填充的圆型钢管结合柱[6.7]
（单位为 mm，已标注者除外）

露部分钢构件的局部屈曲和混凝土外包层剥落。为此，在浇注混凝土时应在型钢的周围设置足够的紧凑的箍筋，尤其在力的传递区域内。

欧洲规范 EC 4 的 4.8 适用于侧向加劲结构中的结合柱，具体为：

- 受压的结合结构，即使是侧向加劲或不能侧移的框架结构中的整体构件，但认为可以将其分出来并按单独柱来设计；
- 事实上就是单独的柱，并满足“侧向加劲”的条件。

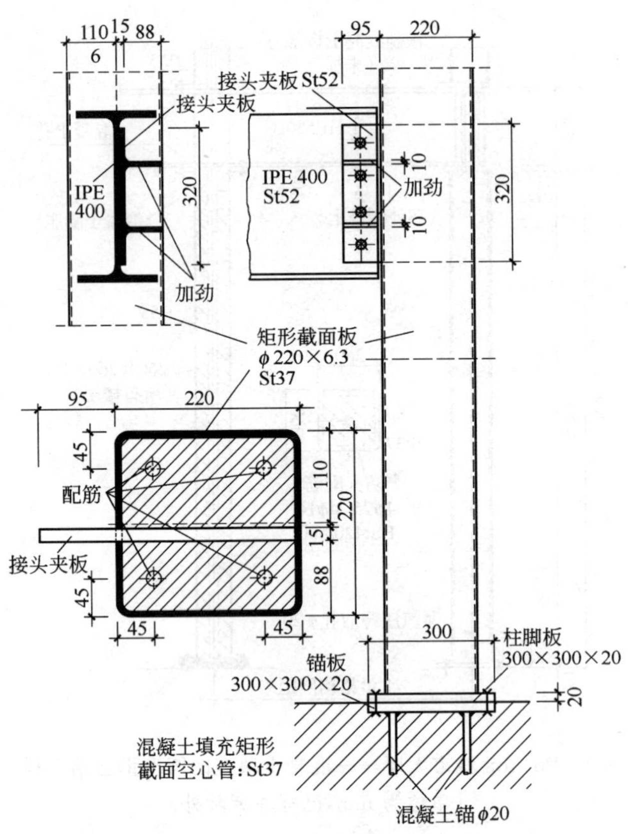


图 6.5 某维修车间混凝土填充的空心钢管(单位:mm)

## 6.2 承载能力极限状态

### 6.2.1 概 述

对于受弯压荷载作用的柱,要对其进行检算,并考虑弯折危险。欧洲规范 EC 4 提供两种设计方法如下:

- 根据 4.8.2 提供的精确计算法,该法也适用于非对称截面或沿柱子长度方向变横截面的柱子;
- 根据 4.8.3 提供的简化计算法,该法适用于双向对称截面或沿柱子长度方向等横截面的柱子；对于横截面单向对称的柱子，附录D对其设计方法作了补充。

第一种方法“精确计算法”，必须考虑混凝土种的裂缝及材料的弹塑性特征、几何及构造缺陷、二阶理论等的影响。同时需要检算，在承载能力极限状态最不利荷载组合作用下，柱子是稳定的。此外还要保证任何横截面在弯压作用下不超过其承载力，为此需要限定相关应变（整个横截面的应变线性分布）。因该方法的计算很麻烦，所以需要功能强大的计算程序等辅助手段。

第二种方法“简化计算法”是一种简化的近似方法，在此后的描述中只需一个步骤，设计过程可以不借助于计算机。该方法以欧洲的弯折应力曲线为基础，将其作为单纯的柱来处理，也作为结合柱的设计曲线。如果不满足相应的结合前提条件或不满足使用限制条件，那么只能使用以上所说欧洲规范EC 4的4.8.2给出的精确计算法。

此外，以下检算必须满足：

- 外露部分钢的局部屈曲检算；
- 结合缝的抗剪承载能力检算；
- 结合柱中力按设计要求传递检算；
- 极限剪力检算。

### 6.2.2 精确计算法

在承载能力的精确计算方法中，考虑了原始缺陷、变形对平衡的影响（二阶理论）以及由于钢梁横截面的塑性和混凝土中的裂缝引起的整体刚度降低。混凝土的材料特性用抛物线—矩形图形，型钢和配筋的材料特性用双线形材料特征图形。

图6.6清晰描述了一个由贝尔格曼（Bergmann）计算的麻烦但是有用的例子[6.8]。

### 6.2.3 局部屈曲

如果满足以下条件，针对局部屈曲的检算可以忽略（符号意义

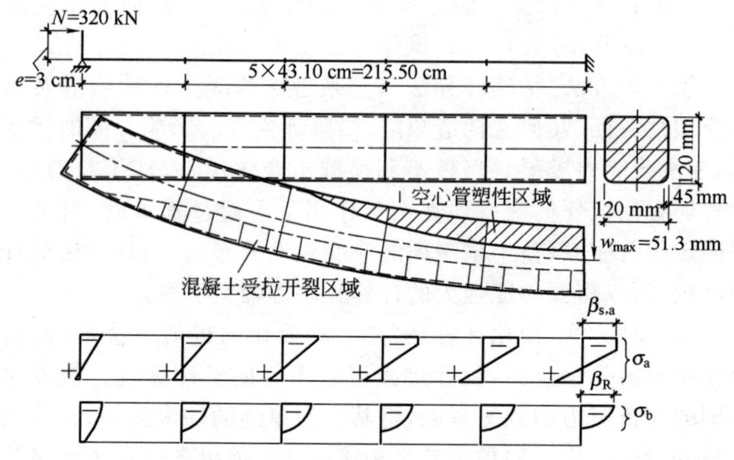


图 6.6　承载力精确计算实例[6.8]

同图 6.1)。

- 混凝土填充的圆管　$d/t \leqslant 90\varepsilon^2$　(6.1)
- 混凝土填充的方形空心型钢　$h/t \leqslant 52\varepsilon$　(6.2)
- 局部浇筑在混凝土内的 I 型钢　$b/t_f \leqslant 44\varepsilon$　(6.3)

$$\varepsilon = \sqrt{\frac{235}{f_y}} \tag{6.4}$$

该限值根据横截面等级 2 的基础数据计算得来,这意味着横截面的抗力虽然可以根据塑性理论进行计算,但截面内力必须根据弹性理论进行计算。

对于完全浇筑在混凝土内的型钢截面,不需要检算局部屈曲,但要保证混凝土的最小厚度,以免混凝土脱落。翼缘板处混凝土厚度 $c_z \geqslant 40$ mm 或者翼缘板宽度的 1/6。

### 6.2.4　结合缝内的剪切

结合缝处型钢和混凝土之间的剪切承载力通过结合应力实现,它由钢和混凝土接触面处的摩擦力以及必要时设置的力学连接键来保证,并且不出现显著的滑移。

**表 6.1 混凝土最小厚度**(在此条件下不会发生局部屈曲)

| 图 6.1 中的截面类型 | 钢的种类 | | | |
|---|---|---|---|---|
| | Fe 360 | Fe 430 | Fe 510 | Fe 460 |
| 混凝土填充的圆形空心型钢 | 90 | 77 | 60 | 46 |
| 混凝土填充的方形空心型钢 $b/t$ 或 $h/t$ | 52 | 48 | 42 | 37 |
| 部分浇筑在混凝土内的 I 型钢 $b/t_f$ | 44 | 41 | 36 | 31 |

钢和混凝土接触面处的摩擦力变异性很大,其结合力是得不到保证的,此外,混凝土部分的收缩损害两者之间的结合作用。另一方面,支座处的弯曲通过其挤压作用有助于改善剪切承载力,因此,在检算结合应力时可以采用相对较低的极限值。

- 对于型钢完全浇筑在混凝土内的截面,取 0.6 MPa;
- 对于混凝土填充的空心型钢,取 0.4 MPa;
- 对于部分型钢浇筑在混凝土内的翼缘,取 0.2 MPa;
- 对于部分型钢浇筑在混凝土内的腹板,取 0.0 MPa。

结合应力可以根据材料的弹性特征或者横截面的塑性极限承载力近似地确定,通过两个不同控制截面中(塑性极限承载力)的差异来计算。

### 6.2.5 力的传递

在柱的端部,需要在考虑结合缝处剪切强度的情况下,检算来自邻近构件的截面内力以及荷载传递,同时检算它们在型钢截面和在混凝土内的分布。

荷载和内力是这样传递的:在一个确定的荷载传递长度内,荷载分布到钢和混凝土的组合体上,就像承载能力所对应的情况一样,在钢和混凝土之间不出现明显的滑移。该剪力传递长度不应超过横截面两个方向尺寸中较小者的两倍。

在端部和传递长度范围内,通常需要设计连接键。这些连接键不仅必须使用带头铆钉连接键或块状连接键,很多合适的构件设计均可在这里使用,而且头板和脚板(图 6.4)、钢蘑菇(如图 6.2 中使用 Geilinger 体系)可以传递水平楼板中的力而不需要柱头加强、连接梁和支架等。这里重要的是,将力按设计要求传递给两个横截面部分(参见图 6.5 中穿透的节点板)。这一点必须也适用于正常使用极限状态下考虑徐变和收缩的情况:在正常使用极限状态下,人们同样希望得到强劲的结合及在结合缝处不出现滑移,并且不必在正常使用极限状态和承载能力极限状态下检算两次。

结合柱在正常使用极限状态下,力的传递取决于所选用的构造图式,根据型钢和混凝土部分之间的剪力,原则上分为三种情况,见图 6.7。

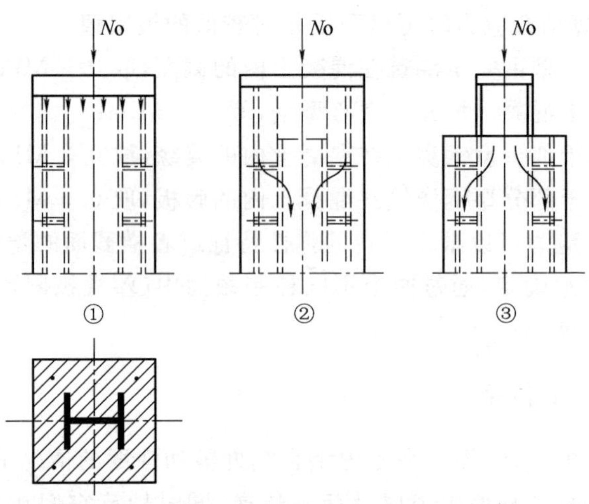


图 6.7　不同荷载传递情况下连接键的设计

情况 1:有一个很刚劲的柱头板,直接将力同时传给型钢和混凝土部分。随着时间的延长,连接键“柱头板”由于混凝土的时间效应而逐渐卸载。在型钢与混凝土之间的结合缝处可能只有因混凝土收缩引起的剪力而不存在因荷载引起的剪力。同样由于收缩和徐变,如果混凝土的压力被解除,也会导致剪切力,因在刚性柱头板下出现一条张开的裂缝,这样连接键“柱头板”就不再起作用了。

情况 2:力的传递起源于钢筋混凝土部分,分布在型钢上的力由连接键传递而来。型钢与混凝土之间的剪力在徐变和收缩完成后才出现($t=\infty$),因为随着时间推移混凝土在卸载,与此同时型钢承受更大的荷载。

情况 3:力的传递起于型钢部分,从这里开始,部分力通过连接键传递到钢筋混凝土部分。型钢与混凝土之间的剪力在时间点 $t=0$ 时出现,因为此后混凝土具有更大的刚度。

为了较快地估算正常使用极限状态下各部分的力,假设结合柱的柔度与力传递区域的构造图式无关,可以利用图 6.8 中两个曲线图。该两曲线是根据特罗斯特(Trost)的方法取松弛系数$\rho=0.8$时计算的结果。

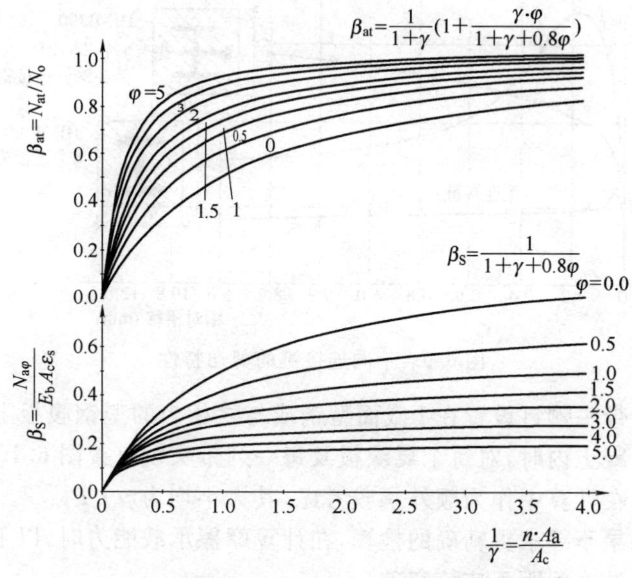


图 6.8　正常使用极限状态下考虑混凝土收缩徐变时设计连接键的辅助参数 $\beta_{at}$ 和 $\beta_s$

图表中使用了徐变系数 $\varphi$,$N_{a\varphi}$ 表示混凝土收缩(伴随收缩徐变)引起的型钢中轴力,$N_{at}$表示恒定荷载长时间作用下型钢中的轴力。对已经承载的钢柱,为了对其进行加强或改善防火时间,后期在其外围浇注混凝土时,该图表也可以用于确定混凝土覆盖层中因收缩引起的拉应力。

对于焊接在 I 截面型钢腹板上的带头铆钉,欧洲规范 EC 4 容许额外考虑因为混凝土劈开而在翼缘板内侧形成的紧压力(摩擦力)。试验显示,这一有利的承载特性,因为对于翼缘板朝外焊接的连接键甚至是块状连接键有很明显的差异,部分试验结果如图 6.9 所示。

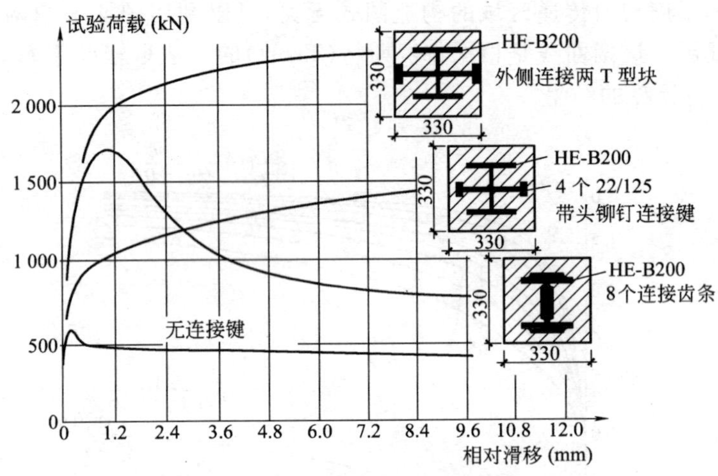


图 6.9　不同连接键的剪切特性

当带头铆钉设置在 I 截面型钢或与之相当的型钢腹板上并浇注在混凝土内时,对每个翼缘板及每一列带头铆钉按图 6.10 中对应的力在计算中作为额外承载考虑,其大小均为 $\mu \cdot P_{Rd}/2$。

如果不寻求更精确的检算,在计算摩擦承载能力时,以下翼缘板之间的净间距不应该突破:

- 一排只设置一个带头铆钉时为 300 mm;
- 一排设置两个带头铆钉时为 400 mm;
- 一排设置三个或更多带头铆钉时为 600 mm。

在任何情况下混凝土覆盖层内都必须设置箍筋，这里可以使用网格箍筋。在传力区域，箍筋要特别密和刚劲，以便承受那里出现的纵向拉力。

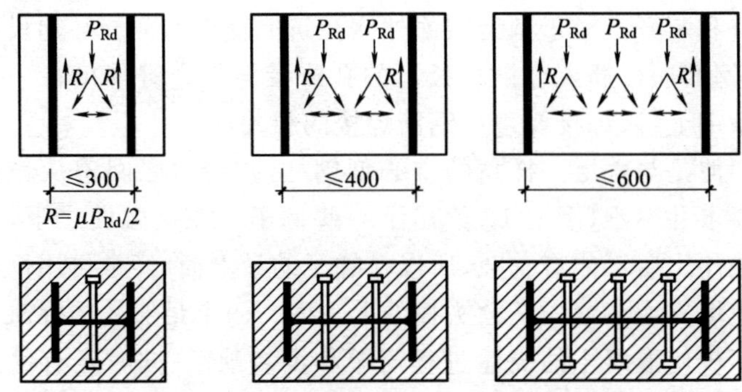


图 6.10　欧洲规范 EC 4 给出的结合柱中带头铆钉连接键

（单位：mm）

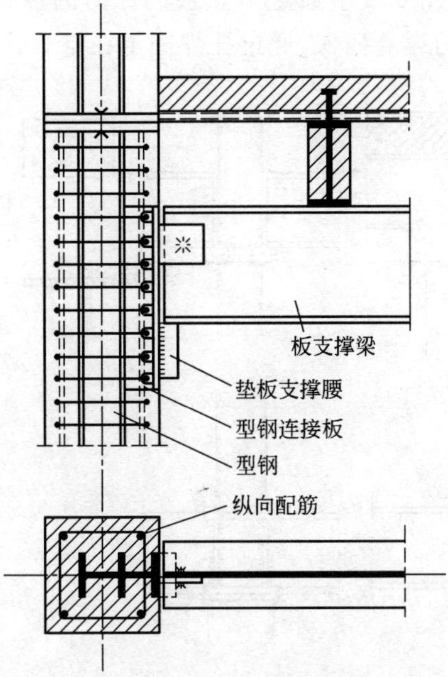


图 6.11　楼板托梁与浇筑在混凝土内的热轧型钢柱的连接

这一措施在图 6.2 和图 6.11 中也可以清楚地看到。图 6.13 中将对称 I 截面型钢设置并连接在模板内侧，模板外侧设置的钢构件部分，一定要在混凝土浇筑完成之后才能焊接，这样模板就不必开口和断开。对于型钢截面外侧浇筑混凝土的部分必须设置箍筋，该箍筋通过插入型钢腹板上的孔或者与传力键焊接在一起连接在型钢上，该焊接要遵从钢筋焊接的相关规定。

即使是与楼层一样高的空心型钢柱，在传力区间遵从连接的基本要求并不难，图 6.12 给出了一些例子。在接触面之下，在混凝土浇注之后不能有空隙，所以在柱子的最上面，经常再用微收缩混凝土填充或者紧压至柱头板的上表面。一个足够大的混凝土浇注孔不仅使混凝土的浇注过程简单和没有缺陷，同时还有助于避免出现空隙。有时混凝土也从下部柱脚板附近的开口处压入圆管。在图 6.4 的应用实例中，在使用柱脚板、柱头板和浇注微收缩砂浆的同时，在图 6.5 中通过节点板确保力的传递。这种节点板从前面准备好的裂缝插入、通过孔焊固定在空心管的后端管壁上，

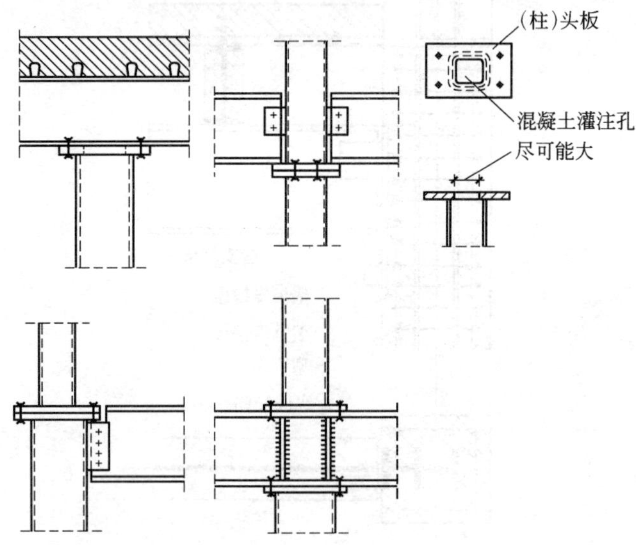


图 6.12　混凝土填充的空心管柱内力的传递[6.15]

或者可以穿过后端管壁而直接在那里焊接。

对于大管径的情况，在梁段也可以将力直接单独作用在混凝土的核心上。管壁的力则必须通过内侧焊接的带头铆钉或者其他类型的连接键传递来，弯折危险在这里不重要，也就是说，对于敦实矮粗的柱子，混凝土核心通过圆形钢壁的环向挤压，在计算时可以使提高的混凝土抗压强度得到充分利用。当钢管单独受力或承受绝大部分荷载时将不考虑这一效应，因为这种情况下混凝土没有受到足够大的作用而导致混凝土内部由于微裂缝而在侧向发生大的膨胀。

柏林的机床及加工技术研究所和弗郎霍夫协会生产设备与设计技术研究所(Doppel-institut IWF/IPK)是另一个关于结合柱应用的有趣例子，它使用了混凝土填充的空心型钢柱。楼板与圆柱子的连接见图 6.13，人们清楚地了解，通过带有焊接带头铆钉而

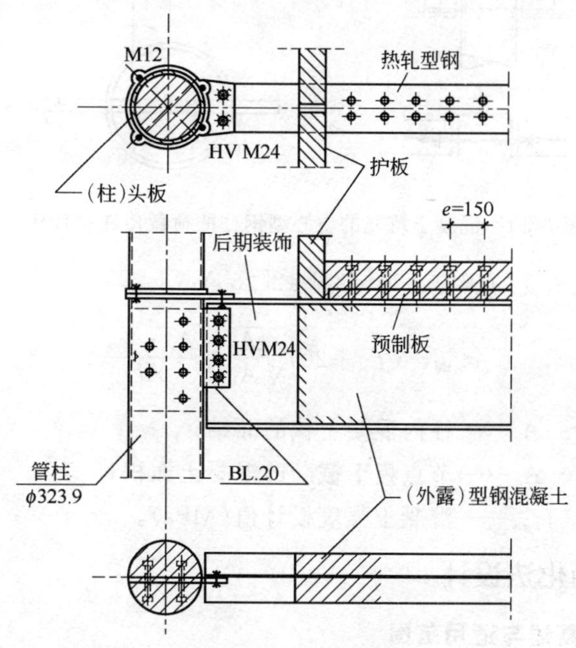


图 6.13 楼板梁与结合柱的连接(Krupp)

穿越其中的接头夹板将力传递到混凝土核心上。楼层间不同的柱荷载最大可达到 3 300 kN,它将通过变化墙厚、改变钢和混凝土强度及不同的纵向配筋等来承受。

穿插在钢管内的节点板在很多情况下也不用焊接的带头铆钉来加强传力。在节点板之下的压应力因为圆形空心管对混凝土的环箍效应可以达到较高的值(部分面积受压)。图 6.14 表示了一个受中心和偏心传递力的设计建议[6.21]。

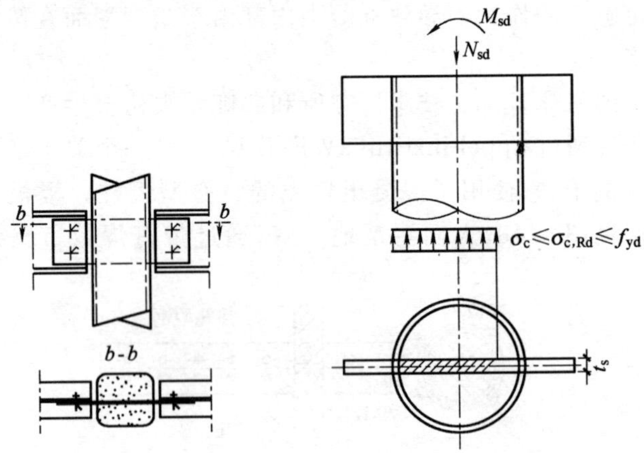


图 6.14 混凝土填充的空心型钢柱的荷载传递设计建议

它能承受的压应力为(参见 12[25]):

$$\sigma_{c,Rd}=(f_{cd}+20)\sqrt{\frac{A_c}{A_1}}\leqslant\frac{A_c\cdot f_{cd}}{A_1} \tag{6.5}$$

式中 $A_c$——柱内混凝土核的面结;

$A_1$——节点板下截断的混凝土面积;

$f_{cd}$——混凝土强度设计值(MPa)。

## 6.3 简化法设计

### 6.3.1 概述与适用范围

一般情况下简化设计法仅应用于柱子的整体和横截面设计,

这就是简化设计法的适用范围。由于这一方法将柱子中心轴的缺陷当做事先的弯曲考虑过了,所以在使用该法时不需要再额外考虑中心轴的缺陷。

该简化设计法首先检算柱子的横截面,然后检算构件"结合柱"的极限承载力,最后检算弯折。

横截面参数 $\delta$ 描述型钢截面部分承载:

$$\delta=\frac{A_{\mathrm{a}}\cdot f_{\mathrm{y}}/\gamma_{\mathrm{a}}}{N_{\mathrm{pl,Rd}}} \tag{6.6}$$

该参数必须满足以下条件并据此来定义结合柱:

$$0.2\leqslant\delta\leqslant0.9 \tag{6.7}$$

如果横截面参数 $\delta<0.2$,该柱根据欧洲规范 EC 2 设计;如果横截面参数 $\delta>0.9$,该柱作为钢柱根据欧洲规范 EC 3 设计。

为了使用简化设计法,还必须注意以下条件:

- 柱子为双对称横截面,并且在柱子的全长范围内等截面,型钢部分的重心与未开裂混凝土部分的重心重合;
- 细长度不应该大于 $\bar{\lambda}=2.0$;
- 纵向配筋的最大计算值可以用到混凝土面积的 4%,但实际的配筋百分比可以更高,比如因为防火技术原因。如果在计算中考虑纵向配筋的话,其最小值为混凝土面积的 0.3%:

$$0.3\%\leqslant\frac{A_{\mathrm{s}}}{A_{\mathrm{c}}}\leqslant4\%; \tag{6.8}$$

- 混凝土填充的空心型钢可以不需要配置纵向配筋,对于型钢浇筑在混凝土内部的结合柱,EC 4 的 4.8.3.1(3)中给出了最小配筋;
- 对于完全浇筑在混凝土内的型钢,在计算时混凝土覆盖层要遵从以下限值:

在 $y$ 方向 $$40\ \mathrm{mm}\leqslant c_{\mathrm{y}}\leqslant0.4b \tag{6.9}$$

在 $z$ 方向 $$40\ \mathrm{mm}\leqslant c_{\mathrm{z}}\leqslant0.3h \tag{6.10}$$

且 $$c_{\mathrm{z}}\geqslant b/6 \tag{6.11}$$

### 6.3.2 轴心受压作用下横截面承载能力

结合截面的塑性极限轴向力由横截面的各部分极限轴向力计算得到：

$$N_{pl,Rd}=A_a \cdot f_y/\gamma_a+\alpha \cdot A_c \cdot f_{ck}/\gamma_c+A_s \cdot f_{sk}/\gamma_s \quad (6.12)$$

式中 $A_a$,$A_c$ 和 $A_s$——型钢、混凝土和配筋的横截面积；

$f_y$,$f_{ck}$和 $f_{sk}$——横截面各相应部分的强度特征值；

$\gamma_a$,$\gamma_c$ 和 $\gamma_s$——承载能力极限状态下的分项安全系数；

$\alpha$——适用于混凝土填充的空心型钢的系数,$\alpha=1.0$；

$\alpha$——适用于其他所有类型横截面的系数,$\alpha=0.85$。

为了书写方便,结合柱横截面的塑性极限承载力也可以由各单独组成部分借助于强度的设计值来计算得到：

$$N_{pl,Rd}=A_a \cdot f_{yd}+A_c \cdot f_{cd}+A_s \cdot f_{sd} \quad (6.13)$$

对于混凝土填充的圆形钢管,具有以下特殊性：

在混凝土填充的圆形钢管承受的荷载达到一定值之后,混凝土的横向应变大于钢管的横向应变,这样在混凝土中,通过钢管对混凝土的环箍效应而形成三向应力状态。这取决于混凝土在达到其抗压强度的70%时,形成所谓加强的内部微裂缝。它描述的是关于水泥晶粒的黏结裂缝和暗模中的裂缝。这种环箍效应导致多方向的拉应力,因此,根据米舍斯(Mieses)流限条件,它的轴向承载力降低。另一方面,相对于圆柱体单轴抗压强度的特征值,混凝土的承载能力明显增强,这一现象导致总的极限轴力因为环顾效应而增加,见图6.15。

空心圆形钢管的环箍效应可以通过改变方程(6.12)的形式来考虑,其中混凝土部分的承载力较大,钢部分的承载力较小：

$$N_{pl,Rd}=A_a \cdot f_{yd}\eta_2+A_c \cdot f_{cd}\left(1+\eta_1 \frac{t}{d}\frac{f_y}{f_{ck}}\right)+A_s \cdot f_{sd} \quad (6.14)$$

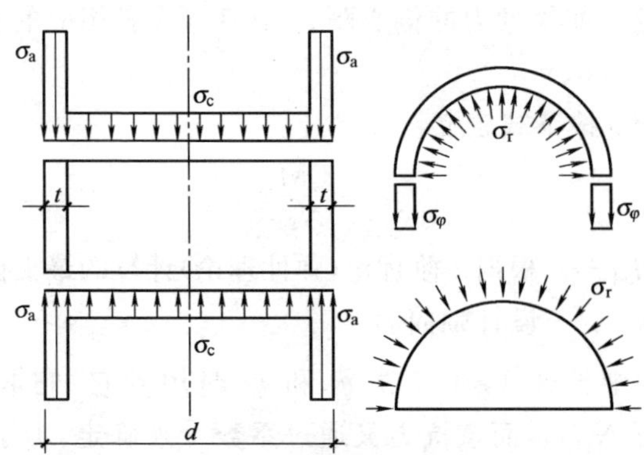


图 6.15　空心圆形钢管内混凝土的承载模型[6.3]

式中　$t$——钢管壁厚度；

$d$——圆管的外径。

$$\eta_1=\eta_{10}\left(1-\frac{10e}{d}\right) \tag{6.15}$$

$$\eta_2=\eta_{20}+(1-\eta_{20})\frac{10e}{d} \tag{6.16}$$

对于荷载偏心距 $e\leqslant d/10$ 的情况，可以用线性内插法计算 $\eta_{10}$ 和 $\eta_{20}$，它取决于相应的细长度 $\bar{\lambda}$：

$$\eta_{10}=4.9-18.5\bar{\lambda}+17\bar{\lambda}^2 \text{（但 } \eta_{10}\geqslant 0.0\text{）} \tag{6.17}$$

$$\eta_{20}=0.25(3+2\bar{\lambda}) \text{（但 } \eta_{20}\leqslant 1.0\text{）} \tag{6.18}$$

表 6.2 给出了不同细长度 $\bar{\lambda}$ 情况下的基础值 $\eta_{10}$ 和 $\eta_{20}$。

**表 6.2　考虑环箍效应时混凝土填充钢管的参数 $\eta_{10}$ 和 $\eta_{20}$**

| $\bar{\lambda}$ | 0.0 | 0.1 | 0.2 | 0.3 | 0.4 | 0.5 |
|---|---|---|---|---|---|---|
| $\eta_{10}$ | 4.9 | 3.22 | 1.88 | 0.88 | 0.22 | 0.00 |
| $\eta_{20}$ | 0.75 | 0.80 | 0.85 | 0.90 | 0.95 | 1.00 |

对于混凝土填充的矩形钢管，不考虑或很有限地考虑这种承载力的提高。

这种环箍效应只有在圆形横截面短柱的计算中才考虑，也就是说，相应的细长度 $\bar{\lambda}\leqslant 0.5$。此外，轴力的偏心距 $e\leqslant d/10$，$d$ 为圆管的外径。如果轴力的偏心距 $e>d/10$，或者相应的细长度 $\bar{\lambda}>0.5$，取 $\eta_1=0.0$、$\eta_2=1.0$。

偏心距 $e$ 按下式定义：

$$e=\frac{{}_{\max}M_{\mathrm{Sd}}}{N_{\mathrm{Sd}}} \tag{6.19}$$

式中 ${}_{\max}M_{\mathrm{Sd}}$——根据一阶理论(弹性理论)计算的最大设计弯矩；

$N_{\mathrm{Sd}}$——设计轴向力。

相应的细长度 $\bar{\lambda}$，在计算 $\eta_{10}$ 和 $\eta_{20}$ 时用到它，它取决于方程(6.23)抗力 $N_{\mathrm{pl,Rd}}$，而该抗力又通过系数 $\eta$ 来确定，为了避免这种叠代计算，相应的细长度 $\bar{\lambda}$ 应根据方程(6.13)来计算。

### 6.3.3 考虑失稳时轴心受压柱的承载力

在考虑失稳危险的条件下计算轴心受压结合柱的承载力时，需要用到弯曲应力曲线，它考虑了轴线原始缺陷影响、材料的弹塑性特征以及混凝土内的裂缝形成，它使用的弯曲应力曲线与欧洲规范 EC 3(及 DIN 18800)中应用于钢柱的一样，同时也对横截面和弯曲应力曲线作了适当变化：

- 弯曲应力曲线 A：混凝土填充的圆形和矩形钢管；
- 弯曲应力曲线 B：双向轴对称型钢浇筑在混凝土内，弯折围绕“强轴”($y$ 轴)发生；
- 弯曲应力曲线 C：双向轴对称型钢浇筑在混凝土内，弯折围绕“弱轴”($z$ 轴)发生；
- (外露)型钢混凝土参照型钢浇筑在混凝土内的情况曲线 B 或曲线 C。

在两个主轴方向满足方程(6.20)时，承载力满足要求。

$$N_{\mathrm{Sd}}\leqslant\chi\cdot N_{\mathrm{pl,Rd}} \tag{6.20}$$

式中 $N_{\mathrm{pl,Rd}}$——塑性极限轴力；

$\chi$——折减系数，取决于细长度 $\bar{\lambda}$ 和相应的弯曲应力曲线，其值可在表 6.4 中选取。

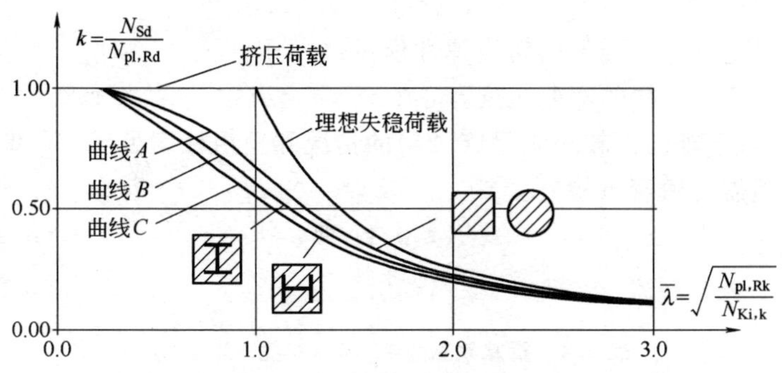


图 6.16 欧洲弯曲应力曲线

$$x=\frac{1}{\phi+\sqrt{\phi^2-\bar{\lambda}^2}}\leqslant 1.0 \tag{6.21}$$

$$\phi=0.5[1+\alpha(\bar{\lambda}-0.2)+\bar{\lambda}^2] \tag{6.22}$$

式中 $\alpha$——缺陷系数，取决于相应的弯曲应力曲线，见表 6.3；

**表 6.3 缺陷系数 $\alpha$**

| 弯曲应力曲线 | a | b | c |
|---|---|---|---|
| 缺陷系数 $\alpha$ | 0.21 | 0.34 | 0.49 |

$\bar{\lambda}$——细长度，取决于关注的弯折轴：

$$\bar{\lambda}=\sqrt{\frac{N_{pl,R}}{N_{cr}}} \tag{6.23}$$

$N_{pl,R}$——中心受压时横截面的承载力，计算时 $\gamma_a=\gamma_c=\gamma_s=1.0$；

$N_{cr}$——柱的欧拉力（临界压力），$N_{cr}=\frac{(EI)_e\cdot\pi^2}{L^2}$ (6.24)

$(EI)_e$——短期荷载作用下结合柱横截面的有效弹性抗弯刚度：

$$(EI)_e=E_a\cdot I_a+0.8\cdot E_{cd}\cdot I_c+E_s\cdot I_s \tag{6.25}$$

$I_a,I_c,I_s$——横截面关于弯曲轴的二阶面积矩（截面惯性矩），包含型钢、未开裂的混凝土和配筋；

$E_a,E_s$——型钢和配筋的弹性模量；

$$E_{cd}=E_{cm}/\gamma_c$$

$E_{cm}$——混凝土的切线弹性模量，$\gamma_c=1.35$；

$L$——柱的弯曲长度。

对于轴向力较小满足(6.26)的情况和短粗柱满足(6.27)的情况，不需要做弯折检算。

$$N\leqslant 0.1N_{cr} \tag{6.26}$$

$$\bar{\lambda}\leqslant 0.2 \tag{6.27}$$

**表 6.4　折减系数 $\chi=f(\bar{\lambda})$**（参见 12[10]）

| 相关<br>细长度 | 混凝土<br>填充钢管 | 型钢浇筑在混凝土内<br>“强轴” | 型钢浇筑在混凝土内<br>“弱轴” |
|---|---|---|---|
| $\bar{\lambda}$ | a | b | c |
| 0.2 | 1.000 0 | 1.000 0 | 1.000 0 |
| 0.3 | 0.977 5 | 0.964 1 | 0.949 1 |
| 0.4 | 0.952 8 | 0.926 1 | 0.897 3 |
| 0.5 | 0.924 3 | 0.884 2 | 0.843 0 |
| 0.6 | 0.890 0 | 0.837 1 | 0.785 4 |
| 0.7 | 0.847 7 | 0.783 7 | 0.724 7 |
| 0.8 | 0.795 7 | 0.724 5 | 0.662 2 |
| 0.9 | 0.733 9 | 0.661 2 | 0.599 8 |
| 1.0 | 0.665 6 | 0.597 0 | 0.539 9 |
| 1.1 | 0.596 0 | 0.535 2 | 0.484 2 |
| 1.2 | 0.530 0 | 0.478 1 | 0.433 8 |
| 1.3 | 0.470 3 | 0.426 9 | 0.388 8 |
| 1.4 | 0.417 9 | 0.381 7 | 0.349 2 |
| 1.5 | 0.372 4 | 0.342 2 | 0.314 5 |
| 1.6 | 0.333 2 | 0.307 9 | 0.284 2 |
| 1.7 | 0.299 4 | 0.278 1 | 0.257 7 |
| 1.8 | 0.270 2 | 0.252 1 | 0.234 5 |
| 1.9 | 0.244 9 | 0.229 4 | 0.214 1 |
| 2.0 | 0.222 9 | 0.209 5 | 0.196 2 |

混凝土长时间特征对承载力的影响，通过修改混凝土的弹性

模量来实现。徐变和收缩可通过额外的弯曲变形(二阶理论)来降低柱的承载力。对于完全产生徐变的荷载,混凝土模量折减一半。对于部分产生徐变作用的荷载可以按下式内插:

$$E_c = E_{cd}\left(1-0.5\times\frac{N_{G,Sd}}{N_{Sd}}\right) \tag{6.28}$$

式中 $N_{Sd}$——总的轴向力设计值;

$N_{G,Sd}$——设计值中长期作用的部分。

这样做致使应力向钢的部分调整,这样更符合实际的比例关系。

对于短柱和轴向力大偏心的情况,不需要考虑徐变与收缩的影响。如果偏心距大于构件外尺寸的两倍,混凝土长时间特征的影响与设计的弯矩比可以忽略不计。当相应的细长度 $\bar{\lambda}$ 超过表 6.5 中给出的值时,应该考虑徐变与收缩的影响。

**表 6.5 $\bar{\lambda}$ 的限值**(在达到该值之前可以不考虑收缩与徐变)

| 选　　项 | 加劲的、侧向刚劲的框架 | 侧向柔弱的和(或)没有加劲的框架 |
|---|---|---|
| 型钢浇筑在混凝土内 | 0.8 | 0.5 |
| 混凝土填充钢管 | $\frac{0.8}{1-\delta}$ | $\frac{0.5}{1-\delta}$ |

对于混凝土填充的钢管柱,在考虑混凝土长时间特征时,该细长度的限值要大,这一结论可以通过长时间的试验来证明。在该试验中观察到,徐变和收缩几乎没有影响。如果混凝土完全暴露在周围环境中和 0.5 只用于横截面的混凝土部分,要再除以($1-\delta$)。计算限值时,相应的细长度 $\bar{\lambda}$ 不需要考虑徐变和收缩,不需要做迭代计算。

基于这一点,中心受压结合柱的承载力图示在图 6.19 中。该图可以应用在预设计中快速地设计,但不能作为最终的检算。配筋没有参与计算,所以具有相同外形尺寸的横截面能够承受更大的荷载。

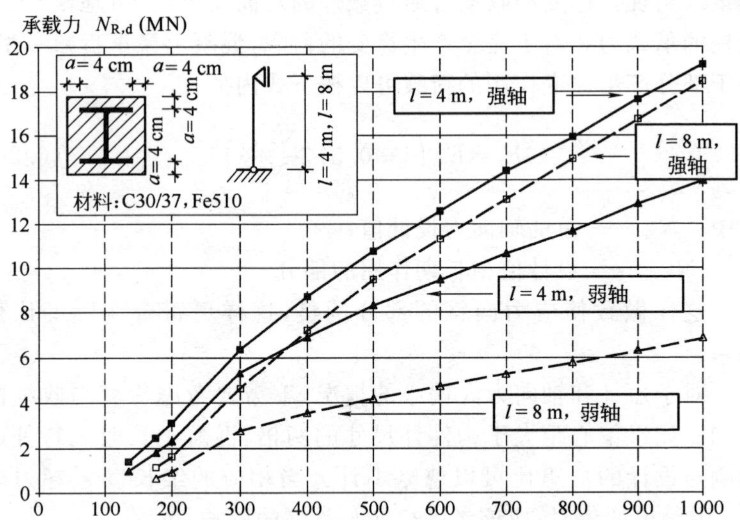


图 6.17　HEB 型钢浇筑在混凝土内的中心受压结合柱

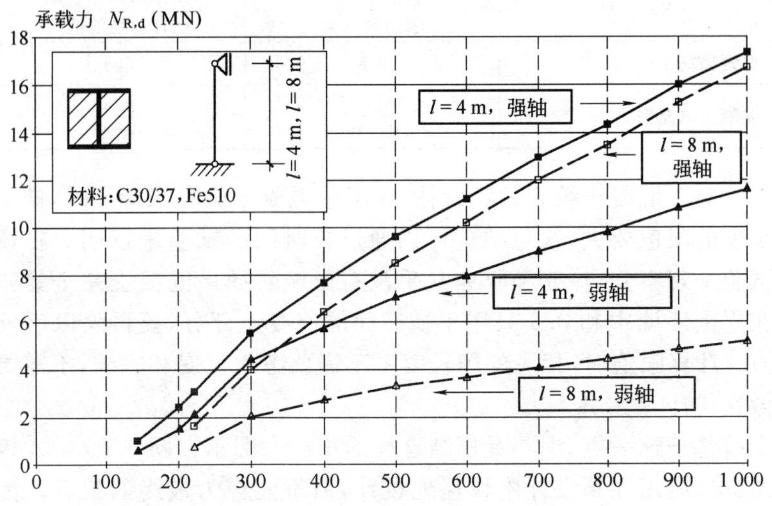


图 6.18　(外露)型钢混凝土 HEB 型钢中心受压结合柱

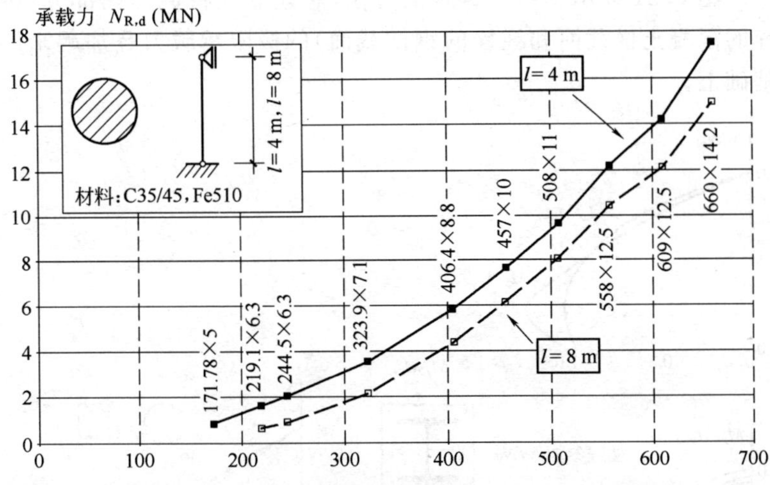


图 6.19　混凝土填充圆形钢管中心受压结合柱

在一般情况下,钢核心外包裹混凝土层(防火),外侧再包裹钢外套(同时为模板)。这种结合柱在欧洲规范 EC 4 中没有明确提到,如果限值 $\delta<0.9$,考虑产品厚度对屈服点的影响及利用弯曲应力曲线 c(适用于 EC 3 中完全核心柱)的话,它的承载安全检算可以像其他型钢柱一样进行。

### 6.3.4　压弯杆的横截面承载能力

从总体截面的平截面假定、应变的线性分布及在结合缝处没有滑移出发,要求计算时考虑极限应变,从而进一步要求考虑极限应力和极限截面内力。

借助于计算机程序,能够对任意形状横截面,在压力和单轴或双轴弯矩组合作用下的承载力图形进行计算,如图 6.20 显示的例子。在实际工作中,对于通常情况下的很多参数,这样做太复杂,也是没有必要的。这样 ,对于特定的横截面形式就发展了简化的过程,它通过对结合截面的塑性承载力乘以一个折减系数来计算。

图 6.21 显示了一个直观的方法，它建立在将截面两部分(纯粹的混凝土横截面和纯粹的钢横截面)的极限承载力叠加起来的基础上。

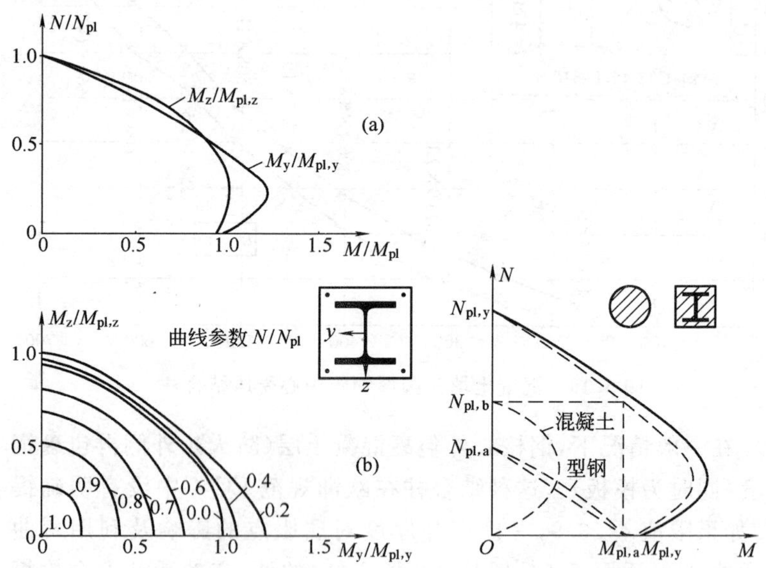


图 6.20 相互作用图线示意
(a)压与单轴弯曲；(b)压与双轴弯曲。

图 6.21 压与单轴弯曲作用下的截面承载力(叠加原理)

这种简单相加的方法与连续性条件不相符，所以在该例中，在状态Ⅱ混凝土开裂的情况下，两个中性轴不一致。这意味着，极限弯矩因为同时存在的轴力而被放大的程度，与一个纯粹的双向对称钢横截面不一样。这一结论以弯拉应力超压为基础。

根据 EC 4 的简化设计法，可以通过手工计算，选择 4～5 个(A、B、C、D 及 E)点，可以确定 $N—M$ 相互作用曲线，见图 6.23、图 6.24。该相互作用曲线可以近似地用抛物线 ACDB(E)来代替。这一简化设计法可以应用于双对称截面。这里通过一个 I 截面型钢浇筑在混凝土内的横截面为例来进行说明，这里假设在计算 $M_{pl,Rd}$时，塑性中性轴处在型钢截面的腹板内。

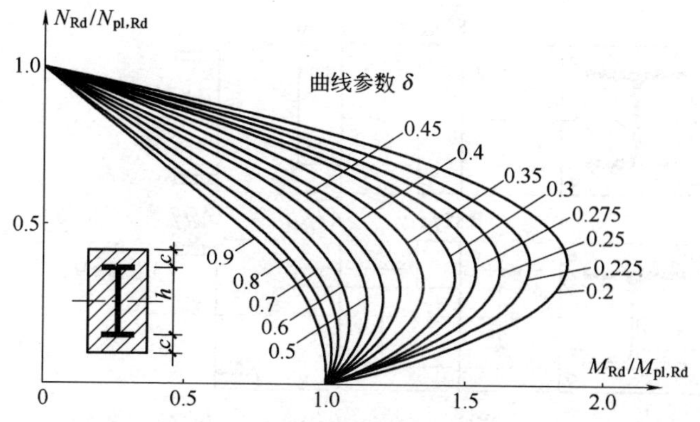

图 6.22 相互作用图线示例(完全塑性计算)[6.17]

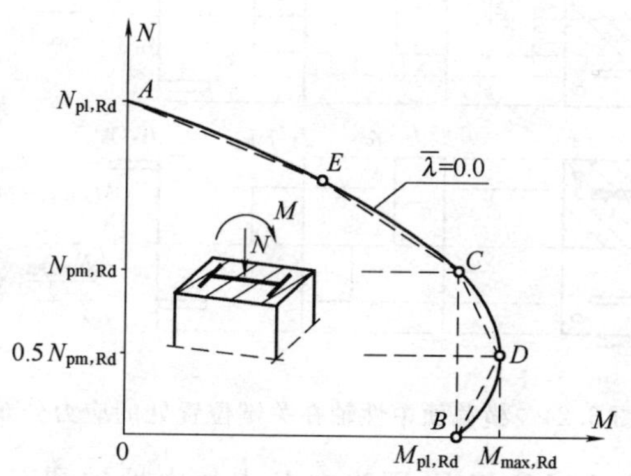

图 6.23 压力和单轴弯曲相互作用曲线

- 点 A 极限轴力

$$N_A = N_{pl,Rd} \quad (\text{塑性轴向力}) \tag{6.29}$$

$$M_A = 0 \tag{6.30}$$

- 点 B 极限弯矩

$$N_B = 0 \tag{6.31}$$

$$M_B = M_{pl,Rd} \quad (\text{塑性弯矩}) \tag{6.32}$$

观察点 C 处的应力分布，中性轴距离截面的中间线为 $h_n$，其

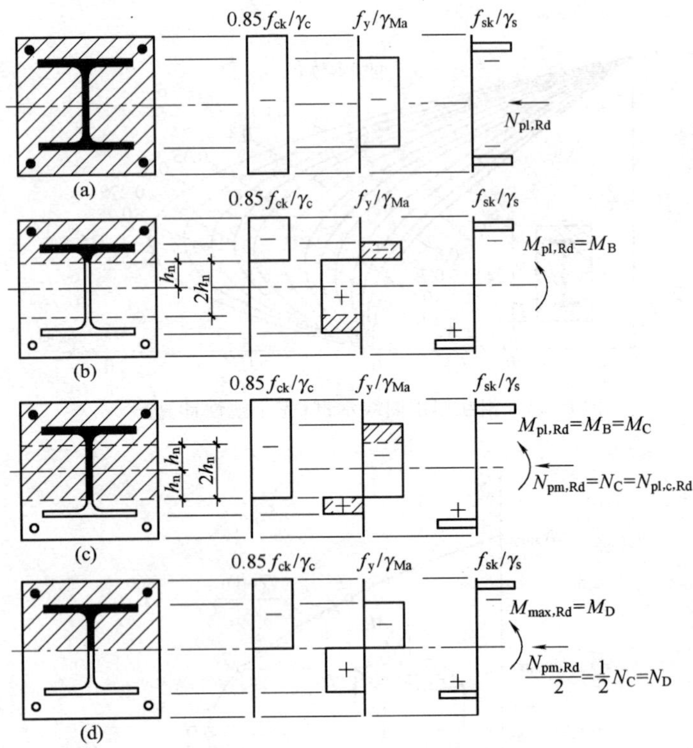


图 6.24　横截面中性轴在关键位置处的应力分布

内部弯矩 $M_C$ 与 $M_B$ 相等，因为在 B 点的中性轴和 C 点的中性轴之间的额外超压部分对弯矩没有影响，相应的内部轴力为 D 处轴力的两倍。

$$M_C = M_B = M_{pl,Rd} \tag{6.33}$$

$$N_C = 2N_D = N_{pl,c,Rd} \tag{6.34}$$

当中性轴处在横截面的中心线处时，横截面能够承担的弯矩最大，这就是 D 点所表示的情况。人们不难了解，此时截面的塑性内轴力 $N_{pl,c,Rd}$ 正好等于纯混凝土部分的力。这是因为，此时的应力中性轴正好在型钢和配筋截面的几何中心上。相应的内弯矩为：

$$M_D = M_{D,Rd} = M_{max,Rd} = W_{pa} f_{yd} + 0.5 W_{pc} f_{cd} + W_{ps} f_{sd} \tag{6.35}$$

式中　$W_{pa}$，$W_{pc}$和$W_{ps}$——分别为型钢、混凝土部分和配筋的塑性抗弯截面模量；

$f_{yd}$，$f_{cd}$和$f_{sd}$——方程(6.13)中所涉及的强度。

$$N_{D,Rd} = 0.5 N_{pl,c,Rd} = 0.5 A_c f_{cd} \tag{6.36}$$

塑性抗弯截面模量可以借助于表格和相互作用图线得到，如果没有计算软件的话，也可用手工计算。

对于I截面的强轴弯曲，或者设计轴力小于$N_{pm,Ed}$时，不需要计算E点的情况。对于其他情况，EC 4也有规定。

### 6.3.5 单轴受弯压结合柱承载能力

对于从整体框架中截取出来的"虚拟"结合柱，带有端部内力$M_{Sd}$和$N_{Sd}$，需要对其进行检算。其端部内力在整体框架中根据应力二阶理论计算得到(如果需要的话)。

图6.25借助于适当的横截面相互作用曲线图示这一检算过程，算例为在压力和单轴弯矩作用下的结合柱。图中在考虑柱缺陷引起的弯矩情况下，显示了外部荷载引起的截面内力(如果需要的话，采用二阶理论计算)。

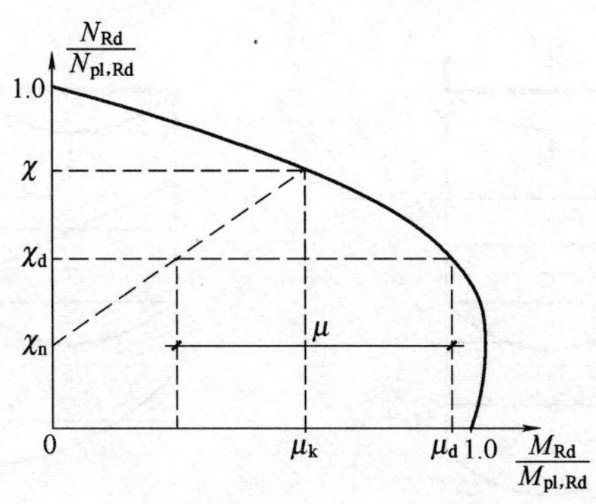


图6.25　单轴受弯压结合柱设计过程

首先根据6.3.3中的$(\bar{\lambda}, \chi)$确定理想受压柱的承载力，相应

的弯矩系数 $\mu_k$ 可以在相互作用曲线中根据 $\chi$ 读出来，并将其定义为“缺陷弯矩”，因为结合柱达到中心受压荷载的承载力后不能再承受其他的弯矩。根据欧洲规范 EC 3，对于纯粹的钢柱，该“缺陷弯矩”将换算成一个典型变形；对于结合柱，该“缺陷弯矩”直接用来确定弯矩和轴力的承载能力，它处在 $\chi$ 以下。将此简化为线性递减的情况，最小值为 $\chi_n$。在 $\chi_d$ 的水平方向上，根据设计轴向力 $N_{Sd}(\chi_d = N_{Sd}/N_{pl,Rd})$ 计算而来，可以得到整个结合截面的抗弯承载能力的弯矩系数 $\mu_d$，这一系数 $\mu_d$ 折减“缺陷弯矩”后成为 $\mu$：

$$\mu = \mu_d - \mu_k \frac{\chi_d - \chi_n}{\chi - \chi_n} \tag{6.37}$$

对于不同弯矩分布情况下的缺陷影响，在 $\chi_n$ 中予以考虑。

从弯矩图穿过柱的情况出发（图 6.26b 的情况），假设初期变形为正弦或抛物线形，并考虑二阶理论的影响，结合柱的设计弯矩只是随高轴向力从柱端向柱中迁移。在较大的轴向力范围内，柱端部弯矩为最大弯矩。这样，只需要对大的轴向力考虑缺陷影响（$\chi_n > 0$）。对于均布边界弯矩，如图 6.26a 的情况，或者柱长范围内的横向力，要考虑缺陷的影响（$\chi_n = 0$），因为此时的设计弯矩处在柱子的中部分区域。这一情况也适合于可移动框架。对于非均布边界弯矩的情况，$\chi_n$ 可以按下式计算：

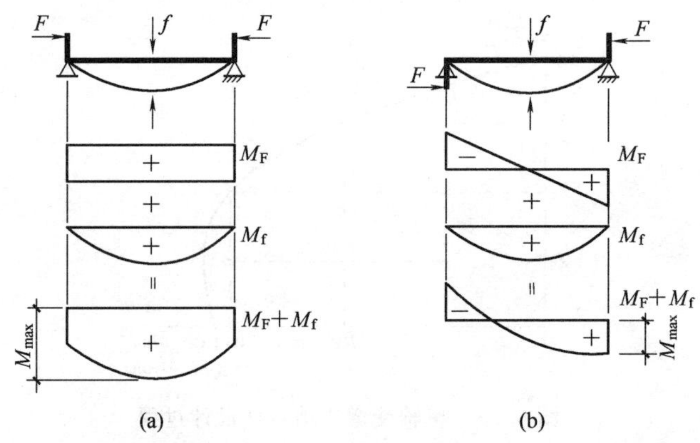


图 6.26 外界作用弯矩 $M_F$ 与缺陷弯矩 $M_f$ 叠加[6.21]

$$\chi_{n}=\chi\cdot\frac{1-r}{4} \tag{6.38}$$

式中　$r$——边界弯矩的小值与大值的比值($-1\leqslant r\leqslant+1$)。

结合柱在轴向力和单轴弯矩作用下,其承载力沿柱的长度方向按下式检算:

$$M_{Sd}\leqslant 0.9\mu M_{pl,Rd} \tag{6.39}$$

式中　$M_{Sd}$——根据 6.3.7 计算的设计弯矩。

方程(6.39)中的额外折减系数 0.9 包含以下简化内容:

- 横截面的相互作用曲线是在完全塑性应力分布的假设前提下计算得到的,它没有考虑要求的应变限制;
- 根据 6.3.7 计算的设计弯矩 $M_{Sd}$ 是通过由 6.3.3 计算的有效刚度进行的,混凝土内的裂缝在大弯矩时通过有效刚度没有得到正确的反映。

根据完全塑性计算的结合柱横截面相互作用曲线得到的抗弯承载力总是大于 $M_{pl,Rd}$($N$—$M$ 相互作用曲线的凸出部位)。抗弯承载力几乎随着轴向力的增加而增大,因为在此之前,在横截面的受压区域就因为轴向力而已经存在超压(见图 6.22)。这一正面影响只有在确保弯矩和轴向力同时起作用的条件下才能在计算中考虑。如果不能确保弯矩和轴向力同时起作用,它们只是在不同荷载情况下出现时,相应的弯矩承载力系数限制为 $\mu=1$。

在这种情况下计算得到的结果,当然也可以绘制成图并作为相互作用图线直接加以利用。但是,横截面的类型和参数的数量如此之多,因此以欧洲规范 EC 4 为基础的设计辅助手段还得重新建立。

图 6.27 是贝尔格曼(Bergmann)对这一类设计图线作的一个例子,它可以直接用于设计混凝土填充的钢管柱,横截面如图中所示。该例中,钢管为 800×25,材质为 S 460,混凝土为 C30/C35,配筋为 28$\phi$28,材质为 BSt 500 S。

代替图 6.25,将该设计过程进一步简化,在图 6.28 中再显示一次。对于所有的设计情况,点 E 并不一定都要用到,这样就使得计算界线 AC 和 BC 变得很简单。

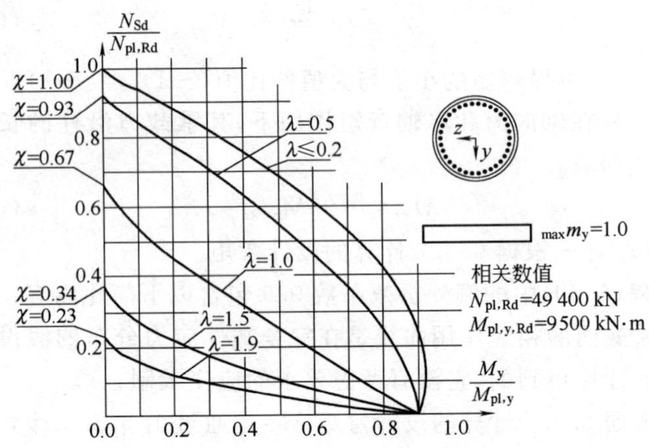


图 6.27 混凝土填充的空心钢管柱的承载力(示意)

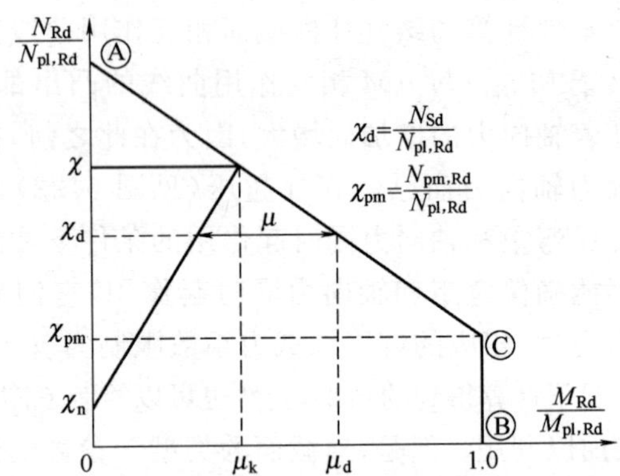


图 6.28 进一步简化单轴受弯压结合柱设计过程

中心受压杆的承载能力还是通过 $\chi = N_{Rd}/N_{pl,Rd}$ 给出，$\chi$ 中包含了缺陷和结合柱细长度的影响，与此对应的 $\mu_k$ 表示缺陷弯矩，在此荷载水平下，不能再有额外的弯矩。

设计轴向力 $N_{Sd}$ 由 $\chi_d = N_{Sd}/N_{pl,Rd}$ 计算得到，间距 $\mu$ 给出了遗留的弯矩承载力。$\chi_{dpm}$ 与点 C 对应，同时参见图 6.23。

在 DIN 18800. T5 的讨论稿中，包含了这一针对压弯杆件的设计过程，它没有将缺陷弯矩分割出来。或许这一点在最终通过的欧洲规范 EC 4 中也是如此。

### 6.3.6 双向受弯的压弯组合

双向受弯的压弯结合柱的设计以单向受弯的压弯柱为基础，只是 6.3.5 的相互作用曲线和弯矩承载力系数 $\mu$ 也要根据双向主轴受弯来确定，缺陷的影响只需要考虑失稳更危险的轴即可。

通常情况下，一个横截面在两个主轴方向的失稳长度设计成不一样，所以失稳危险较大的轴不立即确定。同时要注意，在型钢的弱轴方向配筋后，对整个截面来说该方向未必是弱轴。同时，不同弯曲的作用也要根据具体的轴来确定。

以此为基础，根据欧洲规范 EC 4，得到总的检算公式为：

$$\frac{M_{y,Sd}}{\mu_y M_{pl,y,Rd}} \leqslant 0.9 \tag{6.40}$$

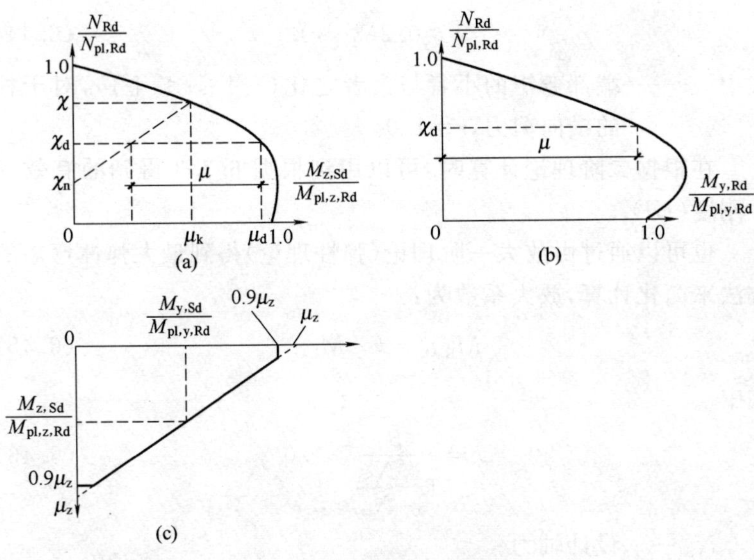


图 6.29 双向压弯杆设计

$$\frac{M_{z,Sd}}{\mu_z M_{pl,z,Rd}} \leqslant 0.9 \tag{6.41}$$

$$\frac{M_{y,Sd}}{\mu_y M_{pl,y,Rd}} + \frac{M_{z,Sd}}{\mu_z M_{pl,z,Rd}} \leqslant 1.0 \tag{6.42}$$

这一检算过程在图 6.29 中分别与图示(a)、(b)、(c)对应。

### 6.3.7 弯矩计算

结合柱被认为是从支撑结构中截出来的一个连续构件，柱的端部弯矩可以在结构计算中得到。如果根据二阶理论来计算支撑结构的话，也用其端部弯矩作为柱的荷载。柱的截面内力则根据该端部弯矩、横向作用荷载及轴向力的偏心来确定。在通常情况下，这一计算过程也根据二阶理论进行。

当满足以下两个条件时，柱内的弯矩可以根据二阶理论，假设计算模型的侧向支撑不可移动来计算：

$$N_{Sd}/N_{cr} > 0.1 \tag{6.43}$$

$$\bar{\lambda} > 0.2(2-r) \tag{6.44}$$

式中 $r$——端部弯矩的小者与大者之比（$-1 \leqslant r \leqslant +1$），对于柱的横向剪力，$r=1.0$。

在根据二阶理论计算时，可以用到根据 6.3.3 得到的有效弹性刚度$(EI)_e$。

也可以通过由放大一阶理论（弹性理论）得到最大弹性弯矩的方法来简化计算，放大系数为：

$$M_{II.O.} = k \cdot M_{I.O.} \tag{6.45}$$

式中

$$k = \frac{\beta}{1 - \dfrac{N_{Sd}}{N_{cr}}} \geqslant 1.0 \tag{6.46}$$

$N_{Sd}$——设计轴力；

$N_{cr}$——控制轴力（欧拉失稳荷载）；

$\beta$——弯矩系数，见如下说明。

$\beta=1.0$：单独横向荷载作用的柱，端部支撑为不可移动支座；

$\beta=0.66+0.44r\geqslant0.44$：端部单独作用弯矩的柱。

在简化计算方法中，不需要计入额外的初始变形，因为在确定柱的承载力时已经考虑了缺陷的影响。

## 6.4 剪力影响

结合柱的横向剪力可以由型钢单独承担或者由结合截面通过型钢部分和钢筋混凝土部分共同承担，这都是容许的。钢筋混凝土部分的设计根据欧洲规范 EC 2 进行，型钢部分横截面可以由折减同时承担剪力部分截面的正应力来获得，见图 6.30。

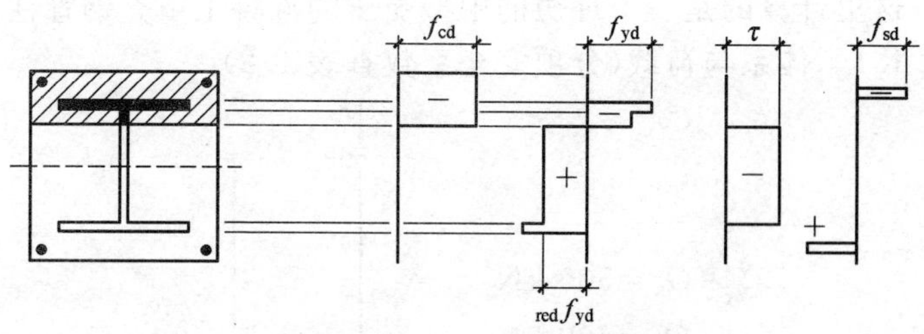


图 6.30　根据型钢截面内的剪应力来折减正应力

由于剪力的同时存在，可以根据胡贝尔/米舍斯/亨克（Huber/v. Mises/Hencky）或者根据欧洲规范 EC 4 中的平面关系流变条件来对正应力进行折减。如果用折减相应部分横截面积来代替折减正应力，横截面的相互作用曲线将会更简单。根据欧洲规范 EC 4，折减的腹板厚度为：

$$_{折减}t=t_{w,d}=t_w\left[1-\left(\frac{2V_{a,Sd}}{V_{pl,a,Rd}}-1\right)^2\right] \tag{6.47}$$

或者根据胡贝尔/米舍斯/亨克（Huber/v. Mises/Hencky）为：

$$_{折减}t=t\cdot\sqrt{1-(V_{a,Sd}/V_{pl,a,Rd})^2} \tag{6.48}$$

式中　$V_{a,Sd}$——型钢截面内相关的设计剪力；

$V_{pl,a,Rd}$——横向剪力（型钢截面的承载力），其值为 $A_v \cdot f_{ya}/\sqrt{3}$；

$A_v$——型钢截面规定的横截面积。

当剪力较大并满足以下条件时，一定要折减：

$$V_{a,Sd} > 0.5V_{pl,a,Rd} \tag{6.49}$$

所以对于通常情况下的柱，横向剪力一定会影响其抗弯承载力。

## 6.5 算例：结合柱

### 6.5.1 混凝土填充钢管柱中心受压

这里计算的是一个理想的中型受压的混凝土填充钢管柱。

#### 6.5.1.1 体系与荷载（分项安全系数查表 1.2）

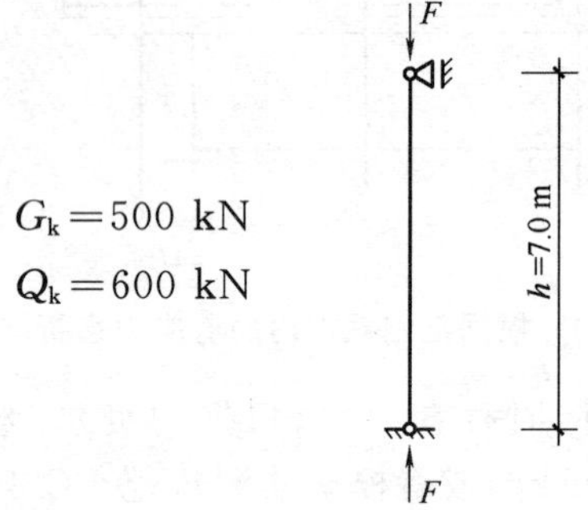


$$N_{sd} = 1.35 \times 500 + 1.5 \times 600 = 1\ 575 \text{ kN}$$

#### 6.5.1.2 横截面与材料特性

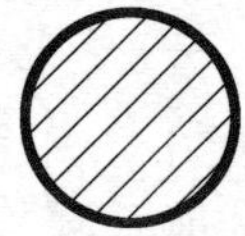

圆管：273×6.3

钢：Fe 510

混凝土：C30/C37

所有尺寸单位为 mm，忽略纵向配筋对柱承载力的影响。

结构钢：　$f_{yk} = 35.5 \text{ kN/cm}^2 = 355 \text{ MPa}$；$\gamma_a = 1.1$

$f_{yd} = 35.5/1.1 = 32.27(\text{kN/cm}^2) = 322.7(\text{MPa})$

$E_a = 21\ 000 \text{ kN/cm}^2 = 210 \text{ GPa}$

$A_a = 52.8\ \text{cm}^2$

$I_a = 4\ 696\ \text{cm}^4$

混凝土：

$f_{ck} = 3.0\ \text{kN/cm}^2 = 30\ \text{MPa}$

$\gamma_c = 1.5; d = 1.0$

$f_{cd} = 1.0 \times 3.0/1.5 = 2.0(\text{kN/cm}^2) = 20(\text{MPa})$(表 1.2)

$E_{cm} = 3\ 200\ \text{kN/cm}^2 = 32\ \text{GPa}; \gamma = 1.35$

$E_{cd} = 3\ 200/1.35 = 2\ 370(\text{kN/cm}^2) = 23.7(\text{GPa})$(表 1.7)

$A_c = 532.6\ \text{cm}^2; I_c = 22\ 570\ \text{cm}^4$

**6.5.1.3** 型钢截面部分的局部屈曲

混凝土填充的圆形钢管：$d/t \leqslant 90\varepsilon^2$ 方程(6.1)

$\varepsilon = \sqrt{(23.5/f_y)} = \sqrt{(23.5/35.5)} = 0.81$ 方程(6.4)

$$d/t = 273/6.3 = 43.3 < 90 \times 0.81^2 (59.0)$$

**6.5.1.4** 根据图 6.19 的图线作预设计

根据图 6.19 作粗略的预设计，对于给定的荷载，管的直径大约为 270 mm。

**6.5.1.5** 柱的承载能力检算

横截面的轴向承载能力(不考虑配筋)：

$$N_{pl,Rd} = A_a \cdot f_{yd} + A_c \cdot f_{cd} \quad \text{方程(6.13)}$$

$$= 52.8 \times 32.27 + 532.6 \times 2.0$$

$$= 1\ 703.8 + 905.4 \approx 2\ 769(\text{kN})$$

检验该检算方法可用下式：

$$\delta = \frac{A_a \cdot f_{ya}/\gamma_a}{N_{pl,Rd}} = \frac{52.8 \times 35.5/1.1}{2\ 769} = 0.62 \quad \text{方程(6.6)}$$

可知 $0.2 < \delta < 0.9$ 方程(6.7)

$N_{pl,Rk} = 52.8 \times 35.5 + 532.6 \times 1.0 \times 3.0 = 3\ 472(\text{kN})$

有效弹性抗弯刚度$(EI)_e$：

$(EI)_e = E_a \cdot I_a + 0.8E_{cd} \cdot I_c$ 方程(6.25)

$$=21\ 000\times 4\ 696+0.8\times 2\ 370\times 22\ 570$$
$$=14\ 141(\mathrm{kN.\,m^2})$$

$$N_{cr}=\frac{\pi^2\cdot(EI)_e}{h^2}=\frac{\pi^2\times 14\ 141}{7.0^2}=2\ 848(\mathrm{kN})\quad 方程(6.24)$$

相应的细长度

$$\bar{\lambda}=\sqrt{\frac{N_{pl,Rk}}{N_{cr}}}=\sqrt{\frac{3\ 472}{2\ 848}}=1.10$$

圆形钢管的环箍效应没有发挥作用，因为相应的细长度 $\bar{\lambda}>0.5$(表 6.1)。

由于 $\bar{\lambda}=1.10\times\frac{0.8}{1-\delta}\times 2.1$，不考虑混凝土时间效应(收缩与徐变)对承载力的影响(表 6.4)。

折减系数 $\chi=0.593$(失稳应力曲线 d)(表 6.3)。

柱的承载力 $N_{Rd}=\chi\cdot N_{pl,Rd}=0.593\times 2\ 769=1\ 642(\mathrm{kN})$

$$\frac{N_{Sd}}{\chi\cdot N_{pl,Rd}}=\frac{1\ 575}{1\ 642}=0.96<1.0\quad 方程(6.20)$$

结论：结合柱的极限承载力几乎得到了充分的应用。

### 6.5.2 (外露)型钢混凝土柱承受偏心力

(各例中结合柱受偏心荷载作用)

#### 6.5.2.1 体系与荷载(分项安全系数查表 1.2)

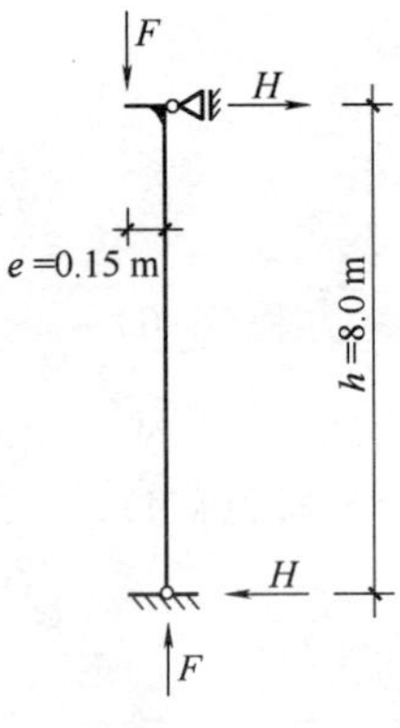

$G_k=450\ \mathrm{kN}$

$Q_k=1\ 000\ \mathrm{kN}$

$N_{Sd}=1.35\times 450+1.5\times 1\ 000=2\ 108(\mathrm{kN})$

${}_{max}M_{Sd}=2\ 108\times 0.15=316.2(\mathrm{kN\cdot m})$

该计算简图从结构图纸得来，关注绕强轴 $y$ 的失稳危险。

#### 6.5.2.2 横截面与材料特性

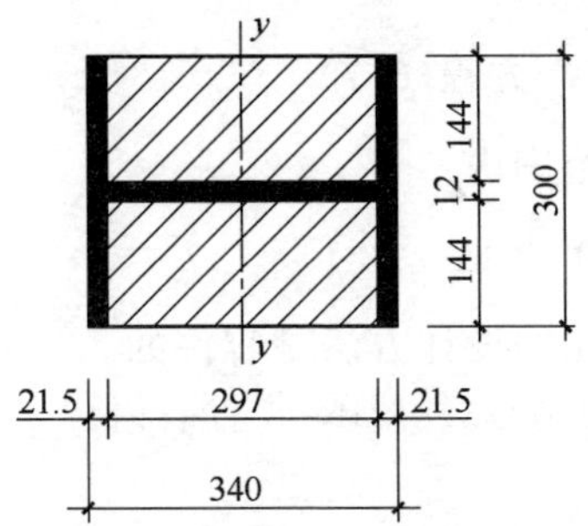


热轧型钢 HEB340
混凝土与型钢的外边缘连接
钢 Fe 360
混凝土 C30/37
（所有尺寸单位为 mm）

结构钢：$f_{yk}=23.5\ \text{kN/cm}^2=235\ \text{MPa}$；$\gamma_a=1.1$

$f_{yd}=21.36\ \text{kN/cm}^2=213.6\ \text{MPa}$

$E_a=21\ 000\ \text{kN/cm}^2=210\ \text{GPa}$

$A_a=171\ \text{cm}^2$；$I_{ya}=3.666\ \text{cm}^2\cdot\text{m}^2$

混凝土：$f_{ck}=3.0\ \text{kN/cm}^2=30\ \text{MPa}$；$\gamma_c=1.5$；$\alpha=0.85$

$f_{cd}=3.0\times0.85/1.5=1.7(\text{kN/cm}^2)=17(\text{MPa})$（表 1.2）

$E_{cm}=3\ 200\ \text{kN/cm}^2=32\ \text{GPa}$；$\gamma=1.35$

$E_{cd}=2\ 370\ \text{kN/cm}^2=23.7(\text{GPa})$（表 1.7）

$$A_c=34\times30-171=849(\text{cm}^2)$$

$$I_{y,c}=0.3\times0.34\times34^2/12-3.666=6.16(\text{cm}^2\cdot\text{m}^2)$$

#### 6.5.2.3 型钢截面部分的局部屈曲

部分浇筑在混凝土内的 I 截面型钢：$b/t_f\leqslant44$　方程(6.1)

$$\varepsilon=\sqrt{\frac{235}{f_y}}=\sqrt{\frac{235}{235}}=1.0 \quad 方程(6.4)$$

$$b/t_f=30/2.15=14<44$$

结合柱的承载力用简化的设计方法进行检算，见 6.3 节。

#### 6.5.2.4 考虑失稳危险的中心受压柱承载能力

$$N_{pl,Rd}=A_a\cdot f_{yd}+A_c\cdot f_{cd}$$

$$=171\times21.36+849\times1.7=5\ 096(\text{kN}) \quad 方程(6.13)$$

用下式检查该检算方法是否可用：

$$\delta=\frac{A_a \cdot f_{ya}/\gamma_a}{N_{pl,Rd}}=\frac{171 \cdot 23.5/1.1}{5\ 096}=0.72 \quad 方程(6.6)$$

可知　　　$0.2<\delta<0.9$　方程(6.7)

此外，柱的细长度处在容许范围内：

$$\bar{\lambda}=0.72<2.0 \quad (见\ 6.3.1)$$

当横截面为双向对称时，简化的设计方法是容许的。

$$N_{pl,Rk}=171\times 23.5+849\times 0.85\times 3.0=6\ 184(\mathrm{kN})$$

有效弹性抗弯刚度$(EI)_e$：

$$\begin{aligned}(EI)_e &= E_a \cdot I_a+0.8E_{cd} \cdot I_c \quad 方程(6.25)\\ &=21\ 000\times 3.666+0.8\times 2\ 370\times 6.16\\ &=88\ 665(\mathrm{kN \cdot m^2})\end{aligned}$$

$$N_{cr}=\frac{\pi^2 \cdot (EI)_e}{h^2}=\frac{\pi^2\times 88\ 665}{8.0^2}=13\ 673\ (\mathrm{kN}) \quad 方程(6.24)$$

相应的细长度

$$\bar{\lambda}=\sqrt{\frac{N_{pl,Rk}}{N_{cr}}}=\sqrt{\frac{6\ 184}{13\ 673}}=0.672 \quad 方程(6.23)$$

由于$\bar{\lambda}<0.8$，无须考虑混凝土时间效应（收缩与徐变）对承载力的影响（表6.4）。

**6.5.2.5**　设计内力

根据一阶理论（弹性理论），截面内力的图式如下。

当满足下列条件时，弯矩可以不用根据二阶理论（塑性理论）来计算：

$$\frac{N_{Sd}}{N_{cr}}<1.0：\frac{2\ 108}{13\ 673}=0.15>0.1 \quad 方程(6.43)$$

$$\bar{\lambda}<0.2(2-r) \quad 方程(6.44)$$

$$\bar{\lambda}=0.672>0.2(2-0)=0.4$$

柱中的弯矩图必须根据二阶理论（塑性理论）来计算，但柱顶

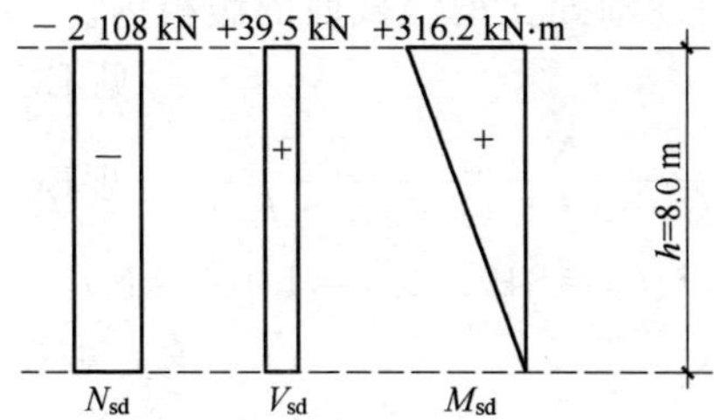


弯矩不变。

对横向力的影响：

$$V_{\mathrm{Sd}}=39.5\ \mathrm{kN}$$

$$V_{\mathrm{pl,Rd}}=\frac{A_{\mathrm{v}}\cdot f_{\mathrm{yk}}}{\sqrt{3}\cdot\gamma_{\mathrm{a}}}=\frac{42.4\times23.5}{\sqrt{3}\times1.1}=523(\mathrm{kN})$$

式中　$A_{\mathrm{v}}=1.04h\cdot t_{\mathrm{s}}=1.04\times34\times1.2=42.4(\mathrm{cm}^2)$

$$\frac{V_{\mathrm{Sd}}}{V_{\mathrm{pl,Rd}}}=\frac{39.5}{523}=0.08<0.5 \quad (见 6.4 节)$$

横向剪力很小，它对压弯柱的承载力影响可以忽略不计。

**6.5.2.6**　单轴弯压杆横截面承载力

简化的 $M$—$N$ 相互作用图线在 D 点的塑性极限弯矩为：

$$M_{\mathrm{max,Rd}}=W_{\mathrm{pa}}\cdot f_{\mathrm{yd}}+\frac{1}{2}W_{\mathrm{pc}}\cdot f_{\mathrm{cd}} \quad 方程(6.35)$$

$$W_{\mathrm{pa}}=2\ 408\ \mathrm{cm}^3(查型钢表)$$

$$W_{\mathrm{pc}}=\frac{b_{\mathrm{c}}\cdot h_{\mathrm{c}}^2}{4}-W_{\mathrm{pa}}=\frac{30\times34^2}{4}-2\ 408=6\ 262(\mathrm{cm}^3)$$

(见 EC 4 附录 C)

塑性极限弯矩为：

$$M_{\mathrm{D}}=M_{\mathrm{max,Rd}}=2\ 408\times21.36+6\ 262\times0.5\times1.7=567.6(\mathrm{kN}\cdot\mathrm{m})$$

$$N_{\mathrm{D}}=\frac{1}{2}N_{\mathrm{pl,c,Rd}}=0.5\times849\times1.7=721.7(\mathrm{kN})$$

在 B、C 点的塑性极限弯矩：

$M_{\mathrm{pl,Rd}}=M_{\mathrm{max,Rd}}-M_{\mathrm{N,Rd}}$　　见 EC 4 附录 C(C6)；

$M_{\mathrm{N,Rd}}=W_{\mathrm{pan}}\cdot f_{\mathrm{yd}}+\frac{1}{2}W_{\mathrm{pcn}}\cdot f_{\mathrm{cd}}$　　见 EC 4 附录 C(C7)；

假设塑性中性轴处在型钢截面的腹板内。

$W_{pan}=t_w \cdot h_N^2$ 见 EC 4 附录 C(C13)；

$h_N=\dfrac{N_{pm,Rd}}{2 \cdot b_c f_{cd}+2 \cdot t_w(2 \cdot f_{yd}-f_{cd})}$ 见 EC 4 附录 C(C12)；

$N_{pm,Rd}=A_c \cdot f_{cd}=849\times1.7=1\ 443(kN)$

见 EC 4 附录 C(C8)；

$$h_N=\frac{1\ 443}{2\times30\times1.7+2\times1.2(2\times21.36-1.7)}$$

$$=7.2(cm)<\frac{h}{2}-t_j=15-2.15=12.85(cm)$$

假设塑性中性轴在腹板内。

$W_{pan}=1.2\times7.2^2=62.2(cm^3)$

$W_{pcn}=b_c \cdot h_N^2-W_{pan}$

$=30\times7.2^2-62.2=1\ 493(cm^3)$ 见 EC 4 附录 C(C18)

$M_{N,Rd}=62.2\times21.6+0.5\times1\ 493\times1.7=26(kN \cdot m)$

在 B、C 点的塑性极限弯矩为：

$$M_{pl,Rd}=567.6-26=541.6(kN \cdot m)$$

相应的轴向力为：

$$N_B=0 \quad 方程(6.31)$$

$$N_C=N_{pl,c,d}=2N_D=1\ 443\ kN \quad 方程(6.34)$$

**6.5.2.7　单轴弯压结合柱极限承载力**

轴心受压极限承载力($M=0$)：

$\bar{\lambda}=0.672$(使用失稳应力曲线 b)　(见 6.3.3)

$$\chi=0.799 \quad (表 6.3)$$

$$\chi_d=\frac{N_{Sd}}{N_{pl,Rd}}=\frac{2\ 108}{5\ 095}=0.414 \quad (见 6.3.5)$$

$$\chi_N=\chi \cdot \frac{1-r}{4} \quad 方程(6.38)$$

将 $\gamma=0$(端部弯矩比例)代入得：

$$\chi_N=0.8\times0.25=0.2$$

对 C 点得到以下值：

$$\chi_c=\frac{N_{pl,c,d}}{N_{pl,Rd}}=\frac{1\ 443}{5\ 095}=0.283$$

$$\mu_c=1.0$$

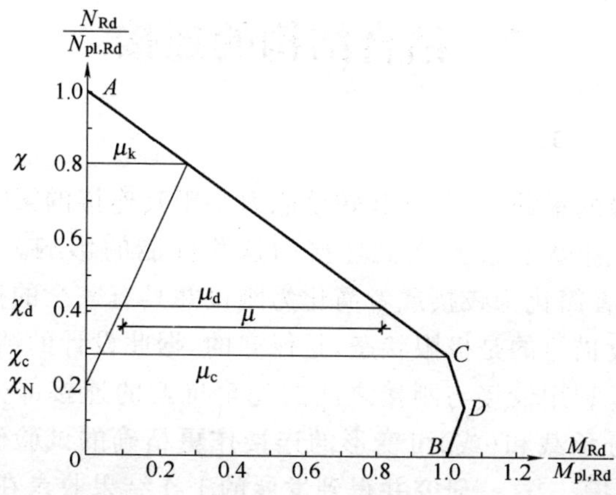


由于相互作用曲线在 A 与 C 之间几乎是直线，所以 $\mu_k$ 按下式计算：

由 $\frac{\mu_c}{1-\chi_c}=\frac{\mu_k}{1-\chi}$ 得 $\mu_k=\frac{1-\chi}{1-\chi_c}\cdot\mu_c=\frac{1-0.8}{1-0.283}\times 1=0.279$

$$\mu_d=\frac{1-\chi_d}{1-\chi}\cdot\mu_k=\frac{1-0.414}{1-0.8}\times 0.279=0.817$$

则线段 $\mu$ 为：

$$\mu=\mu_a-\mu_k\cdot\frac{\chi_d-\chi_N}{\chi-\chi_N}\cdot\mu_k=0.817-0.279\times\frac{0.414-0.2}{0.8-0.2}=0.717$$

方程(6.37)

**6.5.2.8　单轴弯压结合柱极限承载力检算**

$$\frac{N_{Sd}}{\chi\cdot N_{pl,Rd}}=\frac{2\ 108}{0.799\times 5\ 095}=0.52\quad 方程(6.20)$$

$$M_{Sd}\leqslant 0.9\mu\cdot M_{pl,Rd}\quad 方程(6.39)$$

$$316.2<0.9\times 0.717\times 541.6=349.5(kN\cdot m)$$

结论：该柱几乎用到了其抗弯承载能力的 90%。

# 7　结合结构的连接

## 7.1　概　　述

当连接的承载力、刚度和转动能力小于其连接的梁时，该结合结构的特性很大程度上受到连接的这些性能的影响。到目前为止，连接或者简化为铰接或者简化为刚接并具有完全的抗弯能力。这两种假设描绘的是极限状态，是保守的，据此设计的结构是不经济的。为了利用铰接与刚接之间的完全抗弯的连接部分，目前对所谓的部分承载和(或)可变形的连接作更精确的试验研究，参见文献[7.19]等。这一研究并得到发展的工作结果收录在欧洲规范 EC4 附录 J[7]中。图 7.1 再次将一个可变形的、部分承载的连接承载特征与绝对刚性和绝对铰接的情况进行了比较。无论是设计还是建造结合结构(框架、连续梁)，在考虑连接的特征时，自然要以这些连接的弯扭特征作为前提。

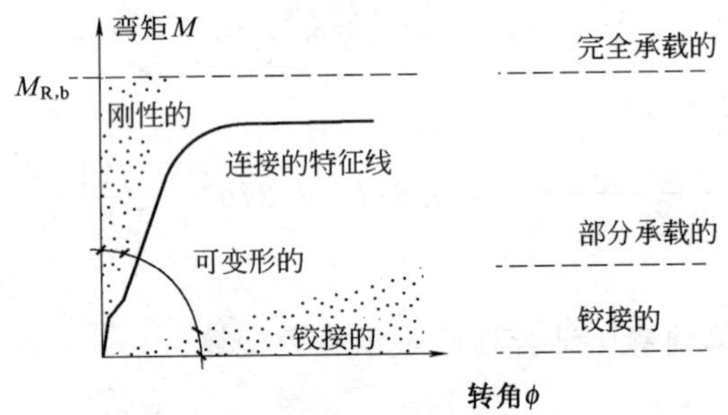


图 7.1　连接的非线性承载特征

连接必须可以分级，以便结构设计人员知道应该怎样计算处理所设计的结构及连接。该分级应该特别考虑以下一些特性：

- 初始刚度 $S_{ini}$；

• 承载能力 $M_R$；

• 可转动性 $\Phi_u$，见图 7.2。

如果连接的可转动性很大的话，那么，也许总是可以利用塑性铰理论。这样，横截面和结构体系会得到充分的利用，从而得到经济的设计。这里需要注意的是，结合梁的最大承载力不在中间支座处（负弯矩区域），而在跨间（正弯矩区）。如果事实确是如此的话，那么结合梁的跨中得到充分应用，人们也许就得到一个经济的优化设计。这样，首先建立的塑性区（塑性铰）就属于可变形区（塑性转动），通常情况下，这一区域在中间支座处，这里就需要可变形的连接。

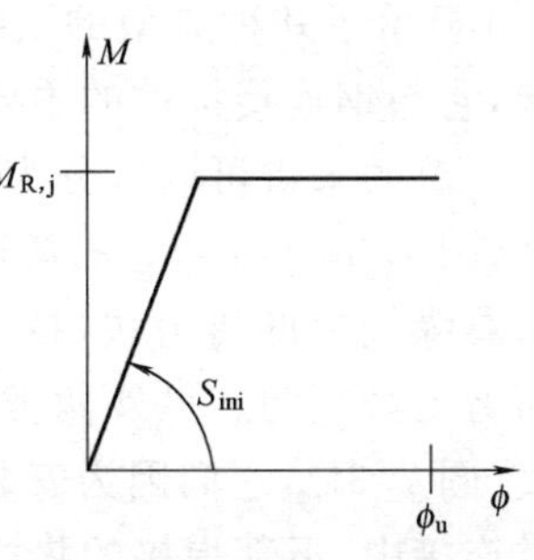

图 7.2　连接分级的特征

部分承载连接应该包括如下几点：

• 在正常使用极限状态下保持弹性性能并且尽可能刚性；

• 在出现明显的弯矩调整以至于可以用塑性铰理论进行计算时，具有足够的变形能力；

• 建造起来简单、经济（制造和安装）。

如果连接只是部分承载，那么该部分承载能力就是一个很重要的变量。因为，连接的承载能力越小并且布置在中间支座区域，那么越多的弯矩从支座向跨中区调整，此时的连接就必须具有更强的变形能力。原因如下：

• 负弯矩区域变得更短；

• 同时，连接处混凝土翼缘板中的裂缝和钢梁中的塑性变形反过来向中间支座处移动。

部分承载连接有经济意义，因为它可以通过一个简单的钢连接（如一个旗状的钢板）浇筑在混凝土中，硬化后形成无缝的连续钢筋混凝土板，通过板内的配筋（在有效宽度范围内）来调整中间支座处的承载力。

## 7.2 建立连接

结合连接构件由钢连接构件和连续的配筋混凝土板组成，图7.3显示了几种典型的、在德语区域使用的具有抗弯承载力的连接，它与钢连接构件的主要差别在于制造过程不一样。

总的来讲可以区分为三类，一类是带旗状钢板和角钢的连接件（图7.3d和e），它的弯矩承载能力是通过配筋和固定在钢梁受压翼缘板上的传力块（接触钢板）产生的，其腹板连接件是传递横向剪力必须的。另外两类为额板连接（图7.3b和c）和无螺栓连接（图7.3f），它们因为安装方便，在结合结构中经常使用，在这两类连接中，下部焊接的垫板可以被放置在连接上部，并被混凝土内的钢筋所代替。无螺栓连接在施工状态下是铰接，只有在混凝土硬化后才具有承载能力和刚度。这样，自重仅仅作用在跨度范围内已经形成结合梁的区域，所以这一部分弯矩也不能进行调整。

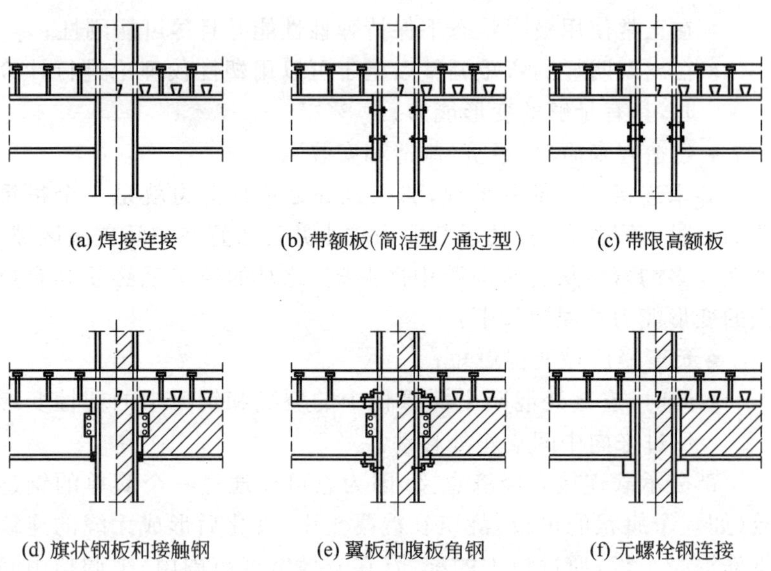

(a) 焊接连接　(b) 带额板(简洁型/通过型)　(c) 带限高额板

(d) 旗状钢板和接触钢　(e) 翼板和腹板角钢　(f) 无螺栓钢连接

图7.3　结合结构中具有抗弯能力的连接实例

结构可以是(外露)型钢或非(外露)型钢的梁和柱,混凝土板可以是实体板或由压型钢板制造的结合板。

具有抗弯承载能力的连接的特征与钢连接的特征类似,也与其类型、数量、配筋和连接键的分布有关。如果去掉了受压板,即成为铰接连接。

图 7.4 中为两个连续的(外露)型钢混凝土结合梁连接的例子。

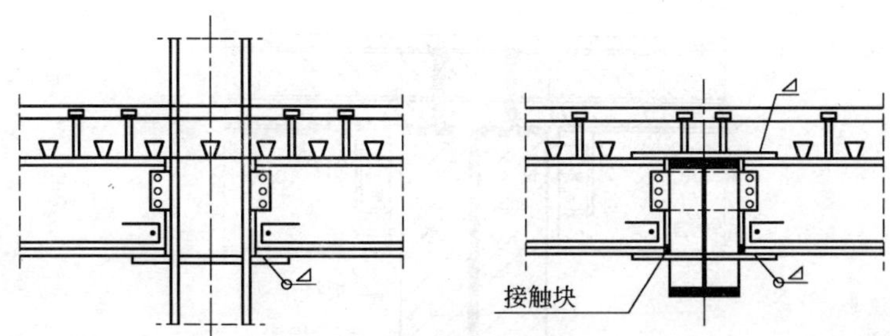


图 7.4 连续结构的连接举例

在选择计算体系的时候,总是存在这样的问题:板的托梁和桁架支撑是作为简支梁还是作为连续梁来计算?简支梁有这样的优点:根据规程,桁架支撑以及柱子上的连接制造和安装都较简单,这一优点是以较大的梁高和较高的压型钢板为代价的;此外,连续板与简支板同时使用时,会由于梁端的转动而在连接处产生难以控制的裂缝,图 7.5 很清楚地描述了这一问题。这一情况只有在裂缝宽度没有特殊要求时才推荐使用,这只适合于 DIN 1045 表 10 第一行和 EC 2[8,9]中环境条件较好的情况,同时应该使用无缝地面和弹性的地板表层。其他情况是混凝土板设计成断开的,或无缝地面设置膨胀缝,或无缝地面在这样的位置设置足够多的配筋。

在工业厂房结构中,混凝土屋盖比地板更经常地被直接使用,混凝土板及其托梁应该按照无缝的连续结构设置。相应的连接应该与铰接连接相当,连续结构的上翼缘将通过焊接的接头夹板和

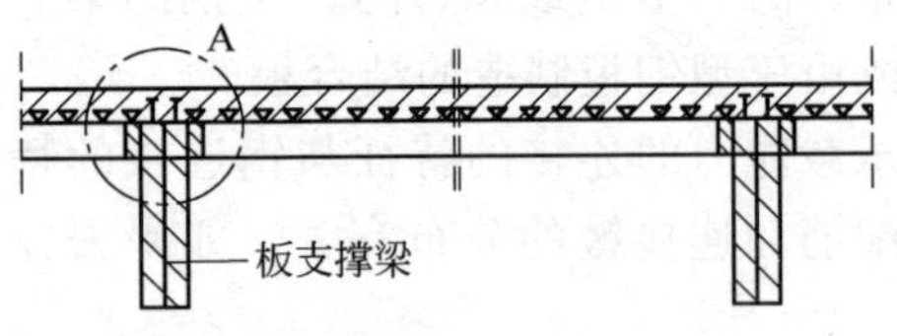


详图A

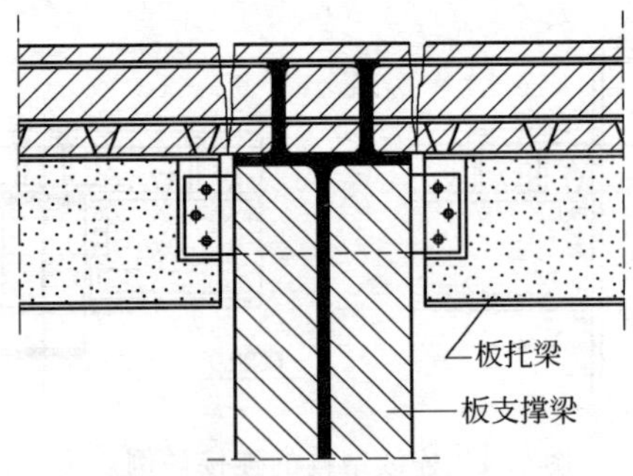


图 7.5　主梁上板托梁的铰接连接处可能出现的裂缝[1.28]

(或)配筋连接起来,下翼缘将通过受压接头夹板或通过受压来实现连接。此外,额板连接也是可以选用的一种类型,它可以设计成刚性和完全能承载的情况。相应地需要柱子加强、厚的额板和尺寸足够的螺栓,以便拉力的传递,所有这些都提高承载力但显著地减小转动性能。

## 7.3　欧洲规范 EC 4 规则

欧洲规范 EC 4 的 4.10 可以应用于房屋建筑加劲的框架。在 EC 4 的 1.2.4 首次定义了结合连接,即在结合结构构件与其他任何一个结构构件之间的连接,其中的配筋应该承担连接的反力。

在欧洲规范 EC 4(ENV 1994-1-1)中,没有根据一套完整的结合连接应用原则做任何试验。与此相反,欧洲规范 EC 3[12][10,11] 指出,在可能的情况下,可以将 EC 3 中的具体规则应用于结合连接的钢结构部分，但对于其他情况是不行的。

根据横截面的等级不同，欧洲规范 EC 4 允许根据弹性理论计算得到的连续梁的弯矩进行调整，但是，连接的柔性影响尚不能量化。所以到目前为止，对于结构使用半刚性连接的情况，欧洲规范 EC 4 还没有相应的使用规则。与此相对，刚劲抗弯结构的刚—塑性计算法(塑性铰理论)是通过部分承载能力的结合来处理的，但有前提条件，即连接应具有足够的转动能力。但是，即使是要求的转动能力也不能量化。

所有欧洲规范都以规范前期的形式出现，以便它们首先有个试用期。这一规范前期是必要的，因为它可以收集实际工作中的经验，以致经过三年的使用期后能够成为欧洲规范。同时对欧洲规范 EC 4 意味着存在这样的可能：在其最终有效的规范版本中包含更为详细的结合连接的规则，它将根据欧洲规范 EC 3 来进一步改进附录 J，同时注意结合观点。目前有个工作组 COST-C1/ECCS-TC11 正在研究这一重要的任务[7.7],[7.19]。

结合梁指导原则既不含连接的设计(极限承载力)，也不含其对截面内力的影响，尤其不含部分承载的、可变形的连接。

到目前为止，欧洲规范 EC 4 中所描述的连接对截面内力影响的应用规则只适用于加劲的、侧向无移动的、采用无变形(刚性)连接的结构。

欧洲规范 EC 4 不含有针对以下情况的应用规则：

- 侧向弱的承载结构，这样的结构必须根据二阶理论(塑性理论)来计算。
- 侧向刚劲但没有加强的承载结构(刚劲的框架)。
- 应用和考虑可变形连接：

  关于截面内力计算，欧洲规范 EC 4 按照弹性计算与塑性铰一阶理论予以区分对待。
- 线弹性截面内力计算以基础理论为前提，所有结合或者不变形(刚性)、或者为铰接。如果弯矩满足如此计算得到的中间支座及跨中区域的截面内力，那么就不再需要连接有变形能力，它应该传递弯矩。

- 如果采用弹性计算并作弯矩调整，那么具有抗弯能力的连接也必须承担全部的力，以便混凝土内形成裂缝和钢梁能够塑性化。根据欧洲规范 EC 4，弯矩调整可以达到 40%（15%是由于裂缝，由于钢梁的塑性变形最高可以调整到 25%）。

塑性铰一阶理论也可以选用弹性计算方法，但要求以下两点：

- 证明连接有足够的转动能力（连接为铰）。
- 或者确保连接节点的极限弯矩至少为连接在该节点上的结合梁现有极限弯矩的 1.2 倍。连接节点的极限弯矩通过额板、超量的额外焊接的接头夹板和附加配筋（短的、偏差的）来提供。连接在节点上的结合梁，其极限弯矩可能因为 $M$—$V$ 相互作用而予以折减。

图 7.6 描述了节点组成部分、节点试验和整体承载结构之间的相互关系。

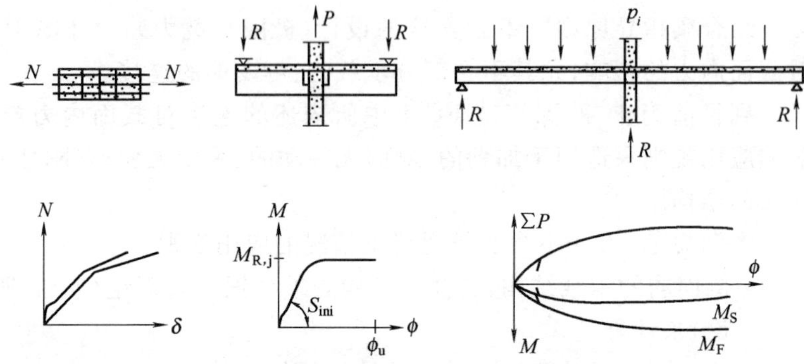


图 7.6　构件和整体承载结构之间的相互关系

对于节点的组成部分，至少可以分为两个主要部分：

- 连续的、配筋的混凝土板；
- 钢连接。

两个组成部分通过结合梁的连接键共同作用，钢筋混凝土组成部分的模型按照本书 5.5 中描述的浇筑在混凝土内的钢筋承载特性进行。混凝土的裂缝和裂缝之间混凝土的作用可以通过CEB/FIP 示范法规[5.39]的 $\sigma$—$\varepsilon$ 关系加以考虑，见图 5.14。

钢连接节点只有钢部件组成，其承载能力可以基于欧洲规范 EC 3 附录 j 的理论，将钢连接简化为弹簧模型，再根据各模型的 $M$—$\Phi$ 特征简单求和。

整体节点与它的连接对于承载结构而言只是一个部分，这些连接将通过它们的 $M$—$\Phi$ 特征影响该承载结构的承载特征及破坏特征。同时，这些连接和它的各个组成部分又因为该承载结构力的传递而承受着荷载作用。

通过与部分承载和可变形连接的关系，连接节点的整体区域事实上将重新建立，对于刚性的抗弯连接和铰接的抗剪连接均没有单独的限制。但是，连接不仅影响着造价，而且还影响着连续梁、楼板或框架的整体特性。同时，连接将根据其不同的类型，同样决定着承载结构的计算和设计。

可变形连接在杆系计算程序中可以通过特殊杆件或者弹簧单元进行计算，单元特性可以是线性的或者是非线性的。关于弹簧特征线的计算，到目前为止尚需要研究。

额板连接很刚劲，具有较大的抗弯承载力，所以在极限状态下，梁的特征就像一个真正的连续梁(比如像支撑在叠加式梁的支撑上)。如果梁是等级 1 的结合梁(塑性内力)且混凝土板配筋合适，这样就可以形成很多均匀的闭合裂缝，弯矩理所当然可以调整，直至可以用塑性铰理论进行计算。

连续梁的横截面承载能力，在跨中区域受到正弯矩作用，通常情况下是中间支座受负弯矩作用值的两倍。从经济设计的角度出发，在承载能力极限状态下，弯矩的调整就显得尤为重要。

如果支座处的承载力 $M_{pl,s}$ 比弹性计算得到的支座弯矩小，同时跨中的承载力 $M_{pl,F}$ 尚未得到充分利用的话，那么就会导致弯矩从支座向跨中调整，$M_{pl,s}$ 设计的越小，需要调整的就越多，见图 7.7。

较多的调整源于结合梁在负弯矩区较好的转动能力 $R$ 或

(和)连接本身较强的端部切线转角 $\varphi$(受拉区开裂)。所要求的转动可以通过以下途径减小,即提前让自重部分荷载作用在没有辅助支撑的钢简支梁上(无恒载结合,简支梁链),这样相应的弯矩就不需要调整了,所要求的转动也就因此减小了,在跨度范围内布置部分连接就可以了,因为跨度范围内的承载力减小为 $M_{pl,F}$。

图 7.7 描述的是一个两跨连续梁的塑性铰计算过程。首先加载均布荷载 $q_1$,直至中间支座处横截面达到其承载能力 $M_{pl,S}$ 而在此形成第一个塑性铰。然后再增加荷载 $\Delta q$,直至跨中截面达到其承载能力 $M_{pl,F}$ 而在此形成(最后)一个塑性铰,该系统便成了一个机构,该连续梁便达到了极限承载能力,见方程(7.1)。如图 7.7 所示,随着中间支座截面承载力增加,初始荷载 $q_1$ 在增加,同时 $\Delta q$ 部分在减小,正是 $\Delta q$ 引起塑性铰并将期望的弯矩调整值转向跨中范围。对承载能力为 $M_{pl,S}$ 的中间支座也类似如此。如果在安装和浇注混凝土时不使用辅助支撑的话(活载结合),在安装阶段为铰接,那么就改善了这一荷载比例关系。自重部分 $q_0$ 作用在简支梁上,在跨中产生最大弯矩,这一部分弯矩随后不需要调整,这样 $\Delta q$ 引起的塑性转角 $\varphi_{pl}$ 也就减小了,这就意味着,在连接处要求的塑性转动减小了,这对于部分承载结合的变形是有好处的。以上讨论的都仅适用于塑性铰理论,这一方法是否足够并且可以应用,也就是说,考虑结合缝处产生滑移的更精确的非线性计算能否得到更大的承载力,尚无定论。这一麻烦的研究到目前为止尚

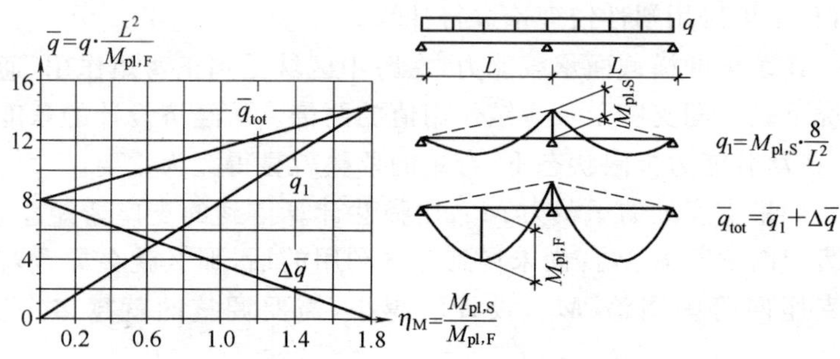


图 7.7　两跨连续梁塑性铰一阶理论(弹性理论)计算过程

未结束，在很多情况下，即使采用部分承载连接的连续梁仍然可以根据塑性铰理论设计。

$$q_{tot} = q_{el} + \Delta q \tag{7.1}$$

目前已经研究过并已投入使用的、或者想到的很多连接，均处在以上所说的极限状态之间。到目前为止，即使现在已经形成有效规范条文，在实际应用中也很难统一表达，尤其是连接的承载与破坏特征受构造设计的影响很大。

如果连续结合梁按照塑性来设计的话，部分连接必须有足够的变形，以便体系的承载能力（塑性极限承载能力）得到充分利用。

## 7.4 本章小结

连接应该或能够承担弯矩，这在结合梁中很容易做到，比如对于无螺栓连接，只要将混凝土板无缝地连续浇注过去即可。如果还有额外的额板或旗板存在，那么它们不仅能增强刚度，而且还能提高承载力。

为了尽可能地经济，我们不仅要充分利用结合梁横截面的塑性承载力，还要充分利用体系的安全储备。由于结合梁在正弯矩区域的承载力很大，所以必须让弯矩尽可能完全地向跨中调整，直至那里的结合梁也能够得到充分的利用。这样，连接必须具备足够的转动能力和延性。连接的承载能力越小，要求其延展性越好。另一方面，在实施过程中，可以通过灵活的施工方式（在铰接的没有辅助支撑的钢梁上浇注混凝土），减小其所要求的延展性（以及应用铰接理论时要求的转动能力）。

由于要求连接经济、优化和具有延展性，所以要求所有受关注的连接部件均具有延展性。

对混凝土板必须很好地配筋，以便尽可能产生均匀的逐个裂缝（见 DIN1045 和 CEB-FIP 示范法规[5.39]）且配筋不至于提前断裂。结合梁的带头铆钉在连接处形成一个宽的无连接键的缺口，在这一段，混凝土板相当于受等值荷载的拉力板，使这里有可能具有更高的延性。同时，这一连接键缺口也减少了在连接处形成单个主裂缝的危险，该主裂缝的宽度很难控制[7.15],[7.16],[1.28]。

当连接在腹板区域和上翼缘板处没有连接部件时，在弯矩作用下各部分之间裂开，从而具有大的转动能力。如果结合梁的连接具有延展性，那么弯矩的比例还要有利，因为混凝土板同样是受等值的拉力。当使用压型钢板时，连接的延性还要好。

对于旗板连接，挤压应力大，因此对于破坏起控制作用，连接用螺栓不应该被剪断，这意味着旗板和(或)腹板不应该太厚。对于额板连接，螺栓在受拉区域不应该受拉破坏，这种破坏可以通过限制额板的厚度和节省加强部件来避免。

通过一块受压板(小钢板)产生的压力接触连接要配筋，通过受压板和配筋之间的有利力矩，使连接具有较大的刚度和承载能力。通过支撑柱腹板或者钢梁受压区的屈曲，理论上可以改善延性。当然，要弄清该影响的有关参数并不那么简单。

所以应该放弃这种受压块，如果一开始就追求一个显著的刚度，那么柱的翼缘板与钢梁下翼缘之间的缝隙就必须小，以便在荷载作用下它们能闭合起来。当然通常情况下，由于在制造和安装中存在误差，这一狭窄的缝隙会发生冲突。

很显然，通常情况下要求的转动能力可以通过以下方法来减少：在铰支撑的钢梁上浇注混凝土，并不使用辅助支撑，一个大的优点是恒载已经作用在梁的跨中区域而不需要再作弯矩调整。

图 7.8 显示的是一个两跨结合板梁的试验结果，在中间支座处是一个延性的、部分承载的连接。试验体由两个简支钢梁和一个连续配筋的混凝土板组成，在中间支座处是一个无螺栓连接。也就是说，在连接处弯矩承载力靠混凝土板中的配筋与钢梁下翼缘之间的接触板来实现，板内额外设置配筋格栅，以减小裂缝宽度。试件梁在全长范围内完全结合，连接键间距相等。在浇注混凝土时，试件梁下多处设辅助支撑(恒载结合)，试验荷载按每跨 4 个集中荷载设置。

使用极限状态的必要信息如下：右上角的矩形部分显示的是在试验中测得的连接中随试验荷载而变化的转动量，其下显示的是连接中的弯矩及跨中的弯矩发展情况。在转角达到 12 mrad 时,连接达到塑性阶段,此时跨中达到其塑性承载力的 2/3。从这

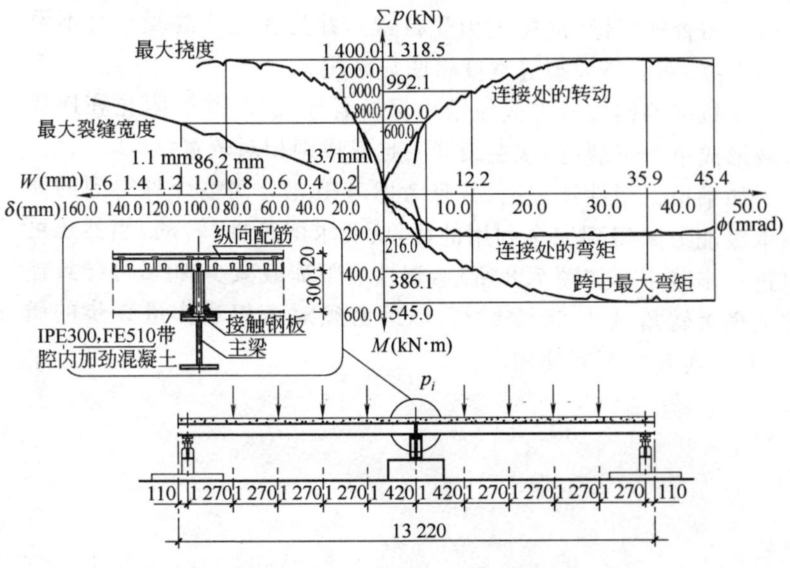


图 7.8　两跨结合板梁的试验结果(单位:mm)

一转角开始直到破坏为止,连接一直处于塑性状态。在转角达到 36 mrad 时,跨中达到塑性阶段,此时连接的变形一定大于要求值。在转角达到 45 mrad 时,连接由于配筋的断裂而破坏。图线的该部分也显示,该试验板梁可以使用塑性铰理论进行设计。

相应地,左上角的图线包含了正常使用极限状态的信息,它们描述了跨中的最大弯矩和试验测量时取决于试验荷载的最大裂缝宽度。根据试验荷载反算得到正常使用极限状态的荷载为 700 kN,在达到该荷载之前,连接处于线弹性状态,相应的最大挠度为 13.7 mm($\approx L/500$),小于通常情况下的正常使用极限值。在该荷载作用下,测得的最大裂缝宽度为 1.1 mm。这一宽度大于所有有效规范要求值,虽然此试验梁的配筋率为 1.54%(不考虑配筋格栅)。如果承载能力极限状态按塑性铰理论计算的话,那么该

梁在正常使用极限状态下得到了充分的应用。在设计中,正常使用荷载无论如何都小于 700 kN,此外,裂缝宽度不是用满负荷时的值作为限制值,而是用满负荷的 40%作为控制。如果在连接区域内不布置连接键(混凝土为受拉带),并且在浇注混凝土时不设辅助支撑,那么最大裂缝宽度将明显减小。

受拉区的钢接头夹板使结构保持着连续性,并且阻止在连接区域形成单个主裂缝,该主裂缝一旦形成则相对较宽。

如果根据塑性铰理论,并且考虑弯矩充分调整计算得到的体系承载能力未得到完全利用的话,所要求的延性(转动)当然还可以进一步减小。如图 7.8 所示,塑性极限荷载减少 10%可导致连接的最大转角减小 50%[1.54]。以后必须对该想法作进一步的研究,并在实践中不断使用。

# 8 结合结构构件的防火性能

## 8.1 概　　述

在火灾情况下，对于采用常规型钢的钢结构，没有保护时，随着钢形状系数 $U/A$ 的不同，其防火时间均不超过 10～20 min。所以，如果防火要求需要满足 DIN 4102. T4 中的某个等级，钢结构必须进行防火保护，比如加防护层或者喷洒灰浆。

在钢结构设计中，根据钢构件最高达到所谓的"关键"温度 500 ℃来确定防火等级，进而确定钢结构构件的抗力和正常使用极限状态下的作用大小。

钢筋混凝土构件则相反，不需要额外的覆盖层。DIN 4102. T4 根据要求的防火等级决定最小横截面尺寸、受力筋的最小间距和最小覆盖层厚度。目前，结合结构也根据 DIN 4102. T4 来处理，该种结构构件也不需要采取额外的诸如覆盖层或油漆层等保护措施。通过一个截面内钢、混凝土和配筋的共同作用，即使钢部分外侧的"关键"温度达到 500 ℃，一般情况下结构构件也不会破坏，钢的测试温度达到 900 ℃，见图 8.2。

结合截面的各个部分是一个整体，由于混凝土的导热能力小，它阻止了温度在结合截面内的快速传递。在高温情况下，混凝土强度的降低与钢强度的降低差不多(图 8.3)。由于从表面到内核的温度明显降低，那些处于表面而没有保护的结构钢首先失去强度，这样它的力就转移到冷却后的混凝土与埋置在混凝土内部的钢上去。基于这一理论，于 20 世纪 80 年代发展了新型的抗火钢结合构件，它就是有针对性地设置配筋和连接键的(外露)型钢混凝土，见图 8.1，可用于需要足够防火和更大强

度的结构构件。（外露）型钢混凝土技术的另外优点是：翼缘板外露可见、可以直接用于粘合或焊接不同类型的悬挂物。其表

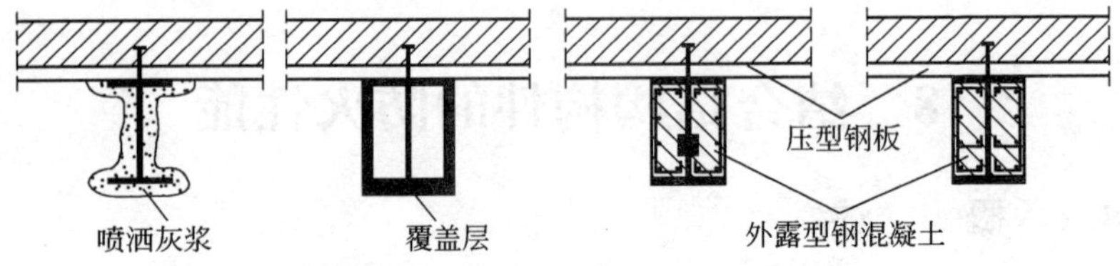


图 8.1　含与不含保护层的结合梁

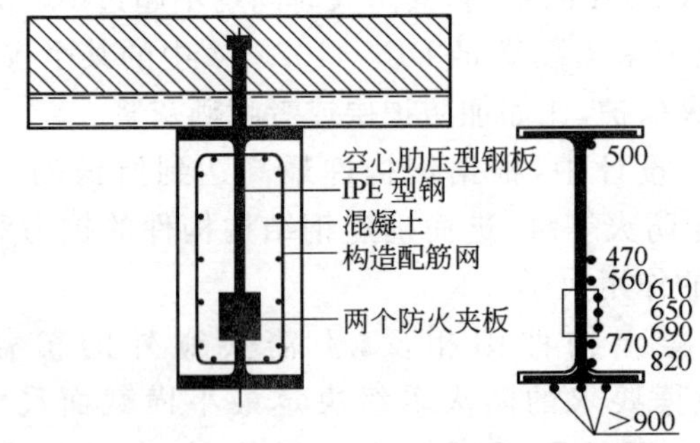


图 8.2　防火试验中破坏时的温度分布示意（℃）

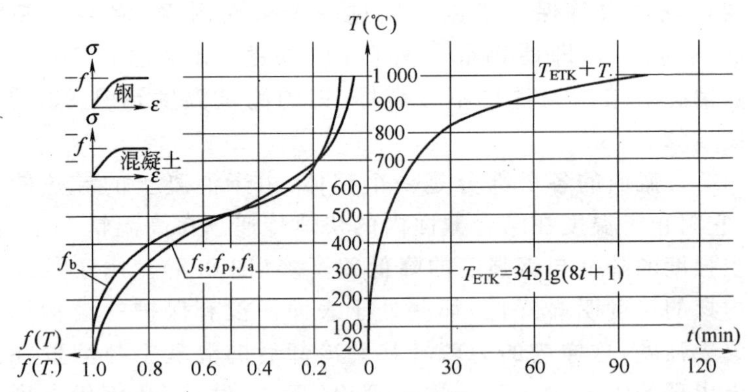


图 8.3　随着温度的增高混凝土强度（$f_b$）

与钢强度（$f_s$，$f_p$，$f_a$）降低

面光滑、干净，而没有因为使用砂、纤维（石棉）或其他颗粒而污染空气的危险。

一般规则当然也要遵守，以便获得周密的防火设计。要采取主动和被动措施并确定以下几个方面：

- 确保应急通道畅通；
- 持续地排烟；
- 保证结构构件的防火能力；
- 阻止火灾蔓延；
- 提前报警；
- 有效地救援。

可能的防火措施简单综合如下：

- 沿着型钢表面喷洒容许使用的覆盖层（在美国经常使用"喷洒"法，即使是楼板的梯形截面压型钢板）；
- 用容许的防火板，顺着梁（或者柱）的型钢表面设置覆盖层或做成箱形的覆盖层（该覆盖层不能代替钢结构的防锈层）。

在以上这两种情况下，温度的发展取决于隔热材料的传热能力、隔热材料的厚度和型钢的形状系数 $U/A$：

- （外露）型钢混凝土结合梁（部分侧面露在混凝土外）和结合柱；
- 完全浇筑在混凝土内的型钢梁和柱；
- 防护层及容许使用的粉刷层等要达到 F 60 级（如果将来某一天消防水试验可以省略的话，还可以更高一些）；
- 梁下天花板的布置，相互之间可靠连接。

对于空心的型钢横截面，可以填充混凝土和冷却水。

加防护层的防火产品，也称为"加防护层的 DSB"，根据标准建筑法规（MBO），它作为新材料可以应用。对于在建筑物外部使用的情况，已经用到了 F 30 级；在建筑物内部使用的情况用到了 F 60 级。

将"加防护层的防火产品（DSB）"用于室外，并满足 F 90 级的要求，在短期内是值得的，其所涉及的产品具有坚硬而又牢固地粘合在底层上的泡沫层。显然，泡沫层结构是合适的，即使是在消防水试验中，也可以坚持足够长的时间。

其他的措施如洒水系统、通风换气系统、足够的逃生通道和快速了解火灾状况的透明度、了解火灾荷载的真实情况以及类似的这些因素，全都属于防火范畴。

如果按照欧洲规范 EC 4. T 1-2 作认真的计算检验，那么另外两点却很重要：

- 较低的使用率 $\alpha$ 以及 $\eta$；
- 通过由于支撑或体系的改变（原来的简支板在板的托梁或结合板处变为连续梁体系）而获得有利的弯曲（失稳）长度（由于热效应而使长度改变以及相应的塑性设计），使体系的安全储备在火灾情况下得到充分利用。

希雷喜（Schleich）[8.30]的计算结果很清楚地描绘了静力计算影响因素和它们对防火时间的影响，见图 8.4。

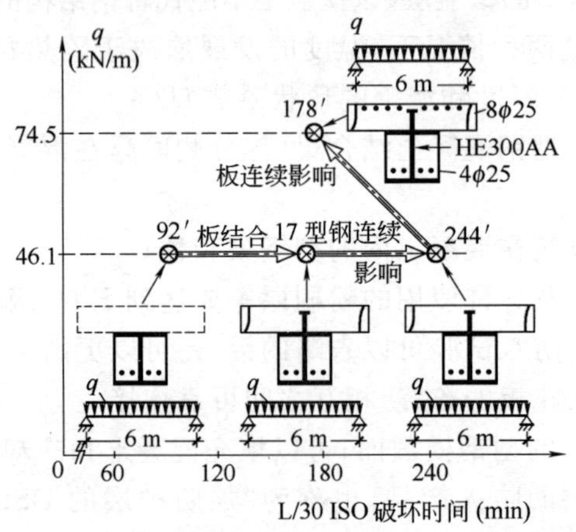


图 8.4　破坏时间加长或者火灾情况下的荷载增加

（外露）型钢结合梁在火灾试验中经过 91 min（图中显示为 92 min）之后破坏，当它与混凝土板结合在一起时，在火灾中可以持续 171 min，当它在火灾中能够建立连续结构作用时，在火灾中的持续时间可以提高到 244 min,如果混凝土板设置足够配筋的话,荷载可以再一次提高(这里提高 60%)。

## 8.2 DIN 4102 的检算方法

### 8.2.1 概　　述

到目前为止,结合结构的特性在 DIN 4102 T 4.7"建筑材料和构件的火灾特性"中予以规定(1993/94 版)。如果结合构件的火灾特性与那里的规则有偏差,那么就应该根据 DIN 4102. T 2 通过测试结果来计算。如果存在可以引用的测试结果,那么防火检验就可以通过专家认可的测试地点或者通过权威专家来认定。

这种意见在结构验收过程中如同官方的检测证书一样有效。当然,结构设计者必须根据火灾情况要求,对横截面进行正确的布置,必要时采取额外的防火措施,如对型钢截面像图 8.1 一样喷洒覆盖层。同时对其使用一些近似计算方法和设计辅助手段,其中一些方法将在以后作简短说明。专家的工作至少可以在标准情况下(此后也是如此限制的),对性能的正确使用和合适的构造布局等进行检验。

图 8.5 包含了这一检验过程,对于柱和梁采用设计规范中不同的表格(尺寸大小、配筋比例和混凝土保护层)。这些表格由柏林建筑技术研究所以通知的方式发布[8.26],这一检算过程用表格进行,因此很简单。当然它也有不足之处,如不灵活、得到的结果较保守、只适用于标准情况而无法将试验结果和定义的范围向外推延。

DIN 4102. T 4 第 7 节中的规则在这里再作简短综合,因为它在欧洲规范 EC 4. T1-2 作为等效规范公布以前都是有效的。另外,在结构布局方面以及至少在借助于表格根据水平 1 来进行尺寸拟定等方面,两个规范没有实质性的改变。所以,根据 DIN 4102 进行结构布局和简化检算是仍然有效的。

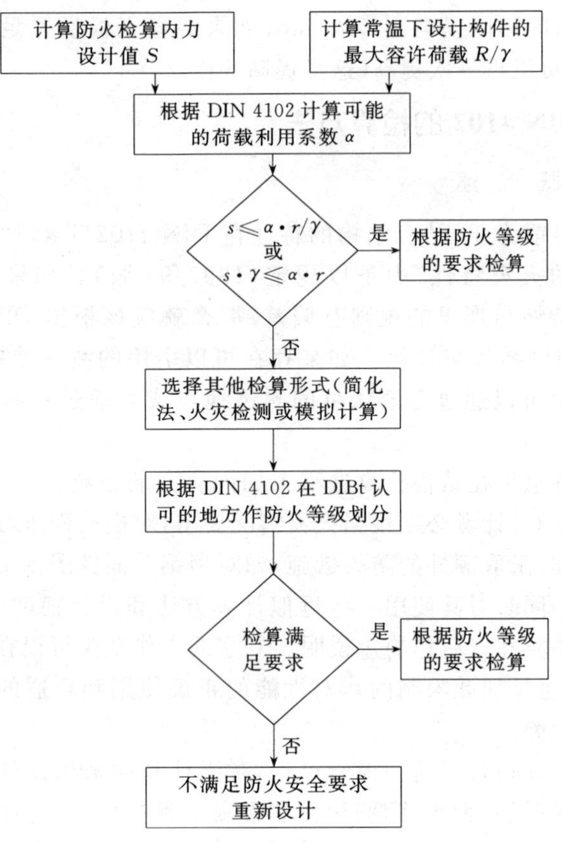


图 8.5　到目前为止使用的检算过程

### 8.2.2　结 合 梁

在结合梁的钢梁没有得到保护时,其防火时间较短。通过型钢周边的防护层如粉刷层或者防护板等,可以获得较高的防火时间,见图 8.1。

所要求的防火等级也可以通过对钢梁的型钢部分腔内填充混凝土来达到,也可以通过在钢梁周边浇注的混凝土内放置诸如配筋或者钢板(图 8.1)等方法来达到。

在 DIN 4102 中包含两个设计用表，它们适用于采用（外露）型钢混凝土的静定结合梁结构（可查阅表 103、表 104）：

- 表 103 适用于在混凝土板内配置较弱横向配筋的结合梁，其结果是，在火灾情况下板的有效宽度只能用到普通情况下有效宽度的 1/3；
- 表 104 适用于混凝土板内的横向配筋经过检算的结合梁（检算其凹口的梁/板的托肩处的剪力，压力线的坡度根据 DIN 4227. T 1 中 12. 4. 2 确定，用于计算的横向抗弯钢筋可以达到 40%，剪切钢筋在有效宽度范围内不分级）。

根据结合梁指导原则，结合梁的使用系数 $\alpha_s$ 通过 1 倍的设计荷载与荷载情况 $H$ 下（主要荷载，$\gamma=1.7$），容许的作用（$1/\gamma$ 的计算承载力）之比得到：

$$\alpha_5=\frac{_{现有}M}{M_{pl}/\gamma}=\frac{_{现有}M\cdot\gamma}{M_{pl}}=M_\gamma/M_{pl} \tag{8.1}$$

这样就有以下的检算：

$$M_\gamma\leqslant\alpha_5\cdot M_{pl} \tag{8.2}$$

式中 $M_\gamma$——承载能力极限状态下的弯矩（荷载情况 $H$ 下，$\gamma=1.7$）；

$\alpha_5$——表 103、表 104 中的使用系数；

$M_{pl}$——根据结合梁指导原则，计算得到的完全塑性状态下的弯矩。

表 8.1 示意性地表示了根据 DIN 4102. T 4 中第 7 节表 104 的计算内容。当该表用于检算时，为避免因为温度差异而导致板开裂，在作剪切设计时要考虑其他的规定（如上所述）。

周边浇注的混凝土中配置的额外钢筋是一个防火措施，在用表格进行“冷设计”时是不能计入的。表中数据是根据钢 St 52 的参数进行计算得到的，当用于 St 37 时，配筋需要折减 70%。

（外露）型钢混凝土始终黏结在梁的腹板上（图 8.6），为此：

- 需要将箍筋与腹板焊接在一起或者将箍筋穿过腹板的孔；
- 在腹板的孔中穿短钢筋并将其与配筋连在一起；

● 在腹板上焊接带头铆钉。

表 8.1 也包含了型钢要求的最小宽度 $b$ 值。对于结合梁的防火等级为 F 90 并得到充分应用的情况下($\alpha_5=1$),要求截面的最小宽度为:

$$b \geqslant 34-5 \cdot \frac{h_a}{b} \qquad (\text{单位:cm})$$

对于防火等级为 F 60 的情况,最小宽度大约小 10%。对于防火等级为 F 120 的情况,最小宽度必须大于其值的 25%。

这就导致了上述条件($\alpha_5=1$,F 90)下,大部分 IPE 型钢截面则被排除在外:它相对而言纤细,因此根据表 8.1(取自 DIN 4102)无法分级。在这种情况下,如果不通过计算来检验的话,使用荷载一定减小,比如用火灾折减的横断面,可以得到相应的分级。

**表 8.1 根据 DIN 4102(表 104)得到的最小横截面尺寸**

| 序号 | 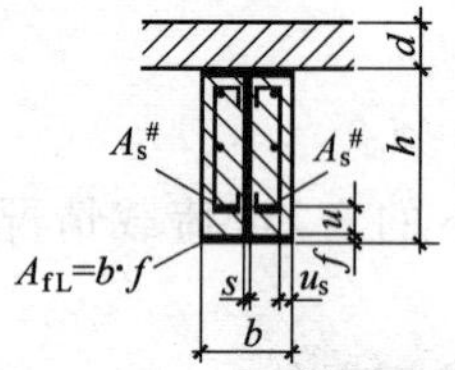<br>前提条件 $b/s \geqslant 18$、$t/s \leqslant 2$、板厚 $d \geqslant$ 12 cm、腔内配筋比不大于 0.05、混凝土强度等级不低于 B25、$u$,$u_s$ 参见图 69<br>* 附加配筋 BSt 500 S | 防火等级分类-命名<br>F30-A | F60-A | F90-A | F120-A | F180-A |
|---|---|---|---|---|---|---|
| 1 | 在选定利用系数 $\alpha_5=0.4$ 下横截面最小尺寸:最小宽度 $b$(mm)、相对翼缘面积配筋比 $A_s/A_{Fl}$ | | | | | |
| 1.1 | 相应截面的高度 $h \geqslant 0.9b_{min}$ | 70/<br>0.0 | 100/<br>0.0 | 170/<br>0.0 | 200/<br>0.0 | 260/<br>0.0 |
| 1.2 | 相应截面的高度 $h \geqslant 1.5b_{min}$ | 60/<br>0.0 | 100/<br>0.0 | 150/<br>0.0 | 180/<br>0.0 | 240/<br>0.0 |
| 1.3 | 相应截面的高度 $h \geqslant 2.0b_{min}$ | 60/<br>0.0 | 100/<br>0.0 | 150/<br>0.0 | 180/<br>0.0 | 240/<br>0.0 |

续上表

| 序号 | 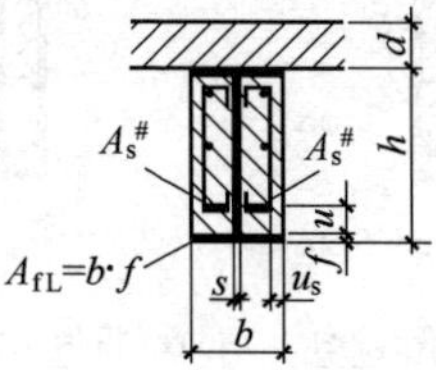 前提条件 $b/s \geqslant 18$、$t/s \leqslant 2$、板厚 $d \geqslant$ 12 cm、腔内配筋比不大于 0.05、混凝土强度等级不低于 B25、$u$,$u_s$ 参见图 69<br>* 附加配筋 BSt 500 S | 防火等级分类-命名 | | | | |
|---|---|---|---|---|---|---|
| | | F30-A | F60-A | F90-A | F120-A | F180-A |
| 2 | 在选定利用系数 $\alpha_5 = 0.7$ 下横截面最小尺寸:最小宽度 $b$(mm)、相对翼缘面积配筋比 $A_s/A_{Fl}$ | | | | | |
| 2.1 | 相应截面的高度 $h \geqslant 0.9b_{min}$ | 80/ 0.0 | 170/ 0.0 | 250/ 0.4 | 270/ 0.5 | |
| 2.2 | 相应截面的高度 $h \geqslant 1.5b_{min}$ | 80/ 0.0 | 150/ 0.0 | 200/ 0.2 | 240/ 0.3 | 300/ 0.5 |
| 2.3 | 相应截面的高度 $h \geqslant 2.0b_{min}$ | 70/ 0.0 | 120/ 0.0 | 180/ 0.2 | 220/ 0.3 | 280/ 0.3 |
| 2.4 | 相应截面的高度 $h \geqslant 3.0b_{min}$ | 60/ 0.0 | 100/ 0.0 | 170/ 0.2 | 200/ 0.3 | 250/ 0.3 |
| 3 | 在选定利用系数 $\alpha_5 = 1.0$ 下横截面最小尺寸:最小宽度 $b$(mm)、相对翼缘面积配筋比 $A_s/A_{Fl}$ | | | | | |
| 3.1 | 相应截面的高度 $h \geqslant 0.9b_{min}$ | 80/ 0.0 | 270/ 0.4 | 300/ 0.6 | | |
| 3.2 | 相应截面的高度 $h \geqslant 1.5b_{min}$ | 80/ 0.0 | 240/ 0.3 | 270/ 0.4 | 300/ 0.6 | |
| 3.3 | 相应截面的高度 $h \geqslant 2.0b_{min}$ | 70/ 0.0 | 190/ 0.3 | 210/ 0.4 | 270/ 0.5 | 320/ 1.0 |
| 3.4 | 相应截面的高度 $h \geqslant 3.0b_{min}$ | 70/ 0.0 | 170/ 0.2 | 190/ 0.4 | 240/ 0.5 | 300/ 0.8 |

注:* 钢的类型标志见 DIN 4102 第 1 页;

如果不能够进行防火设计的话,标以"—"。

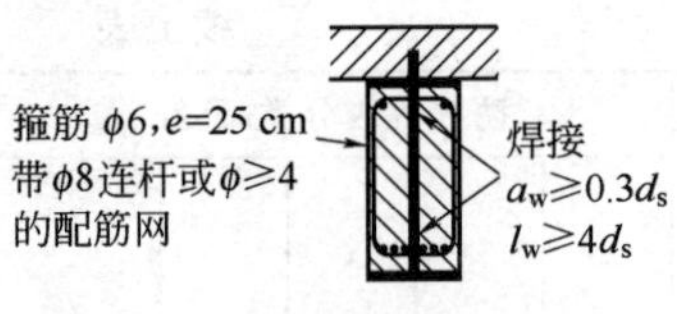


(a) 根据 DIN 4099 将箍筋焊接在型钢腹板上

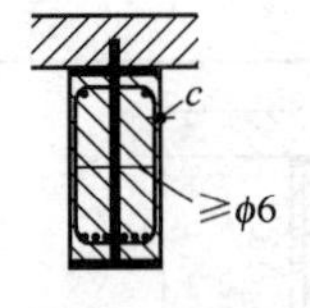


(b) 连接钩穿过型钢腹板上的孔固定在箍筋上

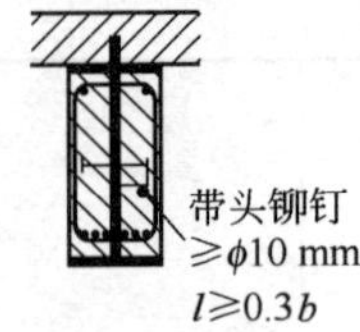


(c) 将带头铆钉焊接在型钢腹板上

图 8.6　外露型钢混凝土的构造措施
（型钢翼缘板之间高差不超过 400 mm）

与上表有关的说明、边界条件和最小尺寸适用于三面承受火灾荷载的情况。三面承受火灾荷载是指：钢梁的上表面被普通钢筋混凝土梁覆盖（中间没有空隙）；或被容许的结合板（满足最小防火等级要求）覆盖。

当使用梯形截面型钢和压型钢板制作的结合板时，梁必须采取防护措施以防从上表面来的火灾侵害。如果 90% 的上表面防火措施起作用的话，这一要求是能够满足的。

**表 8.2　使用 DIN 4102**（表 103、表 104）**时结合梁额外配筋的最小轴间距**（括号内数据和简图根据 EC 4 T1-2 得到）

| 简　图 | 型钢的宽度 $b$(mm) | 最小轴间距(mm) | 防火等级 | | | |
|---|---|---|---|---|---|---|
| | | | F60 (R60) | F90 (R90) | F120 (R120) | F180 (R180) |
| I—I, $u$, $u_S$ | 170 | $U(U_1)$ | 100 | 120 | | |
| | | $U_S(U_2)$ | 45 | 60 | | |
| | 200 | $U(U_1)$ | 80 | 100 | 120 | |
| | | $U_S(U_2)$ | 40 | 55 | 60 | |
| | 250 | $U(U_1)$ | 60 | 75 | 90 | 120 |
| | | $U_S(U_2)$ | 35 | 50 | 60 | 60 |
| | 300 | $U(U_1)$ | 40 | 50 | 70 | 90 |
| | | $U_S(U_2)$ | 25 | 45 | 60 | 60 |

### 8.2.3 结 合 柱

DIN 4102. T 4 中包含结合柱的设计用表 105～表 108，柱的设计和建造规定见 DIN 18806。

表 105 适用于混凝土填充的空心横截面型钢(图 8.7a)；

表 106 适用于型钢完全浇筑在混凝土内的截面(图 8.7b)；

表 107 和表 108 适用于(外露)型钢混凝土截面(图 8.7c)。

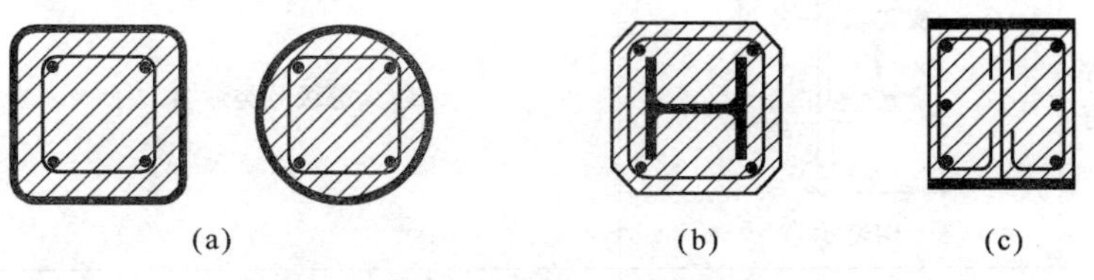


图 8.7　具有安全防火时间的结合柱

根据 DIN 18806，结合柱的使用系数 $\alpha_6$ 由 1 倍的设计荷载与荷载情况 HZ 下(主要荷载与附加荷载，$\gamma=1.5$)容许的作用之比得到，而且假设两端铰接(欧拉情况 2)，荷载为中心受压或偏心受压。

$$\alpha_6=\frac{{}_{\text{现有}}N}{N_{\mathrm{kr}}/\gamma}=\frac{{}_{\text{现有}}N\cdot\gamma}{N_{\mathrm{kr}}}=N_\gamma/N_{\mathrm{kr}} \tag{8.3}$$

对于中心受压柱，检算式为：

$$N_\gamma\leqslant\alpha_6\cdot N_{\mathrm{kr}} \tag{8.4}$$

对于单轴受弯的受压柱，检算式为：

$$M_\gamma\leqslant 0.9\alpha_6\cdot s\cdot M_{\mathrm{pl}} \tag{8.5}$$

式中　$N_\gamma$，$M_\gamma$——极限承载能力情况下的截面内力(荷载情况 HZ，$\gamma=1.5$)；

$N_{\mathrm{kr}}$——根据 DIN 18806 计算得到的中心受压结合柱的承载力；

$s$——无量纲系数，根据 DIN 18806 用于确定偏心荷载作用下的剩余抗弯承载力。

表 8.3 示意性地表示了 DIN 4102 表 106 中关于型钢混凝土最小尺寸的内容。比如以防火等级 F 90 为例，型钢的混凝土覆盖层厚度为 $c=50$ mm，横截面的厚度为 $b=220$ mm，这对承载能力没有损害（$\alpha_6=1$）。

**表 8.3 DIN 18806. T1 关于型钢混凝土柱横截面的最小尺寸**

（配筋为 BSt 500 S，混凝土强度等级不低于 B25）

| 序号 | 构造示意（$c$，$d$，$u$，$b$） | 防火等级分类命名 | | | | |
|---|---|---|---|---|---|---|
| | | F30-A | F60-A | F90-A | F120-A | F180-A |
| 1.1 | 横截面最小尺寸：<br>最小厚度 $d$ 和 $b$(mm) | 150 | 180 | 220 | 300 | 350 |
| 1.2 | 型钢最小混凝土覆盖层厚度 $c$(mm) | 40 | 50 | 50 | 75 | 75 |
| 1.3 | 相应的纵向配筋最小覆盖层 $u$(mm)<br>也可以选择以下参数 | 20 | 30 | 30 | 40 | 50 |
| 2.1 | 最小厚度 $d$ 和 $b$(mm) | 参见 1.1～1.3 | 200 | 250 | 350 | 400 |
| 2.2 | 型钢最小混凝土覆盖层厚度 $c$(mm) | | 40 | 40 | 50 | 60 |
| 2.3 | 相应纵向配筋最小覆盖层厚度 $u$(mm) | | 20 | 20 | 30 | 40 |

为了优化结合柱在室温和火灾情况下的承载特性，发展并研究了结合柱的特殊形状。对于它们的设计在 DIN 18806 和 DIN 4102 中均有相关规定。

由挤压加工的型钢制成的结合柱（图 8.8a）在火灾试验中坚持时间超过 90 min，试件尺寸大约为 400 mm，承受的荷载几乎是容许的使用荷载（根据 DIN 18806 的计算结果）。在火灾情况下，钢的核心部位由于受到周围混凝土的保护而避免受到热的作用。

通过在表面附近放置稀疏的保护钢筋，可以限制表面区域混凝土的错位。

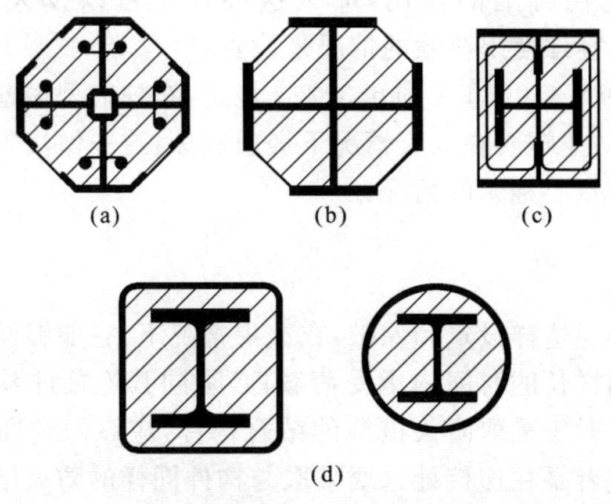


图 8.8　结合柱的特殊形状

图 8.8b 所描述的结合柱的横截面属于前面所述的特殊形状，其横截面的钢件部分由二至三个热轧型钢截面焊接在一起而形成，中间留下的空隙部分用混凝土加固填实。

图 8.8c 所描述的结合柱，其横截面几乎是型钢制成的柱子，在其横截面的外围部分用混凝土加固填实，在火灾试验中，高荷载作用持续了 2 h。其型钢部分由一个大的外围的型钢和两个或更多的小型钢焊接在一起而形成，中间的型钢完全被混凝土包裹，从而被保护起来不受温度影响，所以这一类型可以在更长的时间内具有承载力。

从防火技术的角度来布置结合柱，将混凝土填充在空心钢管内是有优点的，这种柱靠它的核心部位来承受荷载。这种柱可在其核心部位设置纵向配筋或者型钢，图 8.8d 显示的是用结实的 I 型钢或者在空心钢管内设置纵向配筋的例子，这就是从防火技术的角度对混凝土填充空心钢管柱截面形式的一个发展。目前常用的柱的设计概念对于这种柱子尚不适用。如果它们按照混凝土填充钢管柱，根据 DIN 18806. T 1 或按照纯粹的钢结构来设计，也就是说在计算外围钢管的容许承载力和使用型钢的截面尺寸时，不考虑填充混凝土的作用，那么这种柱子可以按火灾情况下(F 90)承受容许使用荷载的情况来设置。

根据 DIN 4102. T 4 的 6. 3. 2. 2 规定，在柱的型钢壁上应开蒸汽出孔，以防止钢管在火灾情况下提前破坏，这一做法主要适用于混凝土填充空心钢管的情况。

### 8. 2. 4 连　　接

连接必须这样设置和保护：在火灾情况下，它能够同与它连接的构件在同样长的时间内承受荷载；必须同其连接件具有同样的防火等级。对于采取防火措施的结合构件，应该做到即使是在构件的边缘或者是在连接处也要采取与构件同样的防火措施。

混凝土上表面应该有不小于 20 mm 的保护层，但保护层最大不超过 50 mm，以避免混凝土在火灾情况下剥落。

梁和柱可以通过剪切支架或者钢接头夹板简单地连接起来，剪切支架或者钢接头夹板焊接在柱子的钢构件部分。梁搁置在剪切支架上或者用螺栓固定在钢接头夹板上，见图 8. 9、图 7. 4。这里有最多 10 mm 的缝隙在火灾情况下可以闭合，所以这里的 10 mm 缝隙不需要防火处理。

图 8. 9、图 7. 4 的示例是(外露)型钢结合梁目前常用的连接形式，在防火等级 F 90 条件下，它们不需要其他额外的防火措施。

对于部分采取防护措施的接头夹板要注意，梁宽至少 20 cm，(外露)型钢混凝土在螺栓连接下的距离至少是梁高的 20%，有 10 cm，在这一连接下方的“混凝土鼻子”里应设置相应的配筋和至少一个连接键，以杜绝在安装过程中混凝土剥落。

对于梁-梁、梁-柱的接头夹板连接，有以下几种选择，以保护螺栓不至于受热过快：

a)在浇注侧面的混凝土时先留下螺栓的位置，在螺栓拧紧后再用砂浆封堵；

b)这一区域也可以通过在其上放置矿物纤维板(建筑材料等级 A,不可燃)来防火,这种隔热材料可以通过覆盖钢板而不脱落;

c)借助于一个形状块在(外露)型钢混凝土中留下上螺栓用的凹陷处,这种凹陷到(外露)型钢混凝土梁的端部应有足够的距离,以便日后用于吊装隔热层,其高度至少为 10 cm;

d)对放弃螺栓下端(外露)型钢混凝土以及其连接也没有采用其他方式保护的梁,在火灾破坏时没有预兆,也没有明确的防火时间;

c)螺栓部分可以设置在混凝土覆盖层中;

f)放弃整个螺栓连接(无螺栓连接),比如梁支撑在受保护的混凝土板内的滚轴连接上。图 8.9 中所描述的滚轴连接在安装中

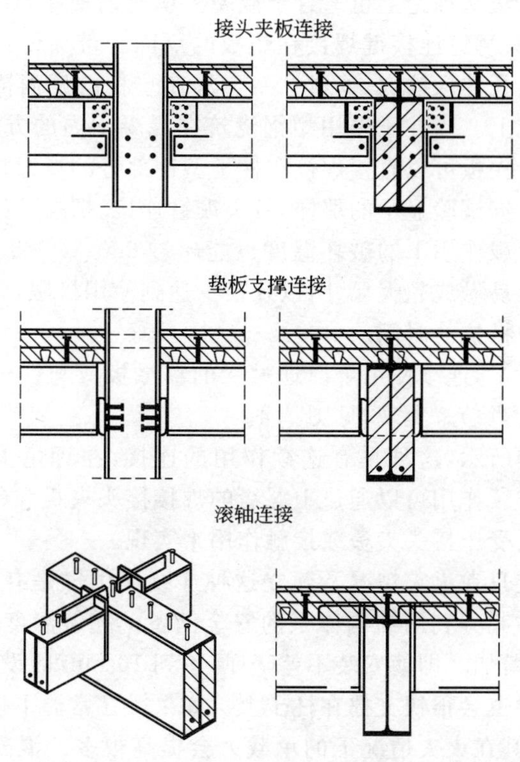


图 8.9　防火结合梁的铰接连接

很方便，另一方面也考虑到，梁采用这种连接时，延性的带头铆钉连接键的性能如刚性的块状连接键一样，以致承担的剪力也不均匀。当在连接的正面没有采用弹性的衬垫时，这种剪切力的集中会导致在梁的混凝土板内产生裂缝。由于梁端转动的影响，在支撑区域内应该预留足够的混凝土保护层厚度并配置额外的配筋以使裂缝均匀。

对填充混凝土的钢管柱的连接，其接头夹板连接不能直接焊接在没有保护的钢管壁上，因为这样做会使其在火灾情况下很快失去强度。为使尚未失去强度的柱的核心部位承载，将接头夹板穿过钢管且两侧均进行焊接。

这一做法从理论上也适合于混凝土填充钢管柱的垫板支撑连接，所以带头铆钉连接键焊接在垫板的反面。带头铆钉可以通过钢管壁上的孔伸入柱内，通过这一方法使垫板的反面锚固在冷却的内部区域上。当柱子采用型钢浇筑在混凝土内的方式形成时，垫板或接头夹板可以直接焊接在柱子型钢部分的翼缘板上。

就像火灾试验显示的那样，带头铆钉连接、螺栓连接和焊接在静力计算荷载作用下的破坏温度也能超过 600 ℃。此外，这些连接方式很容易做成超大尺寸，以致很少达到使用极限，以此来提高其在火灾中抵抗的时间。

在常温下，连续作用可以通过梁的翼缘板或与柱子焊接的接触钢板(传力块)来实现，见图 7.4。

如该图所示，这种具有连续作用的连接，在理论上与铰接类似。这种连续作用可以通过上翼缘的焊接接头夹板和(或)配筋以及下翼缘的受压接头夹板或接触作用来实现。

有时候只在火灾情况下建立这种连续作用也是有意义的，因为这样能够充分利用结构体系的安全储备。随着温度升高，梁在伸长，挠度增加。即使安装不差毫厘，达到 10 mm 的设计缝隙，板下的承载梁也会很快支撑在柱子上。如果梁在常温下按照简支梁来设计，则其在火灾情况下的承载力会提高很多。混凝土板内的配筋不会提前断裂，它可以承受型钢混凝土中的压力并且在钢梁的下端要保留足够长度。

图 8.9、图 7.4 在描述梁—柱连接的同时也描述了梁—梁连接。图 8.9 右上角显示了一个标准的板梁连接在主托梁上：这里的接头夹板垂直焊接在型钢截面的腔内，在周围浇注混凝土完成后伸在型钢截面的腔外，板梁的腹板可以用螺栓连接在接头夹板上。防止螺栓升温过快的防护措施可以采用传统的方法。

将梁叠加支撑是没有问题的，见图 8.10，板梁可以支撑在下面梁的上翼缘上，并且与之顶紧。这种连接不需要作进一步检算或采取其他措施而能够达到与板梁一样的防火时间。无论如何，下面的支撑在火灾时三面受火，因此必须作相应的设计与防护。

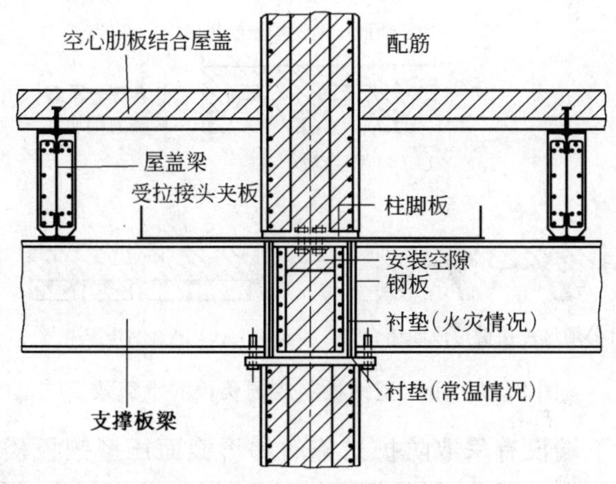


图 8.10　叠加式梁支撑

### 8.2.5　压型钢板结合板

关于当火灾发生时板的特征和在火灾中可能坚持的时间，人们必须区别对待梯形截面压型钢板制成的楼板和燕尾形空心肋压型钢板制成的楼板。此外，梯形钢板是否设有辅助支撑、是否已经有结合梁、钢板与表面混凝土之间的附加承载作用是否得到充分利用以及钢板的最终作用是否只是钢筋混凝土肋形楼板的免拆模板等，这些都起着一定作用。

不同的承载作用见图 8.11[8.11]。对于图中 A 的情况，需要对钢板采取防护措施，比如在结合板下设防护板或者喷洒防护层；对于图中 B 的情况，免拆模板不需要防护；对于图中 C 和 D 的情况，将通过检验证书在建筑监管技术规定中作出要求。

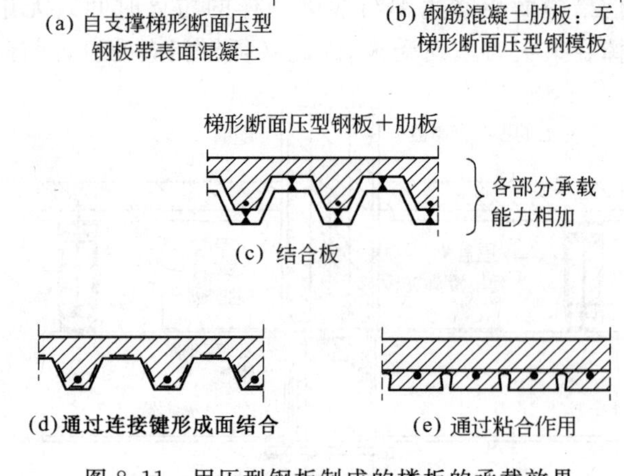


图 8.11　用压型钢板制成的楼板的承载效果

对于下端没有采取防护措施的梯形截面压型钢板楼板，人们可通过在型钢的凹陷（钢筋混凝土的肋）处配置钢筋来获得要求的防火时间，配筋与构件底面及侧面的距离要满足充分的混凝土保护层厚度。为了便于图解说明，单独将钢筋混凝土肋形板列出，它通过压型钢板将热量遮蔽一部分。这种热遮蔽效果和钢筋保护层的效果可根据图 8.12 估算。图中的控制温度为 $T_{krit}=500$ ℃，在该温度下，钢筋的屈服点降低到与正常使用极限状态下的容许应力差不多。在图 8.12 中可以读出，类型 1 的板不满足防火等级 F90 的要求，类型 2 的板不完全满足该要求（这意味着配筋不够）。

跨中受火作用范围内的承载力对结合板的防火时间有决定性

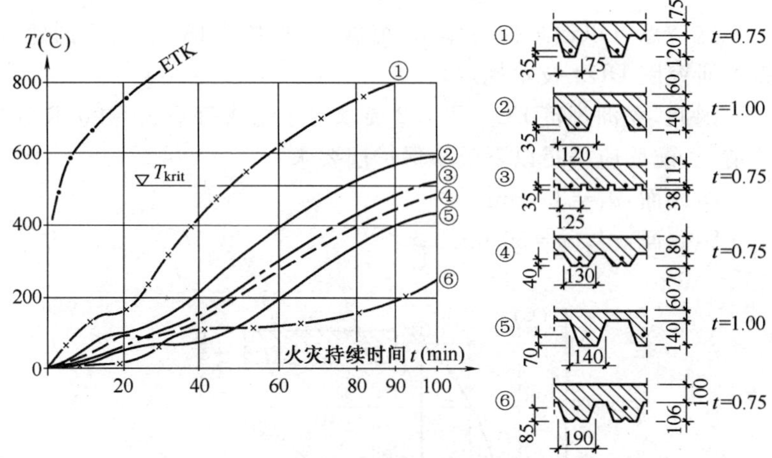


图 8.12 压型钢板楼板的温度屏蔽(尺寸单位:mm)

的影响。在火灾状态下,直接承受火灾荷载的压型钢板,随着温度延续很快丧失其承载力。浇筑在混凝土内(上部)的压型钢板部分,通过其大变形而“楔入”混凝土内并将剪力传递给混凝土板,直到钢板从混凝土中脱开为止,因此,结合的方式就不是很重要。

配筋能承受的拉力取决于与温度相关的配筋的屈服点,而配筋的屈服点尤其受到侧面和底面混凝土保护层厚度的影响。

由于连续体系下楼板的配筋尽可能布置在负弯矩区域的上部,所以在计算火灾状态下的承载力时最好使用火灾折减断面:钢筋的抗拉极限强度要作适当折减,折减的总量相对较小,根据这一结论人们意识到,应该尽可能将配筋布置在负弯矩区域的上部,以便跨中区域卸载。

通常情况下,对连续结合板进行防火设计时,可以使用塑性铰理论,因为在温度提高后,混凝土不再具备脆性特征而可以变形,这一点也同样适用于结合梁,见图 8.14。

对于连续支撑的楼板体系,在损失承载力的同时,在火灾状况下的变形仍应满足下式条件

$$_{max}v \leqslant l^2/(400 \cdot d)$$

这一点可以通过提高作用(荷载)来加以考虑(参见德国建筑技术研究院 DIBt 技术规定)。

因此,欧洲规范 EC 4 T 1.2 要求对于防火等级为 F 90(R 90)的情况,配筋应满足以下最小保护层要求:

距底面:$u_3 = 35$ mm

距侧面:$u_1, u_2 = 50$ mm

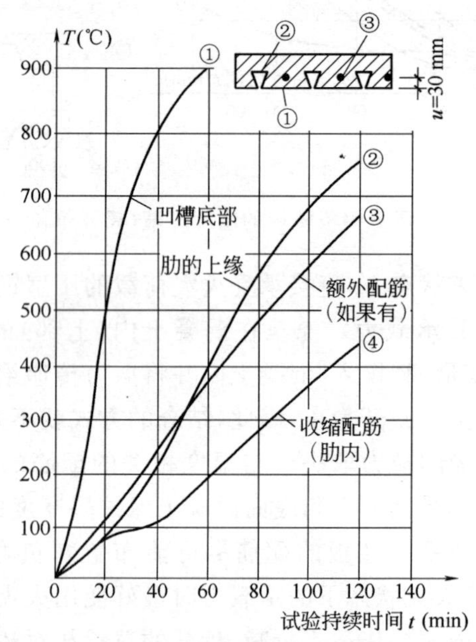


图 8.13　空心肋板结合板在火灾状况下的温度分布

对于老式的没有小块但有端部锚固的空心肋板结合板,在图 8.13 中读取相关数据。这种板底部的狭窄肋缝可以阻止型钢凹槽的温度升高过快,它直接保护结合板减少过火和辐射,所以,空心肋板的一部分即使在火灾情况下仍然具有明显的剩余承载力。此外,通过钢板变形而形成的端部锚固位于梁上而得到保护。这种结合板作为连续体系,在板厚达到 12 cm 时防火时间可以达到

1.5 h甚至更长。这一点很重要，现今以这种结合板为楼板的多层建筑，应该始终具备“自我防火”能力。其含义是，不需要采取其他额外的防火措施比如喷洒灰浆或悬挂吊板等。通过布置额外的防火配筋（3.35 $cm^2/m$）或者每15 cm布置一根 $d_s=8$ mm的钢筋，就能够使防火时间再提高30 min。

即使是情况C（附加承载力），也能达到较长的防火时间。根据DIN 1045的要求，为钢筋混凝土肋板设计的箍筋在防火检算中不考虑，也不要求。如果这种楼板是这样设计的，那么混凝土肋板部分承担的承载力至少是总承载力的60%，这样，防火等级F 90在得到充分利用时也可以达到容许的使用荷载。

## 8.3 EC 4.T 1-2

### 8.3.1 概　　述

在欧洲市场逐步形成一致意见的过程中，对结合梁结构，欧洲规范EC 4.T 1-2(ENV1994-1-2)的“一般原则”（火灾情况下的承载结构设计）将代替DIN 4102.T 4第7节，应用于设计中。

欧洲规范EC 4.T 1-2用于板、梁、柱、连接和相应结构细部等在火灾情况下的设计。在 $t$ 时刻，火灾情况下的力学作用 $E_{fi,d,t}$ 主要有自重、活载和风载及相应的荷载组合，必要时还有因为温度变形而产生的非直接作用。

如果要求在火灾情况下仍具有承载力，那么结合结构必须如此设计与建造：它能够真正承受标准的火灾荷载“$R$”规则。

当 $R_{fi,d,t}$ 在火灾情况下（$t$ 时刻）降到 $E_{fi,d,t}$ 时，就达到了承载能力“$R$”规则，即：

$$R_{fi,d,t}=E_{fi,d,t} \tag{8.5}$$

式中　$E_d$——常温下作用的设计值；

　　　$R_d$——常温下抗力的设计值。

$$\eta=E_d/R_d \tag{8.6}$$

式中　$\eta$——根据欧洲规范EC 4.T 1-1的常温下利用系数；

$E_{fi,d,t}$——$t$ 时刻作用的设计值、非直接的火灾作用以及该时刻外界的荷载和弯矩。

$$\eta_{fi,t}=E_{fi,d,t}/R_d \tag{8.7}$$

式中　$\eta_{fi,t}$——火灾情况下设计时的利用系数。

火灾情况下承载特征的检算必须满足 EC 4. T1-2 第 5 节的要求(设计细节)及以下过程：

- 用表格形式表示相应构件的公认(分级)设计值；
- 具体构件的简化计算过程(关键字:火灾折减横截面)；
- 模拟整体结构或单个构件承载特征的一般计算过程。

将表中数值和简化计算过程应用于单个构件、并且在整个构件长度范围内直接承受火灾荷载是受到限制的。

这里假设,研究情况为普通的火灾条件,在构件长度范围内在横截面上温度均匀分布,根据火灾试验范围,不容许使用外推法。

检算方法有以下三种,见以下各节。

### 8.3.2　按阶段 1 检算

EC 4. T 1-2 的 4.2 包含普通火灾情况下借助于表格的检算方法,这些表格也可以从 DIN 4102 种获得。这里人们注意到,与 DIN 4102 不同的地方在于利用率 $\alpha$ 和 $\eta$,以欧洲规范新的可靠度概念为基础。表中容许单个构件在任何防火等级内分级。

用表中数值作设计时,火灾情况下在 $t$ 时刻的设计抗力 $R_{fi,d,t}$ 按下式计算：

$$R_{fi,d,t}=\eta_{fi,t}/R_d \tag{8.8}$$

在时刻 $t=0$ 时,假设支座和构件边缘的作用效果在火灾荷载的作用下是不变的,这样便可以得到以下近似计算：

$$E_{fi,d,t}=E_{fi,d}=\eta_{fi}\cdot E_d \tag{8.9}$$

式中　$E_d$——作用的设计值,根据欧洲规范 EC 1. T 1,按常温下的基本组合计算。

$$\eta_{fi}=\frac{\gamma_{GA}\cdot G+\psi_{1,1}\cdot Q_{k1}}{\gamma_G\cdot G+\gamma_Q\cdot Q_{k1}}=(\gamma_{GA}+\psi_{1,1}\cdot\xi)/(\gamma_G+\gamma_Q\cdot\xi) \tag{8.10}$$

$$\xi = Q_{k1}/G_k \tag{8.11}$$

式中　$\xi$——可变荷载与不可变荷载之间的总比例值；

$\gamma_{Ga}$——火灾情况下不可变荷载的分项安全系数，$\gamma_{Ga}=1.0$。

对于使用普通结合技术的建筑 $\eta_{fi}=0.6$；对于 D 类（$\psi_{1,1}=0.9$）的结构 $\eta_{fi}=0.6$。至于所有情况下的精确值，可以在文献 12 [2]的图 2.1 中获得。

从方程(8.11)的检算中可以得到构件火灾设计所要求的利用系数，如方程(8.13)。

$$\eta_{fi} \cdot E_d = E_{fi,d} \leqslant R_{fi,d,t} = \eta_{fi,t} \cdot R_d \tag{8.12}$$

$$\eta_{fi,t} \geqslant E_{fi,d}/R_d \tag{8.13}$$

借助于表 8.4 可以检算

$$\eta_{fi} \leqslant \eta_{fi,t} \tag{8.14}$$

这种利用系数 $\eta_{fi,t}$ 在形式上与 DIN 4102. T 4 第 7 节中的 $\alpha_5$、$\alpha_6$ 是一致的，见方程(8.1)、方程(8.3)。

表 8.4 示意性地显示了(外露)型钢结合梁关于利用系数 $\eta_{fi,t}$ 的分类情况(EC 4. T1-2 表 4.1)。

**表 8.4　根据 EC 4. T1-2 的表 4.1 作检算**

| 图示 | $b_{eff}$, $h_c$, $A_c$, $A_s$, $h$, $A_f=b\times e_f$, $u_1$, $e_f$, $e_w$, $u_2$, $b$ | 防火等级 | | | | |
|---|---|---|---|---|---|---|
| | | R30 | R60 | R90 | R120 | R180 |
| 1 | 利用系数 $\eta_{f_1,t}=0.3$<br>${}_{min}b$(mm)和${}_{min}(A_s/A_f)$ | | | | | |
| 1.1 | $h\geqslant 0.9\times {}_{min}b$ | 70/0.0 | 100/0.0 | 170/0.0 | 200/0.0 | 260/0.0 |
| 1.2 | $h\geqslant 1.5\times {}_{min}b$ | 60/0.0 | 100/0.0 | 150/0.0 | 180/0.0 | 240/0.0 |
| 1.3 | $h\geqslant 2.0\times {}_{min}b$ | 60/0.0 | 100/0.0 | 150/0.0 | 180/0.0 | 240/0.0 |

续上表

| 图示 | | 防火等级 | | | | |
|---|---|---|---|---|---|---|
| | | R30 | R60 | R90 | R120 | R180 |
| 2 | 利用系数 $\eta_{f_1,t}=0.5$<br>${}_{\min}b$(mm)和${}_{\min}(A_s/A_f)$ | | | | | |
| 2.1 | $h \geqslant 0.9 \times {}_{\min}b$ | 80/0.0 | 170/0.0 | 250/0.4 | 270/0.5 | — |
| 2.2 | $h \geqslant 1.5 \times {}_{\min}b$ | 80/0.0 | 150/0.0 | 200/0.2 | 240/0.3 | 300/0.5 |
| 2.3 | $h \geqslant 2.0 \times {}_{\min}b$ | 70/0.0 | 120/0.0 | 180/0.2 | 220/0.3 | 280/0.3 |
| 2.4 | $h \geqslant 3.0 \times {}_{\min}b$ | 60/0.0 | 100/0.0 | 170/0.2 | 200/0.3 | 250/0.3 |
| 3 | 利用系数 $\eta_{f_1,t}=0.7$<br>${}_{\min}b$(mm)和${}_{\min}(A_s/A_f)$ | | | | | |
| 3.1 | $h \geqslant 0.9 \times {}_{\min}b$ | 80/0.0 | 270/0.4 | 300/0.6 | — | — |
| 3.2 | $h \geqslant 1.5 \times {}_{\min}b$ | 80/0.0 | 240/0.3 | 270/0.4 | 300/0.6 | — |
| 3.3 | $h \geqslant 2.0 \times {}_{\min}b$ | 70/0.0 | 190/0.3 | 210/0.4 | 270/0.5 | 320/1.0 |
| 3.4 | $h \geqslant 3.0 \times {}_{\min}b$ | 70/0.0 | 170/0.2 | 190/0.4 | 270/0.5 | 300/0.8 |

### 8.3.3 按阶段 2 检算

EC 4. T1-2 中 4.3 包含简化的计算过程(模拟模型)。有关计算的检算从公认的近似计算过程而来,比如采用火灾折减的横截面,从简化的假设出发。对于受关注的构件或者部分结构,其承受的荷载通常情况下作为其设计值来计算,它与所要求的防火时间相对应。

温度的影响可以通过折减横截面的局部尺寸、或通过折减材料的强度来考虑(折减的横截面)。借助于塑性截面设计,塑性铰理论作为火灾特征的简化计算是适合的,尤其是混凝土在温度升高后不再脆性而是可以变形的(图 8.14)。

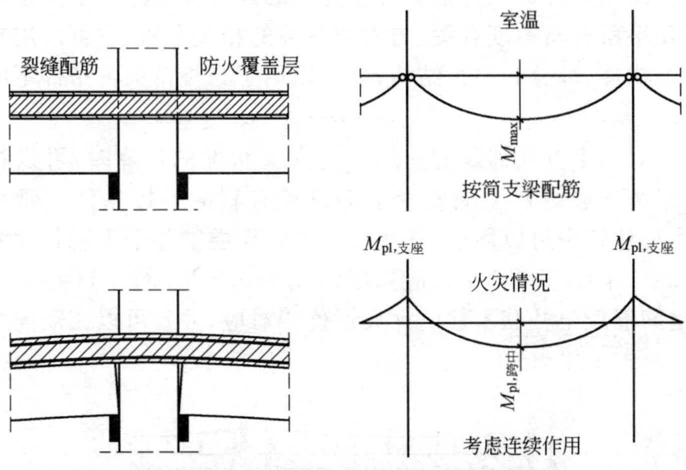


图 8.14　结合梁在火灾状况下的体系转换

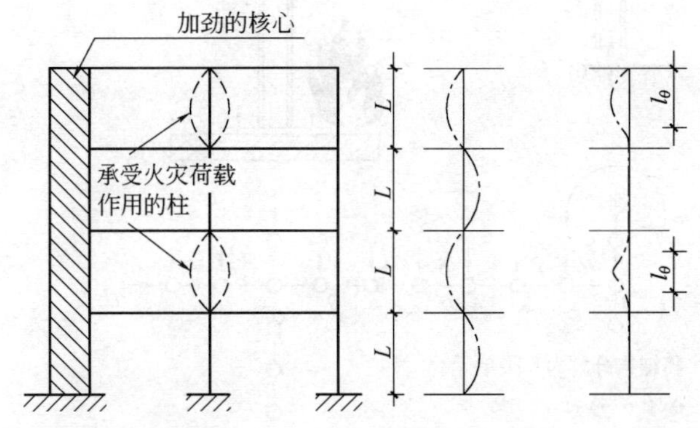


图 8.15　加劲框架中的柱子承载特性

### 8.3.4　按阶段 3 作非线性计算

EC 4. T1-2 的 4.4 包含通用的更准确的计算过程(改进的计

算模型）。计算要根据准确的但很麻烦的非线性计算过程进行，如果没有高效的计算软件是不可能完成的。检算通过数字模拟模型包含几乎所有与温度有关、与力学有关的相关分析，它可以用来评价单个构件、部分和整个结构，也可以用于与规范火灾条件不同的情况。

在对水平方向加劲的建筑进行火灾状况的计算时，可以相对于常温情况假设在上端或者下部设置有利的支撑条件。研究得出，一个建筑中可以假设，其底部和中间楼层的柱子失稳长度为楼层高的一半（$s_k=0.5$ h），最高层为 $s_k=0.7$ h。对于这些支撑条件，钢筋混凝土柱和木柱的火灾评价相对应，并且可以在欧洲规范

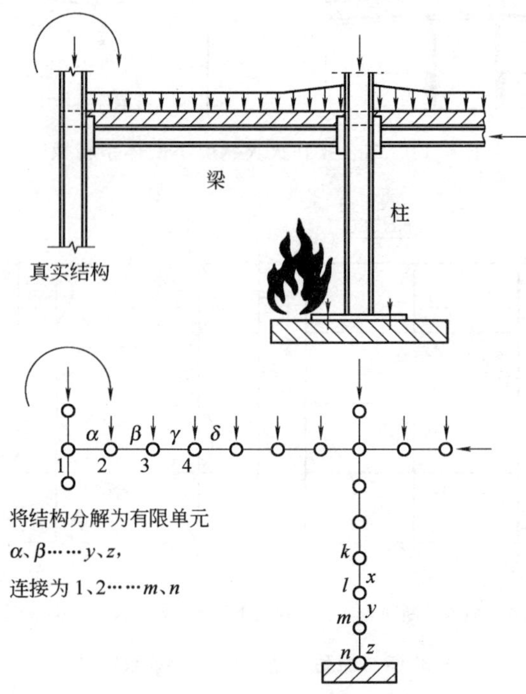


图 8.16　借助于有限元法作精确的分析

EC 4. T1-2 中找到。

对于图 8.16 只需要有一个印象，就像一个精确的非线性计算方法一样，可以借助于有限元法（这里借助于软件 Ceficoss）计算到阶段 3 以后[8.30]。

按阶段 2 的多方面检算和按阶段 3 的完全检算能否得到人们的公认，在以后的讨论中可以得到验证。

# 9　结合结构楼板

## 9.1　概　　述

从本质上讲，楼板可以分成以下两种类型：

- 通常的楼板，由板、板托梁和支撑梁组成；
- 无托梁的平板，将钢梁浇筑在板内，即所谓的“纤细地板”（见 9.8 节）。

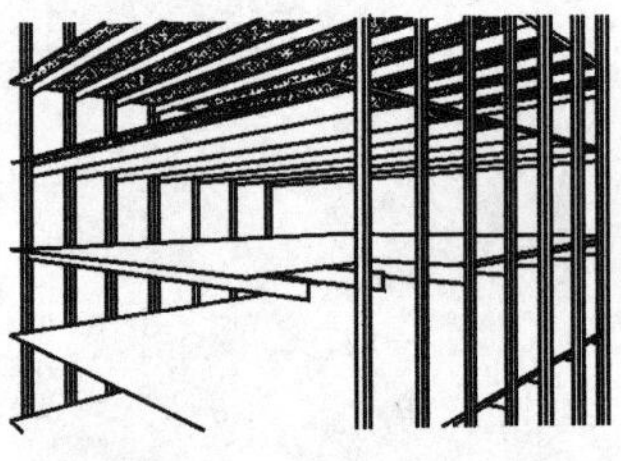

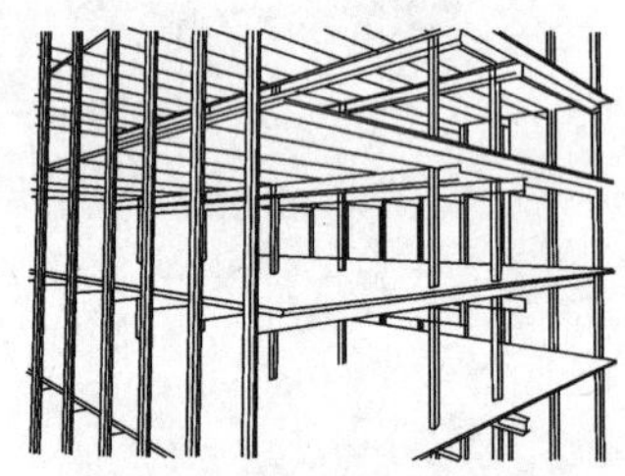

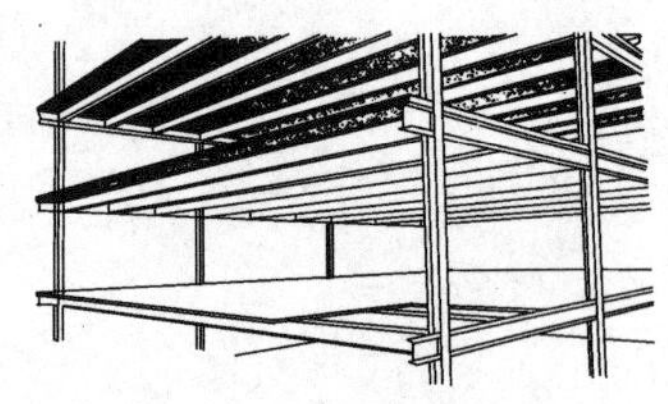

图 9.1　高层建筑中的结合板结构[1.30]

图 9.1 示意描绘了采用钢—混凝土结合形式制成的桁架支撑楼板，其板托梁为连续支撑体系，空间大，无支撑，使用方便。

在用钢—混凝土结合技术建造楼板时，会用到很多不同的混凝土板，见图 9.2。

- 实体混凝土板：这种板没有内腔空间或肋，通常情况下用传统的木模板在现场浇注而成；
- 结合板：它将以压型钢板（冷弯成型的用于制造结合梁的钢板）为模板在现场浇注而成，当这种钢板的肋制成燕尾形并且具有小块和凹槽时，在表面混凝土与钢板之间可以传递剪力，那么在最终状态、混凝土硬化后，这种板就作为结合板共同起作用，这样，压型钢板就可以完全或者部分代替下层的配筋；

- 大尺寸混凝土预制板：将尺寸精确的预制件搁置在钢梁上，在边缘为带头铆钉预留空隙，或含有安装部件以产生摩擦结合，为顺利铺装，在楼板区域必须保证吊机能够到达，中间的缝隙将用合适的砂浆浇注封堵；
- 在薄的预制板上现场浇注附加混凝土：在事先预制大约 50 mm 厚的板内预埋网格梁，使得这种预制部分可以作为模板而且跨度大、不用中间支撑。通常情况下，在半预制件的底部、钢梁上面要设置横向配筋，在建造过程中不应该忘记这一步。

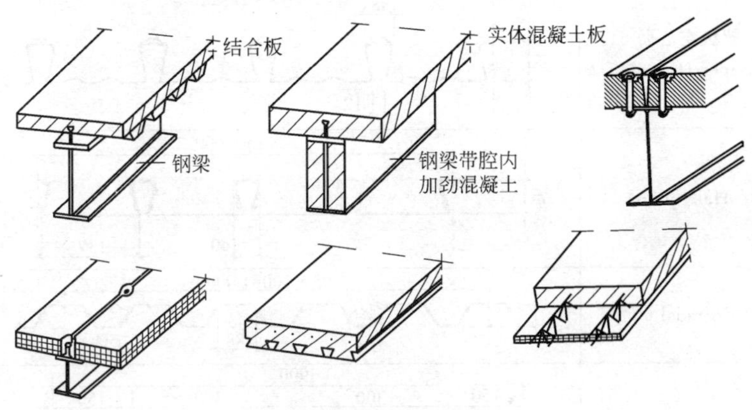


图 9.2　可选择的楼板[9.11]

## 9.2　压型钢板的应用

压型钢板的应用使得建造时间很短，有助于高质量的、便于手工操作的钢产品应用于工业化建筑。在浇注混凝土的过程中，压型钢板必须承担现场的混凝土和施工荷载，并加强钢梁以免其发生侧向变形（倾覆、弯扭失稳）。在压型钢板放置后，必须立即采取如螺栓连接、定位铆钉，或者带头铆钉采用透焊技术等措施，以防止其浮起或移动。这种透焊虽使得安装变得非常快捷，但这种快捷只有在使用锚杆直径为 $\phi$19 mm 的带头铆钉以及在干燥且未油漆的钢梁翼缘板上进行时，才能得到质量保证。这里有目的地使用一些特殊的压型钢板，在最终状态下，它们能够作为结合板的一部分共同起作用。

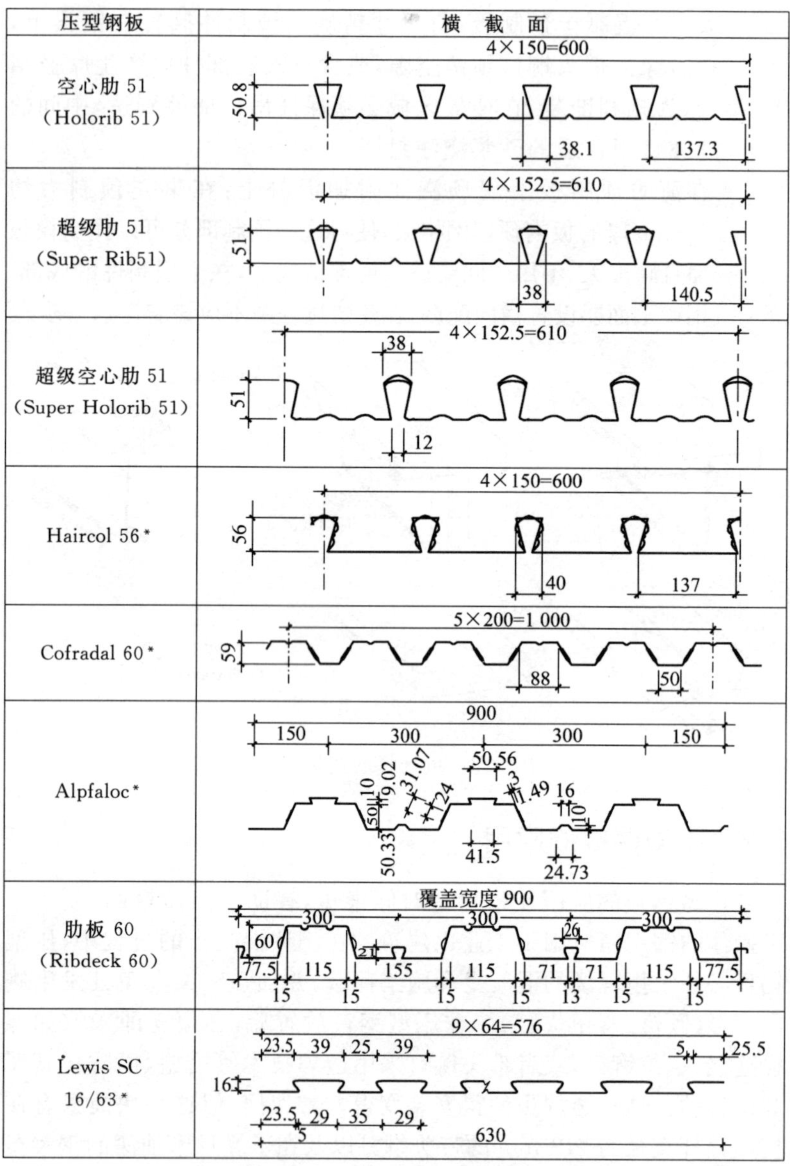


(译者注:* 号处标以原文,以便读者查阅相关资料。)

图 9.3 欧洲使用的用于结合板的压型钢板举例(单位:mm)

图 9.3 列举了一些欧洲使用的用于制造结合板的压型钢板。如果使楼板在最终状态下能够作为结合板设计的话，那么与 NAD 德国部分相对应的就需要一个总的建筑监管技术规定，或者是具体情况下的协议并得到批准。

防火检算根据 DIN 18807. T 1(一般要求和承载力)、T 3(设计和制造)或者欧洲规范 EC 3. T 1-3 进行。对于具有凹槽和小块的压型钢板，适当的时候必须通过实验来检验，这些额外的截面外形不会影响抗弯承载力。但从这里人们发现，受压区的凹槽和小块有加劲作用。另外一个问题是，在垂直于凹槽的方向是否具有与光面钢板相同的抗拉强度(手风琴效应)。

压型钢板铺设后，是对钢梁的有效加劲，可以阻止其弯扭失稳，对于腔内无加劲混凝土的纤细 IPE 型钢尤其有效。如今检算根据 DIN 18800. T 2 中关于约束倾覆和抗扭弹簧以及该规范中给定的分项安全系数进行，也可以根据欧洲规范 EC 3 进行。如果杆件两端不是铰接和叉轴支撑，就将其从整个结构中截取出来对其进行单独的检算。

如果楼板由结合板(技术规定要求)和结合板托梁组成，可以分成以下两类：

- 梁结合(如采用带头铆钉连接键)；
- 板结合(平面结合，适当时采用端部锚块)。

对于新一代的结合板，需要为新型的压型钢板如 Cofrastra、Super-Holorib、Superib、Haircol、Katzenberger 等颁布新的技术规定。总的来讲，它们属于下部凹陷外加小块(Katzenberger 类型除外)的压型钢板，靠有效面积来实现结合，这样就不需要锚固件。

新一代结合板的设计以采用延性连接键的部分结合为基础，这样，对于采用延性面结合(如下部凹陷的楔形榫式压型钢板外加小块)和延性连接键(如带头铆钉)的结合板、结合梁就有了一个统一的设计方法。

为了实现高效的梁结合，只用肋高相对较低、大约不超过 85 mm 的压型钢板。对于肋更高的情况，对连接键的承载力没有相关的规定。对于较高的梯形截面压型钢板，它可以形成较大的板托梁跨度而不需要辅助支撑，但它因此必须与钢梁同时使用，并不采用梁结合，或者将其铺设在梁的下翼缘上，这样就得到了一个平板（纤细的地板），钢梁集成在板内，这就是大家熟知的钢筋混凝土平板，这是个有实际意义的构造形式，其跨度可以达到 12 m。到目前为止，在这一跨度范围内尚不使用钢结构。

在通常分离出的楼板中，钢板只具有一定的抗弯承载力，该承载力在施工状态下很重要（板肋垂直于梁的长度方向），如果没有辅助支撑，则板的跨度只能建得很小。如图 9.4 所示，当压型钢板难以支撑自身及施工荷载时（活载结合），在浇注混凝土时使用辅助支撑。

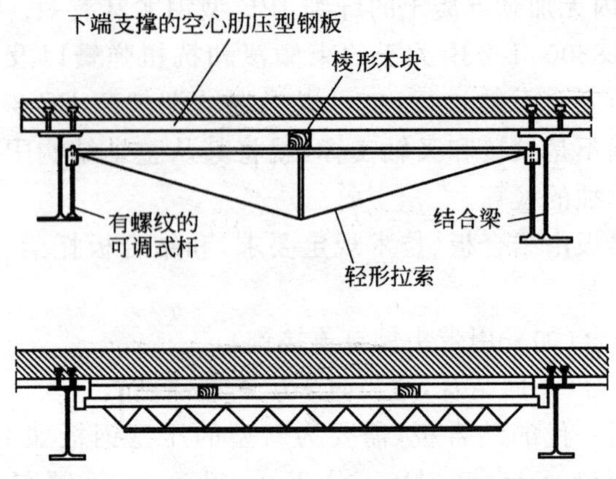


图 9.4　浇注混凝土时压型钢板的辅助支撑梁

通过采用两次浇注混凝土而不使用辅助支撑的方法也可以获得板的大跨度。这里首先是制造一个建筑高度较小的结合板，该较小高度的结合板厚至少为 40 mm。对于其余的混凝土，它们处在已经存在的“薄”结合板上，其承载力明显大于“光”钢板的承载力。在确定简支钢板的跨度时一定要注意，在浇注混凝土时，不能有大的、明显的过道通行干扰出现。为了确保工作缝处的结合，需要在结合缝处配置相应的钢筋（钢筋网格梁），并保持表面粗糙。

在第一层混凝土浇注完成后，要注意对混凝土作进一步的仔细处理。

一旦放弃使用辅助支撑，建造时间即缩短，对钢结构也是合理的(只有活载结合)，而且对于混凝土徐变和裂缝等具有较少的问题。对于使用压型钢板制造的结合结构，典型的特点是板托梁挨得很近，根据钢板的类型和表面混凝土的厚度不同，在不使用辅助支撑的情况下，板托梁的间距不超过 2～3 m(轻质混凝土)。这有它的优点，如在整个混凝土翼缘板宽度范围内能共同作用。但缺点是，对于连续板托梁要做很多安装连接，使得建造很麻烦。在欧洲范围内正在进行好几个研究课题，主要研究具有部分承载能力和具有变形能力的连接和节点。

就像带头铆钉一样，这种复合板在板结合(在跨中配置受拉钢筋以承担中间支座处根据 EC 4 传来的弯矩)和梁结合(通过侧边混凝土板的连接传递剪力)内可以共同作用。

对于楼板，有吸引力的是新发展了 LEWIS 地板结构，它发展了以前一直认为很重要的维护条件和对既有建筑材料的翻新。它研究的主要是关于燕尾形轧辊的、可以自己承载的钢模板，它们(大多)用在木梁上，对较轻、较薄的混凝土和无缝地板起立模和配筋作用(见图 9.5)。该钢板最厚可以达到 16 mm，这样根据 EC 4 的描述，最终的结构就不是结合板，但可以按照结合板来计算，就像之前的尝试所描述的那样。一般情况下，板只搁置在木梁上，但也可以用钉子将板钉在木梁上，这样就建立了木结合结构。

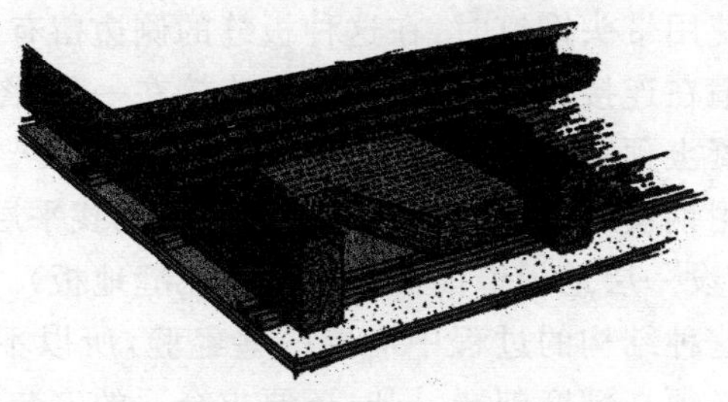

图 9.5　LEWIS 地板结构的建造

第 9.8 节进一步说明了压型钢板的应用情况，而且包含大约 200 mm 高的梯形截面压型钢板应用在所谓的纤细地板结构形式中的情况。

## 9.3 使用大尺寸混凝土预制件

与压型钢板相比，图 9.6 描述的是已经被证明、被称为经典的 Krupp-Montex 结构形式，这里显示的是一个具有大尺寸混凝土预制件的结合梁横截面的布置图。即使是其他公司，也偶尔用一下这种大尺寸混凝土预制件的结合形式。到目前为止，这种结构形式已经在无数的室内停车场、学院建筑和管理用房中使用，这在本书 3.2 节谈到摩擦结合时作了相应说明。通过安装这种至少 10 cm 厚的钢筋混凝土预制板，具有这样的优点：使得受干燥和气候干扰大的钢结构安装具有较小的误差。板与钢梁之间的连接通过以下两种方式形成：

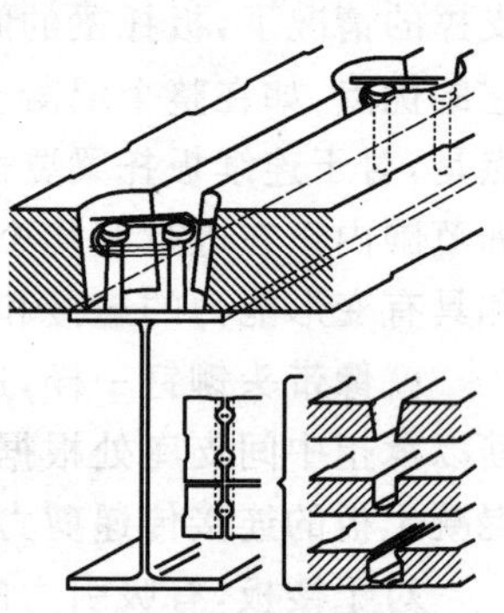

图 9.6　用混凝土预制板制造 Krupp-Montex 结构形式举例

- 通过焊接的带头铆钉形成附加结合；
- 通过高强螺栓的预应力形成可解除的结合（摩擦结合）。

在建筑工程中，板在长度方向上的缝由于构造原因必须处在钢梁上。当使用带头铆钉时，在这种板缝的侧边留有凹槽，在槽中将环状配筋箍在连接键上，使铆钉相互连接在一起（图 9.6）。

如果混凝土预制件在干燥的条件下铺设，那么要求它具有较小的误差而用钢模来制造。板不需要进一步的找平层而可以直接使用（可以铺设一层地板饰面而不需要做无缝地板）。

在安装这种结构的过程中需要一些经验，所以不仅要求钢梁和混凝土板必须高精度制造，同时还要求合适的安装程序，以便将车间里事先弯曲的、在现场设置预拱度的钢梁和混凝土预制件能够精确地安装在一起，而且不能损坏。此外，必须通过合适的胶带，以保证大尺寸的混凝土预制板尽可能地全面积铺设在钢梁上。同时，保证缝隙混凝土不弄污钢梁。这对混凝土预制板铺设在大预拱度钢梁上的情况尤为重要。

现在回过来看运输和安装，需要有纵向与横向的缝，以便将结合梁进一步连接在一起。在浇注沿钢梁方向的纵缝时不能有断缝，跨中的横向缝必须承担混凝土翼缘板中的压力（在不均匀荷载作用下相邻板间与板内横向剪力同时存在的力）。这样，通常情况下不需要设置顶紧两端板的配筋，对于横向接缝处板边缘相应的外形，在浇注接缝时可以不用模板。

## 9.4 概念解释

表 9.1 中描述了两种不同的用压型钢板制造结合板的方案：方案 1 是 20 世纪 70 年代在美国发展起来的，后来通过英国传到（欧洲）大陆。方案 2 是德国在竞争中得以实现的另一种形式。它们的主要特征可以一一地直接比较，无论如何不能认为表 9.1 中的两种情况可以等价使用，只是两个建筑方式在很多情况下越来越类似而已。

通常情况下，利用结合结构制造的楼板由一个相对较薄的板和板的托梁组成，而且这里的板是单向板。

人们追求没有支撑的空间，以便适合于各种可能的用途和自由地改扩建。这样便出现了连续支撑的楼板，它们或者从墙面到内核连接起来，或者平放在支撑上，这样便出现了大间距的正方形或者长方形的格栅（图 9.1）。

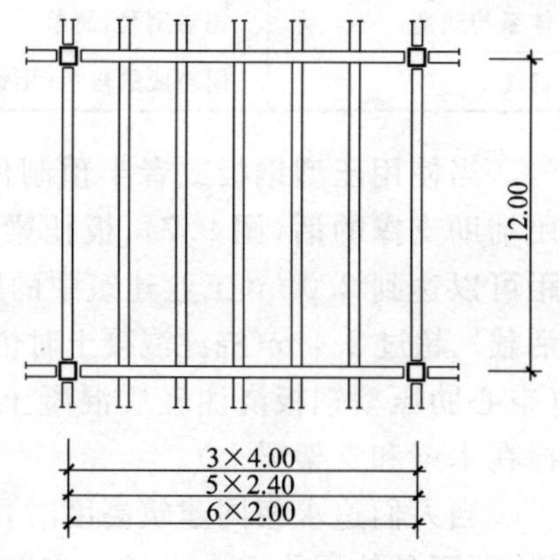


图 9.7 典型的楼板格栅示意图（单位：m）

**表 9.1 关于楼板的两种不同设计理念**

| 自身特点 | 方案 1(来自北美) | 方案 2(在德语地区) |
|---|---|---|
| 型钢梁表面 | 黑色 | 底漆/保护层 |
| 防火 | 常规、喷灰浆或覆盖层 | 需要防火的结合梁构件采用(外露)型钢混凝土 |
| 梁的间距 $a$ | 1.8～2.5 m(3.0 m) | 2.5～4.0 m(5.0 m) |
| 压型钢板类型 | 梯形截面压型钢板,压槽 | 下部凹陷的(楔形榫式)压型钢板,带小块或端部锚块 |
| 浇注混凝土使用支架 | 不用 | 适当时用 |
| 结合板 | 脆性特性 | 延性特性 |
| 梁长 $L$ | 6～9 m | 8～15 m(20 m) |
| 无支架安装 | 只有活载结合(无徐变) | 适当使用 $g+q$ 结合(有徐变) |
| 计算体系 | 简支梁(铰接) | 连续梁(刚性) |
| 带头铆钉 | $\phi$19 mm,透焊 | $\phi$22 mm,钢板事先打孔 |
| 连接 | 等距离,部分结合 | 最低程度切割,完全结合 |
| 键销度 | $\eta \to$(40%)50% | $\eta \to$100% |
| 用钢量 | 较多 | 较少 |
| 体系与建造 | 相对刚劲,简单 | 灵活,复杂 |
| 备注 | 用现成的规范(用钢量大) | 存在设计风险(节省用钢量) |

当使用压型钢板或者半预制件时,如果在浇注混凝土时不使用辅助支撑的话(图 9.7),板托梁的支撑间距较小。这时支撑间距可以达到 2.0 m(工业建筑中的厚板,承受叉车或者重型货车的活载)、超过 2.4 m(浇注混凝土时仍可不用辅助支撑)或达到 3.0 m(空心肋压型钢板浇注轻质混凝土),最大可达到 3.6～4.0 m(支撑在木梁和支架梁上)。

当人们追求相同建筑高度时,应该使用跨度大、承重轻的板托梁,而不是使用承重力大的主支撑梁。

经常将板托梁建成连续梁形式,同时也将主支撑梁在不同的柱子之间设计成连续体系。荷载传递路径短,构件数量及连接数量少，因而是一个经济的结构。

在室内停车场中，板托梁的间距通常均匀地设计成 2.5 m 或 5.0 m。

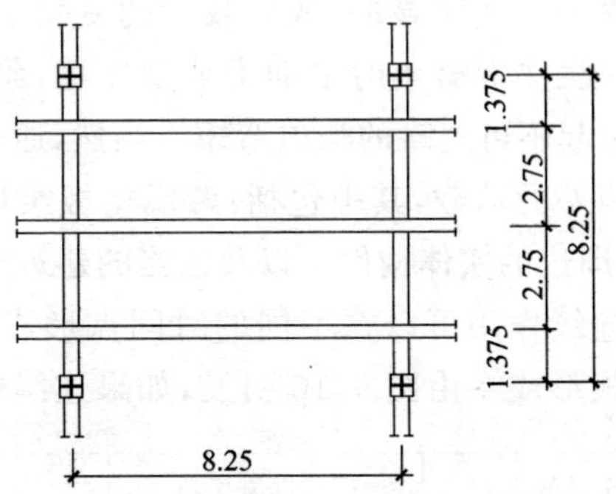


图 9.8　堆叠梁格栅示意图(单位:m)

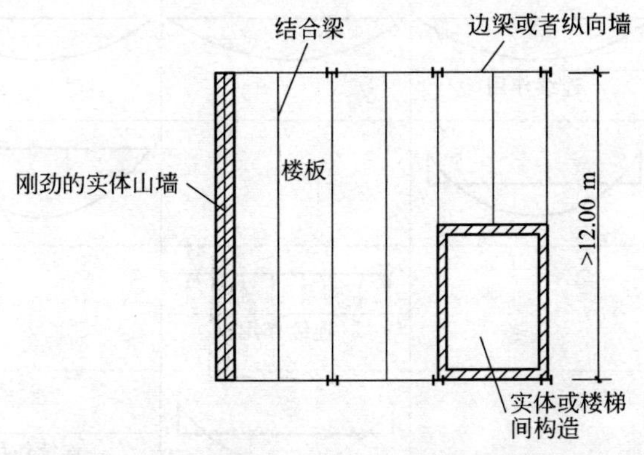


图 9.9　在布置楼板时需要的进一步思考

在工业建筑中，也经常使用叠加式梁支撑，图 8.10、图 9.8 就是应用实例，它们的托梁十字交叉叠放，这样所导致的额外建筑高度对于工业建筑来说是次要的，而且安装方便，不需要在腹板上开孔以穿梁。通常情况下，板托梁不布置在柱的轴上，而是从边上穿过，以便主支撑梁必须与柱子相连，这样造价也较省。

图 9.9 通过对一个实例的描述说明，不经过进一步的仔细思

考，是得不到一个好设计的。图中楼板是支撑在不同长度的梁和实体墙上的，它们的刚度不一样。此外，混凝土板经常崁嵌固结在实体构件上，此时要考虑由其产生的弯矩：弯矩的分布将随着连续板支撑在刚性支撑上产生明显的、或多或少的变化。同时，如果连续支撑的结合梁在浇注混凝土时借助了辅助支撑，那么，大的变形会在板的嵌固处引起不可忽略的强迫弯矩。当然，通过计算和构造有可能计入这一额外的荷载，其中包括：考虑楼板柔性支撑在连续梁上、楼板嵌固在周边的实体构件上以及适当的建筑过程等因素。

结合梁的连续作用可以在不同的时间点形成，比如通过日后焊接钢接头夹板形成。由图 9.10 引发，如果连续作用体系形成比

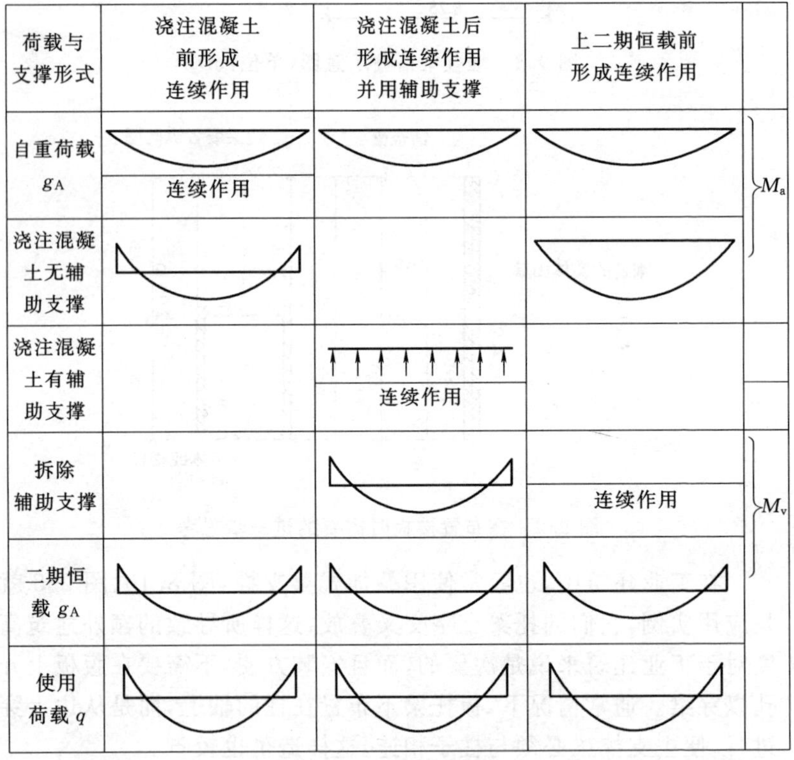


图 9.10　不同时间形成连续作用的影响（摩西 muess）[1.28]

较晚，支座处的弯矩总和很小，与此同时，跨中的弯矩较大并使跨中的极限承载力得到更充分的利用。在使用塑性理论进行设计时，必须减少弯矩向跨中调整集中。

如果不使用辅助支撑、且结合梁的连续作用也在混凝土浇注之后形成，那么中间支座处的开裂弯矩也较小。变形和预拱度可以事先作精确计算，如果混凝土不承受长期荷载作用的话，则不考虑混凝土的徐变作用。

## 9.5 构思与设计辅助

### 9.5.1 概　　述

对于建筑师和总体设计者，手边有一个能够让其在前期阶段从总体上进行判断的辅助手册是很重要的，通过它，他们可以快速地、不出差错地拟定尺寸，并且在较早的策划阶段拟定不同的尺寸。这种构思用辅助资料将在接下来的部分介绍，它不能代替构件的静力计算，只是策划的基础资料。根据一些图表可以很快地对板托梁和主支撑梁进行经济、安全的布局，并具有好的使用性能。各种不同的选择还可以进行组合，也可以对大量的计算工作做一些简单的前期计算。

对于前面谈到的设计图表以选择压型钢板为例，因为使用压型钢板的建造时间很短。在浇注混凝土阶段，压型钢板通过相应的固定螺栓、定位铆钉或者透焊的带头铆钉连接键固定在梁上，承担着混凝土自重和安装荷载并对钢结构进行加劲。前面谈到的设计图表也可以应用于先铺设预制的部分板再在其上浇注部分现场混凝土的情况，其时，纵向压力也可能由水平施工缝以上的连续混凝土板承担。

### 9.5.2 参数研究

作为设计图表的基础参数，这里不评价承载力的表现形式，而是通过计算程序 COBEM 计算很多梁的实例[9.11]。从可能选用变量的很多数据中，必须包含一组具有代表性的数据，它能够限制图表中的数据。特别重要的数据可能出现在正常使用极限状态下(挠度、自振频率、裂缝宽度),也可能出现在配筋布置变化方面。以下变量已经得到了研究:

规范:包含 DASt 指导原则 104(NAD)的欧洲规范 EC 4;

计算体系:板托梁(单跨简支梁和三跨简支梁)

板(两跨连续体系)

桁架支撑(简直梁)

热轧型钢:HEA、HEB 和 IPE 系列;

网格:跨度 $L$(6.0/7.2/8.4/9.6/10.8/12/13.2/14.4/15.6 m);

厚度 $d$(12/13/14/15/16/18/20/25/30 cm);

梁间距 $B$(2.4/3.0/3.2/3.6/4.0/5.0 m);

横截面等级:根据 EC 4 确定的 1、2 级;

计算过程:常温下弹-塑性(EP)计算结合弯矩调整;高温下用塑性铰理论;中间支座两侧±0.5 $L$ 的范围内混凝土开裂;计算过程 2 采用部分弯矩调整,对于横截面等级 1 弯矩调整至 25%;对于横截面等级 2 弯矩调整至 15%;

压型钢板:空心肋压型钢板 51/0.88/150(或类似的);

预制板:$d$=5 cm+现场补充浇注混凝土层厚;

带头铆钉连接键:$\phi$19 mm 和 $\phi$22 mm;混凝土板厚 2.0 cm($h/d>4$)作为部分结合计算(线性内插);

装修荷载:1.5 kN/m$^2$(kPa)(模浆、地板覆盖层、悬挂板等);

活载:3.5$\leqslant q \leqslant$30 (kN/m$^2$,kPa);

安装荷载:2 kN/m$^2$(kPa);

最大裂缝宽度:0.33 mm(干燥环境,常遇活载 40%);

加载时间:$t_0$=28 d;

混凝土板配筋:在板的全长范围内或者在中间支座两侧±0.15$L$ 的范围内配筋;

钢结构设计:在施工状态下按简支梁设计;在最终状态按连续梁设计;或者在施工状态和最终状态下均按连续梁设计;

最大挠度:根据 EC 3,最大活荷载引起的挠度 $\delta_2 \leqslant L/300$;总

挠度 $\delta_{max} \leqslant L/250$(可以设预拱度);

辅助支撑:分别计算压型钢板下使用或不使用辅助支撑的情况(取最不利值);

板托梁自振频率:大于 3 Hz;

长期作用荷载折减系数:简化方法 $n=3n_0$,与荷载是否随时间恒定(如自重、覆盖层)或变化还是收缩无关;

防火措施:防火等级 F 90,可以通过(外露)型钢混凝土加配筋实现。

这里只用了少量的设计图表,见文献[9.13]。

在施工状态下,压型钢板只起相应的连接作用,侧向固定受压上翼缘(约束倾覆),并和表面混凝土一起作为楼板对整个建筑物的稳定共同起到作用。对于连续梁,必须对其下翼缘作额外的弯扭失稳进行检算。表 4.8 所提供的型钢截面高度限值对于估算是很有用的。

防火措施采用的喷洒灰浆、覆盖层等,可以根据假设包含在二期恒载内。(外露)型钢混凝土导致较重的自重,从而导致较小的跨度或较小的承载能力。

对腹板具有大开口的结合梁,需要作补充设计,参见文献[9.16]。

### 9.5.3 设计图表

参数的研究结果表示在一些总的图表上,根据这些图表可以在较早的构思阶段获得偏于安全的楼板布局与尺寸拟定,这些初步设想必须在下一阶段作进一步的细化。

楼板的厚度根据下式确定,根据其算出来的楼板厚度限值就可标注在图表中。

$$d \geqslant 8+\frac{B}{60} \quad (\mathrm{cm}) \tag{9.1}$$

原则上将其分成三种不同的图表[9.11]。

图 9.11~图 9.13 表示了简支板梁在不同面荷载(活载特征

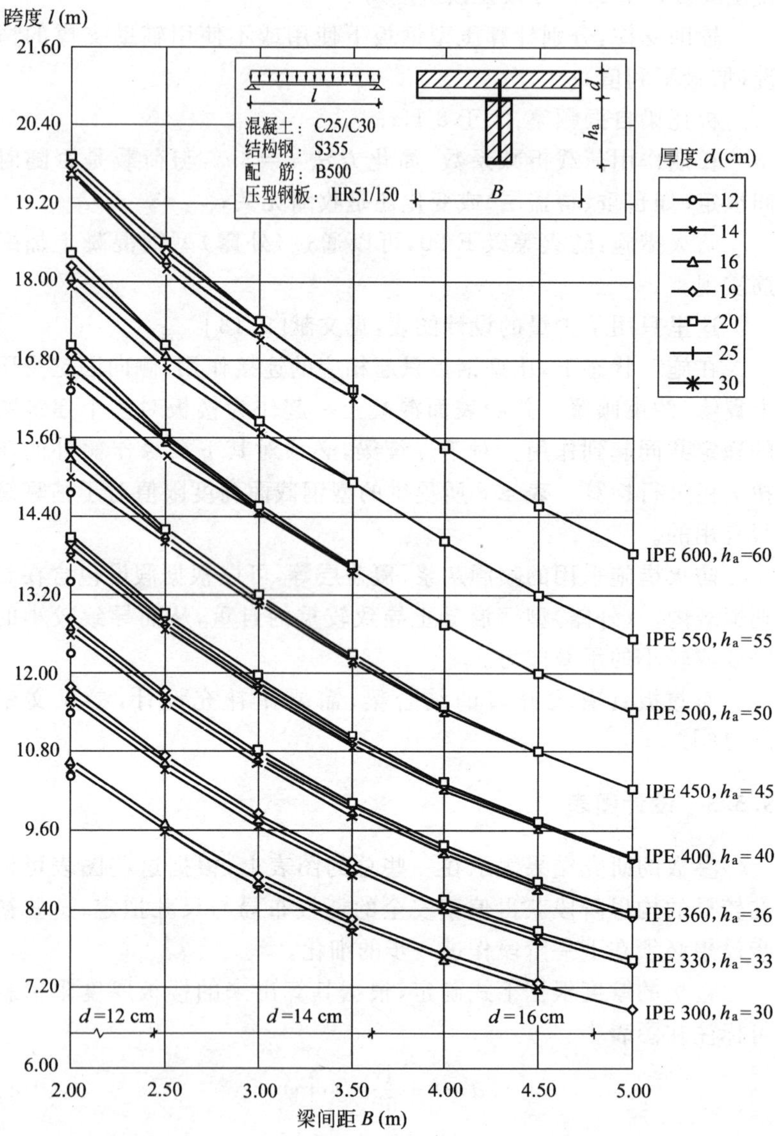


图 9.11　简支板梁：活载 $q=3.5\ \mathrm{kN/m^2}$(F 90)

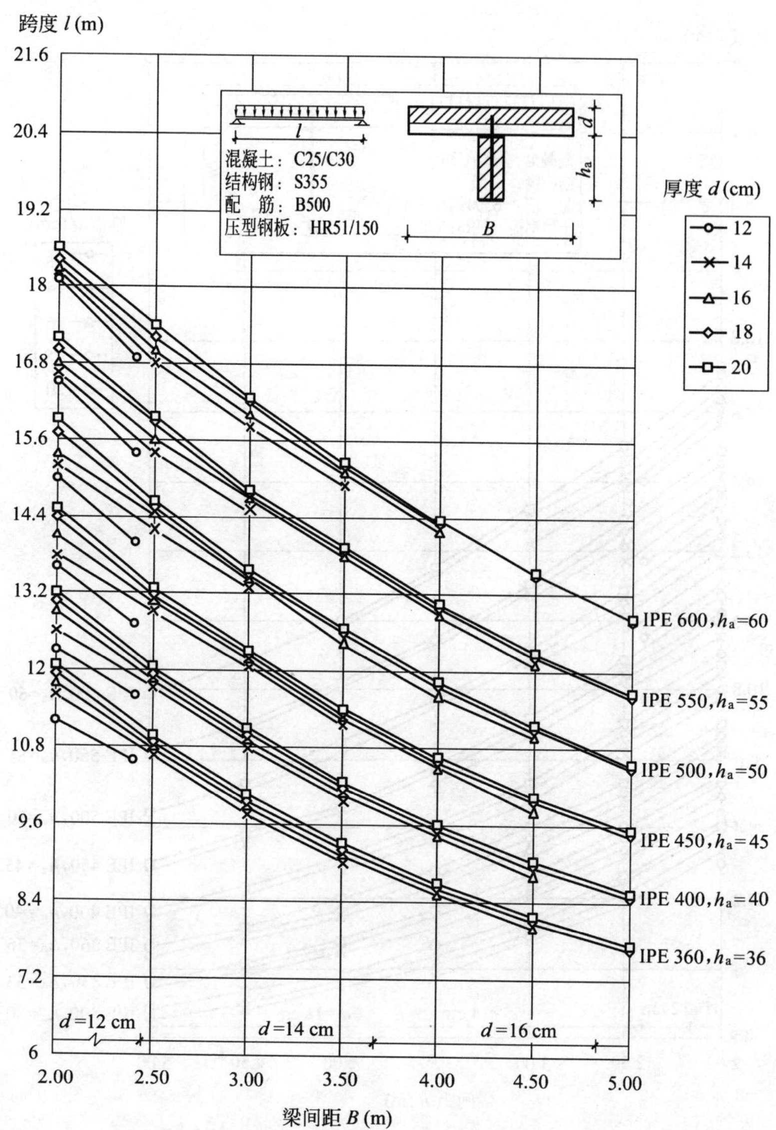


图 9.12　简支板梁：活载 $q=5.0\ \mathrm{kN/m^2}$（F 90）

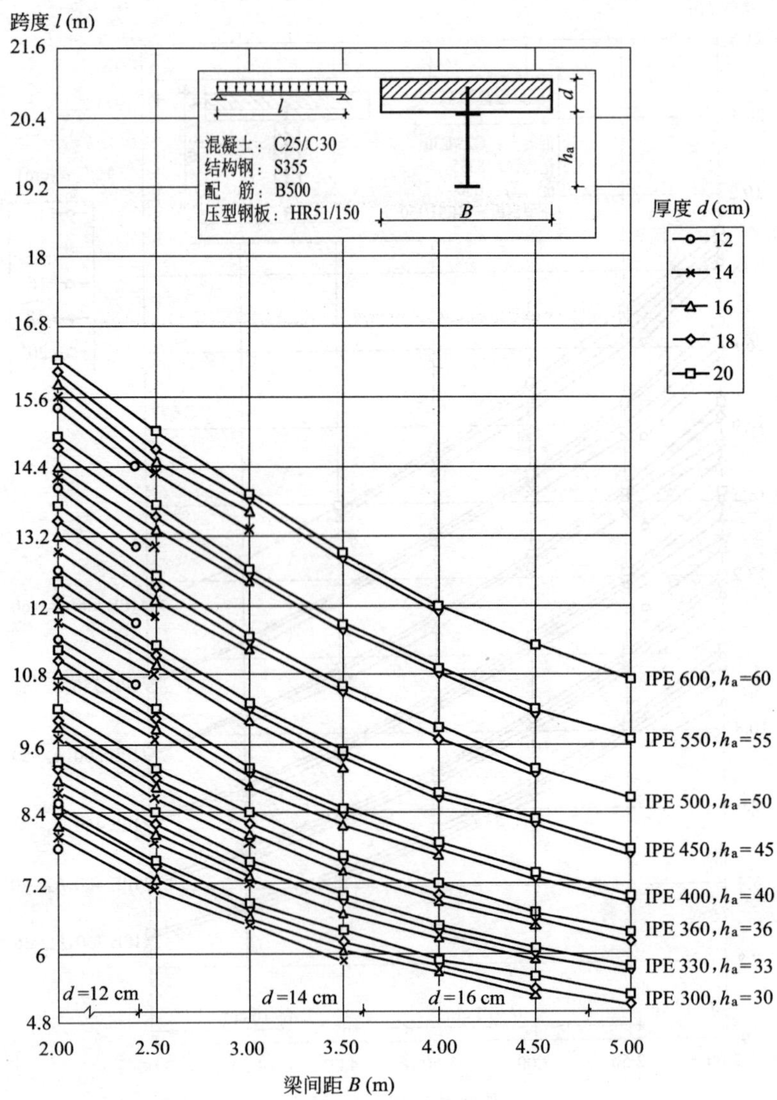


图 9.13　简支板梁：活载 $q$=10.0 kN/m²(F 90)

值)作用下的尺寸拟定,用梁的间距 $B$ 作为横轴(板的跨度),最大支撑距离 $l$(在格构中为 1.2 m)作为纵坐标。图表参数以热轧型钢、不同板厚为前提基础。简支梁需要很多(钢结构通常所用的)连接,当然,简支梁计算简单、安装也简单。

借助于这些图表也可以清楚地看到,钢结合梁具有较大的跨度和相对较小的梁高,所以图中也给出了相应的型钢高度。这样,对于格构可以通过改变梁的间距获得较小的板厚,或者在比较灵活的板厚下可以获得尽可能大的梁间距。

借助于图 9.14～图 9.16,可以对主支撑进行尺寸拟定。横轴为跨度 $L$,纵轴为能够承受的最大均布荷载的设计值 $r_d=q_d+g_d$,该设计值可以通过分项安全系数 $\gamma_F=1.5$ 按下式计算:

$$r_d \leqslant 1.5l \cdot f \cdot (d \cdot 25+g_a+g_b+q) \tag{9.2}$$

式中 $l$——板托梁的跨度(m);

$d$——板的厚度(m);

$g_a$——板托梁及压型钢板的自重(kN/m$^2$);

$g_b$——二期扩建自重(kN/m$^2$);

$q$——活载重(kN/m$^2$);

$f$——中间梁系数(1.0)/边梁系数(0.5)。

这里忽略主支撑梁自身的重量,并在荷载项一端使用常数分项安全系数 1.5。

对于简支梁,根据图表拟定的尺寸是偏于安全的,在接下来的步骤中可以对草拟的尺寸作进一步的优化,比如可以将其作为连续梁进行前期设计。结合梁作为连续梁设计时,在同样的荷载作用下可以设计成较小的截面。

混凝土翼缘板中的纵向剪切承载力可以通过方程(3.6)和(3.7)来检算,其中方程(3.7)忽略压型钢板部分(NAD),这样在局部就会导致混凝土板较厚,正如在以下的图表中查到的数值一样。

对参数的研究结果表明,钢结合梁的横截面极限承载力与正常使用极限状态不能分开考虑。比如在作裂缝宽度检算时要求配

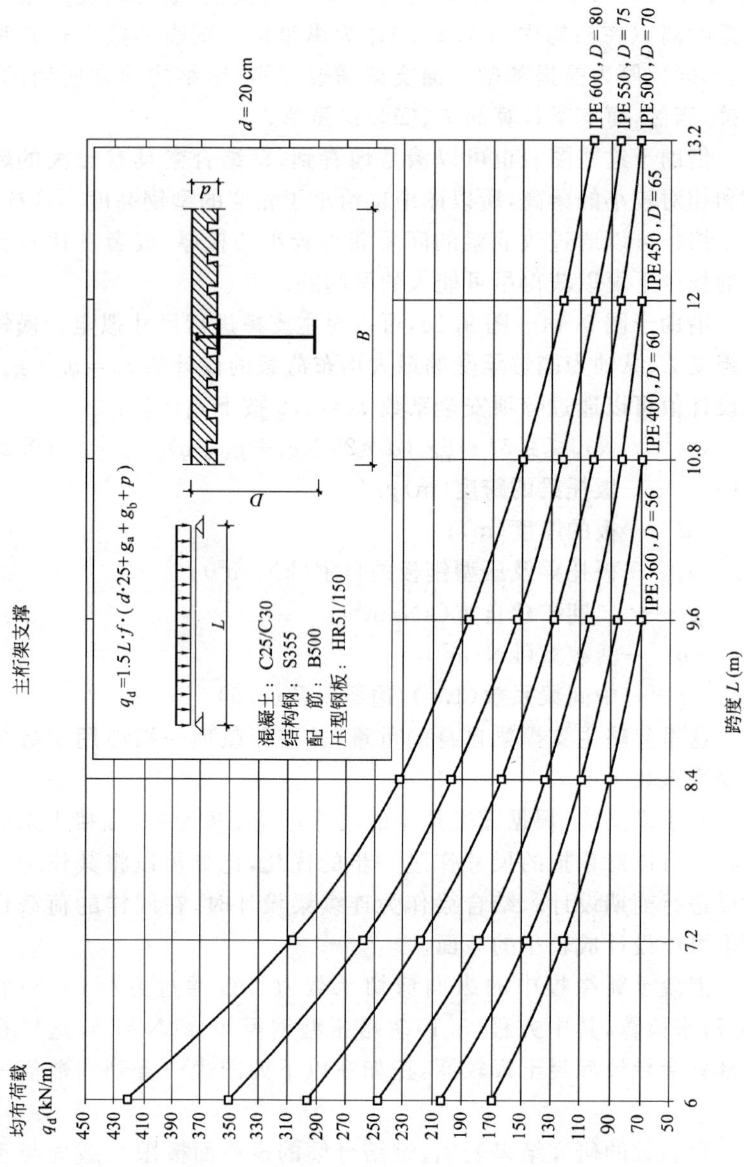


图 9.14　支撑梁：混凝土板厚 $d$=12 cm

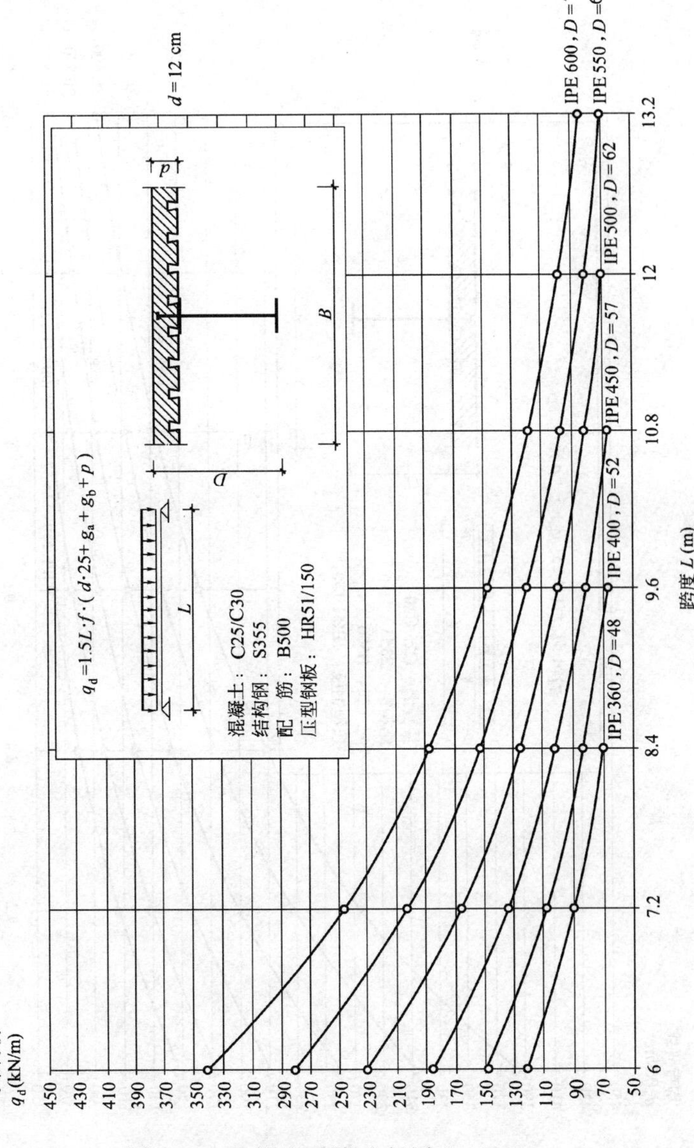


图 9.15　支撑梁:混凝土板厚 $d$=16 cm

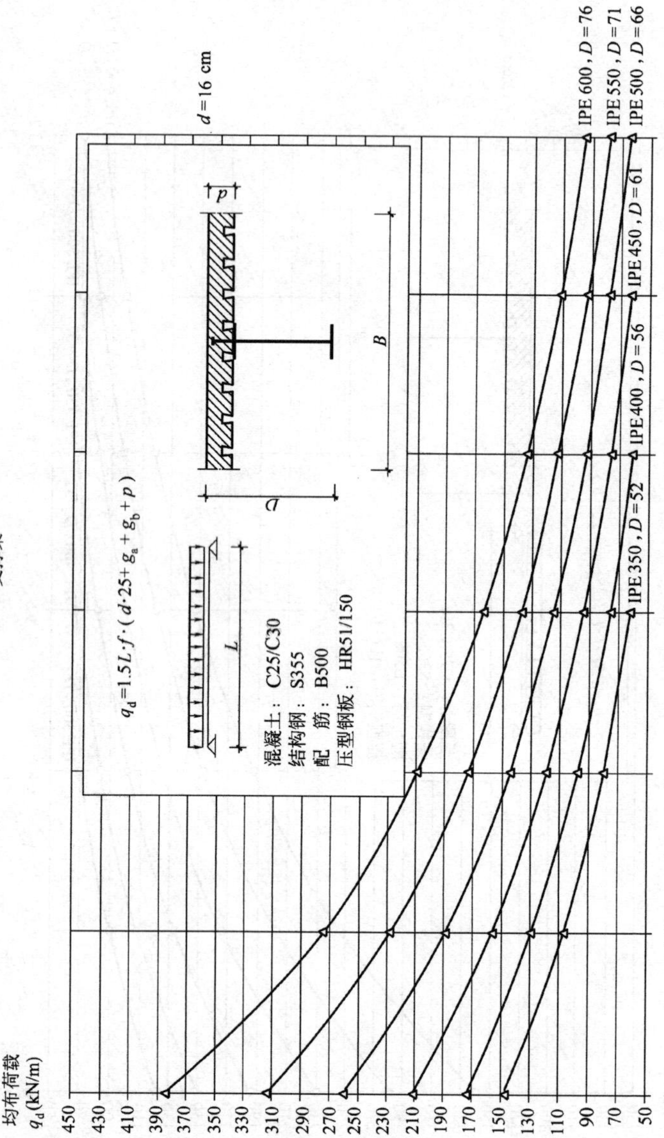

图 9.16　支撑梁:混凝土板厚 $d=20$ cm

筋，尤其是在压型钢板较低、使用带头铆钉 $\Phi$19 mm 时，这就导致最小键销度突破下限；更进一步，柱子配筋中的延长部分可以导致连接键力超过容许值，当梁按部分连接设计时也是这样，就像这里设计梁一样。此外存在这样的可能，一个等级 1 的横截面通过配筋抬高塑性中性轴而归入等级 2，从而不容许作较多的弯矩调整。原则上讲存在这样的问题，一个首先具有足够承载力的结合梁，通过柱子配筋的延长部分，至少在计算该部分配筋作用和不考虑“腹板开口”概念时，有时没有足够的计算承载力。

对参数的研究结果同样还表明，如果不使用精确裁剪焊接梁的话，HEA 和 HEB 系列热轧型钢的连接检算没有 IPE 型钢好。借助于简单的设计辅助手段是难以弄清楚这一点的，而借助于热轧型钢的图表，这是可以控制的。

如果需要作防火处理，在型钢内腔填充混凝土对其是有帮助的。一般情况下可以确定：当通过(外露)型钢混凝土及其中的配筋在常温下可以得到充分利用的话，也能满足 F 90 的防火要求(承受荷载过程)。连续梁在使用(外露)型钢混凝土的情况下所能承受的最大荷载在常温下比一般情况小 2～3 kN/m，板梁在使用(外露)型钢混凝土时的自振频率比不使用(外露)型钢混凝土的横截面高 1.5 Hz。随着质量的增加，自振频率降低，抗弯能力增加。

### 9.5.4 尺寸拟定算例

以下举例进一步解释前期设计的过程。

**例 1**：简单结合结构板

混凝土板厚 $d$ 根据方程(9.1)计算：

$$d=8+240/60=12(\text{cm})$$

板梁要求防火条件满足 F 90。

$$\left.\begin{array}{l} q=3.5\ \text{kN/m}^2(\text{kPa}) \\ l_1=12\ \text{m} \\ B=2.4\ \text{m} \end{array}\right\}\text{参见图 9.11(IPE 360)}$$

梁的总高为：

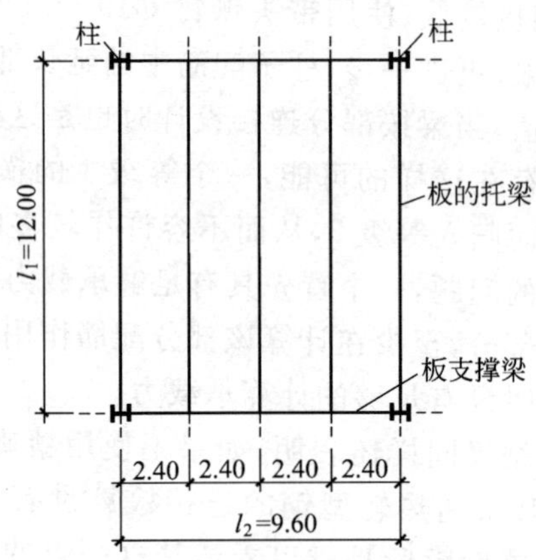


图 9.17　选择的楼板格构(单位:m)

$$D=h_{ges}=48\ \text{cm}$$

$$d=12\ \text{cm},h_a=36\ \text{cm}$$

支撑梁

荷载:$r_d \approx 1.5\times l_1\times f\times(d\times 25+g_a+g_b+q)$

$\approx 1.5\times 12\times 1\times(0.12\times 25+0.57/2.4+1.5+3.5)$

$\approx 148(\text{kN/m})$

式中 $f=\begin{cases}1.0(\text{中梁})\\0.5(\text{边梁})\end{cases}$

$l_2=9.6$ m

$r_d=148$ kN/m

$d=12$ cm

根据图 9.14 可知,IPE 600:$D=h_{ges}=72$ cm

由于楼层高没有给出明确的限制,那么只需要弄清楚哪一种热轧型钢满足板托梁间距为 3.2 m 的要求。另外,由于建筑材料特性的限制,板厚需要 16 cm。在例 2 中将对其作进一步的优化。

**例 2:**比选方案

板托梁(F90)

$$\left.\begin{aligned} l_1 &= 12\ \text{m} \\ d &= 16\ \text{cm} \\ B &= 3.2\ \text{m} \end{aligned}\right\} \text{参见图 9.11(IPE450)}$$

梁的总高为：

$$d=16\ \text{cm},h_a=45\ \text{cm},D=h_{ges}=61\ \text{cm}$$

主支撑梁

荷载：$r_d \approx 1.5 \times l_1 \times f \times (d \times 25 + g_a + g_A + q)$

$\approx 1.5 \times 12 \times 1 \times (0.16 \times 25 + 0.78/3.2 + 1.5 + 3.5)$

$\approx 166(\text{kN/m})$

$$f=\begin{cases} 1.0(\text{中梁}) \\ 0.5(\text{边梁}) \end{cases}$$

$$\left.\begin{aligned} l_2 &= L = 9.6\ \text{m} \\ r_d &= 166\ \text{kN/m} \\ d &= 16\ \text{cm} \end{aligned}\right\} \text{参见图 9.15(IPE600,}D=76\ \text{cm)}$$

$l_2 = L = 9.6$ m 和 $r_d = 166$ kN/m 的点正好在型钢 IPE 600 的位置。对于型钢 IPE 600 采用 $d=16$ cm 的混凝土板时(给定荷载 $q=3.5$ kN/m$^2$、二期恒载 $g_A=1.5$ kN/m$^2$)，采用分项安全系数 $\gamma_g=1.35$ 和 $\gamma_a=1.5$ 进行准确计算，算得的设计均布荷载为 156.0 kN/m。根据这一精确计算结果，型钢 IPE 600 满足要求，板的总高为 $D=76$ cm。

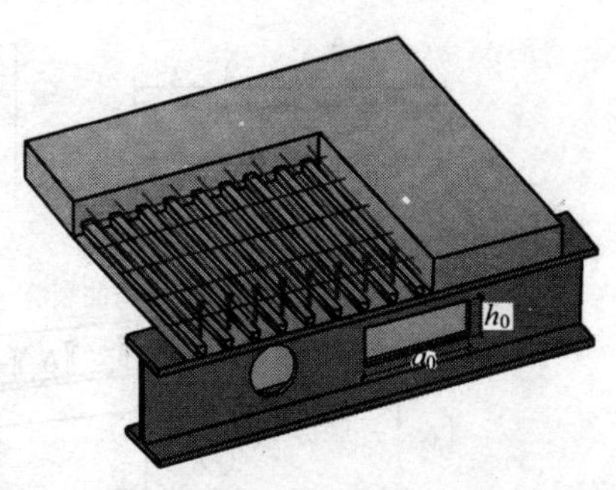


图 9.18　带较大开口的楼板

## 9.6 腹板大开口

对于建筑物采用带支撑梁楼板的情况，必须按水平方向铺设。为了不减小空间高度，排水和供水管道及空调管道不装配在支撑梁以下，而是穿过支撑梁的腹板安装在楼板下。

人们在构思钢结合板时就发现,在板托梁的腹板上开设相对较大的口子是可以做到的。

设计中遇到这样的问题,在开口处净横截面积减少了,它导致抗弯和抗剪能力降低。在横向(垂直梁轴向)荷载作用下,横向力在腹板开口处产生额外的所谓二次弯矩或者局部弯矩,像在框架和空腹梁计算中已广为人知的情况一样。

这些二次弯矩或者局部弯矩与总的作用一起由横截面开口后的剩余部分截面承担(图 9.19)。当腹板开口设置在较大的横向力区域时,这种局部影响和由其引起的承载力折减尤其严重。

如果腹板开口在支座附近,由于那里的剪切力较大,引起的二次力很高。所以,尽量不在支座附近腹板上开设大的矩形开口。在结合结构中,横向(剪切)力在计算中通常情况下由钢梁的腹板承担。对于腹板开口的结合梁,这种近似计算得到的承载力与承载力试验相比而言偏于安全。

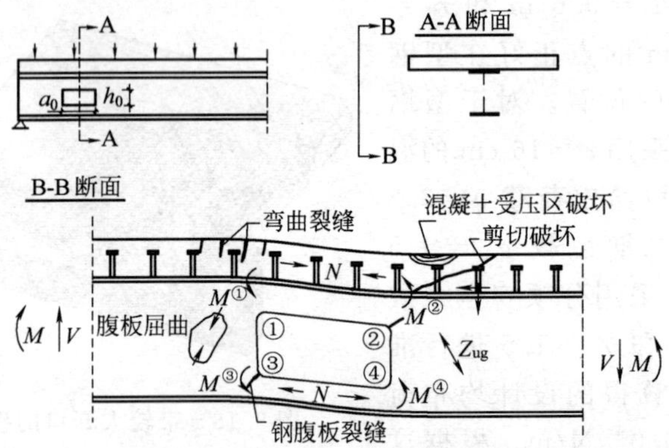


图 9.19　力与变形的大小及可能的破坏形式

在结合梁腹板的开口区域,混凝土翼缘板承担着大部分的荷载,所以该区域具有高承载力,这样在支座附近仍然有在腹板上开口子的可能。承载力试验与精确的非线性计算均证明,对于普通的简支结合梁,混凝土翼缘板承担总剪力的 5%～15%,而在腹板上大开口区域，这一比例可以上升到剪切承载力的80%。

精确计算包含总的和局部的承载力检算，要求更多的计算步骤（迭代），这就导致大量的计算，见文献[9.22]。此外，如果腹板没有加强并且不使用（外露）型钢混凝土的话，必须作稳定检算。为了能在较早的构思阶段确定腹板开口的位置、大小和形状等，根据精确计算资料制成简化的设计图表，这样便可以在确定设计参数阶段较快地拟定开口的区域[9.16]。

图9.20描述了一个简化方法，通过它可以简单地得到关于矩形开口的建议，参见文献[9.23]。该 $M$—$V$ 相互作用适用于腹板开口加强及未加强的情况，用以确定开口的参数范围并对它们进行总的控制。

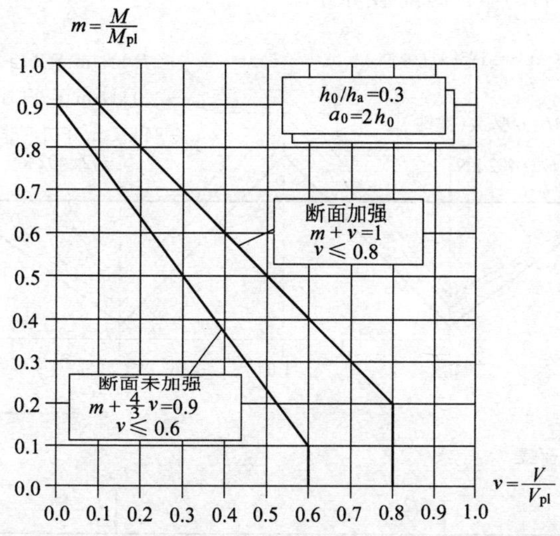


图9.20　加强及未加强腹板开口时简化的 $M$—$V$ 相互作用

大的矩形的腹板开口比圆形的开口重要，如果将较多的矩形腹板开口移到一起，它们相互影响，就像空腹梁一样，必须对剩余的侧柱作横向（剪切）力与抗弯设计。

对于特别大的矩形腹板开口，可以根据柯拉科（Colaco）[9.26]

的理论，即“短梁体系”计算获得，这里必须将额外的二次力以特殊的方式考虑到计算中。

如果连续梁上存在大的腹板开口，而又使用塑性铰理论进行计算，必须十分小心，考虑周到。一个位于较小弯矩区域内的腹板开口，在其他许多塑性铰达到设计弯矩 $M_{pl}$ 前，可能提前形成塑性铰，这样，根据塑性铰理论估算得到的塑性极限荷载，会与真实结果有明显的、或多或少的差异。

在图 9.21 中，借助于一个一跨腹板有开口而另一跨腹板无开口的两跨连续梁，将两者间的关系表示出来，腹板开口位于零弯矩位置，这里的 M-V 相互作用很小。不同情况之间的弯矩差别很明显，尤其是支座处的塑性铰不能形成，因为，腹板开口已经在横向（剪切）力的作用下提前破坏了。

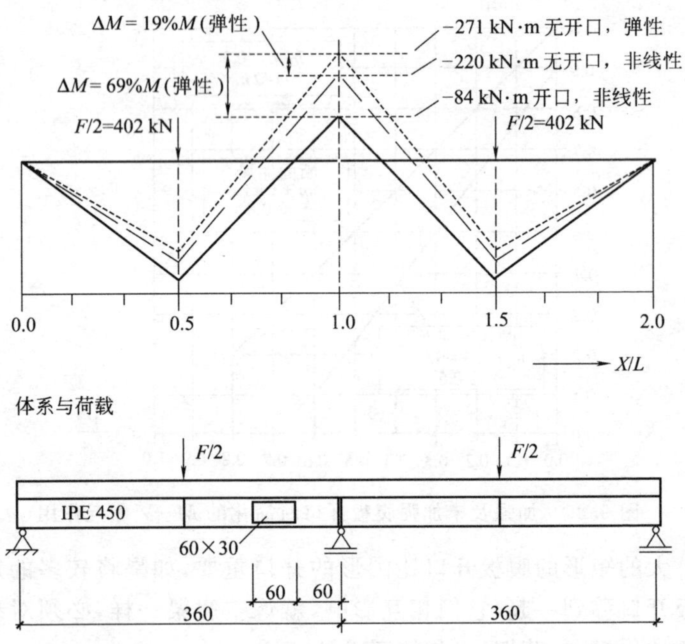


图 9.21 具有腹板开口和无腹板开口的结合梁的承载力(单位:cm)

## 9.7 板内大开口

混凝土板是结合梁的翼缘板，它通过连接键才能共同作用。如果混凝土板中的轴向力流受到板内较大开口的干扰，那么必然会形成力的调整。相应的受压区域和受拉斜撑可以根据桁架模型，就像在钢筋混凝土结构中常用的那样进行计算和设计。图9.22、图9.23包含两个普同的例子[9.15]，一个混凝土翼缘板处在结合梁的受压区，一个混凝土翼缘板处在结合梁的受拉区。这种桁架模型要保证翼缘板的内力平衡，替代杆件的斜度可以根据精确的(线性)板计算(变形协调)推算得到。这里还没有考虑大开口对刚度进而对混凝土板和钢梁之间的共同作用产生的关键影响，尤其是在柔性结合的弹塑性区域。

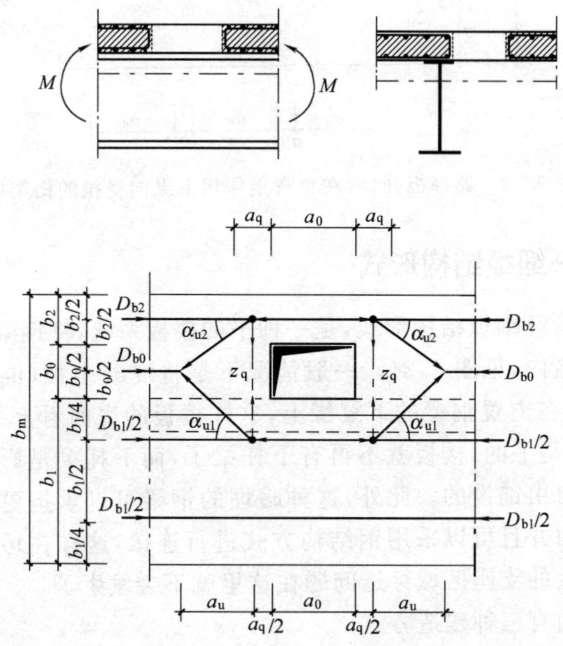


图9.22 翼缘板开口：在正弯矩作用下纵向受压的桁架模型

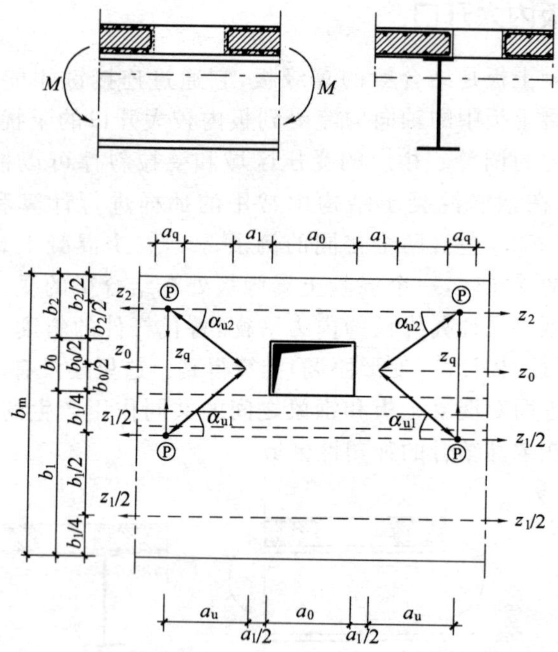


图 9.23　翼缘板开口：在负弯矩作用下纵向受拉的桁架模型

## 9.8　纤细板结构形式

所谓纤细板结构形式，是一种平的楼板系统，将钢梁作为暗梁浇筑在板内，见图 9.24。一般情况下是将混凝土板（混凝土预制件）安放在内置钢梁的下翼缘上，这样楼板的底面看上去（与钢梁翼缘板）是平的，楼板就不再有下托梁了，而下托梁是影响给排水管道的自由铺设的。此外，这种暗埋的钢梁可以承担更大的横向（剪切）力并且可以采用钢结构方式进行连接，这样在圬工结构中经常发生的支座区域穿透问题在这里就不会发生了。

目前有三种建造方式：

- 用预制的混凝土板作为暗埋的板托梁，预制混凝土板为预应力混凝土空心槽；

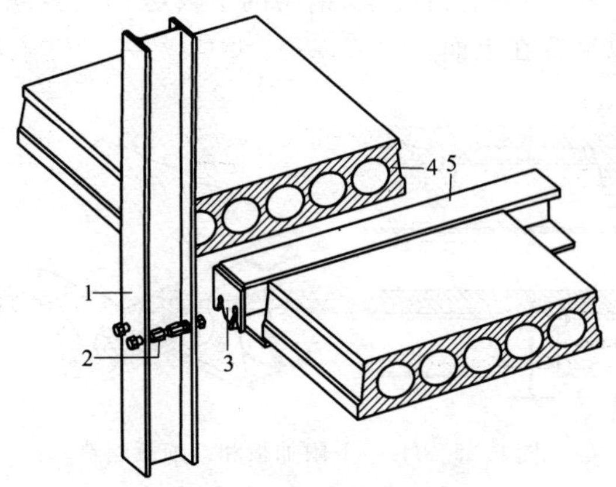


图 9.24　ARBED 结构方式

- 板托梁为混凝土现场浇注，混凝土在型钢或者混凝土半预制件上浇注；
- 板托梁通过支撑或悬挂的肋板特别是梯形断面型钢制成，肋板高度可以达到 200 mm。

如果使用了高梯形截面型钢，那么首先就已经不是平板了，因为底面显现出来的是肋，但在处理时仍然将其看成是带钢暗梁的“纤细”楼板。

关于各种不同平板系统的各方面信息与详细的文本可参见文献[9.5]、[9.9]和[9.13]。

关于干燥和快速安装的结构方式，在斯堪的纳维亚(Skandinavie)得到了发展，然后这种结构方式又从那里发展到中欧。在钢梁的跨度为 6 m 或更多时，混凝土板在横向的跨度达到 6～12 m。在斯堪的纳维亚(Skandinavie)大量使用预应力混凝土空心槽的时候，德国也使用在半预制混凝土板和型钢板上制作混凝土板的建造方式，见图 9.27。此外，在此期间还使用了大约 200 mm 高的梯形截面压型钢板：对于 Hoesch 附加板(见图 9.25)，使用上端的垫板支座；对于 Comflor 板，支撑在下翼缘上。

图 9.26 显示了钢梁的横截面，在 Hoesch 附加板使用常规热

轧型钢的时候，另外的情况是，钢梁的下翼缘比上翼缘宽，以便混凝土板可以搁置在上面。

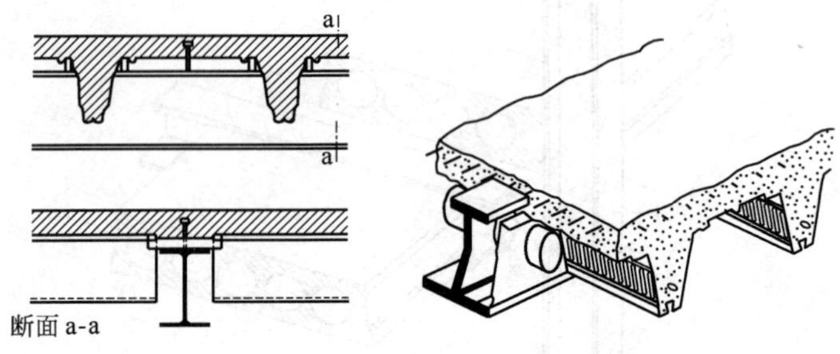


图 9.25　Hoesch 附加板和纤细板建造

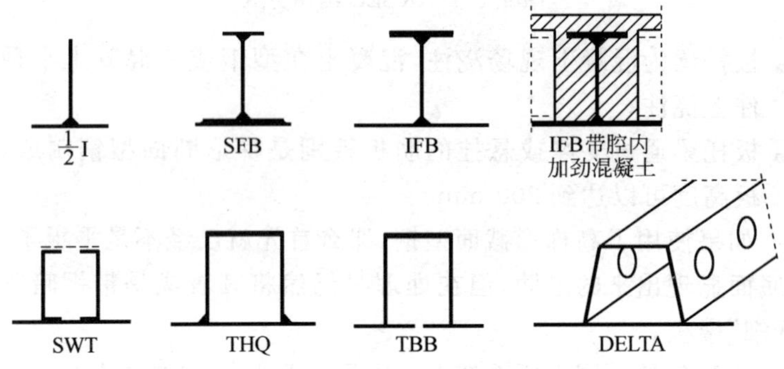


图 9.26　各种不同的钢梁形式

宽下翼缘的梁可以通过滚轧（英国新发展的 ASB 梁）、或在热轧梁的下缘焊接一块钢板、或根据横截面“尺寸”焊接一个焊接钢梁。

在使用结合梁技术规则来规范低高度压型钢板和半预制混凝土板的应用时，对预应力混凝土空心槽作了大量的实验研究[9.22]，它们都是根据技术规定假设为刚性支撑的。

通过将混凝土预制件搁置在钢梁的下翼缘上，钢梁不仅承受纵向的弯矩，它的下翼缘还承受着横向弯矩，托梁的抗弯承载能力因此仅得到少部分的折减。所要求的折减量取决于不同的结构类

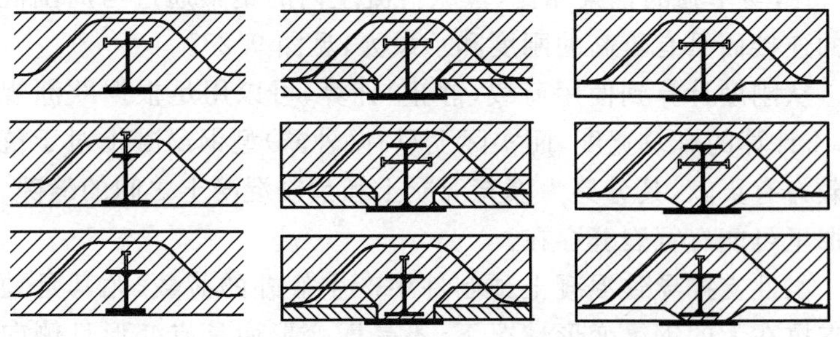

图 9.27　现场浇注混凝土带钢暗梁的平板[9.5]

型(见图 9.2),但均小于 10%。使用大尺寸的预应力混凝土空心槽时,在钢梁和混凝土之间不存在可靠设计的结合,尽管如此却存在一个(非设计的)结合作用,它在较小的荷载状况下较强劲,但随着荷载的增加直至极限承载荷载时却一直在下降,所以上面所谈的因为横向弯矩而导致的折减似乎就不重要了。在较小的荷载状况下,嵌入混凝土中的钢梁即使与混凝土之间没有连接键存在,实际上也能完全共同作用,这对挠度和抗振动是有利的。到承载能力极限状态时却存在危险,在填充混凝土与预制混凝土之间存在宽裂缝。这限制着剪切力的传递,见图 9.28。

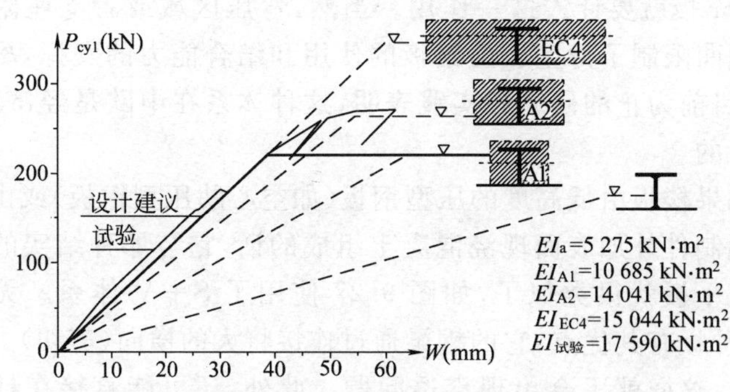


图 9.28　混凝土与钢梁的共同作用[9.22]

如果在钢梁的正面和侧面均未焊接连接键的话,在混凝土与钢梁之间仍存在(非设计的)共同作用。正如试验所揭示的那样[9.22]，与单独的钢梁相比，嵌入混凝土内的钢梁通过与周围混凝土的连接而具有较高的刚度和承载力，见图 9.28。

从刚度计算到使用荷载（静止）计算，可以用足根据欧洲规范 EC 4 计算的有效宽度，而实际上只有（外露）型钢混凝土对于抗弯承载力有贡献，其分界为填充混凝土和预制混凝土之间的缝隙，因为那里可能有宽裂缝存在。

柔性支撑导致混凝土预制件中产生额外的荷载，尤其是预制件支撑在大的钢梁变形情况下，不是面变形而是点变形且侧向受到支撑的情况。这一情况导致（承载力试验中）支座附近的混凝土开裂，这将损害预应力的传递，同时减小横向（剪切）承载力。

对这种平楼板的振动特征基础频率很快而又准确地估算，首先假设钢与混凝土之间完全结合并且混凝土内无裂缝，可以借助于软件 Dunkerley-Geraden 计算。

如果结构形式采用高梯形截面钢板，那么在施工状态下，压型钢板将承担模板的作用，在最终状态下，它将具有混凝土肋板的配筋作用。为了防火，肋必须设置纵向配筋，并且在混凝土与钢板之间要存在明确的面结合作用，该作用可以直接用于计算（注意技术规定）。比如对于 Hoesch 附加板就不计入这一作用，而对于 Comflor 板就要计入这一作用。当然，弯压区域或者支座附近的局部屈曲限制了薄壁压型钢板的使用和结合能力的发挥，尽管如此，到目前为止的研究和实践表明，这种体系在中欧是经济的、有吸引力的。

如果楼板由低高度的压型钢板（如空心肋压型钢板）或由混凝土半预制件外加表面现浇混凝土组成的话，它与那种结实的钢筋混凝土平板就很类似了，如图 9.27 使用了 S+V 体系。无论如何，这种板有其优点，它的钢梁通过连接将大的横向（剪切）力传到柱子上，这样就不会出现穿透问题。此外，还可能直接在柱子附近，在混凝土板内开设较大的口子，这是纤细楼板的另一个优点。

对于火灾状况，不仅是钢暗梁需要保护，同时整个板体系也要保护，必要时还要作相应的配筋设计。

一般情况下，板搁置在钢梁的下翼缘上，这种方式在火灾情况下使下翼缘的温度升高很快，并且因为没有保护而损失极限承载力，以致提前达到承载力极限状态，而钢梁的腹板和上翼缘板因为周围被混凝土包围着，情况则正好相反。

防火设计必须确保以下两方面：

- 板支撑在钢梁的支座；
- 梁纵向的荷载传力件。

更进一步，钢梁的下翼缘可以采用防火板或者喷灰浆来防护。就像对型钢截面使用混凝土加劲（填实）方式一样，如果对（外露）型钢混凝土配筋的话，下翼缘板也可以不作防火处理。为了确保板的支撑作用，可以使用拱形的配筋或者焊接的带头铆钉连接键，见图 9.27。

由于预应力混凝土空心槽可以在预应力张拉床上工业化预制生产，并且除了预应力筋外不需要再额外配筋，所以它很便宜，但是它对横向的拉应力很敏感。

如前面所提到的，支撑在柔性梁上的支座因为力的调整而出现横向弯矩，该横向弯矩又导致裂缝从而阻止力的传递，最终导致支座附近横截面的横向（剪切）力承载能力降低。

此外，在火灾状况下，由于温度的不均匀分布和阻止温度的纵向变化，还产生自应力。自应力的拉力可导致进一步的裂缝、并折减预制板部分在火灾情况下的承载力。对于这一问题，目前正在准备一些辅助使用规则[9.25]。

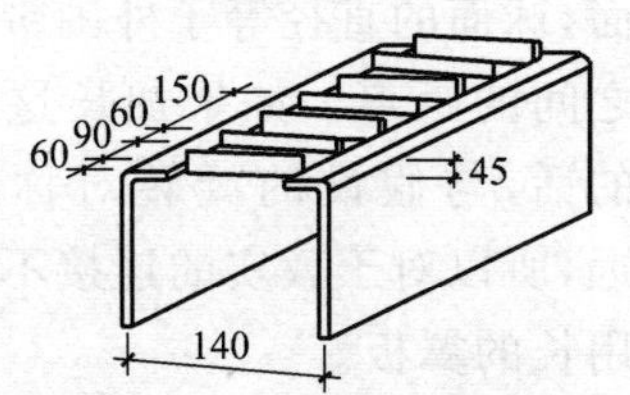


图 9.29 FEDU 冲压连接键（单位：mm）

如果一个均匀的结合作用能够保证结构达到极限承载能力，那么就必须使用连接键，相关规则在欧洲规范 EC 4 和技术规定中已经明确，这里举个新结合单元的例子，该结合单元叫做 FEDU 冲压连接键，见图 9.29，它由 5 mm 厚的钢板制成，带有经冲压和冷变形制成的连接键，在其空间内形成矩形混凝土连接键。这种梯子状腹板在承载能力极限状态下很重要,它可以塑性变形,并且达到 6 mm 的滑移,因此其变形能力可以和带头铆钉连接键相比。

## 9.9 钢筋混凝土平板支撑于钢或钢结合柱上

对于设模方便的不设蘑菇状加劲板的钢筋混凝土平板,必须特别考虑穿透问题。为了避免穿透并且在节点处没有可见的明显的柱头加强,可以利用图 6.2 中描述的沉低的钢蘑菇结合柱连接(Geilinger 体系)。钢悬臂承担楼板传来的横向(剪切)力,在结合柱的传力区间就像一个超大型的连接键在起作用,并且在竖直方向为安置供水及排水管道提供了位置。图 9.30 描述了一个完全不同的中间柱连接布置,这一方式应用了竖向的翼板并在其上焊接带头铆钉。有关它的试验显示,其穿透为一球面,球面的直径等于外围带头铆钉之间的距离。如果加长这种翼板的话,与假设的旋转对称相距太远,所以对于敦实的连接不应该取用长的翼板。

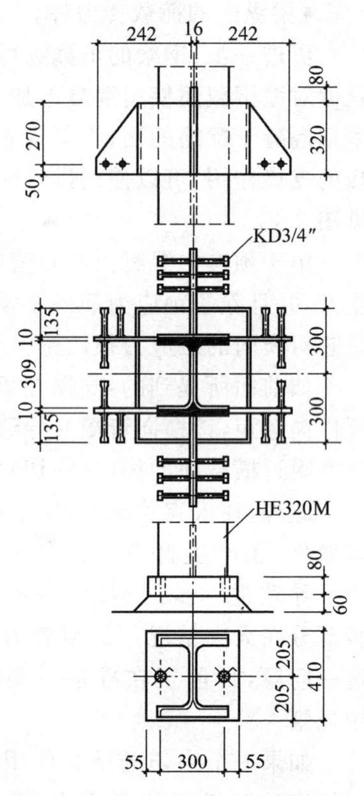


图 9.30 用于支撑实体平板的带翼板的柱头示例(单位:mm)

为了适应未来使用纤细柱子横截面、大跨度和平板并且不带柱头加强等的发展趋势,发展了如图 9.31 形式的支撑[9.27],它将浇筑在混凝土中的钢十字叉与多种形式横断面的结合柱组合在一起,它要求针对穿透和力的传递作不同的检算。对于外围覆盖混凝土的实心柱必须特别注意，保证荷载按要求作用在非均质横截面柱的柱头上。

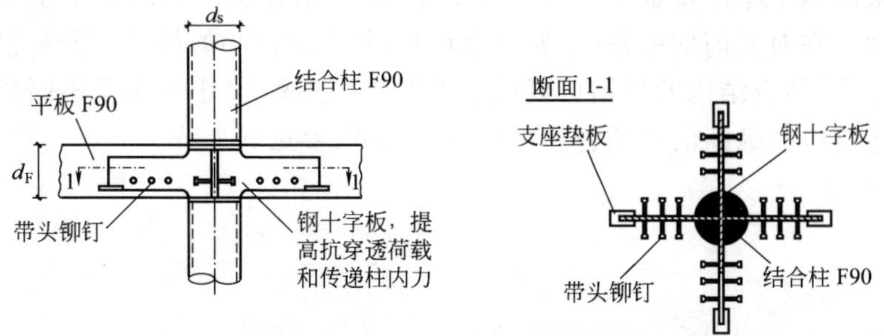


图 9.31　S+V 支撑体系：横截面及支撑十字叉剖面

## 9.10　盖板结构实例

结合结构不仅在房屋结构中使用，也应用在市内地下结构中。使用的情况比如有：与邻近建筑之间的结构缺口处，盖板结构就有优势，最上面的板，大多情况下也是受荷载大的板在建造之后，各层楼板可以有步骤地随着土方从上到下渐进挖掘而逐步建造。如 20 世纪 80 年代在杜塞尔多夫(Duesseldorf)建造的地下 Koe 画廊

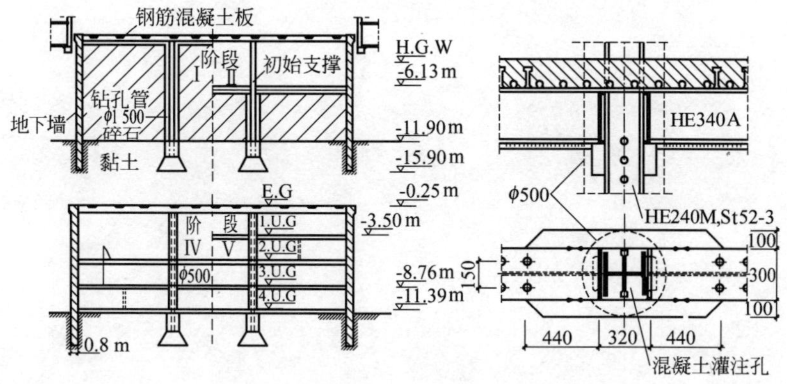


图 9.32　不同阶段的纵断面及连接构造细节(尺寸单位：mm)

和在汉努威(Hannover)市中心建造的多层地下车库[1.15],在 Koe 画廊中采用了 I 截面型钢和侧面浇筑型钢混凝土的方法,在汉努威的地下车库楼板中采用了无缝结构,它承担了巨大的水平土压力。在对其前期准备中,安装重量轻,作业空间小的情况下安装精度高,结合结构的型钢可以用手工安装。图 9.32 中显示了不同建造阶段的纵断面和结合连接的构造细节,参见 9.7 节。

# 10 其他结合梁形式

## 10.1 预应力混凝土—钢结合梁

在建筑实践中，除了分割出来的单个任务外还有完整的项目，对于不同的任务要用到不同的结构体系，这样便出现了特殊的结合结构构件，比如采用预应力双结合梁技术建造成连续梁，承担更高的荷载作用。

如图 10.1 是预变形结合梁，在工厂完成一侧的混凝土预制工作，在现场浇注另一侧的混凝土后形成最终的结合梁。其钢梁由结构钢 St 52-3 或者精核钢 St E 460 以及 St E 690 制成，在钢梁的受拉侧翼缘即下翼缘，在工厂用抗拉强度等级为 B 55 的混凝土将其包裹，钢梁的受压翼缘则在现场浇注混凝土予以补充（双结合梁）。适当的时候，型钢将通过翼缘加强板进行加强。

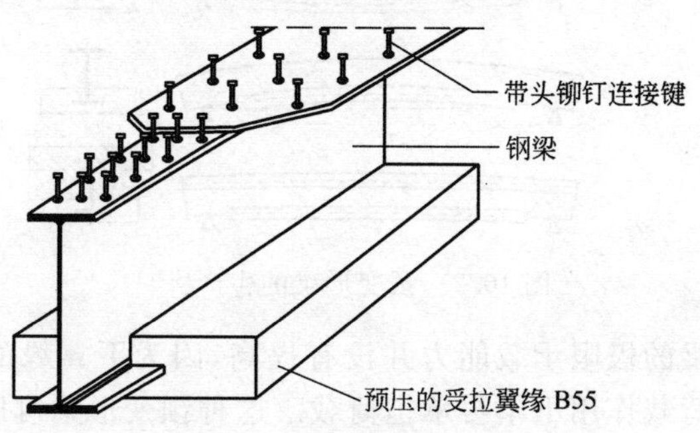


图 10.1 预变形结合梁

在浇注下翼缘的混凝土之前，将无应力但弯曲的钢梁通过预压荷载向相反的方向压弯（预变形），保持这种状态。当下翼缘混凝土的最小强度达到 $\beta_{WS}=45\ \text{N/mm}^2$ 时释放预压荷载，这样梁便具有了预应力(该预应力通过安装措施获得)。在预压荷载作用下钢梁受拉侧的最大应力不得超过屈服强度计算值 $\beta_{S,a}$ 的 95%,在预压荷载卸载后,混凝土的受压应力不大于 36 N/mm²。在钢梁预变形之前,要经受一个一次性的检验荷载,它可以发现存在的缺陷,在桥梁结构中将有问题的构件进行分类。为了传递预应力和使混凝土翼缘能共同工作,设置带头铆钉连接键,在受拉翼缘中采用的带头铆钉为 3/4″、$h/d_1 \geqslant 2.62(\alpha=0.8)$。现场浇注的腹板混凝土(图 10.3)主要是针对钢梁腹板的屈曲(腹板因此结实起来)起到加强作用、防锈及防火作用。对于其设计,技术规定12[32]是很重要的。通过正常使用极限状态下共同起作用的下翼缘混凝土,预变形梁的刚度很大。

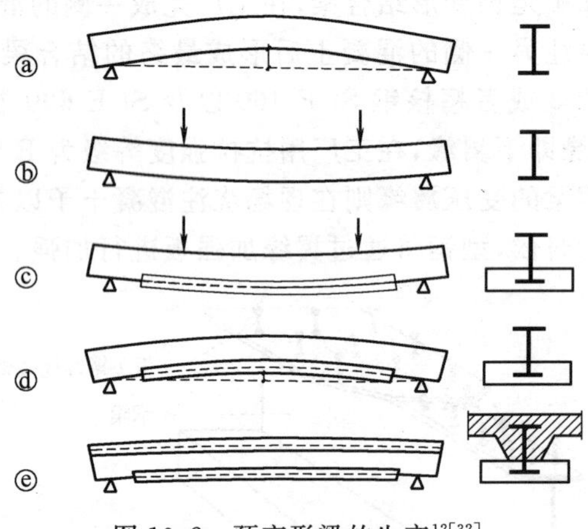


图 10.2 预变形梁的生产12[32]

这种梁的极限承载能力并没有提高,因为下翼缘的混凝土在计算开裂荷载作用下不再承担荷载。这种预变形梁可以应用于双结合梁,能够承受静载作用和非静载作用。自 1984 年以来,这种预变形梁容许应用在联邦德国铁路上(德国铁路集团)。根据"热轧型钢梁浇筑在混凝土中"(WIB)的实践经验,首先使用的是实体横截面。图 10.4 详细描述了一个桥梁的横截面,其梁高与跨度的比很小,跨高比 $L/h \approx 30$。

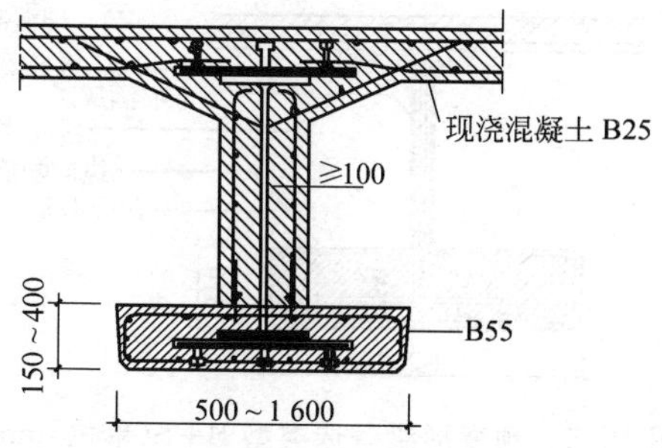


图 10.3　通过现场浇注混凝土加强预变形结合梁(单位:mm)

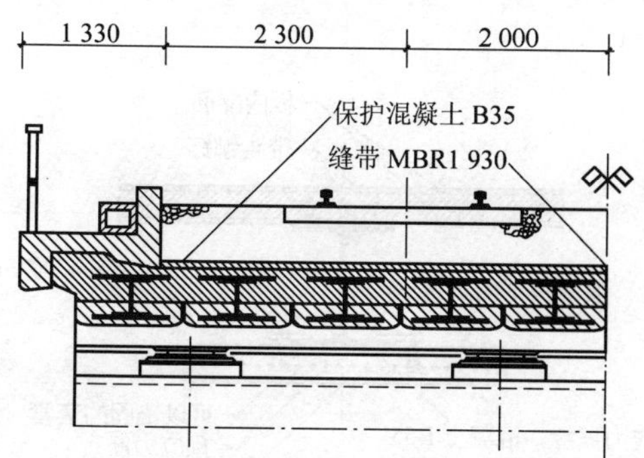


图 10.4　铁路桥梁中使用的预变形结构示例(单位:mm)

与以上所述的预变形梁类型 B 相比,还有一种可选的梁类型 B+S,它可以应用于静定支撑的房屋建筑和桥梁建筑,它也是双结合梁,通过弯曲(紧急者是卸载)和预应力钢筋形成预应力,见图 10.5。

在受拉翼缘侧浇注混凝土以及混凝土硬化期间,预应力钢丝或者预应力钢绞线将固定在预应力张拉台座上。张紧的预应力筋在结合中共同作用,它不仅可以提高正常使用极限状态下的刚度,还可以提高计算开裂荷载作用下的抗弯能力。

此外,这种所谓的预应力翼缘梁与预变形梁很类似。当然,这里的钢梁不需要预先变形,并且预应力翼缘(这是技术规定所要求

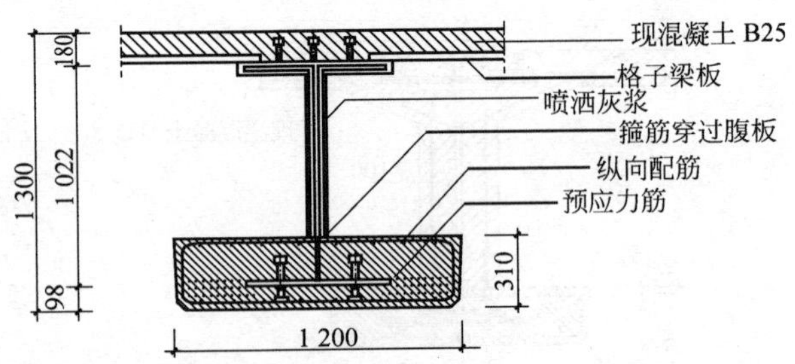


图 10.5　预变形梁备选类型 B+S(单位:mm)

的)在跨度范围内通过钢爪悬挂在钢梁的下翼缘上,在纵向可以移动(图 10.6)。

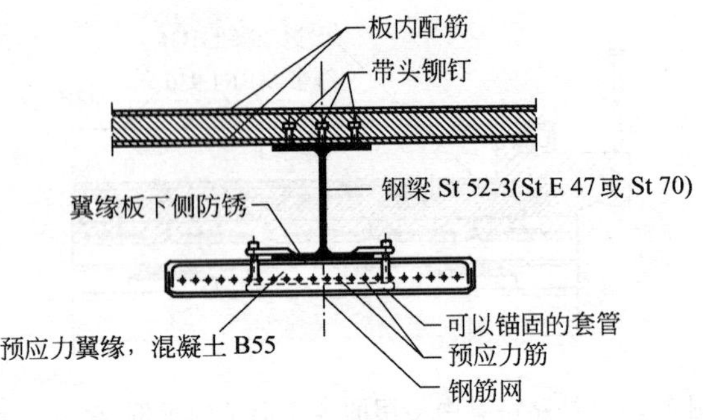


图 10.6　预应力翼缘梁[12][30]

起初的设想是,这种梁分两部分生产,分开运往建筑工地,运输和安装应该都比较容易。而现在这种梁,可以根据车间尺寸在车间里一次生产成功,与预变形梁类似,预应力混凝土包裹在钢梁下翼缘上。与预变形梁类型 B+S 不同之处在于,在端部附近设置连接键。考虑到现场的安全问题,预应力翼缘梁在施工状态下应该是一个下端施加预应力的钢梁,在施工完成后应该是一个下端施加预应力的结合梁。如果极限承载力是根据塑形理论计算得到的话,还必须证明,在混凝土翼缘板受压破坏之前,在考虑结构整体变形的前提下,预应力翼缘的预应力筋要达到屈服强度。按弹性理论计算结合梁和受拉翼缘部分的截面内力,同时考虑预应力钢筋初始扭转，是比较简单的。在正常使用极限状态下，预应力翼缘板与结合梁在端部锚块之间、在跨度范围内没有连接键的情况下共同作用。随着荷载的增加，混凝土内的裂缝增多，混凝土与钢梁之间的黏结连接消失，并在结合缝处出现相对滑移。

## 10.2 桁 架 梁

与实腹梁相比，对于大跨度梁出现材料节约的问题，这就使用了制造麻烦的桁架梁，它具有较大的开口用以穿越各种管线。图 10.7、图 10.8 描述了两个典型的代表：一般建筑监管技术规定容许的 Hambro 结合梁，用于轻的楼板(通过粘合与摩擦建立结合)以及桁架梁，用于芝加哥 Sears 塔楼外幕墙与内核之间的连接，跨度达到23 m。在任何情况下，钢桁架梁的上翼缘都是钢结构。

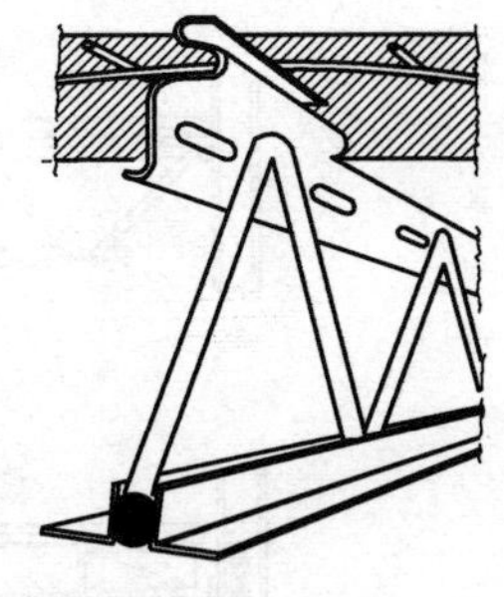

图 10.7　Hambro 结合梁

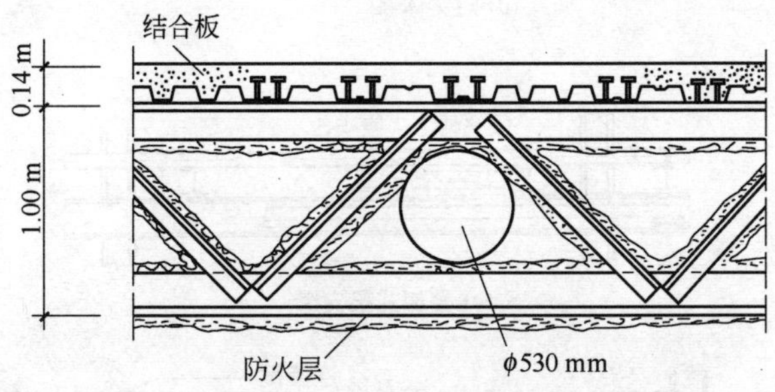


图 10.8　桁架结合梁(美国芝加哥 Sears 塔楼)

这样从一开始它便可以自己承担自重，使安装变得简单，而且连接键不必集中设置在单个的节点上，而是分散在钢的上翼缘。

图 10.9 包含了文献[9.26]的一个总结：各种不同的结合梁显示出，不同的房屋技术是怎样集中在楼板中的。在梁高差不多的情况下，桁架梁的斜杆之间不能提供足够的位置，以通过人们最初

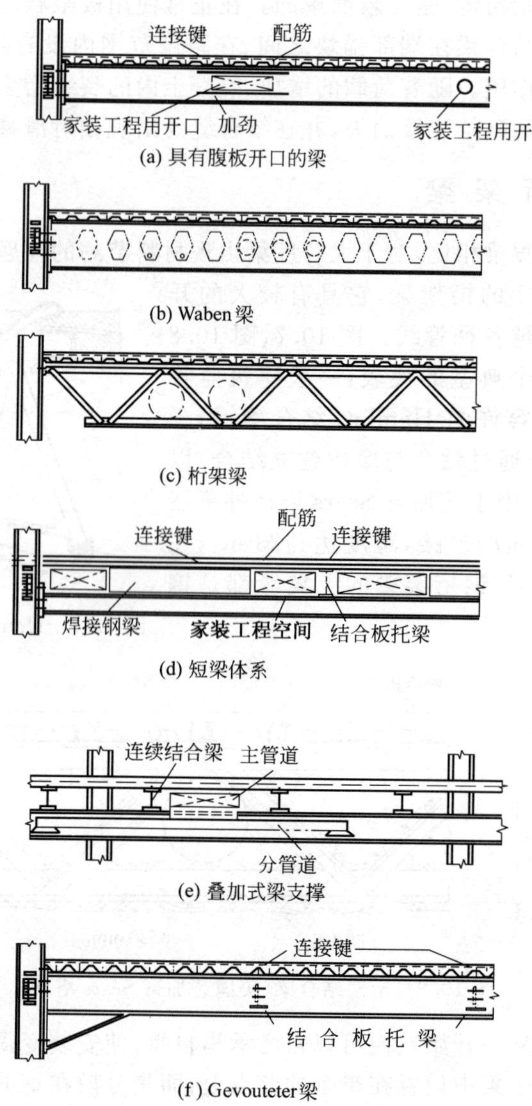


图 10.9　房屋技术中穿越管道的各种可能性

设想的矩形空调风道。叠加式梁支撑、矩形腹板开口或者所谓的短梁体系等可以提供更多的位置。

## 10.3 埋置式型钢混凝土梁

另一种类型是将钢梁完全浇筑在混凝土之中,见图 10.10。

在欧洲规范 EC 4 中没有对这种梁的相应规定,但人们却经常使用这种梁,比如作为单独的承重梁。如果混凝土部分作相应配筋的话,可参照圬工结构的相关规定。计算时也可以不考虑受压区的腹板混凝土。配筋的混凝土外包层起着阻止局部屈曲和弯扭失稳的作用,同时它还保护着型钢不生锈和在火灾情况下不至于很快升温。腹板的配筋通常用短钢筋网,在中间支座附近由于要传递支座反力而应该局部加强。在正常使用极限状态下,在估算挠度和混凝土受拉翼缘板的裂缝时,应该考虑混凝土外包层的作用。

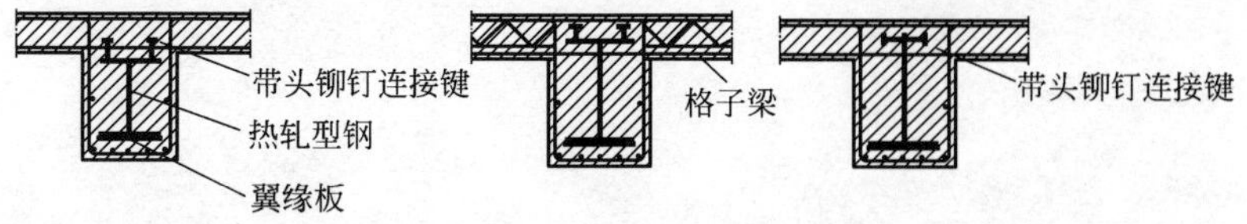


图 10.10 完全浇筑在混凝土中的钢梁

当计算中不考虑腹板混凝土时,横截面可以按照塑性设计。也许大多数情况下可以使用塑性铰理论进行设计,因为横截面的极限承载能力比计算的结果大。如果设计采用塑性理论并考虑较大的内力调整的话,中间支座的受拉区域应该配以足够的配筋,并且配筋具有高延展性。

在钢梁与混凝土受压区域之间存在水平剪切力,在正常使用极限条件下,首先是粘合连接起作用,带头铆钉和箍筋起着进一步的保险作用,尤其是具有大的结合面积和相对小的剪切应力时更是如此。在水平剪切力大于粘合连接之后,带头铆钉开始起作用,此时在结合缝处开始有相对滑移。所以,带头铆钉不能严格根据静力计算得到的剪力流来布置，而是均匀分布。

图 10.10(右图)横卧的带头铆钉连接键可以用混凝土铆钉来代替，将腹板的边缘制成锯齿形或梨状外形，在浇注混凝土的过程中形成混凝土铆钉，锯齿的间距可根据其上配筋网格的放置需要确定。相应的使用规则尚在研究中，参见 12[44]。

# 11 总结和概况

结合梁是将钢梁或者压型钢板与混凝土部分结合在一起，而形成一个结构完整、具有较好性能的承载结构。将混凝土放置在受压区，钢放置在受拉区，使横截面得到优化，而建筑材料混凝土和钢性能的不断完善，为这种优化做出了更进一步的贡献。它们今天得到了充分的利用，而且回收方便。

尤其是抗弯刚劲的、承载力强的压型钢板使“高配筋率”成为可能，进而使得横截面尺寸减小。这正适合于高荷载和大跨度，这样可以通过较小的建筑高度获得更多的可用空间。

大跨度使得空间没有支撑，其优点是方便装修改建和改变用途。对于其间的设备，相应的安装构件或支撑构件，如果不是永久使用构件的话，可以较简单地拆换，以便设备可以使用很长时间，避免产生浪费。

钢结合梁的制造时间短、安装荷载轻，尤其是在使用压型钢板的情况下效果更为明显。由于车间预制程度高，在钢和钢结合构件及时供货的情况下，在现场工地只需要安装即可。这样对于城市建筑，在施工空间紧张的情况下将是一个更值得关注的优点，对于结合梁与盖板结构共同使用的情况也是如此。

(外露)型钢混凝土是近15年来的一个重要发展，它有足够的防火性能，对于家装工程它足够刚劲而不至于损伤房内设备。它不需要喷洒灰浆或者外包层，而它的翼缘裸露在外，使得电缆线路或者管线等可以容易地通过焊接、螺栓或者粘合固定在上面。(外露)型钢混凝土在任何情况下都应该停留在钢结构企业的订单上，当然也要明确，(外露)型钢混凝土部分的安装构件，一般情况下在生产车间内一次制造形成并明示其重量。

通过使用(外露)型钢混凝土构件，建筑师能够使一个全新的构思成为可能。人们设想着用具有锋利棱角的钢结构构件实现丰富多彩的空间构思，对于这种情况，适当的时候则不再使用(外露)型钢混凝土。就像在纯粹的钢建筑中，作为整体建筑构思的一部分而设计出一部分纤细的构造一样。

就像上面所列举的一系列例子一样，有很好的理由去设计和建造钢结合结构；另一方面，这一论点自然也描述了一些边界条件，它们必须作为前提条件提出来，以便钢结合结构形式能够合法有效。建设方和实施者知道，通过这一方式可以获得一个快捷的、不受天气影响的结构形式，它的建造和设计周期均较短。但无论如何需要一个钢结构的实施计划，以便及时订购梁、板、型钢，并能够按时加工。当存在其他诸如家庭工程和装修工程等伴随计划工程时就会出现问题，而实际情况往往是这样的。当然也有补救措施，在带有埋置式暗梁的平板中，直到叠加式梁支撑的范围内，可以在板支撑梁中开设足够大和足够多的矩形开口。

结合结构的一个重要特点是:可以考虑不同的安装措施和体系转换。简单地说，浇注混凝土可以使用也可以不使用辅助支撑。这首先影响正常使用极限状态，比如挠度、混凝土中的裂缝以及振动性能等。在早些年就不让设计结合结构，因为考虑混凝土长时间效应的相关计算太麻烦了，这里通过简化方法和功能强劲的辅助计算软件解决了这一问题。尽管如此，在较早的设计构思阶段仍然需要简单的设计辅助手段(现在已经具有)。由于在很早之前就会遇到一些重要决定，用或者不用钢结合结构的决定也是如此，因此需要一些全貌性的帮助决策的辅助手段。

所确定的结构体系不仅决定了建筑安装费用，还影响着经常是更高的装修费用，同时还影响着设备费用以及改变用途所需要的费用。所以需要一个完全统一的理念，它不局限于关注不同的结构构件和各种各样的改扩建及装修工程。关于这一点，可以通过由一个人、必要时通过一个团队来构思的方法予以实现，这对于一个由结构工程师、建筑师、专业工程师和其他建筑参与者作为团队共同工作来说，是一个很有吸引力的任务。这一需要相互间充分信任的共同工作可能是很艰难的，它涉及到材料极限和经济领域。但是对于一个有价值的作品，这是值得的。

关于经济方面的关注点是，一方面在很多情况下，建安费用只占总建筑成本的15%～30%；另一方面，在目前阶段公司很难知道包得住的费用到底是多少，这样就必须进行价格比较。一般情况下，结合结构的价格不会比竞标价更贵，以便结合结构能够被采用。这样便获得了大家统一关注的“从快速安装到家庭工程、设备安装和用途改变等方面”的优点。使用压型钢板在这里起着很重要的作用，它不仅使建造过程快，同时，当选用燕尾形压型钢板时，它还提供了理想的与之相适应的可能性。

能否成功自然还取决于现场的生产供应条件。这一点从草拟完美的协议开始，通过以下工作实现，即分解工作过程、车间工作、尤其那些不同误差的截面位置、以及因此导致的问题、甚至引起有影响的控制等。因此要告知诸如在截面特别高的梁中，(外露)型钢混凝土内出现裂缝，或者混凝土灰浆污染了油漆好的钢梁等。当然也有一些补救措施，如对于这两种情况均可通过粘合相应的胶带等来解决。

适用于平楼板和根据经验指定给钢筋混凝土平板且安装特别方便的房屋设备，是可以附上用于装修的图纸的。这里所述的平楼板指：有暗埋钢梁、被称为纤细楼板的体系，这是一个革命性的发展。通过这种楼板，钢结构在更小的跨度范围(但大于6 m)内具有竞争力。关于这种结构在欧洲中部的第一个实例已有报道。当然我们也知道，这种结构形式在斯堪的纳维亚半岛占有重要的市场份额。在那里尤为重要的因素是又冷又长的冬天，而这种借助于钢和混凝土预制件的结构形式安装速度快，而且几乎是在干燥情况下进行，所以这里的气候为这种结构形式发挥其优势提供了条件。对于在德国使用这种结构，除了速度快的因素外，还有一个原因是可以在楼板上靠近暗梁的地方直接开设相对较大的孔。

目前，一些为人们熟知的结构体系得到了改进和新的发展，如楼板使用大尺寸的混凝土预制件、采用高梯形截面压型钢板以及设置暗埋钢梁等，当然这里还必须提及非对称的热轧型钢梁 ASB，它是为使用纤细地板结构而特别研发的。

进一步的发展是无螺栓连接、用于连续体系的大变形连接技术等。在使用它们时，负弯矩区的抗弯极限承载力是可以“调整”的，而且跨中区域由于经常可以承受更大的抗弯极限荷载而得到充分的利用。关于这一点，目前进行了不同的科学试验，在欧洲范围内通过 COST-C1 项目(半刚性-部分强度结合连接)统一在了一起。这里也必须提及“防火”，依据欧洲规范 EC 4 T 1-2，要求根据不同防火等级作检算，更进一步，可以按自然火灾进行简化检验。

表 11.1 的内容摘自文献[1.78]，也可以从国家规范和欧洲规范中查到，它们都是关于建筑工程截止 1997 年底的最后版本。

**表 11.1　建筑工程中结合梁结构用规范[1.78]**

<table>
<tr><td rowspan="2">构件</td><td colspan="3">国家规范设计要求</td><td colspan="2">欧洲规范设计要求</td></tr>
<tr><td colspan="2">常温下</td><td>火灾情况</td><td>常温下</td><td>火灾情况</td></tr>
<tr><td rowspan="2">结合梁</td><td>结合梁指导原则(1981)<br>补充条款(1984、1991)</td><td rowspan="4">EDIN 18800<br>T 5 (1997)</td><td rowspan="2">DIN 4102<br>(1992)</td><td rowspan="4">EC 4. T 1-1<br>(1994)<br>和国家应用<br>文件 DAS<br>t-Ri 104</td><td rowspan="4">EC 4. T 1-2<br>(1997)<br>和国家应<br>用文件</td></tr>
<tr><td>DIN 18806 T1<br>结合柱(1984)</td></tr>
<tr><td>结合柱</td><td rowspan="2">建筑监管技术规定</td><td rowspan="2">官方检<br>验证书</td></tr>
<tr><td>结合板</td></tr>
</table>

随着对结合结构越来越多的研究与关注，显示出结合结构不仅在技术和布局上具有优势，而且在经济方面也很有竞争力。在条件相对方便时，不再使用单独的钢楼板，而是设计并建造结合结构。此外，结合结构能够存在的一个基本依据是“正确的材料或者说正确的结构构件处在正确的位置”。

# 12 欧洲规范、国际规范、设计原则和特许

[1] DIN V ENV 1994(Februar 1994) Eurocode 4: Bemessung und Konstruktion von Verbundtragwerken aus Stahl und Beton.

Teil 1-1: Allgemeine Bemessungsregeln, Bemessungsregeln für den Hochbau.

[2] Teil 1-2: Allgemeine Bemessungsregeln Tragwerksbemessung für den Brandfall (Mai 1995).

[3] Teil 2: Brücken(Entwurf Mai 1997).

[4] DASt-Richtlinie104 (NAD): Richtlinie zur Anwendung von DIN V ENV, 1994. Teil 1-1, Beuth/Stahlbau-Verlag, Ausgabe 2/94.

[5] Eurocode 4, Teil 1-1, Annex G: Composite beams with partial concrete encasement for buildings(April 1995).

[6] Eurocode 4, Teil 1-1, Annex H: The use of structural steel grades S 460 and S 420 in composite structures and members(1996).

[7] Eurocode 4, Teil 1-1, Annex J: Composite joints in building frames (March 1996).

[8] DIN V ENV 1992 Eurocode 2: Planung von Stahlbeton-und Spannbetontragwerken

Teil 1-1: Grundlagen und Anwendungsregeln für den Hochbau(6. 92);

Teil 1-3: Fertigteile(12. 96);

Teil 1-4: Leichtbeton(12. 94);

Teil 1-5: Spannglieder ohne Verbund(12. 94);

Teil 1-6: Unbewehrter Beton(12. 94).

[9] Richtlinien für die Anwendung Europäischer Normen im Betonbau: Richtlinie zur Anwendung von Eurocode 2. Planung von Stahlbeton-und Spannbetontragwerken, Ausgabe 11/91.

[10] DIN V ENV 1993(April 1993)Eurocode 3: Bemessung und Konstruk-

tion von Stahlbauten Teil 1-1: Allgemeine Bemessungsregeln, Bemessungsregeln für den Hochbau.

[11] DASt-Richtlinie 103(NAD): Richtlinie zur Anwendung von DIN V ENV 1993. Teil 1-1, Beuth/Stahlbau-Verlag, Ausgabe 11/1993.

[12] DIN EN 10025: Warmgewalzte Erzeugnisse aus unlegierten Baustählen (März 1994). Technische Lieferbedingungen.

[13] DIN EN 10027: Bezeichnungssysteme für stähle(September 1992).
Teil 1: Kurznamen, Hauptsymbole;
Teil 2: Nummernsystem.

[14] DIN EN 10113: Warmgewalzte Erzeugnisse aus schweißgeeigneten Feinkornbaustählen(April 1993).
Teil 1: Allgemeine Lieferbedingungen;
Teil 2: Lieferbedingungen für normalgeglühte/normalisierend gewalzte Stähle;
Teil 3: Lieferbedingungen für TM-Stähle.

[15] DIN EN 10137: Blech und Breitflachstahl aus Baustählen mit höherer Streckgrenze in vergüteten oder im ausscheidungsgehärteten Zustand (November 1995).
Teil 1: Allgemeine Lieferbedingungen;
Teil 2: Vergütete Stähle;
Teil 3: Ausscheidungsgehärtete Stähle.

[16] DIN EN 10155: Wetterfeste Baustähle, Technische Lieferbedingungen (August 1993).

[17] Pr EN ISO 14555: Welding-Arc Stud Welding of Metallic Materials (Final draft July 1996).

[18] Pr EN ISO 13918: Schweißen-Blozen zum Lichtbogenbolzenschweißen (Stand November 1995).

[19] DIN V ENV 10080: Schweißgeeigneter gerippter Betonstahl B 500 (August 1995).

[20] Verbundträger-Richtlinien(März 1981).
Erste ergänzende Bestimmungen zu den Verbundträger-Richtlinien (März 1984). Dübeltragfähigkeit und Kopfbolzendübel bei Verbundträgern mit Stahltrapezprofilen. Zweite ergänzende Bestimmungen (Juni 1991): Neufas-

sung des Abschnitts 9,Rißbreitenbegrenzung.

[21] DIN 18806,Teil 1(März 1984):Verbundstützen.

[22] DIN 32500, Teil 3 (Juni 1991): Bolzen für das Bolzenschweißen mit Hubzündung. (Betonanker für Zugbeanspruchung und Kopfbolzen als Dübel).

[23] DIN 8563,Teil 10(Dez. 1984):Sicherung der Güte von Schweißarbeiten, Bolzenschweißverbindungen an Baustählen (Prüfungen, Prüfverfahren, Prüfumfang,Arbeitsprüfung,Fertigungsüberwachung).

[24] DVS-Merkblatt 0902 (Juli 1988): Lichtbogenschweißung mit Hubzündung(Werkstoffe,Verfahren,Anwendungsbereich,Geräte).

[25] DIN 18800,Teil 5:Verbundtragwerke aus Stahl und Beton,Bemessung und Konstruktion(5. Entwurf Mai 1997).

[26] DIN 4102,Teil 4, Abschnitt 7:Klassifizierte Verbundbauteile(Nachweis von Einzelbauteilen durch Tabellen).

[27] Allgemeines Rundschreiben Straßenbau Nr. 12/1994:Ergänzende Bestimmungen (BMV)zu den Verbundträger-Richtlinien.

[28] Allgemeines Rundschreiben Straßenbau Nr. 4/1997:Ergänzende Bestimmungen für die Bemessung und Konstruktion schlaff bewehrter Fahrbahnplatten und der Hänger von Stabbogenbrücken.

## 技术条件

[29] Zulassung Holorib-Verbunddecke;Z-26. 1-4(Stand Dez. 1991).

[30] Zulassung Spanngut träger;Z-26. 1-29(Stand Nov. 1991).

[31] Zulassung Spannverbund-Träger;Z-26. 1-31(Stand Juli 1996).

[32] Zulassung Preflex-Träger;Z-26. 1-4(Stand Juni 1997).

[33] Zulassung Flach-und Langerzeugnisse aus warmgewalzten schweißgeeigneten Feinkornbaustählen im thermomechanisch gewalzten Zustand S 355 M/ML und S 460 M/ML;Z-30. 88-1(Nov. 1993).

[34] Zulassung HISTAR 355/355 L und HISTAR 460/460 L;Z-30. 2-5 (Mai 1997).

[35] Zulassung Perfobond-Leiste;Z-26. 1-23(Juli 1991).

[36] Zulassung FEDU-Verbundelement;Z-26. 4-33(Juli 1997).

[37] Zulassung LEWIS-Böden;Z-26. 1-41(1997).

[38] Zulassung Cofrastra-Verbunddecke;Z-26. 1-22(Juni 1997).

[39] Zulassung Haircol 56 S-Verbunddecke；Z-26. 1-28(Mai 1992).

[40] Zulassung Hoesch-Verbunddecke；Z-26. 1-32(Januar 1993).

[41] Zulassung SupeRib-Verbunddecke；Z-26. 1-27(April 1992).

[42] Zulassung Ankerlose Verbunddecke(Katzenberger)；Z-26. 1-24(April 1992).

[43] Zulassung Schubfeste Klebeverbindungen zwischen Stahlplatten und Stahlbetonbauteilen oder Spannbetonbauteilen；Z-36. 1-4(November 1997).

[44] Zulassung Kombi-Träger(in Vorbereitung).

[45] Zulassung Hambro-Verbunddeckensystem；Z-26. 1-7(Nov. 1995).

# 参 考 文 献

## 1 结合结构

[1. 1] Hart, F.；Henn, W；Sontag, H：Stahlbauatlas Geschoßbauten. Verlag Architektur und Baudetail, München 1974.

[1. 2] Roik, K.；Bode, H.；Haensel, J.：Erläuterungen zu den Richtlinien für die Bemessung und Ausführung von Stahlverbundträgern. TWM-Heft 75-11, RU Bochum, 1975.

[1. 3] R. P. Johnson：Composite Structures of Steel and Concrete, Vol. 1. Crosby Lockwood Staples, London 1975.

[1. 4] J. Stark u. a.：Statisch bepaalde Staal-Beton-Liggers. Theore en Richtlinigen. Kitgeverij Waltmann, Delft 1975.

[1. 5] Roik, K.：Entwicklungstendenzen der Verbundbauweise. Festschrift W. Zerna und Institut KIB. Werner-Verlag, Düsseldorf 1977.

[1. 6] Badoux, J-C.；Eggert, H.；Hofmann, B,；Muess, H.：Beiträge in Fortschritte in der Verbundtechnik, Fortschr. Ber. VDI-Zeitschrift, Reihe 4, Nr. 33, 1977.

[1. 7] Beiträge zum Verbundbau；Versuche, Bemessung und Ausführung. Konstr. Ing. -Bau-Berichte, Heft 32, Vulkan-Verlag, Essen 1978.

[1. 8] Bode, H.：Zur Anwendung von Verbundkonstruktionen im Hochbau. Stahl und Eisen 102(1982).

[1. 9] Roik, K.：Verbundkonstruktionen, Kap. 11, Stahlbau-Handbuch Bd. 1, Stahlbau-Verlag, Köln 1982.

[1. 10] Bucheli, P.；Crisinel, M.：Verbundträger im Hochbau. Schwei-

zerische Zentralstelle für Stahlbau(SZS), Zürich 1982.
[1.11] Muess, H.: Anwendung der Verbundbauweise am Beispiel der neuen Opel-Lackiererei in Rüsselsheim. Der Stahlbau 51(1982).
[1.12] Spang, D., Haß, R.: Das Doppelinstitut IWF/IPK in Berlin. Stahlbau 54(1985).
[1.13] Muess, H.; Schaub, W.: Feuerbeständige Stahlverbundfertigteile. Stahlbau 54(1985).
[1.14] Jungbluth, O.: Verbund-und Sandwichtragwerke. Springer-Verlag, Berlin/Heidelberg/New York/Tokio 1986.
[1.15] Lieberum, P.: Tiefgarage in Stahlverbundbauweise. Der Stahlbau 56 (1987).
[1.16] Gehm, W,; Muess, H. und Schaub, W.: Neubau eines mehrgeschossigen Werkstattgebäudes in Stahlverbundbauweise für das Forschungs-und Ingenieurzentrum BMW. Bauingenieur 62(1987).
[1.17] Bode, H.: Verbundbau. Werner-Verlag, Düsseldorf 1987.
[1.18] Stahl im Hochbau, Bd. Ⅱ, Teil 1. Manuskript und Berechnungen: Hofmann, B,; Verlag Stahleisen, Düsseldorf 1987.
[1.19] Mascioni, H.-W.; Muess, H.; Schmitt, H.; Seidel, U.: Schraubenloser Verbundbau, Neubau Postamt Saarbrücken. Stahlbau 59 (1990).
[1.20] Falke, J.: Harmonisiertes Europäisches Regelwerk für den Stahl-und Stahlverbundbau. Stahlbau 59(1990), Heft 7.
[1.21] Jöst, E.; Hanswille, G.; Heddrich, R.; Muess, R. und Williams, D. A.: Die neue Opel-Lackiererei in Eisenach in feuerbeständiger Verbundbauweise. Stahlbau 61(1992).
[1.22] Kobarg, J.: Das Münchener Order-Center für Sport und Mode. Stahlbau 61(1992).
[1.23] Verbundkonstruktionen aus Stahl und Beton im Hoch-und Brückenbau. Vorträge Stahlbautag Berlin 1992, Stahlbau-Verlagsgesellschaft, Köln 1992.
[1.24] Stahlbau-Handbuch, Band 1, Teil A, Kapitel 13: Verbundkonstruktionen, bearbeitet von H. Bode. Stahlbau-Verlag, Köln 1993.
[1.25] Roik, K.; Bergmann, R.; Haensel, J.; Hanswille, G.: Verbundkon-

struktionen. Bemessung auf der Grundlage des Eurocode 4, Teil 1-1. Betonkalender 1993, S. 551 ff.

[1.26] Wapenhans, W.: Zur Entwicklungsgeschichte des Stahlverbundbaus in Deutschland bis 1992. Eigenverlag, Dresden 1993.

[1.27] Hanswille, G.: Eurocode 4. DASt-Berichte aus Forschung, Entwicklung und Normung. Stahlbau-Verlagsgesellschaft, Köln 1994.

[1.28] VDI-Berichte 1167: Planen und Bauen mit Stahl/Beton-Verbund. VDI-Verlag, Düsseldorf 1994.

[1.29] Bode, H. u. a.: Bemessung und Konstruktion von Verbundtragwerken aus Stahl und Beton. EKS-Veröffentlichung Nr. 72, Beuth/Stahlbau-Verlag, Köln 1994.

[1.30] Stahlgeschoßbauten. Grundlagen für Entwurf und Konstruktion. Merkblatt 115, Stahl-Informations-Zentrum, Düsseldorf 1994.

[1.31] W. Ladberg: Commerzbank Hochhaus Frankfurt/Main. Informationen über neuzeitliches Bauen, Heft 83, DSTV, Köln 1996.

[1.32] H. Muess: Interessante Tragwerkslösungen im Verbund. Informationen über neuzeitliches Bauen, Heft 83, DSTV, Köln 1996.

[1.33] Tagungsband Eng. Found. Conference. Composite Construction in Steel and Concrete Ⅲ, Irsee 1996(ASCE 1997).

[1.34] Schneider-Bautabellen, 12. Auflage, Kapitel 8, Verbundbau nach EC 4. Werner-Verlag 1996.

[1.35] Eichhorn, H.; Kühn, B.; Muess, H.: Der Neubau der Siemens AG Verkehrstechnik. Stahlbau 65(1996).

[1.36] Aschinger, R.; Wolperding, G.: Neubau eines auskragenden fünfgeschossigen Geschäftshauses in Stahlverbundbauweise. Bauingenieur 71(1996).

[1.37] Ladberg, W.: Commerzbank-Hochhaus Frankfurt/Main. Planung, Fertigung und Montage der Stahlkonstruktion. Stahlbau 65(1996).

[1.38] Dörnen, K.; Meyer, A.: Die Emsbrücke Hembergen in dübellosem Stahlverbund. Der Stahlbau 29(1960).

[1.39] Aschenberg, H.; Reimers, K.: Brücken in dübellosem Verbund-Bewährung beim Bau von Überführungen über in Betrieb befindliche Autobahnen. Der Stahlbau 37(1968).

[1.40] Beck, H.; Heunisch, M.: Zum Reibungsverbund zwischen Stahl und Betonfertigteilen bei dübellosen Verbundkonstruktionen. Der Stahlbau 41(1972).

[1.41] R. P. Johnson; R. F. Buckby: Composite Structures of Steel and Concrete, Vol. 2, Bridges. London 1979.

[1.42] P. Dubas: Some Remarks Concerning the Design of Composite Bridges. Journ. of Constr. Steel Research 7(1987).

[1.43] Frey, F.; Hölkermann, H. J.: Erste Anwendung der Preflex-Bauart bei Eisenbahn brücken in Deutschland. Beton-und Stahlbetonbau 82 (1987).

[1.44] Stahlverbund-Brückenbau. Berichtsband zur Tagung an der Universität Kaiserslautern, Stahl-Informations-Zentrum, Düsseldorf 1990 und 1991.

[1.45] Nather, F.: Verbundbrücken-Stand der Technik-Perspektiven für die Zukunft. Stahlbau 59(1990).

[1.46] Haensel, J.: Brückenbau auf neuen Wegen. Stahlbautag Berlin 1992, Stahlbau-Verlagsgesellschaft, Köln 1992.

[1.47] Haensel, J.; Kina, J.; Schaumann, P.; Zur Erweiterung des Anwendungsbereiches von Stahlträgerverbundkonstruktionen. Stahlbau 63 (1994), Heft 9.

[1.48] Kuhlmann, U.: Entwurf und Bemessung von Verbundbrücken. Baukultur 5/95.

[1.49] Kuhlmann, U.: Perspektiven im Verbundbrückenbau. Informationen über neuzeitliches Bauen, Heft 83, DSTV, Köln 1996.

[1.50] Svensson, H.; Saul, R,: Großbrücken in Stahl. Informationen über neuzeitliches Bauen, Heft 83, DSTV, Köln 1996.

[1.51] Herzog, M.: Vereinfachte Bemessung im Stahl-und Verbundbau. Werner-Verlag, Düsseldorf 1996.

[1.52] Baumgärtner, H.; Krampe, A.; Muess, H.; Sauerborn, N.; Die Stahlverbundbauweise-Erfolgreiche Anwendung bei der Goethe Galerie in Jena. Bauingenieur 72(1997).

[1.53] Svensson, H.; Wange, G.; Kork, R.-P.; Eilzer, W.; Humpf, K.: Entwurf und Ausschreibung der Autobahnbrücke Siebenlehn. Beton- und Stahlbetonbau 92(1997).

[1.54] IVBH-Tagung Innsbruck 1997: Composite Construction-Conventional and Innovative, Tagungsbericht.

[1.55] Dokumentation 601: Neue Wege im Stahl-und Verbundbau. Bauberatung Stahl, Düsseldorf 1991.

[1.56] Daniels, B.; Brekelmans, J.; Stark, J.: State of the Art Report on Composite Bridge Research. Journ. of Constr. Steel Research, 1993.

[1.57] Bode, H. u. a.: Tagungsband zur Fachtagung Verbundkonstruktionen am 24./25. Juli 1997 an der Universität Kaiserslautern.

[1.58] Dokumentation 533: Stahlverbundbrücken über Bundesautobahnen-Typenentwurf für Wirtschaftswegbrücken. Stahl-Informations-Zentrum, Düsseldorf 1997.

[1.59] Hagedorn, M.; Kuhlmann, U.; Pfisterer, H.; Weber, J.: Eine Neuentwicklung im Stabbogen-Verbundbrückenbau-die Amperbrücke. Der Stahlbau 66(1997).

[1.60] Schwarz, O; Haensel, J.; Doblies, K.; Epple, J.: Die Mainbrücke Nantenbach. Bauingenieur 70(1995).

[1.61] Braschel, R.; Baumgärtner, H.; Weinheimer, G.: Das Neoplan Hotel-und Verwaltungsgebäude in Berlin. Bauingenieur 69(1994).

[1.62] Bartel, W.: Erfahrungen aus Planung, Ausführung sowie Umbau und Sanierung von Verbunddächern. Bauingenieur 67(1992).

[1.63] Wise, C. M. u. a.: Commerzbank-Hochhaus Frankfurt am Main: das Tragwerk. Bauingenieur 71(1996).

[1.64] Saul, R.: Bridges with Double Composite Action. IVBH, Struct. Eng. Int., 1/1996

[1.65] Nather, F.: Stahlbrücken mit Doppelverbund in Deutschland-Überblick und Ergebnisse von Forschungsaufträgen. Bauingenieur 72(1997).

[1.66] Weyer, U.; Uhlendahl, J.: Rissesicherung schlaff bewehrter Verbundbrücken. Bauingenieur 70(1995).

[1.67] Johnson, R. P.; Huang, D.: Composite Bridge Beams with Mixed-Class Cross Sections. IVBH, Struct. Eng. Int., 2/1995.

[1.68] Abe, H. etc: Steel Composite Railway Bridges. IVBH, Struct. Eng. Int., 4/1992.

[1.69] Stiglat, K.; Höckelmann, B.; Seiler, J.: Zwei Gebäude in Verbundkonstruktion. Beton-und Stahlbeton 86(1991).

[1.70] Roik,K. und andere: Hintergrundberichte zu Eurocode 4. Forschungsvorhaben,Bochum 1987-1989.

[1.71] Tschemmernegg,F.;Fink,A.;Müller,G.:Servicestation in Mischbauweise nach ENV 1993/1994. Stahlbau 65(1996).

[1.72] Braschel,R.;Schmid,S.:Das Parkhaus P10 am Flughafen Stuttgart in Verbundbauweise. Bauingenieur 64(1989).

[1.73] Piel,W.;Hanswille,G.:Zur Bemessung von Stabbogenbrücken in Verbundbauweise. 10. DASt-Forschungskolloquium,Aachen 1997.

[1.74] Keller,N.;Kahmann,R.;Krips,M.:Fuldatalbrücke Kragenhof-Bau einer Verbundbrücke. Bauingenieur 63(1988).

[1.75] Saul,R.:Statische und konstruktive Probleme beim Bau von Verbundbrücken. Baustatik/Baupraxis 6,Weimar 1996.

[1.76] Seifried,G.;Stetter,K.:Planung und Ausführung von in Längsrichtung nicht vorgespannten Betonfahrbahnplatten für die Stahlverbundbrücken Siebenlehn und Wilkau-Haßlau. Beton-und Stahlbetonbau 91(1995).

[1.77] Kupfer,Hua.:Hangbrücke Würgauer Berg,die erste mehrfeldrige Stahlverbundbrücke mit Federplatten. Bauingenieur 70(1995).

[1.78] Hanswille,G.:Verbundtragwerke-europäische und nationale Regelwerke. Seminar Verbundbau am 20.21.11.1997 in München.

## 2 结合板

[2.1] Europäische Empfehlungen für die Ausbildung und Berechnung von Stahlprofil-Verbundecken. EKS-XI-75-2-D, Stahlbau-Verlag, Köln 1975.

[2.2] Gräfe,R.:Verdübelung und Tragverhalten von Stahlprofilblech/Beton-Verbundplatten. Dissertation,TH Darmstadt,1976.

[2.3] Jungbluth,O.:Zur Entwicklung integrierter Flächentragwerke. Festschrift W. Zerna,Werner-Verlag,Düsseldorf 1976.

[2.4] Hofmann,B.:Der Stahlprofilblech-Verbundbau. KIB-Berichte, Heft 32,Vulkan-Verlag,Essen 1978.

[2.5] Reinsch,W.;Cordes,R.;Sowa,W.:Eine neue Trapezblechdecke mit starrem Verbund. Der Stahlbau 47(1978).

[2. 6] Stark, J. W. B. : Design of Composite Floors with Profiled Steel Sheet, Fourth Specialty Conference, Missouri-Rolla, USA, 1978.

[2. 7] Eggert, H. ; Kanning, W. : Feinbleche aus Stahl für Geschoßdecken. Der Bauingenieur 54(1979).

[2. 8] Jungbluth, O. ; Schäfer, H. G. ; Gräfe, R. : Stahlprofilblech-Beton-Verbundplatten. DASt-Berichte aus Forschung und Entwicklung, Heft 8, 1979.

[2. 9] Tzschätzsch, M. : Traglastermittlungen an Verbundplatten aus gefalteten Stahlblechtafeln und Beton. Dissertation, TU Berlin 1979.

[2. 10] Bode, H. : Profilbleche für Geschoßdecken im Verbund mit Beton. Elementiertes Bauen in Stahl, Köln 1980.

[2. 11] Profanter, H. : Zur Berechnung von Profilblech-Verbundkonstruktionen. Stahlbau-Rundschau 1981/1982.

[2. 12] Schmidt, H. : Stahltrapezprofildecken-Bemessung und Brandschutz. Stahlbau 53(1984).

[2. 13] Wostrack, D. : Zur Theorie des elastischen Verbundes mit Endverankerung im Grenzzustand der Nutzungsfähigkeit. Bauplanung-Bautechnik 40/1986.

[2. 14] Daniels, B. J. ; Crisinel, M. : Essais des dalles mixtes avec tole profilée HiBond 55, Publication ICOM 184, August 1987.

[2. 15] Wölfel, E. : Nachgiebiger Verbund. Eine Näherungslösung und deren Anwendungs-möglichkeiten. Stahlbau 56(1987).

[2. 16] Patrick, M. : Design of Continuous Composite Slabs-the Issue of Ductility. Steel Construction Journal, Australian Institute of Steel Construction, Vol 23, No. 3, August 1989.

[2. 17] Stark, J. W. B. ; Brekelmans, J. W. P. M. : Plastic Design of Continuous Composite Slabs, Journal of Constr. Steel Research 15, 1990.

[2. 18] Daniels, B. J. : Comportement et capacité portante des dalles mixtes: modelisation mathematique et étude experimentale, These No. 895, EPFL Lausanne, 1990.

[2. 19] Neulichedl, A. : Zum Verhalten von Verbundplatten aus Stahlprofilblechen und Stahlbeton unter Berücksichtigung des nichtlinearen

Verhaltens der Verbundfuge. Dissertation Innsbruck,1990.

[2.20] Bode,H.;Sauerborn,I.:Zur Bemessung von Verbunddecken nach der Teilverbundtheorie. Stahlbau 61(1992).

[2.21] Sauerborn,I.:Zur Grenztragfähigkeit von durchlaufenden Verbunddecken. Dissertation Universität Kaiserslautern 1995.

[2.22] Veljkovic,M.:Longitudinal Shear Capacity of Composite Slabs. Nordic Steel Construction Conference,Malmö 1995.

[2.23] Design Manual for Composite Slabs. ECCS-Publication No. 87,Brüssel 1995.

[2.24] Bode,H.;Minas,F.;Sauerborn,I.:Partial Connection Design of Composite Slabs. IVBH,Struct. Eng. Int. 1/96.

[2.25] Stark,J. W. B.;Brekelmans,J. W. B.:Plastic Design of Composite Slabs. IVBH,Struct. Eng. Int. 1/96.

[2.26] Crisinel,M.;O'Leary,D.:Composite Floor Slab Design and Construction. IVBH,Struct. Eng. Int. 1/96.

[2.27] Bode,H.;Sauerborn,I.:Zur Berechnung durchlaufender Verbunddecken. Stahlbau 66(1997).

[2.28] Rug,W.:Verbunddecken aus Holz und Beton. Bautechnik 72(1995).

[2.29] Mayr,G.;Busler,H.:Holz-Beton-Verbunddecken eines Schulgebäudes in Lemgo. Bauingenieur 72(1997).

[2.30] König,G.;Maurer,R.;Milbrecht,G.:Verbunddecken bei Hochhäusern aus Stahlbeton. Beton-und Stahlbetonbau,1993.

[2.31] Tschemmernegg,F.;Neulichedl,A.:Entwicklung einer ankerlosen duktilen Verbundplatte. Bauingenieur 68(1993).

[2.32] Faust,T.:Leichtbeton im Verbundbau. Leipziger Massivbau-Seminar,Band 3,1996.

[2.33] Minas,F.:Beitrag zur versuchsgestützten Bemessung von Profilblechverbunddecken mit nachgiebiger Verdübelung. Dissertation, Universität Kaiserslautern 1997.

## 3 结合梁连接安全

[3.1] Sattler,K.:Betrachtungen über die Verwendung hochzugfester Schrauben bei Stahlträger-Verbundkonstruktionen, Vorbericht

IVBH,1960,S. 330-350.

[3. 2] Sattler,K. :Betrachtungen über neue Verdübelungen im Verbundbau. Der Bauingenieur 37(1962)

[3. 3] R. G. Slutter, J. W. Fisher: Fatigue Strength of Shear Connection Highway Research Record No. 147,1966.

[3. 4] Ollgaard, J. C. ; Slutter, R. G. ; Fisher, J. W. : Shear Strength of Stud Connectors in Light-Weight and Normal-weight Concrete. AISC Eng. Journal, 1971.

[3. 5] Welz, W. ;Dietrich, G. :Festigkeitsuntersuchungen an Bolzenschweißverbindungen. Schweißen und Schneiden 23(1971).

[3. 6] Roik, K. ;Burkner, E. :Reibbeiwert zwischen Stahlgurten und aufgespannten Beton fertigteilen. Bauingenieur 53(1978).

[3. 7] Eichhorn, F. : Untersuchungen über die Anwendbarkeit des Bolzenschweißens bei wetterfesten und hochfesten Baustählen. Studiengesellschaft für Anwendungstechnik von Eisen und Stahl, P 26, Düsseldorf 1980.

[3. 8] Roik, K. ; Bürkner, K. E. : Beitrag zur Tragfähigkeit von Kopfbolzendübeln in Verbundträgern mit Stahlprofilblechen. Der Bauingenieur 56(1981).

[3. 9] Welz, W. ; Dennin, G. : Dauerfestigkeit von Konstruktionen mit aufgeschweißten Bolzen. Schweißen und Schneiden 33(1981).

[3. 10] Eichhorn, F. ; Langenbahn, H. W. : Untersuchungen über die Anwendbarkeit des Bolzenschweißßens mit Hubzündung beim Schweißen verzinkter Stahlbleche. Studiengesellschaft für Anwendungstechnik von Eisen und Stahl, P 80, Düsseldorf 1982.

[3. 11] Eichhorn, F. ; Langenbahn, H. W. : Bolzenschweißen mit Hubzündung an Feinkorn-baustählen und durch verzinkte Schalungselemente. Schweißen und Schneiden 34(1982).

[3. 12] Welz, W. : Untersuchung zur Verringerung der Fehleranfälligkeit beim Bolzenschweißen. Studiengesellschaft für Anwendungstechnik von Eisen und Stahl, P 179, Düsseldorf 1982.

[3. 13] Ranisch, E. -H. : Verstärken von Traggliedern aus Stahlbeton mit angeklebter Bewehrung. Maschinenmarkt 88, Würzburg 1982.

[3.14] Roik, K.; Hanswille, G.: Beitrag zur Bestimmung der Tragfähigkeit von Kopfbolzendübeln. Der Stahlbau 52(1983).

[3.15] Roik, K.; Hanswille, G.: Beitrag zur Ermittlung der Tragfähigkeit von Reib-Abscherverdübelungen bei Stahlverbundträgerkonstruktionen. Der Stahlbau 53(1984).

[3.16] Wölfel, E.; Manleitner, S.: Zulassungen für Kopfbolzen als Verankerungselemente. Festschrift K. Roik, Bochum 1984.

[3.17] Andrä, H.-P.: Neuartige Verbundmittel für den Anschluß von Ortbetonplatten an Stahlträgern. Beton-und Stahlbetonbau 80(1985).

[3.18] Tschemmernegg, F.: Zur Bemessung von Schenkeldübeln, eines neuen Dübels für Verbundkonstruktionen im Hochbau. Der Bauingenieur 60(1985).

[3.19] Bode, H.; Hanenkamp, W.: Zur Tragfähigkeit von Kopfbolzen bei Zugbeanspruchung. Der Bauingenieur 60(1985).

[3.20] Bode, H.: Nelson-Kopfbolzen im Hoch-, Industrie—und Brückenbau. Stahlbau-Rundschau, Heft 65, Wien 1985.

[3.21] Rostasy, F. S.; Ranisch, E.-H.: Koppelfugensanierung mit angeklebten Stahllaschen. Der Bauingenieur 61(1986).

[3.22] Roik, K.; Hanswille, G.: Zur Dauerfestigkeit von Kopfbolzendübeln bei Verbundträgern. Der Bauingenieur 62(1987).

[3.23] Leonhardt, F.; Andrä, H.-P.; Harre, W.: Neues, vorteilhaftes Verbundmittel für Stahlverbundtragwerke mit hoher Dauerfestigkeit. Beton- und Stahlbetonbau 12, 1987.

[3.24] Leonhardt, F. u. a.: Zur Bemessung durchlaufender Verbundträger bei dynamischer Belastung. Bauingenieur 62(1987).

[3.25] Lungershausen, H.: Zur Schubtragfähigkeit von Kopfbolzendübeln. RU Bochum, KIB, TWM-Hef: 88-7, 1988.

[3.26] Schanzenbach, J.: Zum Einfluß von Dübelnachgiebigkeit und Unterverdübelung auf das Tragverhalten von Verbunddurchlaufträgern. Dissertation Universität Kaiserslau tern, 1988.

[3.27] Bode, H.; Schanzenbach, J.: Das Tragverhalten von Verbundträgern bei Berücksichtigung der Dübelnachgiebigkeit. Stahlbau 58(1989) Heft 3.

[3. 28] Stark, J. W. B. : Composite steel and concrete beams with partial shear connection. Heron, vol. 34, Delft 1989.

[3. 29] Roik, K. ; Lungershausen, H. : Zur Tragfähigkeit von Kopfbolzendübeln in Verbund-trägern mit unterbrochener Verbundfuge. Stahlbau 58 (1989).

[3. 30] Roik, K. und Holtkamp, H. -J. : Untersuchungen zur Dauer- und Betriebsfestigkeit von Verbundträgern mit Kopfbolzendübeln. Stahlbau 58(1989).

[3. 31] Steinhardt, O. : Die Entwicklung der Verbundidee für Tragwerke des Konstruktiven Ingenieurbaus. Festschrift J. Ehlbeck, Karlsruhe 1990.

[3. 32] Andrä, H. -P. : Economical Shear Connectors with High Fatigue Strength, IVBH Symposium, Brüssel 1990.

[3. 33] Aribert, J. M. : Bemessung von Verbundbalken mit teilweisem Verbund. IVBH-Symposium, Brüssel 1990.

[3. 34] Welz, W. : Bolzenschweißben mit hochlegierten stählen. P 133, Studiengesellschaft für Anwendungstechnik von Eisen und Stahl, Düsseldorf 1987.

[3. 35] Johnson, R. P. und Molenstra, N. : Partial shear connection in composite beams for buildings. Proc. Inst. Civ. Engrs. , 1991, S. 679 ff.

[3. 36] Bode, H. ; Künzel, R. : Zur Anwendung der Durchschweißtechnik im Verbundbau. Bauberatung Stahl, Düsseldorf 1991.

[3. 37] Bode, H. : Zur Verdübelung von Verbundkonstruktionen. Der Prüfingenieur, Sept. 1992.

[3. 38] Bode, H. ; Becker, J. : Trägerverbund unter dynamischer Belastung bei Verwendung von Profilblechen. Stahlbau 62(1993).

[3. 39] Wurzer, O. : Systeme zur Herstellung des Verbundes zwischen Beton- und Stahlbauteilen. DAfStb-Forschungskolloquium, München 1993.

[3. 40] Bode, H. ; Becker, J. ; Kronenberger H. -J. : Zur nichtlinearen Berechnung von Verbundträgern mit teilweiser Verdübelung. Stahlbau 63(1994), Heft 9.

[3. 41] Hanswille, G. : Zum Nachweis der Ermüdung von Verbundträgern nach Eurocode 4, Teil 1-1. Stahlbau 63(1994), Heft 9.

[3.42] Hanswille, G.; Kajzar, C.; Faßbender, A.: Ergänzende Regelungen für die Tragfähigkeit von Kopfbolzendübeln bei Verwendung von vorgelochten Profilblechen. Forschungsbericht 93-01, Wuppertal 1993.

[3.43] Jenicek, A.; Neutwig, A.; Welz, W.: Untersuchungen zum Bolzenschweißen mit hochfesten Stählen. P168, Studiengesellschaft Stahlanwendung e. V., Düsseldorf 1990.

[3.44] Tschemmernegg, F.; Huber, G.: Flachdecken mit Stanzdübeln. Bauingenieur 71(1996).

[3.45] Becker, J.: Beitrag zur Auslegung der Verdübelung von Verbundträgern des Hochbaus unter ruhender und nichtruhender Belastung. Dissertation Universität Kaiserslautern, 1997.

[3.46] Wurzer, O.: Zur Tragfähigkeit von Betondübeln. Dissertation Universität der Bundeswehr, München 1997.

[3.47] Hanswille, G.: Tragfähigkeit von Kopfbolzendübeln ϕ25 mm in Vollbetonplatten. Forschungsbericht, Universität-GH Wuppertal, 1997.

[3.48] Johnson, R. P.; Huang, D.: Resistance to longitudinal shear of composite beams with profiled sheeting. Proc. Inst. Civ. Engrs. 1995.

[3.49] Trillmich, R.; Welz, W.: Bolzenschweißen Grundlagen und Anwendung. Verlag DVS, Meinerzhagen/Krailling 1997.

## 4 结合梁极限承载能力

[4.1] Muess, H.: Verbundträger im Stahlhochbau. Verlag Wilh. Ernst und Sohn, Berlin/München/Düsseldorf 1973.

[4.2] Muess, H.: Plastische Momente für Verbundträger. Stahlbau-Verlags GmbH, Köln 1976.

[4.3] Ehlert, W.: Grenzzustände schlanker Verbundträger. Dissertation RU Bochum, 1981.

[4.4] Roik, K.; Ehlert, W.: Beitrag zur Grenztragfähigkeit durchlaufender Verbundträger. Der Bauingenieur 58(1993).

[4.5] Ansourian, P.: Beitrag zur plastischen Bemessung von Verbundträgern. Der

Bauingenieur 59(1984).

[4.6] Bode, H.; Fichter, W.: Zur Traglastbemessung für durchlaufende Verbundträger im Hochbau. IVBH-Symposium Steel in Buildings, Luxemburg 1985.

[4.7] Fichter, W.: Beitrag zur Traglastberechnung durchlaufender Stahlverbundträger für den Hoch- und Industriebau. Dissertation Universität Kaiserslautern, 1986.

[4.8] U. Kuhlmann: Rotationskapazität biegebeanspruchter I-Profile unter Berücksichtigung des plastischen Beulens. Dissertation, RU Bochum, 1986.

[4.9] Bode, H.; Fichter, W.: Zur Fließgelenktheorie von Stahlverbundträgern mit Schnittgrößenumlagerung vom Feld zur Stütze. Der Stahlbau 55(1986).

[4.10] Uth, H. J.: Beitrag zur Rotationskapazität von Stahlverbundträgern. Dissertation Universität Kaiserslautern, 1987.

[4.11] Breit, M.: Rechnerische und experimentelle Untersuchungen zur Grenztragfähigkeit von Verbundbauteilen. Dissertation RU Bochum, 1988.

[4.12] Lange, J.: Beitrag zur Berechnung und Konstruktion von ebenen, verschieblichen Rahmen mit Verbundbauteilen. Dissertation TH Darmstadt, 1990.

[4.13] Roik, K.; Hanswille, G.; Kina, J.: Zum Biegedrillknicken bei Stahlverbundträgern. Stahlbau 59(1990).

[4.14] Heinemann, J.: Grenztragfähigkeit von Verbundträgern mit dünnwandigen, ausgesteiften und steifenlosen Stegblechen. Dissertation RU Bochum 1990.

[4.15] Roik, K.; Hanswille, G.; Kina, J.: Zur Frage des Biegedrillknickens bei Stahlverbundträgern. Stahlbau 59(1990), Heft 11.

[4.16] Kina, J.: Zum Biegedrillknicken bei Stahlverbundträgern. Dissertation RU-Bochum 1991.

[4.17] Holtkamp, H. J.: Zur mittragenden Breite von Verbundträgern im Bereich negativer Momente. RU Bochum, KIB, TWM-Heft 91-3, 1991.

[4.18] He, S.: Beitrag zur plastischen Bemessung durchlaufender Verbundträger. RU Bochum, KIB, 1991.

[4.19] Verbundträger im Hochbau. Merkblatt 267,Stahl-Informations-Zentrum,Düsseldorf 1991.

[4.20] Johnson,R. P. ;Tan,C. K. R. :Distorsional Lateral Buckling of Continuous Composite Beams. Proc. Inst. Civ. Engrs,1991.

[4.21] Johnson,R. P. ;Cheng,S. :Local Buckling and Moment Redistribution in Class 2. Composite Beams. Struct. Eng. Int. ,1991.

[4.22] Roik, K. ; Heinemann, J. : Grenztragfähigkeit von Verbundträgern mit dünnwandigen Stegblechen. Bauingenieur 66(1991),S. 269 ff.

[4.23] Dubas, P. : Zum Problem der Stegatmung bei dünnwandigen Blechträgern. Publikation Nr. 92-3,ETH Zürich,1992.

[4.24] Bode,H. ;Sauerborn,N. :Grenztragfähigkeit von Stahlverbundträgern im negativen Momentenbereich. Bauingenieur 68(1993).

[4.25] Kindmann,R. ; Bergmann,R. ; Cajot,L. -G. ; Schleich,J. B. : Effect of Reinforced Concrete Between the Flanges of the Steel Profile of Partially Encased Composite Beams. J. Constrct. Steel Research 27 (1993).

[4.26] Sauerborn,N. :Tragverhalten von Stahlverbundträgern unter besonderer Berücksichtigung der überkritischen Querkrafttragfähigkeit. Dissertation Universität Kaiserslautern 1994.

[4.27] Lindner,J. :Vorlesungen über Stahlbau,Vertiefung 1. Berlin 1994.

[4.28] Parvizinia, H. : Zum Biegedrillknicken bei Trägern mit diskreten seitlichen Abstützungen. Dissertation RU Bochum 1995.

[4.29] Fischer,M. ;Berger,S. :Nachweis der Gesamtstabilität von Stahlverbundträgern. P 252,Studiengesellschaft Stahlanwendung e. V. ,Düsseldorf 1997.

[4.30] Kemp,A. R. ;Decker,N. W. :Available Rotation Capacity in Steel and Composite Beams. The Structural Engineer,1991.

[4.31] Kemp,A. R. ;Decker,N. W. ;Trinchero,P. :Differences in Elastic Properties of Steel and Composite Beams. Journ. Constr. Steel Research 34(1995).

[4.32] Lindner,J. ;Gregull,T. :Zur Traglast von Biegeträgern,die durch gleichzeitiges Auftreten von örtlichem Beulen und Biegedrillknicken versagen. Stahlbau 61(1992).

[4.33] CEB Task Group 2. 2:Reinforcement-Ductility,Synthesis Report.

Draft Mai 1997.

[4. 34] Decker, N. W. : Factors Influencing the Strength of Continuous Composite Beams in Negative Bending Journ. Constr. Steel Research 34(1995).

[4. 35] Hanswille, G. ; Schmitt, C. : Determination of using for plastic design in hogging bending. Technical Paper H 17 to EC 4, Part 1, Annex H. Wuppertal 1996.

[4. 36] Bode, H. ; Sauerborn, N. : Steifenarme Stahlverbundträger für den Industrie-und Brückenbau im mittleren Spannweitenbereich. P162, Studiengesellschaft für Stahlanwendung e. V. , Düsseldorf 1992.

[4. 37] Kordina, K. ; Droese, S. : Versuche mit formstahlbewehrten Stahlbetonbalken. Baui genieur 62(1987).

## 5 结合梁的正常使用状态

[5. 1] Heilig, R. : Theorie des elastischen Verbundes. Der Stahlbau 22 (1953).

[5. 2] Hoischen, A. : Verbundträger mit elastischer und unterbrochener Verdübelung. Der Bauingeniour 29(1954).

[5. 3] Sattler, K. : Ein allgemeines Berechnungsverfahren für Tragwerke mit elastischem Verbund Veröffentlichung des Deutschen Stahlbauverbandes, Köln 1995.

[5. 4] Sattler, K. : Theorie der Verbundkonstruktionen. Verlag Wilh. Ernst und Sohn. Berlin 1959.

[5. 5] Fritz, B. : Verbundträger. Springer-Verlag, Berlin/Göttingen/Heidelberg 1961.

[5. 6] Wippel, H. : Berechnung von Verbundkonstrukitionen aus Stahl und Beton. Springer Verlag, Berlin/Göttingen/Heidelberg 1963.

[5. 7] Trost, H. : Auswirkungen des Superpositionsprinzips auf Kriech-und Relaxationsprobleme bei Beton und Spannbeton. Beton-und Stahlbetonbau 62 (1967).

[5. 8] Rehm, G. ; Martin, H. : Zur Frage der Rißbegrenzung im Stahlbetonbau. Beton-und Stahlbetonbau 63(1968).

[5. 9] Trost, H. : Zur Berechnung von Stahlverbundträgern im Gebrauchszustand aufgrund neuerer Erkenntnisse des viskoelastischen Verhaltens des Betons. Der Stahlbau 37(1968).

[5.10] Hering, K.: Die Berechnung von Verbundtragwerken mit Steifigkeitsmatrizen. Der Stahlbau 38(1969).

[5.11] Mainz, B.; Wolff, H. J.: Zur Berechnung von Spannungsumlagerungen in statisch unbestimmten Stahlverbundtragwerken. Der Stahlbau 41(1972).

[5.12] Rüsch, H.; Jungwirth, D.; Hilsdorf, H.: Kritische Sichtung der Verfahren zur Berücksichtigund der Einflüsse von Kriechen und Schwinden des Betons auf das Verhalten der Tragwerke. Beton-und Stahlbetonbau 68(1973).

[5.13] Haim, H. D.: Zur Berechnung der Spannungsänderungen infolge Kriechen und Schwinden bei statisch bestimmt gelagerten Stahlverbundträgern. Wiss. Zeitschrift der TU Dresden 24(1975).

[5.14] Haensel, J.: Praktische Berechnungsverfahren für Stahlträger-Verbundkonstruktionen unter Berücksichtigung neuerer Erkenntnisse zum Betonzeitverhalten. TWM-Heft 75-2, Institut für Konstr. Ing-Bau, Ruhr Universität Bochun, 1975.

[5.15] Sattler, K.: Verbundkonstruktionen-Berechnung und Versuche. Der Bauingenieur 50(1975).

[5.16] Haensel, J.: Kriechen und Schwinden des Betons in Stahlträger-Verbundkonstruktionen. Festschrift W. Zerna und Instituk KIB. Werner-Verlag, Düsseldorf 1997.

[5.17] Profanter, H.: Zur Berechnung von Stahlträgerverbundkonstrukitionen bei Berücksichtigung des CEB-FIP-Vorschlages. Der Stahlbau 47(1978).

[5.18] Kupfer, H.; Förster, W.; Haensel, J.: Beschränkung der Rißbreiten im Stützenbereich durchlaufender Verbundträger. Der Bauingenieur 53(1978).

[5.19] Schade, D.: Zur Berechnung der Schnittkraftumlagerungen infolge von Kriechen und Schwinden des Betons bei statisch unbestimmten Stabwerken mit Verbundquerschnitten. Der Stahlbau 49(1980).

[5.20] Obholzer, A.: Zur Erfassung normgerechter Kriechgesetze unter Berücksichtigung der Spannungsgeschichte bei der elektronischen

Berechnung von Verbundtragwerken. Der Bauingenieur 58(1983).

[5.21] Wapenhans, W.: Eine neue Methode zur Berechnung zeitabhängiger Spannungsumlagerungen bei Verbundträgern aus Stahl und Beton mit elastischem Verbund. Wiss. Zeitschrift der TU Dresden 33 (1984).

[5.22] Kupfer, H.; Pratsch, G.: Beschränkung der Rißbreite des Betons bei Stahlverbundbrücken. Festschrift K. Roik, Bochum 1984.

[5.23] Beisel, T.; Sediacek, G.: Eigenspannungsschnittgrößen zur Berechnung von Verbundtragwerken im Gebrauchszustand. Bauingenieur 60(1985).

[5.24] Frey, J.: Zur Berechnung von vorgespannten Stahl-Verbundtragwerken im Gebrauchszustand. Der Stahlbau 54(1985).

[5.25] D. Wostrack: Zur Theorie des elastischen Verbundes mit Endverankerung im Grenzzustand der Nutzungsfähigkeit. Bauplanung-Bautechnik, 40. Jg., 1986.

[5.26] Zerna, W.: Näherungsweise Berechnung des Alterungsbeiwerts für das Betonkriechen. Beton-und Stahlbetonbau 81(1986).

[5.27] Hanswille, G.: Zur Rißbreitenbeschränkung bei Verbundträgern. Dissertation RU Bochum, 1986.

[5.28] Klement, P.: Die Berechnung komplizierter Verbundstabwerke unter Verwendung üblicher Programme. Der Bauingenieur 60(1985).

[5.29] Roik, K.; Hanswille, G.: Zur Frage der Rißbreitenbeschränkung bei Verbundträgern. Der Bauingenieur 61(1986).

[5.30] Bachmann, H.: Ammann, W.: Schwingungsprobleme bei Bauwerken: IVBH, Struct. Eng. Doc. 3d, Zürich 1987.

[5.31] VDI-Richtlinie 2057: Einwirkung mechanischer Schwingungen auf den Menschen, 1987.

[5.32] König, G.; Fehling, E.: Zur Rißbreitenbeschränkung im Stahlbetonbau. Beton-und Stahlbetonbau 83(1988), Heft 6.

[5.33] Wyatt, T. A.: Design Guide on the Vibration of Floors. SCI-publication, Ascot 1989.

[5.34] Roik, K.; Hanswille, G.: Rißbreitenbeschränkung bei Verbundträgern. Stahlbau 60(1991).

[5.35] Maurer, R.: Grundlagen der Bemessung des Betongurtes von Stahlverbundträgern. Dissertation TH Darmstadt 1992.

[5.36] Cunze Oliveira Lanna, A.: Zur Gebrauchsfähigkeit von Verbundträgern mit nachgiebiger Verdübelung. RU-Bochum, KIB, TWM-Heft 92-1, 1992.

[5.37] Kreller, H.: Zum nichtlinearen Trag-und Verformungsverhalten von Stahlbetonstabtragwerken unter Last-und Zwangeinwirkung. Heft 409 Deutscher Ausschuß für Stahlbeton. Berlin 1990.

[5.38] Ramm, W.: Rißbildung und Rißbreitenbeschränkung. Vorlesungs-Umdruck Stahlund Spannbetonbau, Kap. 19.

[5.39] CEB-FIP Model Code 1990. Comite Euro-International du Beton, Lusanne, 1990.

[5.40] Bachmann, H. u. a.: Vibration problems in Structures. Birkhäuser Verlag, Basel 1995.

[5.41] Ramm, W.; Elz, S.: Tragverhalten und Rißbildung von Gurtplatten von Verbund-trägern im Bereich negativer Momente. DAfStb-Forschungskolloquium, Kaiserslautern 1995.

[5.42] Eligehausen, R.; Ozbolt, I.; Mayer, U.: Mitwirkung des Betons zwischen den Rissen bei nichtelastischen Stahldehnungen und Folgerungen für die Optimierung des Verbundes. Stuttgart 1997.

[5.43] Weyer, U.; Uhlendahl, J.: Verbundträger im Brückenbau, Rissesicherung schlaffbewehrter, durchlaufender Verbundbrücken. P 169, Studiengesellschaft Stahlanwendung e. V., Düsseldorf 1995.

[5.44] DIN 4150: Erschütterungen im Bauwesen. Teil 1 1975, Teil 2 1990.

[5.45] Pamp, R.: Zur Wärmeentwicklung von Beton und deren Folgen bei Stahlverbundbrücken. Stahlbau 61(1992).

## 6 结合柱

[6.1] Klöppel, K.; Goder, W.: Traglastversuche mit ausbetonierten Stahlrohren und Aufstellung einer Bemessungsformel. Der Stahlbau 26 (1957).

[6.2] Walther, R.: Senkdeckenverfahren für die Tiefgarage des Kantonsspitals Basel. Beton-und Stahlbetonbau 70(1975).

[6.3] Roik, K.; Bergmann, R.; Bode, H.; Wagenknecht, G.: Tragfähigkeit von ausbetonierten Hohlprofil-Stützen aus Baustahl. Institut für Konstruktiven Ingenieurbau, RU Bochum, TWM-Heft Nr. 75-4, 1975.

[6.4] Roik, K.; Bergmann, R.; Bode, H.; Wagenknecht, G.: Tragfähigkeit von einbetonierten Stahlstützen. Institut für Konstruktiven Ingenieurbau, RU Bochum, TWM-Heft Nr. 76-4, 1976.

[6.5] Roik, K.; Wagenknecht, G.: Ermittlung der Grenztragfähigkeit von ausbetonierten Hohlprofilstützen aus Baustahl. Der Bauingenieur 51 (1976).

[6.6] Roik, K.; Wagenknecht, G.: Ermittlung der Grenztragfähigkeit von einbetonierten doppelsymmetrischen Stahlprofilstützen aus Baustahl. Der Bauingenieur 52(1977).

[6.7] Holtkamp, H.-J.; Küppers, B.: Erweiterung im Rathausbereich der Stadt Bottrop, "Saalbau". Acier, Stahl, Steel 4(1980).

[6.8] Bergmann, R.: Traglastberechnung von Verbundstützen, TWM-Heft Nr. 81-2, RU Bochum, Institut für Konstruktiven Ingenieurbau, 1981.

[6.9] Roik, K.; Bode, H.; Bergmann, R.: Zur Traglast von betongefüllten Hohlprofilstützen unter Berücksichtigung des Langzeitverhaltens des Betons. Der Stahlbau 51(1982).

[6.10] Roik, K.; Bergmann, R.: Zur Traglastberechnung von Verbundstützen. Der Stahlbau 51(1982).

[6.11] Reimers, K.; Stucke, W.: Neubau der Flugzeugwartungshalle IV in Frankfurt/Main. Der Stahlbau 51(1982).

[6.12] Bergmann, R.: Vereinfachte Berechnung der Querschnittsinteraktionskurven für symmetrische Verbundquerschnitte. Festschrift K, Roik, Bochum 1984.

[6.13] Schwalbenhofer, K.: Zum Tragverhalten von Verbundstützen und Verbundrahmenkonstruktionen bei großen Deformationen. Dissertation RU-Bochum, 1988.

[6.14] Kuhlmann, U.: Clénin, D.: Gleichungen zur Bestimmung der Tragfähigkeit von Verbundquerschnitten. Stahlbau 57(1988), Heft 3.

[6.15] Betongefüllte Hohlprofilstützen. Merkblatt 167, Stahl-Informations-

Zentrum, Düsseldorf 1989.

[6.16] Roik, K.; Bergmann, R.; Mangerig, J.: Zur Traglast von einbetonierten Stahlprofilstützen unter Berücksichtigung des Langzeitverhaltens von Beton. Stahlbau 59(1990).

[6.17] Merkblatt 217-Verbundstützen aus einbetonierten Walzprofilen. Stahl-Informations-Zentrum, Düsseldorf 1992.

[6.18] Bergmann, R.: Zum Einsatz von hochfestem Beton bei Stahl-Hohlprofilverbundstützen. Stahlbau 63(1994).

[6.19] Chung, K. F.; Narayanan, R.: Composite Column Design to Eurocode 4. SCI-Publication Nor. 142, Ascot 1994.

[6.20] Lindner, J.; Ein Vorschlag für einheitliche, vereinfachte Tragsicherheitsnachweise von Stahlstützen und Verbundstützen. Stahlbau 63 (1994).

[6.21] Bergmann, R. u. a.: Bemessung von betongefüllten Hohlprofil-Verbundstützen unter statischer und seismischer Beanspruchung. Verlag TÜV Rheinland, Köln 1995.

[6.22] Roik, K.; Bode, H.: Composite action in composite columns. Festschrift Sfintesco, Paris 1981.

[6.23] Roik, K.; Bergmann, R.; Bode, H.: Erläuterungen zum Gelbdruck DIN 18806, Teil 1, Verbundstützen. Seminare Bochum und Kaiserslautern, 1981.

[6.24] Breit, M.: Rechnerische und experimentelle Untersuchungen zur Grenztragfähigkeit von Verbundbauteilen. Dissertation RU Bochum, 1988.

[6.25] Bergmann, R.; Use of steel grade S460 in composite columns of minor slenderness. Technical Paper B1, Bochum 1996.

[6.26] Diekmann, Ch.: Verbundstützen mit nachträglicher oder bereichsweiser Betonierung. Dissertation RU Bochum, 1989.

[6.27] Roik, K.; Schwalbenhofer, K.; Experimentelle und theoretische Untersuchungen zum plastischen Verhalten von Verbundstützen bei großen Deformationen. Stahlbau 58(1989).

## 7 结合结构的连接

[7.1] Roik, K.; Bürkner, K. E.: Untersuchungen neuer typiserbarer Elementarverbindungen für den Stahl-und Verbundbau. Bericht No. 7804,RU Bochum,KIB Ⅱ.

[7.2] Zandonini, R. : Semirigid composite joints. Beitrag in Stability and Strength, Structural Connections. Elsevier, London 1989.

[7.3] Hittenberger, R. : Zur Durchdringung von Stützen und Deckenplatten bei Verbundknoten. Dissertation Innsbruck, 1992.

[7.4] Wiesholzer, J. : Zur Krafteinleitung bei Verbundknoten. Dissertation Innsbruck, 1992.

[7.5] Brugger, R. : Zur Schubtragfähigkeit von Verbundknoten. Dissertation Innsbruck 1993.

[7.6] Tschemmernegg, F. : Zur Nachgiebigkeit von Verbundknoten. Stahlbau 63(1994) und 64(1995).

[7.7] COST-C1: Proceedings of the Second State of the Art Workshop, Brüssel 1992 und Prag 1994.

[7.8] Kindmann, R. ; Kathage, K. : Experimentelle Untersuchungen zur Rotationskapazität von Verbundanschlüssen. Stahlbau 63(1994).

[7.9] Bode, H. ; Kronenberger, H.-J. : Zum Einfluß der Verbindungen auf die Tragfähigkeit von Verbunddeckenträgern. Festschrift Steinhardt/Mang, Karlsruhe 1994.

[7.10] Bode, H. ; Kronenberger, H.-J. : Zum Tragverhalten von Verbindungen und Anschlüssen im Stahlverbundbau. Beitrag zum DAfStb-Kolloquium 1995.

[7.11] Lawson, R. M. ; Gibbons, C. : Moment Connections in Composite Construction. SCI-Publication No. 143, Ascot 1995.

[7.12] Kathage, K. : Beitrag zur plastischen Bemessung durchlaufender Verbundträger mit Verbundanschlüssen. Dissertation RU-Bochum 1995.

[7.13] Couchman, G. : Design of Continuous Composite Beams Allowing for Rotation Capacity. Dissertation EPFL Lausanne, 1995.

[7.14] Ren, P. : Numerical Modelling and Experimental Analysis of BeamtoColumn Connections. Dissertation EPFL Lausanne 1995.

[7.15] Bode, H. ; Ramm, W. ; Elz, St. ; Kronenberger, H. J. : Composite Connections-Experimental Results. IVBH-Kolloquim, Istanbul 1996.

[7.16] Bode, H.; Kronenberger, H. J.: Behaviour of Composite joints and their Influence on semi-continuous beams. Irsee-Konferenz, 1996.

[7.17] Bode, H.; Kronenberger, H. J.: Anschlüsse im Stahlverbundbau. Stahlbau 67(1998).

[7.18] Crisinel, M.; Kattner, M.: FE-Modellierung halbsteifer Verbundknoten. Stahlbau 66(1997).

[7.19] Anderson, D. u. a. Composite Steel-Concrete Joints in Braced Frames for Buldings. COST-C1-Publication, Brüssel 1997.

[7.20] Tschemmernegg F. u. a.: Komponentenmethode und versuche zur Entwicklung von Baukonstruktionen in Mischbauweise. Stahlbau 66 (1997).

## 8 结合结构构件的防火性能

[8.1] Muess, H.: Brandverhalten von bekleideten Stahlbauteilen. Stahlbau-Verlag, Köln 1978.

[8.2] Jungbluth, O.; Feyereisen, H.; Oberegge, O.: Verbundprofilkonstruktionen mit erhöhter Feuerwiderstandsdauer. Der Bauingenieur 55(1980).

[8.3] Klingsch, W.: Grundlagen der brandschutztechnischen Auslegung und Beurteilung von Verbundstützen. Bauphysik 4(1981).

[8.4] Muess, H.; Schaub, W.: Neubau einer zweigeschossigen Fertigungshalle mit neuartiger Brandschutzkonzeption. Der Stahlbau 51(1982).

[8.5] Jungbluth, O.: Optimierte Verbundbauteile. Stahlbau-Handbuch, Band 1, Kap. 18. Stahlbau-Verlags GmbH, Köln 1982.

[8.6] Brandverhalten von Stahl-und Stahlverbundkonstruktionen. Verlag TÜV Rheinland, 1983(Statusseminar mit verschiedenen Beiträgen).

[8.7] Lehmann, R.; Schmidt, H.: Stahlprofildecken mit Aufbeton; Brandverhalten ohne zusätzliche Maßnahmen. Studiengesellschaft für Anwendungstecknik von Eisen und Stahl, P 86, Düsseldorf 1984.

[8.8] Klingsch, W.; Bode, H.; Finsterle, A.: Brandverhalten von Verbundstützen aus vollständig einbetonierten Walzprofilen. Der Bauingenieur 59(1984).

[8.9] Klingsch, W.; Würker, K. G.; Martin-Bullmann, R.: Brandverhalten von Hohlprofil-Verbundstützen. Der Stahlbau 53(1984).

[8. 10] Jungbluth, O. ; Bangert, W. ; Lindhorst, W. : Ausbetonierte Stahl-Spezialprofile mit erhöhter Feuerwiderstandsfähigkeit. Studiengesellschaft für Anwendungstechnik von Eisen und Stahl, P 86, Düsseldorf 1984.

[8. 11] Schmidt, H. : Stahltrapezprofildecken-Bemessung und Brandschutz. Der Stahlbau 53(1984).

[8. 12] Muess, H. ; Schaub, W. : Feuerbeständige Stahlverbundfertigteile-eine neue Bauweise für den mehrgeschossigen Industriebau. Der Stahlbau 54(1985).

[8. 13] Quast, U. ; Rudolph, K. : Traglasten für Verbundstützen zugehörig zu Feuerwiderstandsklassen nach DIN 4102. Studiengesellschaft für Anwendungstechnik von Eisen und Stahl, P 86. Düsseldorf 1985.

[8. 14] Haß, R. : Zur praxisgerechten brandschutztechnischen Beurteilung von Stützen aus Stahl und Beton. Dissertation TU Braunschweig, 1986.

[8. 15] Lehmann, R. : Brandschutz-Technologie für Stahl-und Verbundkonstruktionen im Stuttgarter Demonstrationsbauvorhaben. Bautechnik (1986).

[8. 16] Haß, R. ; Meyer-Ottens, C. : Brandschutz von Verbundkonstruktionen-Untersuchungen, Beurteilung und Anwendung. Der Stahlbau 55(1986).

[8. 17] Boué, P. : Naturbrandversuch mit Stahlverbundbauteilen. Der Stahlbau 55(1986).

[8. 18] Spang, D. ; Haß, R. : Das Doppelinstitut IWF/IPK in Berlin. Der Stahlbau 55(1986).

[8. 19] ARBED AF 30/120-Verbundstützen; Traglasttabellen. Köln, März 1987.

[8. 20] Dorn, T. ; Haß, R. ; Quast, U. : Brandverhalten und Bemessung von Anschlüssen. Studengesellschaft für Anwendungstechnik von Eisen und Stahl, P 86, Düsseldorf 1987.

[8. 21] Dorn, T. ; Haß, R. ; Quast, U. : Brandverhalten von Anschlüssen von Verbundkonstruktionen und ihre Bemessung zur Verlängerung der

Feuerwiderstandsdauer. Bauingenieur 63(1988).

[8.22] Angaben über das Brandverhalten von Verbundstützen und Verbundträgern. Mitteilungen des Instituts für Bautechnik, Heft 4, 1988.

[8.23] Klingsch, W.; Muess, H.; Wittbecker, F. W.: Ein baupraktisches Näherungsverfahren für die brandschutztechnische Bemessung von Verbundstützen. Der Bauingenieur 63(1988).

[8.24] Haß, R.; Mayer-Ottens, C.; Quast, H.: Verbundbau-Brandschutz Handbuch. Verlag Wilh.-Ernst und Sohn, Berlin 1989.

[8.25] Dorn, T.; Hosser, D.; Muess, H.; Schaumann, P.: Ein rechnerisches Verfahren zur brandschutztechnischen Bemessung von kammerbetonierten Verbundträgern. Teil I: Einfeldträger. Stahlbau 59 (1990).

[8.26] Dorn, T.; Haß, R.; Kordina, K.: Brandverhalten von Verbundstützen und -trägern. Mitteilungen des Instituts für Bautechnik, Heft 4, 1988.

[8.27] Brandschutztechnische Konstruktion und Bemessung von Stahlverbundbauteilen. Merkblatt 117, Stahl-Informations-Zentrum, Düsseldorf 1991.

[8.28] Dorn, T.: Zur Berechnung des Tragverhaltens brandbeanspruchter Tragwerke in Verbundbauweise unter besonderer Berücksichtigung der Träger-Stützen-Anschlüsse Dissertation TU Braunschweig, 1993.

[8.29] Hönig, O.; Klaus, J.: Montagefreundliche Brandschutznaßnahmen für Laschenanschlüsse bei Stahlverbundkonstruktionen. Stahlbau 58(1989).

[8.30] Schleich, J. B.: Stahlbauarchitektur und Brandschutz. Stahlbau-Rundschau 82/1994.

[8.31] Hosser, D.; Dorn, T.; El-Nesr, O.: Vereinfachtes Rechenverfahren zur brandschutztechnischen Bemessung von Verbundstützen aus kammerbetonierten Stahlprofilen. Stahlbau 63(1994).

[8.32] Dorn, T.; Hosser, D.; El-Nesr, O.: Ein rechnerisches Verfahren zur brandschutztechnischen Bemessung von kammerbetonierten Verbundträgern. Teil Ⅱ: Durchlaufträger. Stahlbau 63 (1994).

[8.33] Twilt, L.: Bemessung von Hohlprofilstützen unter Brandbeanspruchung. Verlag TÜV Rheinland 1994.

[8.34] Fontana, M.; Borgogno, W.: Brandverhalten von Slim-Floor-Verbunddecken. Stahlbau 64(1995).

[8.35] Sonderheft Brandschutz. Stahlbau 65(1996).

[8.36] Falke, J.: Brandschutz im Stahlbau. Stahlbau Handbuch, Band 1, Teil B, Köln 1996.

[8.37] Kruppa, J.; Schaumann, P.; Schleich, J. B.; Twilt, L.: Eurocode 4, Teil 10: Brandschutztechnische Tragwerksbemessung, Entwurf April 1990. Bauberatung Stahl, Düsseldorf 1992.

[8.38] Cajot, L.; Franssen, J. M.; Schleich, J. B.: Computer Model CEFICOSS for the Fire Resistance of Composite Structures. IABSE, Vol. 60, Brüssl 1990.

[8.39] Dorn, T.: Tragverhalten von Träger-Stützen-Anschlüssen unter Brandbeanspruchung. Stahlbau 60(1991).

[8.40] Schleich, J. B.: Numerische Simulation: Zukunftsorientierte Vorgehensweise zur Feuersicherheitsbeurteilung von Stahlbauten. Bauingenieur 63(1988).

[8.41] Schleich, J. B. etc: Fire Engineering Design for steel Structures-State of the Art. Int. Iron and Steel Inst., Brüssel 1993.

[8.42] Friemann, H.; Francke, W.; Winter, S.: Vergleich von Rechenverfahren zur Brandschutzbemessung von Profilverbundstützen. Stahlbau 60(1991).

## 9 结合结构楼板

[9.1] Sontag, H.; Wuthe, K H.: Stahlskelettbau mit Fertigbetondeckenplatten in Verbund bei einem Institutsneubau für die Veterinärmedizinische Fakultät der FU Berlin. Der Bauingenieur 40(1965).

[9.2] Kleine, F.: Neue Cpel-Lackiererei in Rüsselsheim. Industriebau 5/81.

[9.3] Bode, H.: Profilbleche für Geschoßdecken im Verbund mit Beton. Vortrag Stahlbautag Berlin 1980.

[9. 4] Roik, K. ; Lungershausen, H. : Wirkung von Stahlprofilblechen bei Verbunddecken im Wohnungsbau als außenliegende Schubbewehrung. RU-Bochum, KIB Ⅱ, Nr. 7801, 1987.

[9. 5] Feldmann, M. u. a. : Geschoßbau in Stahl. Flachdeckensysteme. Bauberatung Stahl, Düsseldorf 1996.

[9. 6] Bode, H. : Profilbleche im Verbundbau-Beitrag zur statischen und dynamischen Festigkeit. Stahlbautag Karlsruhe, 1988.

[9. 7] Bode, H. ; Becker, J. : Geschoßdecken mit Profilblechen. Stahlbautag 1992, Berlin.

[9. 8] Bode, H. ; Stengel, J. ; Künzel, R. : Stahlverbundträger mit großen Stegausschnitten. Teil 1, Stahlbau 63(1994) Heft 1, Teil 2, Stahlbau 63(1994), Heft 2.

[9. 9] Mult-Storey Buildings in Steel. Design Guide for Slim Floors. EKS-Veröffentlichung Nr. 83, Brüssel 1995.

[9. 10] Le Pens u. a. : Design Guide for Slim Floors with built-in Beams. EKS-Veröffentlichung Nr. 83(1995).

[9. 11] Bode, H. ; Minas, F. : Bemessungsdiagramme zur Vordimensionierung von Geschoßdecken in Stahlverbundbauweise. Bautechnik 72 (1995).

[9. 12] Geschoßbau in Stahl-eine schwedische Bauweise. EKS-Veröffentlichung Nr. 74.

[9. 13] Bode, H. ; Minas, F. : Verbundkonstruktionen im Hochbau, Arbeitshilfen. Deutscher Stahlbau-Verband, Stahlbau-Verlagsgesellschaft, Köln 1997.

[9. 14] Stahltragwerk für Flachdecken. ARBED-Building concepts, Differdange, Luxembourg, 1987.

[9. 15] Dietz, H.-D. ; Jenisch, F.-M. : Ein Bemessungsvorschlag für Öffnungen in Stahlbetongurtscheiben von Verbundträgern. Ph. Holzmann, Nov. 1991.

[9. 16] Bode, H. ; Stengel, J. : Stahlverbundträger mit großen Stegausschnitten. Dokumentation der Bauberatung Stahl, Düsseldorf 1995.

[9. 17] Pajari, M. : Shear Resistance of Prestressed Hollow Core Slabs on Flexible Supports. VTT Publications No. 228, Espoo, Finland,

1995.

[9. 18] Schories, K. : Versuche an Verbundträgern mit großen Stegausschnitten zur Bewertung bestehender Bemessungsverfahren. Stahlbau 61(1992), Heft 8.

[9. 19] Leskelä, M. V. und Pajari, M. : Reduction of the Vertical Shear Resistance in Hollow-Core Slabs when supported on Beams. Concrete 95 Conference, Brisbane, Australia 1995.

[9. 20] Lawson, R. M. ; Leskelä, M. : Slim Floor Construction. IVBH, Struct. Eng. Int. 2/96.

[9. 21] Krige, G. J. ; Menachi, J. : Dynamic Behaviour of Composite Floors. Journ. Constr. Steel Research 34(1995).

[9. 22] Bode, H. , Feldmann, M. ; Müller, C. ; Sedlacek, G. ; Stengel, J. : Untersuchung des Tragverhaltons bei Flachdeckensystemen ( Slim Floor-Konstruktionen) mit verschiedener Ausbildung der Platten und verschiedener Lage der Stahlträger. Forschungsbericht P261, Studiengesellschaft Stahlanwendung e. V. , Technische Hochschule Aachen, Universität Kaiserslautern 1997.

[9. 23] Stengel. J. : Tragverhalten von Stahlverbundträgern mit großen Stegausschnitten. Dissertion Universität Kaiserslautern, 1997.

[9. 24] Tschemmernegg, F. ; Huber, G. : Flachdecken mit Stanzdübeln. Bauingenieur 71(1996).

[9. 25] ECCS/Int. Prestressed Hollowcore Ass. IPHA: Guidelines for the application of prestressed hollowcore slabs supported on built-in beams. SCI, Ascot 1997.

[9. 26] Lawson, R. M. ; Rackham, J. W. : Design of Haunched Composite Beams in Buildings. SCI publication 060, Ascot 1989.

[9. 27] Kurz, W. : Flachdecken und Anschlußtechniken im Verbundbau. Der Prüfingenieur 1997.